Ontdek
Zweden zuid

Inhoud

Zuid-Zweden – veelgestelde vragen   7
Favorieten   12
In vogelvlucht   14

Reisinformatie, adressen, websites

Informatie	18
Weer en reisseizoen	20
Reizen naar en in Zuid-Zweden	22
Overnachten	25
Eten en drinken	27
Actieve vakantie, sport en wellness	29
Feesten en evenementen	32
Praktische informatie van A tot Z	34

Kennismaking – Feiten en cijfers, achtergronden

Zuid-Zweden in het kort	40
Geschiedenis	42
Van het ijs bevrijd – de geboorte van Zweden uit vuur, ijs en water	46
Lynx, beer en wolf	49
Alternatieven voor emigratie – de visfabrieken op Klädesholmen	51
De Vikingen – zeevaarders, ontdekkers, handelaars	52
Gustav III – leven en sterven van de 'theaterkoning'	54
Kapitaal voor een goede zaak – Alfred Nobel en zijn prijs	56
Kinderboeken en meer – Astrid Lindgren verandert de wereld	59
Design made in Sweden	61
Een bijzonder licht – het noordse impressionisme	64
ABBA of het Zweedse muziekwonder	66
De erfenis van Ingmar Bergman – film in Zweden	68

Inhoud

Onderweg in Zuid-Zweden

De westkust van Skåne en Halland — 72
Malmö — 75
Op de fiets rond het centrum van Malmö — 80
Ten zuiden van Malmö — 84
Lund — 85
Landskrona en omgeving — 86
Helsingborg — 87
Schiereiland Kullen — 91
Wandelen op de Kullaberg — 94
Ängelholm — 96
Bjärehalvön — 97
Laholm — 98
Halmstad — 99
Falkenberg — 101
Varberg — 101

Göteborg en Bohuslän — 104
Göteborg — 107
Bohuslän — 118
Lysekil — 119
Uddevalla — 123
Schiereiland Sotenäs — 124
Tanum — 127
Uitstapje naar het nationaal park Kosterhavet — 131

Oost-Skåne en Blekinge — 132
Oost-Skåne — 134
Trelleborg en omgeving — 134
Ystad — 135
Simrishamn en omgeving — 140
Nationaal park Stenshuvud — 144
Kivik — 144
Åhus, Kristianstad — 146
Blekinge — 150
Sölvesborg en omgeving — 150
Karlshamn — 151
Ronneby — 153
Karlskrona — 154

Småland en Öland — 156
Ljungby en omgeving — 159
Nationaal park Store Mosse — 160
Möckeln — 161

Inhoud

Wandelen bij Möckeln	162
Växjö	162
Glasriket (Glasrijk)	167
Eksjö en omgeving	169
Vimmerby en omgeving	169
De kust van Småland	171
Öland	175

Gotland — 180
Visby	183
Noord-Gotland	190
Fårö	192
Nationaal park Gotska Sandön	192
Zuid-Gotland	193

Vänern en Dalsland — 196
Trollhättan, Lidköping en omgeving	199
Skara	205
Falköping	206
Dalsland	207

Van Vättern naar Mälaren — 212
Jönköping	215
Gränna en omgeving	217
Omberg en omgeving	218
Vadstena	220
Askersund en omgeving	224
Götakanal	225
Bergs slussar, Linköping	227
Norrköping	231
Sörmland (Södermanland)	234
Van Hjälmaren naar Mälaren	236
Langs Mälaren	239

Stockholm en omgeving — 246
Stockholm	248
Rondje Djurgården te voet of op de fiets	262
Buiten de binnenstad van Stockholm	265
Kanotocht Brunnsviken	266
Uitstapjes vanuit Stockholm	272
Wandelen in het nationaal park Tyresta	273
Uppsala	276
Sigtuna	284

Toeristische woordenlijst	288
Culinaire woordenlijst	290
Register	292
Fotoverantwoording en colofon	296

Op ontdekkingsreis

Ven – eiland voor sterrenkijkers	88
Uit de bronstijd – de rotstekeningen bij Tanum	128
Met Wallander door Ystad	136
Een reis door het Glasrijk	164
De elanden op het spoor – op de Hunneberg	200
Sluizentocht per fiets – langs het Götakanal	228
Risinge gamla kyrka – wat een oude kerk te vertellen heeft	232
Met Kurt Tucholsky op slot Gripsholm	242
Utö – leven op een schereneiland vroeger en nu	274
De natuur in met Carl Linnaeus – in en rond Uppsala	280

Calendula (goudsbloemen) op een Zweedse boerderij

Inhoud

Kaarten en plattegronden

Stadsplattegronden

Malmö	78
Göteborg	108
Visby	185
Stockholm	252
Uppsala	279

Route- en detailkaarten

Ven	89
Kullaberg	94
Dyrön	119
Tanum	129
Ystad	137
Nationaal park Stenshuvud	144
Kävsjö	161
Glasrijk	165
Hunneberg	201
Kinnekulle	204
Götakanal	229
Mariefred	243
Stockholm	262
Brunnsviken	266
Nationaal park Tyreska	273
Utö	275
Uppsala	281

▶ Dit symbool verwijst naar de uitneembare kaart

Zweedse middeleeuwen: Glimmingehus in het zuidoosten van Skåne

Zuid-Zweden – veelgestelde vragen

Niet zo veel tijd? – rondreizen in Zuid-Zweden

Als puntje bij paaltje komt, ligt het goede vaak vrij dichtbij. Voor de authentieke oernatuur van Zweden, met uitgestrekte bossen waar elanden rondlopen en meren waarboven visarenden krijsend rondvliegen, hoeft u niet helemaal naar het noorden te rijden. Al na een paar uur rijden vanaf de veerhaven belandt u in deze ongerepte natuur: het hoogland van Småland en het noorden van Blekinge zijn vlot te bereiken vanuit **Trelleborg**; de meren en bossen van Dalsland liggen binnen het bereik van **Göteborg** en **Varberg**.

Welke bezienswaardigheden mag ik niet missen?

De ongerepte natuur is de grootste bezienswaardigheid van Zweden, maar er zijn nog heel veel andere bezienswaardigheden die niet te versmaden zijn. Denk daarbij aan de **rotstekeningen uit de bronstijd** bij **Tanum** in Bohuslän, de Dom van **Lund** en de burcht **Glimmingehus**. De omgeving van **Vimmerby** in

Bezienswaardigheden

Zuid-Zweden – veelgestelde vragen

Småland is overigens niet alleen in trek bij gezinnen met kinderen die een bezoek willen brengen aan de geboorteplaats van de kinderboekenschrijfster Astrid Lindgren. Interessant zijn ook enkele wonderen van technisch vernuft, zoals de sluizen in **Trollhättan** en het **Götakanal**. Langs de route naar Stockholm staan bovendien prachtige Vasakastelen als **Örebro** en **Vadstena**. En idyllische stadjes met pittoreske houten huizen en vakwerkhuizen en sfeervolle kronkelstraatjes vindt u zowel in **Mariefred** en **Eksjö** als in **Trosa** aan de scherenkust.

Wat kenmerkt de grote steden van Zweden?

De grootste steden van Zweden, Stockholm, Göteborg en Malmö, zijn eigenlijk een soort heel grote dorpen. Maar hier ontstaan trends, worden nieuwe standaarden gevestigd in de moderne stedenbouw en is ruimte om vernieuwende concepten te beproeven. Daarmee zijn ze dus de juiste plek voor trendspotters. Maar de natuur is nooit ver weg: er zijn prachtige grote parken en er is vooral veel water.

Fietstocht op goed geluk

In welke steden valt veel te beleven?

Mijn persoonlijke favoriet is **Stockholm**. De Zweedse hoofdstad, op veertien eilanden tussen het meer Mälaren en de vele rotseilanden voor de kust, bezit hoogtepunten als het kasteel en het oude stadsdeel en verder talloze musea, van het ABBA- tot het Vasamuseum. Daarnaast is de natuur nadrukkelijk aanwezig: op slechts enkele minuten van het centrum kunt u in een meer zwemmen of door het bos wandelen, schaatsen, fietsen of kanoën. De grote rivaal is **Göteborg** aan de westkust, dat een aantrekkelijke haven en een bijna mediterrane sfeer biedt, vooral als op zwoele zomeravonden de mooie boulevards nog tot laat drukbevolkt zijn met wandelaars en terrasbezoekers.

Is een uitstapje naar het eiland Gotland de moeite waard?

Ja, alleen al het oude middeleeuwse stadsdeel van Visby is de reis meer dan waard. Trek er bij voorkeur een paar dagen voor uit. Zo ervaart u des te meer de ontspannen sfeer van Gotland, waar het landschap heel anders is dan in de rest van Zweden. Weliswaar kunt u vanaf een Zweeds vliegveld naar Gotland vliegen, maar de reis per veerboot vanaf Nynäshamn ten zuiden van Stockholm of vanaf de kust van Småland is veel mooier. In beide gevallen duurt de reis een halve dag en vaart de boot tussen talloze rotseilandjes door.

Design en kunstnijverheid – souvenirs onderweg

Niet alleen voor liefhebbers van Zweeds design biedt de inspannende arbeid van de glasblazers in het Smålandse **glasrijk** tussen Växjö en Nybro een fantastische aanblik. Verder kunt u een mooi uitstapje maken naar het eiland **Öland**, waar vele kunstenaars en beoefenaars van kunstnijverheid 's zomers

Stockholm: overdag en 's avonds een stad met sfeer

hun atelier openstellen voor bezoekers. Wie goedkoop spullen wil inslaan bij fabriekswinkels kan terecht voor aardewerk in **Höganäs**, porselein in **Lidköping**, messing in **Skultuna**, gietijzer in **Ronneby** en handsmeedwerk in **Eskilstuna**. Een goede plek om mooie dingen te kopen is **Malmö**.

Hoe kan ik ecologisch en duurzaam op vakantie?

Zweden staat er niet voor niets om bekend grote waarde te hechten aan duurzaamheid. De supermarkten, restaurants en cafés bieden een groot assortiment aan biologische levensmiddelen, en er is veel aandacht voor vegetarisch eten. Een milieuvriendelijke omgang met de natuur is verplicht voor de organisatoren van bijvoorbeeld kanotochten of zeehondensafari's die het keurmerk Naturens Bästa voeren.

Is Zuid-Zweden geschikt voor een fietsvakantie?

Ja, absoluut! De fiets is voor veel Zweden het vervoermiddel bij uitstek, waarbij ze beschikken over een uitgebreid netwerk van fietspaden. In de dunner bevolkte streken kunt u prima gebruikmaken van de rustige secundaire wegen. Een uitstekende omgeving om te fietsen, want het is overwegend vlak, bieden de eilanden Öland en Gotland en de westelijke kusten van Skåne en Halland. Het

Design en kunstnijverheid onderweg

Zuid-Zweden – veelgestelde vragen

Voor wandelen of kanoën

zuiden van Zweden en de laagte in het midden van Zweden zijn overwegend licht heuvelachtig met weinig steile hellingen. Klassiekers voor een meerdaagse tocht zijn de route langs het Götakanal en de ruim 200 km lange Banvallsleden van Halmstad naar Karlshamn, die voor een deel over een voormalige spoorlijn loopt.

Hoe is het gesteld met het openbaar vervoer?

Het regionale openbaar vervoer is vooral in de dichtbevolkte streken als Skåne (met Malmö) en de regio rond Stockholm uitstekend. Maar net als in andere landen is het netwerk aanmerkelijk minder dicht in de dunbevolkte streken. Een goede voorbereiding van de reis is aan te bevelen als u met bus en trein door het land gaat. De trein is overigens goedkoper dan in Nederland en België. Het is zonder meer aan te raden om kaartjes via internet te kopen. Met contant geld betalen in bus en trein is trouwens niet meer mogelijk; betalen met een creditcard of een elektronisch oplaadbare kaart van het busbedrijf is daarentegen wel mogelijk.

Is Zuid-Zweden een duur vakantieland?

Ja en nee. Exclusieve badplaatsen en dure visrestaurants zijn vooral te vinden aan de westkust van Skåne en Bohuslän. Het is een stuk goedkoper als u landinwaarts gaat, bijvoorbeeld in Småland,

Het park van Baldersnäs herrgård

aan de grote meren Vänern en Vättern en aan de scherenkust van Blekinge en Småland, Östergötland en Sörmland.

Welk wandelgebied is het mooist?

De grote verscheidenheid in de Zweedse natuur is het best te bewonderen in de nationale parken. Gemarkeerde routes van verschillende moeilijkheidsgraad voeren langs de mooiste locaties. Zo worden de ongerepte bossen van **Tiveden** en **Tyresta** en het kustlandschap in het nationaal park **Stenshuvud** toegankelijk. Indrukwekkend zijn ook de loofbossen van **Söderåsen** en het hoogveengebied van **Store Mosse**. Lange wandelroutes als **Skåneleden** of **Sörmlandsleden** zijn geschikt voor meerdaagse tochten. Onderweg kunt u overnachten in schuilhutten. Voor korte wandeltochten kunt u goed terecht in de natuurreservaten, zoals op de **Kullaberg** of de **Hunneberg**, waar u via een route die naar het beginpunt terugkeert kunt kennismaken met de dieren- en plantenwereld.

Waar kan ik goed kanoën?

Er is in Zuid-Zweden geen gebrek aan water om met een kano te bevaren. Kanolocaties met een goede infrastructuur zijn te vinden aan het meer **Åsnen** en aan de op een meer lijkende rivier **Helgeå** in Småland, bij **Olofström** in het grensgebied van Skåne en Blekinge, en aan de **Ronnebyån**. De langgerekte meren van Dalsland staan bekend als een paradijs voor kanovaarders. Wie geen moeite heeft met het gedoe van sluizen kan rustig peddelen op het **Dalslands kanal**. Goed voor beginners zijn de vlakke scherenregio's van Blekinge en **Sankt Annas skärgård** ten noorden van Västervik. Het rustigst peddelt u in **Roslagen** ten noorden van Stockholm; een iets ruigere wind staat er in het scherenlabyrint van de Zweedse westkust in

Parken en tuinen

Bohuslän, maar nabij de kust zijn ook hier wel rustigere wateren te vinden.

Mijn persoonlijke tip: parken en tuinen

Weinig bekend zijn de vele fantastisch aangelegde tuinen die Zweden heeft. De invloeden van tuinarchitectuur uit Engeland en Frankrijk hebben hier talloze tuinkunstenaars geïnspireerd. Bezienswaardig zijn **Norrvikens trädgårdar** bij Båstad en, vooral in het begin van de zomer tijdens de bloei van de rododendron, **Sofiero slottspark** bij Helsingborg. Maar niet minder de moeite waard zijn de parken van grote herenhuizen zoals **Baldersnäs** en de baroktuin van kasteel **Drottningholm**. Prachtige boerderijtuinen zijn overigens te zien in de openluchtmusea van het land, waaronder **Julita gård** en **Skansen** in Stockholm. Parkachtige landschappen met bloemenrijke weilanden zijn op plaatsen te vinden, onder meer in **Råshult**, waar de botanicus Carl van Linnaues in de 18e eeuw werd geboren.

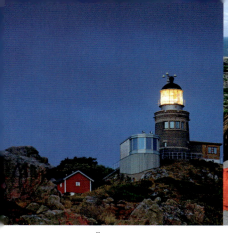
Lichtsignaal in Öresund: de vuurtoren Kullens fyr. Zie blz. 92

De scherenkust reikt tot aan de einder vanaf Tjörnehuvud. Zie blz. 121

Favorieten

De reisgidsen van de ANWB worden voortdurend bijgewerkt met actuele informatie. Daartoe trekken de auteurs geregeld weer langs de diverse plaatsen in de beschreven streek. Hierbij ontdekken zij ook heel persoonlijke lievelingsplekjes, zoals dorpjes die buiten de platgetreden toeristische paden liggen, een heel bijzondere strandbaai, sfeervolle pleintjes die uitnodigen om even bij te komen, een stukje ongerepte natuur. Het zijn de favoriete locaties waar je eigenlijk telkens weer naartoe wilt gaan.

Beeldverhaal uit de oertijd: de rotstekeningen bij Tisselskog. Zie blz. 209

Met de geur van dennen en veenwater op de huid: het strand Vitsand. Zie blz. 222

Ga aan boord van het schip van mythen en legenden bij Ales stenar. Zie blz. 142

Als bomen konden spreken: in het toverbos Trollskogen, Öland. Zie blz. 178

Geniet van kunst in prins Eugens Villa Waldemarsudde, Stockholm. Zie blz. 260

Als oudste stad van Zweden biedt Sigtuna een onweerstaanbare idylle. Zie blz. 286

In vogelvlucht

Vänern met Dalsland
Contrasten in het West-Zweedse binnenland: ten westen van Vänern in Dalsland vindt u eenzaamheid en stilte te midden van de natuur, langs de zuidelijke oevers van het grootste meer van Zweden echter een oud cultuurlandschap met kerken en kloosters. Zie blz. 196

Göteborg en Bohuslän
Maritieme flair, grootsteeds tumult en een mondain nachtleven in de tweede stad van Zweden, Göteborg, met de rotsachtige kusten van Bohuslän voor de deur – een droom van een vakantiebestemming voor iedereen met wat pit. Zie blz. 104

De westkust van Skåne en Halland
De dynamiek van de grote stad aan de Öresund in Malmö, het gemoedelijke studentenleven in Lund, zandstranden en scherpe rotsen, havensteden en vakwerkhuizen, uitstekende hotels en restaurants in een toeristisch goed ontsloten regio. Zie blz. 72

Oost-Skåne en Blekinge
In de sporen van zeelieden en ridders naar burchten, geheimzinnige hunenbedden en middeleeuwse steden, langs heerlijke stranden. Een reis vol contrasten biedt de rafelige kust van Blekinge met de zuidelijkste scherenkust van Zweden. Zie blz. 132

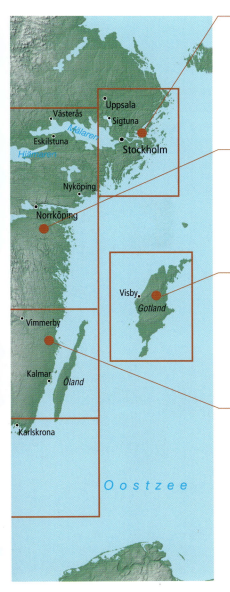

Stockholm en omgeving
De Zweedse hoofdstad met een mix van cultuur, winkels en uitgaansleven... en een rijke natuur op veertien eilanden. Vlakbij nog eens 24.000 eilanden van de scherenkust, ideaal voor de ontspanning. Verder zijn er uitstapjes mogelijk naar het Zweedse kernland, met kastelen en herenhuizen, de universiteitsstad Uppsala en de oudste Zweedse stad Sigtuna. Zie blz. 246

Van Vättern naar Mälaren
Spectaculaire rotswanden en een rijke geschiedenis in Östergötland, kloosters als die van Alvastra en Vadstena langs het Vättern. De beroemdste waterweg van Zweden, het Götakanaal, de sierlijke industriestad Norrköping en het bezienswaardige Nyköping. Zie blz. 212

Gotland
Het grootste eiland in de Oostzee is een wereld op zich en staat met zijn landschap en cultuur ver af van het Zweedse vasteland. Vikingen, Hanze-kooplieden en op buit beluste veroveraars hebben hun sporen hier nagelaten – en daarmee menig juweel. Een daarvan is de oude stad van Visby, waar de tijd sinds de middeleeuwen stil lijkt te hebben gestaan. Zie blz. 180

Småland en Öland
De zuidelijkste wildernis van Zweden, met meren, moerassen en eenzame bossen, de wieg van het Zweedse design – van meubels tot glas. Minder bekend: de scherenkust. Heel anders is het eiland Öland met kindvriendelijke stranden en een mediterraan aandoende natuur. Zie blz. 156

Reisinformatie, adressen, websites

Uit de talloze meren in Zuid-Zweden kan iedereen zijn 'eigen' meer kiezen

Reisinformatie

Internet

Het internet is een uitstekende manier om uitgebreide informatie over de bestemming Zweden te verkrijgen, zowel voor als tijdens de reis. Accommodaties en restaurants, reisorganisaties, enzovoort, publiceren belangrijke informatie, zoals openingstijden en prijzen, op hun website of u kunt er online boeken. Wie op zoek is naar interessante informatie, vindt die ook op Nederlandstalige sites van en voor Zwedenfans.

www.kungahuset.se, www.royalcourt.se De officiële website van het Zweedse koningshuis met nieuws van het hof en praktische informatie voor het bezoeken van de koninklijke paleizen en kastelen.

www.sweden.se De officiële website van Zweden biedt (onder meer in het Nederlands) actuele informatie over het land en de mensen, kunst en cultuur, bedrijfsleven en politiek en veel nuttige links. De door het Zweedse Instituut (SI) uitgegeven folders (*faktablad*) over cultuur, economie en politiek kunnen in verschillende talen worden gedownload als pdf.

www.visitsweden.com Dit praktisch en overzichtelijk vormgegeven portaal van het Zweedse verkeersbureau voor reizen en toerisme, in de Nederlandse taal, is een uitstekende bron van informatie. Het behandelt thema's die van belang zijn voor de reis, en bevat vele nuttige links. U kunt inspiratie opdoen voor uw eigen reis, een reisorganisatie vinden en nog veel meer. Op de website kunt u zich inschrijven voor een Nederlandstalige nieuwsbrief met actuele informatie over Zweden.

www.zwedenforum.nl Op deze site wisselt een levendig forum van gedachten. U vindt er veel nuttige suggesties voor de praktische kant van het reizen, maar u kunt er ook informatie ontdekken voor emigranten en degenen die dat willen worden.

www.zwedenweb.com Overzichtelijk gepresenteerde, nuttige informatie over onderwerpen als werk en studie, reizen en vakanties. In het forum kunt u onder meer zoeken naar reispartners en u leest er interessante details uit het dagelijkse leven in Zweden of reisverslagen. Ook vindt u er informatie over de Zweedse cultuur: muziek, taal, eten en drinken.

zweden.startpagina.nl Een overzichtelijke site met links naar onder meer kranten, radiokanalen en tv-programma's die u via het internet kunt lezen, luisteren en bekijken. Biedt veel praktische reisinformatie, zij het nogal selectief. Veel gesponsorde links van reisorganisaties.

www.skandinavien.eu/Zweden Een goed gestructureerde, Duitstalige site voor alle Scandinaviëfans die ook de thema's muziek, films of culinaire zaken niet vergeet. Met advertenties van onlinewinkels en aanbieders van vakantiehuisjes, specifiek gericht op deze doelgroep.

www.zweeds-nederlandse-vereniging.nl De Zweeds-Nederlandse vereniging organiseert bijeenkomsten en lezingen, viert typisch Zweedse feesten en herdenkt voor Zweden belangrijke gebeurtenissen. Leden van de vereniging ontvangen uitnodigingen voor haar activiteiten en krijgen *Sverige Kuriren* in de brievenbus.

Verkeersbureaus

Visit Sweden, hét informatiepunt voor reizen en toerisme in en naar Zweden, is tegenwoordig geheel gebaseerd op de website https://visitsweden.com. Deze webiste is ook in het Nederlands te raadplegen en biedt enorm veel informatie en inspiratie, met name onder de tabs Praktisch, Te doen, Bestemmingen en Ontdek. Informatie op papier, zoals folders en brochures, wordt niet meer verzonden. Evenmin is er een publiekskantoor in Nederland. De uitgebreide website maakt echter veel goed.

Informatie ter plaatse

In Zweden zijn twee soorten informatiekantoren (*turistbyrå*, mv. *turistbyråer*) te onderscheiden: Kantoren met een blauw-geel bord geven niet alleen informatie over de regio, maar over heel Zweden en u kunt er accommodatie boeken in het hele land. *Turistbyråer* met een groen bord helpen u met plaatselijke informatie en bemiddelen bij lokale accommodatie.

De regionale verkeersbureaus bieden informatie via internet, bijna altijd in het Engels, maar soms ook in andere talen. Dat geldt ook voor de meeste plaatselijke kantoren. Schriftelijke informatie (soms in het Nederlands) kunt u bestellen via e-mail of downloaden via de website.

Leestips

Jan Guillou, *De weg naar Jeruzalem,* Houten 1999. Eerste deel van een historische trilogie (de vervolgdelen zijn *De tempelier* en *Het rijk aan het einde van de weg*) over de kruistochtenperiode van de kloostergeleerde en later tempelier Arn Magnusson. In dit eerste deel spelen de omgeving en het klooster van Varnhem een belangrijke rol.

Jonas Jonasson: *De 100-jarige man die uit het raam klom en verdween,* Amsterdam 2011. Zwerftocht van een hoogbejaarde man die uit het bejaardentehuis in Malmköping weggaat en op zijn tocht door het land allerlei avonturen meemaakt. Zeer amusant.

Selma Lagerlöf, *Niels Holgerssons wonderbare reis,* Rotterdam 2003. Nog altijd de mooiste reisgids voor Zweden.

Stieg Larsson, *Mannen die vrouwen haten,* Utrecht 2011. Eerste deel van de Millenniumtrilogie van de in 2004 overleden auteur (de vervolgdelen zijn *De vrouw die met vuur speelde* en *Gerechtigheid*). Tijdens een familiebijeenkomst verdwijnt een jonge vrouw; bij zijn onderzoek raakt een journalist verzeild in de duistere geschiedenis van de familie. De boeken zijn ook als film een groot succes. De reeks wordt voortgezet door de schrijver David Lagercrantz.

Henning Mankell, *De vijfde vrouw,* Breda 2009; *Voor de vorst,* Breda 2011. De thrillers over hoofdinspecteur Kurt Wallander in Ystad zijn goede stemmingmakers voor Zwedengangers die zich niet bang laten maken...

Liza Marklund, *Springstof,* Breda 2008. De romans van de Zweedse 'Queen of Crime' spelen in het mediamilieu: tabloids en televisiestudio's vormen de achtergrond voor de spannende acties waar misdaadverslaggeefster Annika Bengtzon bij betrokken raakt.

Maj Sjöwall & Per Wahlöö, de tien romans met Martin Beck, Utrecht 2011/2012. De in de jaren 70 geschreven reeks van tien misdaadromans beschrijft de Zweedse maatschappij van die tijd vanuit een kritisch perspectief.

Kurt Tucholsky, *Slot Gripsholm,* Amsterdam 1981. De gelukkige herinneringen van Tucholsky aan zijn zomer in Zweden verlenen het boek magie en luchtigheid, ook al speelt het zich af tegen de achtergrond van de politieke gebeurtenissen in Duitsland in de jaren 30.

Weer en reisseizoen

Koppig houdt men zich in de rest van Europa voor dat het altijd koud is in Zweden. Iedereen die het geluk heeft gehad om 's zomers met een stabiel oostelijk hogedrukgebied door het land te toeren, zal zich de lange, lichte en zwoele nachten herinneren. De gunstige zomertemperaturen zijn niet in de laatste plaats te danken aan de extreme daglengte, die het gevolg is van de noordelijke ligging van het land. Warme droge zomers leiden overigens tot een verhoogd risico op bosbranden.

Klimaat

Aan de Golfstroom dankt Zweden, ondanks zijn noordelijke ligging – Stockholm ligt op dezelfde breedtegraad als de zuidpunt van Groenland – het gematigde klimaat. In het zuidwesten heeft het klimaat een maritieme invloed, met aangename zomers en milde winters. In het noorden en het oosten van het land heerst een meer continentaal klimaat met de bijbehorende grote verschillen tussen zomer- en wintertemperaturen.

De neerslaghoeveelheden nemen van west naar oost af. De laagste waarden worden genoteerd op de eilanden Öland en Gotland, die daarom in de zomer vaak te lijden hebben van ernstige watertekorten.

Seizoenen

De verschillen tussen de seizoenen zijn in Zweden duidelijker dan in de rest van Europa. Van een echte zomer met temperaturen waarbij West-Europeanen het wagen om in buitenwater te zwemmen is gewoonlijk slechts sprake tussen half juni en eind augustus.

Prikkelend, vooral voor de wandelaars, is de herfst, als de loofbomen een ongelooflijke kleurenpracht tentoonspreiden en er meestal geen hinderlijke muggen meer zijn. De winter begint (afhankelijk van de regio) tussen half oktober en begin november en duurt vaak tot in april. De maanden februari en maart zijn erg populair bij wintersporters, pas dan ligt er in Zuid-Zweden meestal voldoende sneeuw en zijn de dagen alweer wat langer.

Een bijzondere belevenis is het begin van de lente in de eerste helft van mei. U krijgt het gevoel dat de natuur van de ene dag op de andere ontploft, wat resulteert in een ongeëvenaarde kleurenpracht. De lentebloemen staan in bloei, de berken lopen uit met hun eerste groene blaadjes, de lucht wordt zacht en warmt langzaam op, de mensen 'ontwaken uit hun winterslaap' en bereiden zich voor op hun eerste picknick in de vrije natuur.

Het weer in Stockholm

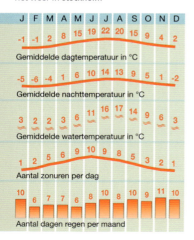

Middernachtszon

Het fenomeen van de middernachtszon is al te merken in Zuid-Zweden, ook al is het alleen boven de poolcirkel in volle pracht te zien. In de regio Stockholm zijn de juni- en julinachten extreem kort. Het begint tegen elf uur 's avonds te schemeren en het is om drie uur 's ochtends weer licht. Niet alleen voor de Zweden betekent deze overmaat aan daglicht in de zomer een aanzienlijke toename van de levenskwaliteit: bijna het hele sociale leven op het platteland en in de stad speelt zich buiten af. Ook wordt het in de winter niet helemaal donker. In Stockholm schijnt de zon van 9 uur 's ochtends tot 3 uur 's middags.

De beste tijd

Het hoogseizoen duurt van *Midsommar* (het weekeinde dat het dichtst bij 24 juni ligt) tot de tweede week van augustus. Buiten deze periode moet u zelfs in toeristische centra rekening houden met beperkte openingstijden. In de zes weken hoogseizoen is het niet altijd gemakkelijk budgetaccommodatie of een plek om uw camper te parkeren te vinden, omdat de Zweden die zelf met groot enthousiasme vakantie in eigen land vieren, dan ook onderweg zijn. Aan de andere kant bieden anders dure hotels juist in deze periode grote kortingen aan, daar de zakenlieden die er anders verblijven, in de vakantieperiode wegblijven.

Door de klimaatverandering laat de winter in veel jaren op zich wachten. Voor een wintervakantie bevelen we daarom februari en maart aan. Dan zijn de dagen ook al weer wat langer. Weken 7 tot 10 zijn *Sportlov*, sportvakantie. Gedurende deze tijd is het raadzaam om accommodatie in wintersportgebieden vooraf te reserveren.

Kleding en uitrusting

Naast goede muggen- en zonnebescherming hebt u 's zomers ook regenkleding, stevige wandelschoenen, eventueel laarzen en een warme jas of trui nodig. Verder bent u goed toegerust met normale outdoorkleding.

Het is raadzaam om beddengoed mee te nemen voor gebruik in particuliere vakantiewoningen, hostels, trekkershutten op campings en een aantal goedkope hotels – hier wordt gasten vaak een extra bedrag in rekening gebracht voor het gebruik van lakens en handdoeken (zie blz. 26). Ook het meebrengen van een kleine tent en eenvoudig kookgerei kan geen kwaad. Het Zweedse allemansrecht (zie blz. 34) staat u toe uw tent waar u maar wilt op te slaan op voorwaarde dat u de privacy van anderen niet stoort en niets beschadigt.

Picknickspullen zijn ook zeer nuttig – er gaat niets boven het inslaan van vis of andere zeevruchten bij een plaatselijke rokerij om deze op het strand of zittend op een rots met uitzicht op zee te verorberen.

Muggen – een lastig onderwerp

Vanaf half juni totdat de vorst invalt in september-oktober is het muggentijd, vooral in de schemering en op vochtige, windstille dagen. Een nat begin van de zomer leidt doorgaans tot een muggenplaag. Het is raadzaam om tijdens het wandelen kleding te dragen die gemaakt is van dikke stof en het hele lichaam bedekt. Een hoed met een sluier van gaas beschermt het gezicht. Muggenspray die het reukvermogen van de insecten verwarren, helpen slechts beperkt. Apotheken en supermarkten hebben geschikte middelen op voorraad.

Reizen naar en in Zuid-Zweden

Douane

Voor een verblijf van maximaal drie maanden is een geldig identiteitsbewijs voldoende. Ook kinderen onder de 16 jaar dienen een eigen identiteitsbewijs te hebben. Voor automobilisten is het meebrengen van een groene kaart aan te bevelen.

Voor alcohol en tabak gelden voor EU-burgers geen invoerbeperkingen voor privégebruik. Burgers van niet-EU-landen mogen 200 sigaretten of 250 gram tabak, 2 liter bier en 1 liter wijn en 1 liter sterke drank of 2 liter wijn invoeren. Vergunningen zijn, onder andere, verplicht voor de invoer van jachtwapens en munitie.

Honden (geen vechthonden) en katten mogen ingevoerd worden als ze kunnen worden geïdentificeerd door een tatoeage of microchip. U dient tevens te beschikken over een dierenpaspoort, dat de dierenarts kan verstrekken. Inenting tegen hondsdolheid is verplicht. Zie voor actuele informatie op www.jordbruksverket.se.

Heenreis

... met de auto

Öresundsbron: de 16 km lange brug over de Sont maakt een reis over de weg naar Zweden mogelijk. Voor een personenauto tot 6 m kost een enkele reis SEK 560, voor een personenauto met caravan (max. 15 m) SEK 1120. Voor frequente Zweden-reizigers is er de BroPass die SEK 390/jaar kost, waarna een enkele reis SEK 215, resp. SEK 430 kost. Na één retourreis heeft u de kosten er dus al uit. Informatie: www.oresundsbron.com.

Veerdiensten: Kiel-Göteborg (ca. 13,5 uur), auto met 4 personen enkele reis vanaf € 275 (hut € 90-200 extra). Frederikshavn-Göteborg (2 of ca. 3,5 uur) of Grenå-Varberg (ca. 4 uur), auto met 5 personen enkele reis ca. € 119, Stena Line, reservering tel. 0900 8123, www.stenaline.nl.

Travemünde-Trelleborg (7,5 uur) en Rostock-Trelleborg (ca. 5-7 uur), auto met 5 personen retour vanaf € 215, TT-Line, Skandinavienkai, 23570 Lübeck-Travemünde, tel. 0049 4502 801 81, www.ttline.com/nl.

Travemünde-Malmö (ca. 9 uur), auto met 5 personen enkele reis vanaf € 90, Finnlines, Einsiedelstraße 43-45, 23554 Lübeck, tel. 0049 451 150 74 43, www.finnlines.de.

Puttgarden-Rødby (45 min.) of Rostock-Gedser (ca. 2 uur), Helsingør- Helsingborg (25 min.), auto met maximaal 9 personen als 'Zwedenticket' retour ca. € 170-300; Sassnitz-Trelleborg (3,5 uur) € 200-350; Rostock-Trelleborg (ca. 6 uur) € 200-350, Stena Line, reservering tel. 0900 8123, www.stenaline.nl.

Het is zeker de moeite waard om rekening te houden met de door rederijen aangeboden vroegboekkortingen en arrangementen.

... met het vliegtuig

Met de vele goedkope aanbiedingen biedt het vliegtuig de goedkoopste en snelste manier om naar Zweden te reizen (rechtstreeks ongeveer 2-2,5 uur). Als u buiten de steden flexibel wilt zijn, is een combinatie met een huurauto aan te bevelen – hoewel dat misschien dan wel weer ten koste gaat van het prijsvoordeel.

Stockholm-Arlanda: dagelijkse lijnvluchten door KLM, SAS en Norwegian vanaf Schiphol. SAS vliegt vanaf Brussel. Transavia vliegt vanaf Eindhoven.

Reisinformatie

Stockholm-Skavsta: Ryanair vanaf Düsseldorf Weeze en Brussel Charleroi.
Stockholm-Bromma: Brussels Airlines vanaf Brussel.
Göteborg-Landvetter: KLM vanaf Amsterdam. Brussels Airlines vanaf Brussel.
Linköping: KLM vanaf Amsterdam
Småland Airport/Växjö: KLM vanaf Amsterdam.

Vliegmaatschappijen op internet:
www.brusselsairlines.com
www.flysas.nl
www.klm.nl
www.norwegian.com
www.ryanair.com

... met de trein

Van Amsterdam en Brussel kunt u per trein naar Hamburg, dan met de Vogelfluglinie naar Kopenhagen (4,5 uur) en over de **Öresundsbron** naar Malmö (45 min). Van Hamburg naar Stockholm duurt de reis ongeveer 10 uur. Informatie en speciale aanbiedingen: www.b-europe.com, www.treinreiswinkel.nl en www.nsinternationaal.nl.

... met de bus

Vanuit tal van steden in Nederland en België rijden regelmatig bussen naar Zweden, met halteplaatsen in onder meer Malmö, Jönköping, Göteborg en Stockholm. De reis is relatief goedkoop en er wordt 's nachts doorgereden. Informatie: Eurolines, www.eurolines.nl of www.eurolines.be; Flixbus, www.flixbus.nl of www.flixbus.be.

Vervoer in Zweden

Trein

Een uitgebreid stelsel van kortingen en de comfortabele uitrusting van de treinen maken het reizen per spoor in Zweden tot een prettige manier om u te verplaatsen. Bijzonder gunstig zijn de lang vooraf geboekte Just-nu-tickets

Of u nu met een grote naar het vasteland of met een kleine veerboot naar een eiland in de scherenkust vaart, een bijzondere ervaring is deze vorm van reizen altijd

(online te boeken). Aanbiedingen en de dienstregeling van de staatsspoorwegen SJ: www.sj.se. Reisplanner voor bus en trein: www.resplus.se.

Bus

Routes in het hele land worden bestreken door de expressbussen van de Zweedse busondernemingen Swebus en Svenska Buss (onder meer van Malmö via Karlskrona en Göteborg via Jönköping naar Stockholm). Belangrijk: plaatsen in de Swebus-Expressbussen moeten gereserveerd worden.
Swebus: tel. 0771-21 82 18, www.swebus.se.
Svenska Buss: tel. 0771-67 67 67, www.svenskabuss.se.

De regionale bussen van het streekvervoer (Länstrafik) bieden goede reismogelijkheden, vaak over lange afstanden. Belangrijk: in bussen is betaling alleen mogelijk via een vooraf gekochte magneetkaart of per creditcard.

Huurauto's

De grote autoverhuurbedrijven zijn ook vertegenwoordigd met kantoren in Zweden. In de Zweedse zomervakantie, wanneer zakenlieden verdwijnen als klant, worden meestal betaalbare tarieven aangeboden tot SEK 2000 per week voor een personenauto. In combinatie met trein- en vliegreizen zijn er soms gunstige aanbiedingen.

Autorijden

De wegen in Zweden verkeren over het algemeen in goede staat. Er kan onderscheid gemaakt worden tussen snelwegen of Europawegen (E, groene borden) en rijks- of provinciale wegen (blauwe borden). Lang niet alle E-wegen zijn overigens snelwegen. Ongebruikelijk: de rijstrook naast de eigenlijke weg wordt gebruikt door degenen die langzamer willen rijden. Als er van achteren een snellere auto nadert, houdt u rechts aan en kan deze passeren. Dit wegtype is echter aan het verdwijnen ten faveure van driebaanswegen met een vangrail in het midden. Afwisselend zijn er per richting één of twee rijstroken beschikbaar, zodat langzamer verkeer gemakkelijk kan worden ingehaald.

Snelheden: Er geldt een snelheidsbeperking van 80-100 km/u buiten de bebouwde kom, 100-120 km/u op autosnelwegen, voor auto's met caravans maximaal 80 km/u. In steden 50 km/u, in woonwijken 30 km/u. Het gebruik van autogordels is verplicht op alle zitplaatsen en voor kinderen tot en met zeven jaar zijn kinderzitjes verplicht.

De wettelijke **alcohollimiet** voor bestuurders is 0,2 promille. Overdag is het verplicht te rijden met **dimlicht**. In de winter zijn **winterbanden** zeer aan te bevelen, voor Zweedse auto's zijn ze verplicht van 1 december tot 31 maart.

Bij **benzine** wordt altijd het octaangetal aangegeven: normaal is 95 octaan, super is 98 octaan. **Diesel, ook synthetische diesel (HVO)**, is heel gangbaar. LPG is beperkt te verkrijgen. De meeste benzinestations hebben automaten waarvoor een creditcard met pincode nodig is. Een bankpas werkt niet altijd.

In sommige steden geschiedt het parkeren volgens een systeem dat *datoparkering* wordt genoemd: Op de even dagen van de maand wordt bijvoorbeeld aan de rechterkant geparkeerd en op de oneven dagen aan de linkerkant. Borden langs de straat geven aan welk systeem van toepassing is. Een stopverbod wordt aangegeven met een gele lijn langs de weg, een onderbroken of zigzaglijn geeft aan dat er beperkingen gelden.

Langs veel wegen staan flitspalen, die vooraf worden aangekondigd. Houd er rekening mee dat de boetes voor te snel rijden flink hoger zijn dan bij ons.
Pechhulp: zie blz. 36.
Wegcondities: Trafikverket, www.trafikverket.se.

Overnachten

Boeken via internet

Hotels, jeugdherbergen *(vandrarhem)* en B&B's of pensions zijn goed en goedkoop via de betreffende websites te boeken. Veel *turistbyråer* in Zweden linken door naar een reserveringsvenster, wanneer u klikt op het tabblad *Boende* of *Bo*. Bij het boeken hebt u altijd een creditcardnummer nodig. U betaalt het minst bij een definitieve boeking van een hotelkamer. In andere gevallen is een annulering tot een of twee dagen voor aankomst zonder extra kosten mogelijk. De voorwaarden variëren echter sterk, kijk daarom vooraf goed naar de voorwaarden om ergernis te voorkomen.
www.booking.com – Dit Nederlandstalige boekingsportaal is ook te gebruiken voor hotels in Zweden, buiten de grote steden is het aanbod echter dun.
www.hotelstars.eu/sv/sverige/ – Zoek naar hotels in heel Zweden.

Hotels en pensions

Hotels in Zweden worden in principe met sterren geclassificeerd, maar vele maken er geen gebruik van, al zijn uitrusting en comfort betrouwbaar en goed. Vreemd genoeg zijn overnachtingen in de Zweedse hotels juist bijzonder voordelig in de vakantieperiode, omdat er dan geen zakenlieden komen en de hotels daarom toeristen lokken met aantrekkelijke aanbiedingen in de weekends en tijdens de zomermaanden. Dan kunt u vaak al een goede tweepersoonskamer met ontbijt krijgen vanaf SEK 800. Een uitzondering vormen logischerwijs de echte vakantiehotels, bijvoorbeeld in de badplaatsen langs de kusten van Skåne en Halland en op Gotland.

Een aantrekkelijk alternatief is een pension *(pensionat)*: een klein, vaak liefdevol ouderwets ingericht hotel met meestal een goed restaurant en redelijke tarieven.

Vakantiehuizen

Vakantiehuizen zijn te huur via verhuurbureaus, het plaatselijke *turistbyrå* of particulieren. Inmiddels hebben ook veel Nederlanders een zomerhuis in Zweden dat ze graag een paar weken per jaar willen verhuren. Overigens variëren de prijzen sterk, afhankelijk van de locatie en de uitrusting van het huis; ze beginnen bij zo'n € 500 per week. Voor meer informatie kunt u terecht bij reisbureaus of Visit Sweden. Er zijn ook adressen te vinden op de websites van de Zweedse toeristenbureaus.

Camping

De campings in Zweden zijn doorgaans luxueus uitgerust – met zwembad, sauna, restaurants en recreatieve faciliteiten – en liggen zelfs bij een grote stad meestal aan het water, vaak met een strand. Veel campings zijn aangesloten bij de Zweedse kampeervereniging SCR. Als u hier wilt overnachten, dient u te beschikken over de Camping Key

Stedentrips

Voor Stockholm en Göteborg zijn er vakantiearrangementen die huisvesting, toegang tot bezienswaardigheden en attracties en gebruik van het openbaar vervoer combineren (nadere details in de reissectie van de steden).

Reisinformatie

Europe, die ook in andere landen van Europa geldig is. Deze kaart biedt ook kortingen (veerboten, winkels, attracties) en kost € 11,95 (te verkrijgen bij de ANWB en bij de SCR, zie hieronder).

Staanplaatsen kosten SEK 170-400 per dag, naargelang ligging, uitrusting en verblijfsduur. In de regel worden ook **trekkershutten** *(stuga,* mv. *stugor)* aangeboden, met kookgelegenheid en 2-4 bedden vanaf SEK 400, comfortabelere hutten met douche/wc zijn duurder. Let op: in Zweden wordt voor kookapparaten, lampen en kachels alleen propaan *(gasol),* geen butaan gebruikt. Gasflessen zijn zelden te koop; kookstelletjes op spiritus zijn gebruikelijker.

Een catalogus met een selectie van de campings, die ook de ligging laat zien, is te verkrijgen via Visit Sweden of Sveriges Camping- och Stugföretagares Riksorganisation (SCR), Mässans gata 10, Box 5079, SE-402 22 Göteborg, www.camping.se. De catalogus is ook online te raadplegen. Via deze websites kunt u ook staanplaatsen of hutten boeken op de aangesloten campings.

Jeugdherbergen en budgethotels

De Zweedse jeugdherbergen *(vandrarhem)* kennen geen leeftijdsbeperkingen en ook geen grote slaapzalen. Het lidmaatschap is niet verplicht. Bijna overal zijn er tweepersoons- en gezinskamers, veel jeugdherbergen bieden kamers met een eigen badkamer en echte matrassen in plaats van schuimrubbermatten. Een aantal jeugdherbergen is ondergebracht in een historisch gebouw: vuurtorenwachterhuisjes, bijgebouwen bij een kasteel, een voormalige gevangenis of school- en fabrieksgebouwen.

Inmiddels vervagen vooral in steden de grenzen tussen jeugdherberg en budgethotel. Naast de goedkope varianten hebt u als gast de optie van een hotelkamer met bijbehorende service: een opgemaakt bed en 's ochtends een ontbijtbuffet. Voor deze service betaalt u extra, maar dan krijgt u beddengoed, handdoeken, ontbijt en de schoonmaak na afloop. Als u op deze kosten wilt besparen, kunt u uw eigen beddengoed en handdoeken meenemen, maakt u zelf een ontbijt in de zelfbedieningskeuken en maakt u bij vertrek zelf de kamer schoon. De extra kosten voor ontbijt en beddengoed met handdoeken bedragen ongeveer SEK 60-100 per persoon. Inclusief alle kosten is een overnachting in een hostel vaak bijna net zo duur als een zeer scherp geprijsde hotelaccommodatie (vanaf ongeveer SEK 800 voor een tweepersoonskamer).

Er zijn twee **jeugdherbergorganisaties:** STF (Svenska Turistföreningen), die samenwerkt met de Nederlandse Stayokay en de leden korting biedt, en SVIF (Sveriges Vandrarhem i Förening), een kleinere, onafhankelijke organisatie. Daarnaast zijn er jeugdherbergen die nergens bij aangesloten zijn.

Svenska Turistföreningen (STF)
Box 17251, SE-104 62 Stockholm
tel. 08 463 21 00
www.svenskaturistforeningen.se
Sveriges Vandrarhem i Förening (SVIF)
Box 1112, SE-450 23 Göteborg
tel. 031 82 88 00
www.svif.se

Bed & breakfast

www.bopalantgard.org – Accommodatie op het platteland, met kamers op boerderijen (vanaf ongeveer SEK 250 per persoon met ontbijt), appartementen en vakantiehuisjes. Vaak hebben ze speciale aanbiedingen met paardrijden, vissen of jacht. Ook zijn er adressen die zich met name richten op motorrijders.

Eten en drinken

Zweedse keuken

Tegenwoordig onderscheidt de goede Zweedse keuken zich doordat men zich voornamelijk baseert op regionale en seizoensgebonden producten, zoals vis en zeevruchten, paddenstoelen, bessen, wild als eland- en rendiervlees, en die zorgvuldig verwerkt. Daarbij worden de stevige Zweedse gerechten verfijnd door invloeden uit de Franse en met name de mediterrane keuken. In Stockholm, Malmö en Göteborg werken de beste Scandinavische chef-koks.

De Zweden eten graag goed en gaan veel uit eten. De restaurants worden voortdurend getest en er zijn veel recensies. Elk jaar pubiceert de White Guide (www.whiteguide.se) een lijst van beste Zweedse eetadressen in diverse categorieën.

Lokale gerechten

Traditionele Zweedse gerechten zijn meestal eenvoudig, stevig en voedzaam. Tot de populairste behoren onder meer gerechten zoals *Jansson frestelse*, een stoofschotel van aardappelen, uien, ansjovis en room, *pytt i panna*, een eenpansgerecht gebaseerd op restjes, met in blokjes gesneden aardappelen, ui en vlees, bekroond met een gebakken ei, *Biff à la Lindström*, rundvlees met rode biet en kappertjes, en natuurlijk de beroemde *köttbullar*, gekruide gehaktballetjes, die vaak worden opgediend met een zoet sausje van rode bosbessen *(lingon)*.

Vis

De beroemde specialiteit *gravad lax*, gemarineerde zalm, is – net als veel andere culinaire hoogstandjes – in Scandinavië ontstaan om de opbrengst van een korte oogstperiode zo lang mogelijk te behouden.

Een andere typisch Zweedse lekkernij is de haring – de Oostzeeharing (*strömming*) is kleiner dan de Noordzeeharing (*sill*) en is goed geschikt als tussendoortje in de vorm van gebakken haring (*stekt strömming*). Door zijn zachtheid en het gebruik van allerlei kruiden kent de ingelegde Noordzeeharing, *inlagd sill* (zie blz. 51), veel liefhebbers. Wie wil genieten van de vele smaken, zou tijdens een reis langs de westkust eens enkele van de vele lokale variëteiten kunnen proberen.

Eveneens langs de kust hebben rokerijen (*rökerier*) een uitbundig aanbod aan schelpdieren, garnalen of kreeften, die net als zalm en forel vaak gerookt worden aangeboden.

Gravad lax

Gravad lax kunt u gemakkelijk zelf maken: Een zalmfilet met huid wrijft u in met een mengsel van een eetlepel grof zout en een eetlepel suiker en een theelepel witte peper, aansluitend strooit u er fijngehakte verse dille over, daarna wikkelt u het strak in folie en bewaart u het 36-48 uur in de koelkast waarbij u het om de twaalf uur omkeert. Snijd de 'koud gegaarde' vis in dunne plakken en serveer het samen met *hovmästarsås*, een met honing gezoete mosterdsaus. Voor de saus neemt u twee eetlepels middelscherpe mosterd, een eetlepel suiker, een eetlepel wijnazijn en een eetlepel olie en u roert er op het laatst een bosje fijngehakte dille doorheen.

Knäckebröd

Knäckebröd wordt beschouwd als het meest typische Zweedse brood, maar heeft al lang plaatsgemaakt voor een aantal andere broden. Bij het ontbijtbuffet vindt u naast zachte sesam- of maanzaadbroodjes ook lichte ciabatta volgens Italiaans of donker roggebrood volgens Duits recept.

Tunnbröd (dun brood) wordt op dezelfde wijze als knäckebröd bereid, maar is veel dunner. Het smaakt vers het best als het direct uit de houtoven komt, waar het in twee tot drie minuten op een hete steen wordt gebakken. Hoe *knäckebröd en tunnbröd* worden gebakken, is 's zomers te zien in talloze openluchtmusea.

Smörgåsbord

Het culinaire hoogtepunt van de Zweedse keuken is zeker het smörgåsbord, een buffet. Een 'boterhamtafel' – de letterlijke vertaling – bestaat uit verschillende haringgerechten, gemarineerde en gerookte zalm, garnalen (*räkor*), rode kaviaar (*löjrom*), salades, warme vlees- en visgerechten, zoals rosbief, en een selectie van desserts.

Dranken

Van uitstekende kwaliteit zijn de Zweedse zuivelproducten: naast melk (*mjölk*), die vaak ook bij het eten wordt gedronken, is het gefermenteerd melkproduct *fil*, waarvan de smaak ergens tussen zure melk en kefir ligt, aan te bevelen. Fijnproevers hebben bij het avondeten meestal graag een goed glas wijn. Dat is in Zweden niet anders. De prijs (ca. SEK 80-100) is nog redelijk te noemen omdat er meestal wel wijnen van hoge kwaliteit worden aangeboden. Met het oog op het wettelijke maximale alcoholpromillage van 0,2 is voor automobilisten het alcoholarme bier (*lättöl*) een goed alternatief.

Eetgewoonten

De middagmaaltijd is de *lunch* en wordt meestal aangeboden tussen 11.30 en 14 uur. Het avondmaal, *middag*, bestaat gewoonlijk uit verschillende gangen en is uiteraard duurder, vooral als er wijn bij gedronken wordt.

Koffiedrinken heeft bijna een cultstatus in Zweden en wordt elk moment van de dag genoten. Het hele palet van actuele varianten, van Italiaans tot Amerikaans, zoals latte of cappuccino, is beschikbaar. Daarnaast is er nog de klassieke filterkoffie (*bryggkaffe*). In sommige cafés en restaurants krijgt u daarvan gratis een tweede kopje (*påtår*).

Levensmiddelen inkopen

Wie zelf kookt, vindt in de markthallen van de grote steden een breed assortiment. Ook de supermarkten zijn goed gevuld en bieden in ieder seizoen verse groenten en fruit uit heel Europa en daarbuiten aan. Sommige boeren verkopen aardappelen en fruit, zoals aardbeien en tomaten, aan de boerderij of op de markt. Biologische producten staan sterk in de belangstelling en worden verkocht onder het etiket *krav*.

Goedkope lunch

Voor de lunch is er meestal een compleet menu tegen een vaste prijs, dat naast de *dagens rätt* (dagschotel) bestaat uit brood, saladebuffet, frisdrank (water is meestal gratis bij het eten) en meestal ook een kopje koffie of thee.

Actieve vakantie, sport en wellness

Met zijn prachtige natuur is Zweden de ideale bestemming voor een actieve vakantie. Eigenlijk kunt u overal kanoën, kajakvaren, fietsen en wandelen; ongebruikelijke activiteiten zoals raften en sportklimmen zijn mogelijk in veel gebieden. Het lokale toeristenbureau en Visit Sweden (zie blz. 19) geven gedetailleerde informatie over de verschillende activiteiten.

Fietsen

Zweden biedt ideale mogelijkheden voor fietstochten. Door de duidelijk aangegeven fietspaden en verkeersluwe wegen worden lange en korte tochten een genot. Langs drukke wegen zijn vaak fietspaden aangelegd.

Door heel Zweden leidt van Helsingborg naar Karesuando de ongeveer 9500 km lange *Sverigeleden* (Zwedenroute). Ook in de afzonderlijke provincies zijn er gemarkeerde fietsroutes. Populaire routes zijn die langs de westkust van Halland en over de jaagpaden langs het Götakanal. Informatie en kaarten zijn verkrijgbaar bij het plaatselijke *turistbyrå*.

Vanaf de meeste stations is het mogelijk uw fiets in de trein mee te nemen; biljetten dienen 20 minuten voor vertrek te worden gekocht (www.sj.se).

Informatie over fietsen in Zweden bij de Zweedse wielerbond: www.svenskacykelsallskapet.se

Golf

Vooral Zuid-Zweden is met zijn schilderachtig gelegen, vaak uitdagende banen een paradijs voor gepassioneerde golfers. Daar golf is uitgegroeid tot bijna een nationale sport, ontbreekt de elitaire uitstraling die zo kenmerkend is voor veel West-Europese golfclubs. Op veel Zweedse banen kunt u zonder lidmaatschap terecht.

Kanovaren

Langs gemarkeerde kanoroutes kunnen de Zuid-Zweedse kanowateren ontspannen worden ontdekt. U dient wel rekening te houden met de regels van het Allemansrecht (zie blz. 34) en afstand te houden tot de nesten van watervogels. Veel eilanden zijn tijdens het broedseizoen niet toegankelijk, wat met borden wordt aangegeven. Langs drukke en met rustplaatsen uitgeruste routes wordt milieubelasting geheven (ca. SEK 25 per persoon per dag), bijvoorbeeld in Dalsland.

De grote meren van Småland zijn geschikte kanogebieden voor beginners. Meer ervaren peddelaars kunnen met zeekajaks de scheren langs de westkust en de zuidelijke Oostzee verkennen.

Informatie en meer dan 350 kanoroutes met een korte beschrijving van de kanogebieden kunt u vinden op www.kanot.com, de website van de Zweedse kanobond (Svenska Kanotförbundet) onder *Kanotguiden*. U vindt hier ook een lijst van erkende organisatoren van kanotochten en kanoverhuurders *(kanotuthyrare)*.

Paardrijden

Het aanbod van Zweedse maneges reikt van korte ritten tot meerdaagse tochten te paard en van paardrijcursussen tot speciale opleidingen. Ook boerderijen met paarden bieden soms ruitervakanties aan. Een lijst is te vinden op www.bopalantgard.org (zie blz. 26).

Informatie is via het zoekwoord 'paardrijden' *(ridning)* ook te vinden op de websites van de plaatselijke toeristenbureaus.

Vissen

Vissen zonder vergunning *(fiskekort)* is alleen toegestaan langs de kust, langs de grote meren Mälaren, Vänern, Vättern en Hjälmaren en ook in de wateren van sommige steden, zoals in Stockholm (waar u in de Strömmen kunt vissen). Een *fiskekort* kost SEK 60 tot 250 per dag, afhankelijk van welke vis er wordt gevangen. Al voor een twee weken durende visvakantie is een jaarkaart meestal voordeliger (vanaf SEK 400).

Wandelen

Voor wandelingen in Zweden is een geschikte uitrusting nodig: trekking- of wandelschoenen met een stevig profiel, een warme trui, een regen- of windjack tegen de grillen van het weer. In bijna alle regio's kunt u over gemarkeerde paden (zoals Kinnekulleleden) dichter bij de natuur komen, vaak zijn er onderweg hutten om in te overnachten zodat u

Watersport en zwemplezier – de meren bieden voor beide goede voorwaarden

Reisinformatie

meerdaagse tochten kunt ondernemen.

Tips en kaarten kunt u het best halen bij het lokale *turistbyrå*. Natuurreservaten en nationale parken zoals Stenshuvud en Tiveden worden ontsloten door goed gemarkeerde paden. Ook hier geldt echter: Zweden is dunbevolkt in vergelijking met West-Europa en u kunt er niet op rekenen een bewoond huis of zelfs maar andere wandelaars tegen te komen als u bent verdwaald. Onbegaanbare moerassen, grote keien en diepe kloven karakteriseren een groot deel van het land. Daarom is het beter om een gps voor outdoornavigatie, kaart, kompas en verrekijker mee te nemen en niet af te wijken van de gemarkeerde paden.

Watersport

Met zijn talrijke meren en rivieren en door de ligging tussen twee zeeën biedt Zweden fantastische mogelijkheden voor watersporters. Zeilers kunnen kiezen uit meer dan 450 jachthavens. Een overzicht met informatie over watertoerisme en boekingen vindt u op www.gasthamnsguiden.se.

Surfers vinden de beste omstandigheden langs de stranden van de 'Zweedse Rivièra' in Halland, zoals langs Mellbystrand en Skummelövsstrand of bij Varberg.

Kanovaren: zie blz. 29.

Wellness

De belichaming van wellness is de sauna, in het Zweeds *bastu*. Afgezien daarvan kunt u ook in Zweden een moderne wellnessaanbod vinden zoals spahotels in kuuroorden als Ronneby of Söderköping, aan de westkust in Varberg en Strömstad of luxueuze landgoedhotels in een prachtige omgeving op het platteland.

Wintersport

Wintersport is mogelijk van januari tot maart, op grotere hoogte tot en met mei, maar de klimaatverandering speelt wintersporters vaak parten bij hun vakantieplanning. In Zuid-Zweden zijn de mogelijkheden in de meeste streken daardoor beperkt.

De infrastructuur reikt van geprepareerde en verlichte langlaufloipen tot het gebruik van sneeuwkanonnen om de natuurlijke sneeuw aan te vullen. *Sportlov* (week 7-10) is voor de Zweden de tijd voor hun wintervakantie, dan is het hoogseizoen in de wintersportgebieden van Midden- en Noord-Zweden.

Zwemmen

Een verfrissende duik kunt u in het waterrijke Zweden op veel locaties nemen, met zout water in de Oostzee of met zoet water in de talloze meren. Tot de mooiste plekken behoren de zandstranden van Halland en langs de oostkust van Skåne, en op de eilanden Öland en Gotland. Aan de rotsachtige kust van Bohuslän vergemakkelijken veel steigers de toegang tot het water.

De door de lokale autoriteiten onderhouden zwemlocaties (*badplats*) zijn vaak zeer goed: kindvriendelijke zandstranden, toiletten en kleedhokjes. Vaak worden de faciliteiten gedeeld met een naburige camping. Voor honden zijn stranden verboden gebied.

Wandelkaarten

Wandelaars dienen topografische kaarten van de regio aan te schaffen. De *Terrängkarta* (schaal 1: 50.000) geeft bodemgesteldheid, hoogtes, wegen en paden aan. Ze zijn bij de boekhandel en het *turistbyrå* verkrijgbaar.

Feesten en evenementen

Feesten en tradities

Genieten

In Zweden houdt men ervan om feest te vieren – bijna altijd zijn er culinaire specialiteiten die verbonden zijn aan die feesten. Men verheugt zich vooral op de lange, lichte zomeravonden en het buiten genieten, met een dansje op de houten veranda of een barbecue op het strand.

Pasen

Tegen Pasen verkleden de kinderen zich als heksen en gaan op Witte Donderdag van deur tot deur om geld en snoep op te halen. De kleine heksen (*påskkärringar*) dragen bezems, omdat men vroeger geloofde dat er met Pasen heksen op de bezem naar de duivel op de berg Blåkulla (de blauwe bult) vlogen. Hoewel er sinds de Reformatie geen vastentijd meer is, worden van Driekoningen tot Pasen *semlor*, zoete, gevulde broodjes gegeten die vroeger hielpen om de lange vastenperiode door te komen.

Walpurgisnacht

In de nacht van 30 april op 1 mei (*valborgsmässoafton*) worden vuren ontstoken om boze geesten en heksen af te schrikken, tegelijkertijd wordt de lente verwelkomd met saluutschoten. Traditioneel wordt dit feest in de universiteitssteden bijzonder levendig gevierd.

Midzomer

Een van de belangrijkste feesten in de jaarlijkse cyclus vieren de Zweden als de dagen het langst en de nachten het kortst zijn. Men plukt bloemen, verzamelt groene berkentakken en versiert de meiboom (*majstång*). De feestelijkheden worden vaak begeleid door volksmuziek en volksdansvoorstellingen. Familie en vrienden treffen elkaar, buiten of in hun zomerhuis, om te genieten van de nieuwe Zweedse aardappelen, diverse haringgerechten, verse aardbeien en veel bier en sterkedrank.

De midzomernacht is een magische nacht waarin men, als men de rituelen kent, van de *näck* – een watergeest – viool kan leren spelen. Partnerloze meisjes moeten deze nacht zwijgend op zeven verschillende weilanden zeven verschillende bloemen plukken en het bosje onder hun kussen leggen. Dan zien ze in hun dromen, wie hun toekomstige geliefde wordt.

Kreeften eten

De achtergrond van dit feest, dat met bijna rituele ijver in augustus wordt gevierd, zijn de in de 19e eeuw opgelegde vangstbeperkingen voor rivierkreeften. Die kunnen slechts gedurende twee maanden in het najaar worden gevangen. Nadat de Zweedse rivierkreeftbestanden bijna waren uitgeroeid, heeft men Amerikaanse rivierkreeften uitgezet. Die planten zich goed voort, maar hebben de inheemse soort nu vrijwel geheel verdrongen. De ruime vraag moet overigens worden gedekt door de invoer uit Turkije, Spanje en China. Bij een echte *kräftskiva* worden papieren lantaarns opgehangen, zet men kleine papieren hoedjes op, bindt men een slabbetje voor om te smullen van de heerlijke, met veel dille gekookte rivierkreeften, samen met aanzienlijke hoeveelheden aquavit en het geheel gaat gepaard met toostspreuken en -liedjes.

Luciafest

De donkere winter wordt op 13 december verlicht door de in het wit geklede Lucia met de kaarsenkrans die ze op haar hoofd draagt. Ze brengt *lussekatter*, een spiraalvormig, met saffraan op smaak gebracht en dus geel gebak met rozijnen. Traditioneel hoort er ook *glögg* bij, een soort glühwein. De drank is meestal alcoholvrij, zoet en fruitig en er drijven een paar rozijnen en amandelen in. Lucia wordt op haar weg naar scholen en openbare instellingen begeleid door twaalf meisjes in witte jurken (*tärnor*), soms jongens met sterren (*stjärngossar*) en andere figuren met peperkoekjes (*pepparkaksgubbor* of *-gummor*). In koor zingen ze het traditionele Lucialied om de kerstsfeer te verspreiden.

Kerstmis

Het kerstfeest (*jul*) wordt gevierd zoals in Nederland, maar met de nadruk op de dag voor Kerstmis (*julafton*, 24 december). Men eet in familieverband of in feestelijk versierde restaurants een *julbord*, een bijzonder uitgebreid *smörgåsbord* (zie blz. 28), waarbij ook een gegrilde ham (*julskinka*) hoort, voordat de *tomten*, de Zweedse versie van de kerstman, met cadeaus komt.

Evenementen

Sportevenementen zoals volkslopen en fietsrally's, markten, oldtimermeetings en stadsfestivals zijn geweldige publiekstrekkers en voeren ook in Zweden de hele zomer de boventoon.

Daarnaast vindt er van mei tot oktober altijd wel ergens een muziekfestival in de openlucht plaats en zijn kastelen, theaters en kerken het decor voor opera- en klassieke muziekuitvoeringen. Een selectie van uitvoeringen is te vinden op www.musikfestivaler.se.

Festiviteiten en evenementen

April
Valborgmässoafton: 30 apr.

Mei
Musik på Slottet: eind mei-aug. Klassieke concerten in de koninklijke paleizen in en rond Stockholm.

Juni
Nationale feestdag: 6 juni. Overal wordt gevlagd; folklorefeesten.
Midsommar: een weekend in de periode 20-26 juni.
Vättern runt: half juni, wielerwedstrijd van ruim 300 km rond Vättern.
Hultsfredsfestivalen: half juni. Hultsfred/Småland, rockmuziek.

Juli
Power Big Meet: begin juli. Västerås, Oldtimermeeting.
Appelmarkt: half juli. Kivik.
Verjaardag van kroonprinses Victoria: 14 juli. Feest in Solliden, Öland.
Stockholm Jazzfestival: half juli. Internationale sterren in Stockholm.

Augustus
Göteborgskalaset: half aug. Cultureel stadsfeest in Göteborg.
Kulturfestivalen: half aug. Cultureel stadsfeest in Stockholm.
Way out West: midden aug. Göteborg, festival met indie-muziek.
Malmöfestivalen: eind aug. Festival met kreeften eten op de markt in Malmö.

December
Nobeldagen: 10 dec. Uitreiking van de Nobelprijzen in Stockholm.
Luciafest: 13 december.

Praktische informatie van A tot Z

Alcohol

Dranken met een alcoholgehalte van meer dan 3,5%, dat wil zeggen ook bieren die in West-Europa overal te koop zijn, zijn alleen te verkrijgen in de staatsslijterijen (*Systembolaget*). Daar zijn ook uitstekende geïmporteerde wijnen en (zwaar belaste) sterkedrank te koop. De minimumleeftijd voor kopers is 20 jaar. De winkels zijn alleen te vinden in de grotere steden.

Allemansrecht

Het Zweedse *Allemansrätt* garandeert dat alle mensen vrij toegang hebben tot de natuur. Toegestaan is het, vooropgesteld dat de natuur niet beschadigd wordt, zich overal te voet of op ski's te verplaatsen, wateren, ook particuliere, te bevaren, bij stranden die duidelijk zichtbaar geen particulier terrein zijn, te baden en voor een korte periode, echter niet in de buurt van huizen, te kamperen. Vanzelfsprekend dient u zo mogelijk de eigenaar van het terrein altijd om toestemming te vragen.

Verboden is alles wat de natuur schade toebrengt of de privacy van anderen verstoort. Off-roadrijden is net zo verboden als het uithalen van vogelnesten, het plukken van beschermde planten, boten aanleggen aan particuliere steigers of boeien, of afval achterlaten in de natuur. Vissen en jagen is, op enkele uitzonderingen na, toegestaan met de juiste vergunning. Bij het kanoën dient u in het broedseizoen rekening te houden met op de oever broedende vogels. Op rotsen (die door de hitte zouden kunnen barsten) of in brandgevoelige omgevingen mag nooit vuur worden gemaakt.

Ambassades

Nederlandse ambassade
Götgatan 16A, SE-118 46 Stockholm
tel. 08 55 69 33 00
zweden.nlambassade.org

Belgische ambassade
Kungsbroplan 2, 2 tr.
SE-101 38 Stockholm tel. 08 53 48 02 00
sweden.diplomatie.belgium.be

Apotheken

Een apotheek (*apotek*) is in alle grote plaatsen te vinden. Wie aangewezen is op een regelmatige medicatie, dient een eigen voorraad mee te nemen, want homeopathische producten, alsmede sterke geneesmiddelen op recept, kunnen in Zweden moeilijker verkrijgbaar zijn. In supermarkten zijn tegenwoordig veel minder receptvrije medicijnen te koop dan voorheen.

Feestdagen

Er wordt niet gewerkt op 1 januari, 6 januari (Driekoningen), Goede Vrijdag, tweede paasdag, 1 mei, Hemelvaartsdag, 6 juni (nationale feestdag), Midzomer (het weekend vanaf vrijdag na 20 en vóór 26 juni), Allerheiligen (1 november), 24-26 en 31 december.

Fooien

Fooien zijn inbegrepen in het tarief van taxi's en de rekeningen van restaurants en hotels. Niettemin is het gebruikelijk om het te betalen bedrag naar boven af te ronden met ongeveer 10%.

Geld

De **munteenheid** is de Zweedse kroon (SEK). 1 kroon bestaat uit 100 öre, de kleinste munt is de eenkroonmunt. In winkels wordt afgerond op hele kronen. **Let op:** Tussen 2015 en 2017 heeft de Zweedse Riksbank nieuwe munten en biljetten in omloop gebracht. De oude versies kunnen niet meer worden gebruikt, zie www.riksbank.se.

Gangbare **creditcards** als VISA en Mastercard worden overal geaccepteerd en worden op grote schaal als betaalmiddel gebruikt, ook in winkels en supermarkten. Met een bankpas met pincode kunt u bij geldautomaten (*bankomat*) geld opnemen. **Wisselkoers** (2018): SEK 100 = € 9,72, 1 € = SEK 10,29.

Gezondheid

Vrij gevestigde artsen zijn er weinig in Zweden. Bij acute gezondheidsproblemen gaat men naar de dichtstbijzijnde *akutmottagning* of *vårdcentral*. Dat zijn gemeentelijke of provinciale instellingen voor gezondheidszorg met huisartsen, specialisten en verpleegkundigen.

Voor EU-burgers is een Europese ziektekostenverzekeringskaart (EHIC) voldoende, maar een reisverzekering voor ziektekosten is aan te bevelen. Deze vergoedt namelijk de behandelingskosten die iedere Zweed zelf moet dragen. Voor iedere behandeling geldt een eigen risico van SEK 200-300.

Een preventieve vaccinatie tegen de door de teken (*fästing*) overgedragen ziekte TBE (*Tick-Borne Encephalitis*, een virusinfectie) is aan te bevelen.

Honden

Honden zijn ongewenst waar ze andere dieren of mensen kunnen storen, zoals op het strand. In de periode 1 mrt.-20 aug. dienen ze over het algemeen aangelijnd te zijn (zie ook blz. 22).

Internet

In nauwelijks enig ander land in de wereld hebben zo veel mensen toegang tot het internet, hoe geïsoleerd ze ook wonen: of het nu gaat om de openbare bibliotheek, een groot station, vliegveld of hotellobby – gratis of tegen een kleine vergoeding kan bijna overal goed worden gesurfd. Internetcafés zijn zelfs in de kleinste dorpen te vinden, en in de meeste hotelkamers en op een toenemend aantal campings is wifi gratis of tegen een kleine vergoeding beschikbaar.

Kinderen

Zweden behoort tot de kindvriendelijkste landen van de wereld. Overal is dat te zien aan de babyfaciliteiten, speelplaatsen en speelhoeken voor kinderen en de verzonken trottoirbanden. Ook voordelige aanbiedingen voor gezinnen staan op het programma, met gratis of goedkopere overnachtingen voor kinderen. Campinghutten zijn een goedkope plek om te overnachten en ook jeugdherbergen zijn op gezinnen ingericht.

De avontuurlijke natuur heeft eigenlijk al genoeg aantrekkingskracht voor

---

Contant geld ongewenst

In Zweden wordt het gebruik van contant geld sterk teruggedrongen. Bij kluisjes op het station of tankautomaten dient u te betalen met creditcard met pincode – ze zijn *kontantfri*. Ook in de bus weigert de chauffeur betaling met contant geld.

jonge ontdekkingsreizigers. Daarnaast bieden ook veel musea kindvriendelijke activiteiten, vooral de vele openluchtmusea met boerderijdieren.

Media

De Zweedse televisie zendt uit in het Zweeds, maar buitenlandse films worden ondertiteld. Hotels bieden meestal (beperkt) satelliettelevisie.

Nederlandse en Belgische kranten zijn in het hoogseizoen in de grote steden verkrijgbaar met een dag vertraging.

Naturisme

Sommige stranden zijn expliciet aangegeven als naaktstrand (*naturistbad*, *nakenbad*), bijvoorbeeld langs de Kattegatkust bij Varberg en Mellbystrand. Naakt recreëren is vooral op afgelegen locaties goed mogelijk, maar op drukbezochte familiestranden wordt het doorgaans niet op prijs gesteld en is het dragen van zwemkleding aan te bevelen.

Noodgevallen

Politie, ambulance, brandweer: tel. 112. Pechhulp (*Assistancekåren*): tel. 020 912 912 (gratis alleen binnen Zweden). Blokkering bankpas / creditcard: voor Nederland: tel. 00 31 30 283 53 72, www.paskwijt.nl, voor België: tel. 00 32 70 34 43 44, www.cardstop.be.

Omgangsvormen

In Zweden tutoyeert men elkaar gewoonlijk. Die informele aanhef kan overigens niet verhullen dat de Zweden prijs stellen op een bepaalde persoonlijke afstand en grote waarde hechten aan enkele beleefdheidsvormen. Als u bij Zweden thuis wordt uitgenodigd, dient u op de minuut nauwkeurig aanwezig te zijn en bij de voordeur uw schoenen uit te doen. Het meebrengen van geschikte schoenen voor binnen is zeker 's winters heel gewoon.

Tack (dank u) wordt vaak gebruikt. Na het eten en altijd na een uitnodiging bedankt u gastheer en/of gastvrouw: *Tack för maten* (Bedankt voor de maaltijd) of *Tack för ikväll* (Bedankt voor vanavond). Ontmoet u hen weer, ook al is het na jaren, bedankt u ze nogmaals: *Tack för senast* (Bedankt voor de vorige keer).

Openingstijden

Banken: ma.-vr. 9.30-15, do. tot 18, sommige tot 17.30 uur.
Winkels: ma.-vr. 9.30-18, za. tot 14/16 uur. Supermarkten: ma.-za. tot 20/22, za. 12-16 uur, soms langer geopend. *Systembolaget* (slijterij): ma.-wo. 9.30-18, do.-vr. tot 19, za. 10-14 uur.

Post

Het versturen van brieven en pakjes wordt in Zweden in supermarkten of benzinestations met een Postcenter gedaan, te herkennen aan het blauwe uithangbord met de witte tekst PostNord. Postzegels worden ook verkocht in kiosken, supermarkten en het *turistbyrå*. Brieven en ansichtkaarten naar Nederland en België zijn zo'n twee dagen onderweg.

Prijsniveau

De consumentenprijzen voor levensmiddelen zijn ongeveer 10% hoger dan in Nederland, met name die van vlees en vleesproducten. In de steden concurreren discountketens met elkaar, waardoor daar de prijzen lager worden gehouden. Benzine en diesel zijn iets goedkoper dan in Nederland.

Reizen met een handicap

Bij de behandeling van mensen met een handicap zijn de Scandinavische landen een behartenswaardig voorbeeld voor de rest van Europa – zowel wat betreft de toegankelijkheid van attracties, vervoer en accommodatie voor rolstoelgebruikers, als wat betreft de inrichting van hutten en kamers voor mensen met allergieën. Het Zweedse Verkeersbureau Visit Sweden (zie blz. 19) heeft alle belangrijke informatie verzameld en beschikbaar gesteld op www.visitsweden.com.

Roken

In Zweden is het vanzelfsprekend dat men zich houdt aan het verbod op roken in restaurants, openbare gebouwen en openbaar vervoer. Wie dat niet doet, krijgt te maken met een uitgebreid systeem van sociale controle en uiteindelijk een flinke boete. In de meeste accommodaties is roken niet toegestaan.

Souvenirs

Glas, keramiek, sieraden en huishoudelijke artikelen, kortom, alles wat in grote lijnen onder het trefwoord Zweeds design valt, mag op geen enkel boodschappenlijstje ontbreken. Een pot *hjortronsylt* (steenbraamjam) en producten als elandsalami en gedroogd rendiervlees zijn andere souvenirs die veel plezier geven.

Telefoneren

Het gebruik van een mobiele telefoon (*mobiltelefon*) is geheel en al ingeburgerd en de dekking is in Zuid-Zweden doorgaans toereikend, maar kan in afgelegen gebieden ontbreken of onbetrouwbaar blijken.

Landnummers:
Zweden 00 46
Nederland 00 31
België: 00 32

Veiligheid

In principe is Zweden een veilig land, maar het hoogseizoen biedt ook uitgelezen kansen voor dieven en oplichters, vooral in toeristische gebieden. Weliswaar is het toegestaan om wild te kamperen, maar vooral in de nabijheid van gangbare 'toeristische routes', zoals de E6/E20 langs de westkust, is het uit veiligheidsoverwegingen beslist aan te raden om met uw tent, caravan of camper naar een camping te gaan. Waardevolle spullen moeten worden meegenomen uit de auto, ook als deze maar heel even wordt verlaten.

Bespaartip: Kulturarvskort

Voor wie tijdens een wat langer verblijf veel bezienswaardigheden wil bezoeken, is de Kulturarvskort een aanrader. Deze kaart kost SEK 175 en is een jaar lang geldig (van mei tot mei). Hiermee krijgt u korting (meestal 50%) op toegangsprijzen en korting in museumwinkels en -cafés van zo'n 300 musea. Een lijst krijgt u erbij (of is te raadplegen op www.svensktkulturarv. se). De kaart is te koop bij toeristenbureaus en musea.

Kennismaking – feiten en cijfers, achtergronden

Rotswand op de achtergrond: Fjällbacka in Bohuslän langs de westkust

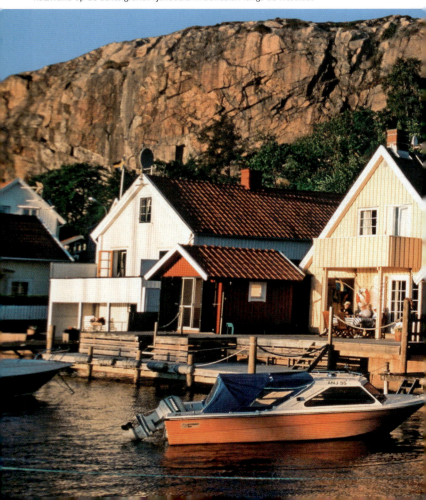

Zuid-Zweden in het kort

Feiten en cijfers

Oppervlakte: 449 964 km²
Inwoners: 9,9 miljoen, met een stijgende tendens
Hoofdstad: Stockholm, met ca. 950.000 inwoners (2,3 miljoen inwoners in de agglomeratie Stockholm)
Grootste steden: Göteborg (590.000 inwoners), Malmö (334.000 inwoners)
Officiële talen: Zweeds, in het noorden ook Samisch, Fins en Meänkieli
Tijdzone: Midden-Europese Tijd (MET), net als in de Benelux, met eveneens winter- en zomertijd
Landnummer: 0046

Geografie en natuur

Zweden is grofweg te verdelen in vier vegetatiezones: in het zuiden is langs de kusten een smalle strook te vinden met loofbos, vergelijkbaar met die van Midden-Europa. Het grootste deel van Midden-Zweden wordt gevormd door de zuidelijke naaldboszone. Hier groeien uitgestrekte gemengde bossen van sparren, dennen, beuken, eiken, berken en essen. Een uitzondering vormen de Oostzee-eilanden Öland en Gotland met een kalkrijke bodem en weinig neerslag. In het Zuid-Zweedse hoogland liggen uitgestrekte moerassen die zijn ontstaan als gevolg van de relatief grote hoeveelheden neerslag die slecht kunnen worden afgevoerd.

Geschiedenis en cultuur

Tot het midden van de 17e eeuw stond het grootste deel van Zuid-Zweden nog onder Deense soevereiniteit. Met de opstand van Gustav Eriksson Vasa kwam in 1523 de eerste heerser uit het geslacht Vasa op de troon en was er voor het eerst sprake van een nationale eenheid, in combinatie met het (Lutherse) protestantisme. Bekend zijn de trotse Vasakastelen met hun ronde torens: Gripsholm, Örebro, Vadstena, Kalmar.

De rol van Zweden als mogendheid in de Oostzeeregio eindigde met het fiasco van de agressieve expansie van Karel XII (1718). De culturele bloei tijdens de vrijheidstijd duurde bijna de hele 18e eeuw en bereikte onder Gustav III, die als 'theaterkoning' de cultuur stimuleerde, zijn hoogtepunt. De herindeling van Europa tijdens het Congres van Wenen liet Zweden nauwelijks nog enig bezit op het Europese continent, terwijl de Unie met Noorwegen in 1905 vreedzaam werd beëindigd. Sinds 1814 heeft Zweden geen oorlogen meer gevoerd, bleef neutraal in beide wereldoorlogen en is dat vandaag de dag nog steeds, ook na de toetreding tot de Europese Unie in 1994.

Staat en politiek

Zweden is een constitutionele monarchie met een parlementaire regeringsvorm. Sinds 1973 is koning Carl XVI Gustaf staatshoofd, troonopvolger is zijn oudste dochter Victoria. De regering onder leiding van de premier (*statsminister*) wordt om de vier jaar gevormd na de verkiezingen voor het parlement (*riksdag*). In 2014 nam een minderheidscoalitie van midden-links het roer over van de burgerlijke alliantie die daarvoor aan de macht was. Het buitenlands beleid van Zweden wordt gekenmerkt door een sterke betrokkenheid bij de Verenigde Naties. Het land is bovendien lid van de Europese Unie, maar maakt geen deel uit de Europese Monetaire Unie of de NAVO. De politieke cultuur van het land werd sinds 1932 gedomineerd door de sociaal-democraten, die Zweden hebben ontwikkeld tot een verzorgingsstaat die zijn voorbeeldfunctie zelfs in tijden van globalisering nog niet heeft verloren.

Het land is verdeeld in 21 provincies (*län*), die niet altijd samenvallen met de historische, soms gelijknamige gewesten (*landskap*): Zo is het gewest Småland verdeeld in de provincies Kalmar län, Jönköpings län en Kronobergs län. Het provinciebestuur (*Landsting*) wordt meestal tegelijk met het parlement gekozen en benoemt een gouverneur (*landshövding*). Belangrijke taken van de provincies zijn onder meer de gezondheidszorg en het regionale verkeer.

Economie en toerisme

Een groot deel van de Zweedse economische kracht komt voort uit de rijke natuurlijke bronnen: hout, ijzererts en water. Na een ernstige economische crisis in de vroege jaren 90 heeft de Zweedse staatsbegroting nu een overschot, inflatie en werkloosheid (iets meer dan 5%) behoren tot de laagste in Europa.

Zweden is sterk afhankelijk van export, de belangrijkste handelspartners zijn Duitsland, het Verenigd Koninkrijk, de VS en Noorwegen. Uitgevoerd worden vooral producten van metaalverwerkende, chemische, hout-, cellulose- en papierindustrie en IT-technologie. Zweden heeft als doelstelling voor 2020 onafhankelijk te zijn van olie als energiebron, wat bijna onmogelijk is zonder gebruik van kernenergie. De beslissing na een referendum in 1980 om alle reactoren in 2010 stil te leggen werd door de burgerlijke regering teruggedraaid. Kansen ziet men in het gebruik van windenergie en biomassa, die nu goed zijn voor ongeveer 65% van de hernieuwbare energie. Het gebruik van waterkracht, waarvan het potentieel nog niet is uitgeput, is controversieel vanwege de negatieve effecten op het milieu.

Toerisme draagt ongeveer 2,8% bij aan het bruto binnenlands product en is stijgend. Deze sector levert ongeveer 140.000 fulltimebanen, vooral in restaurants. Traditioneel houden veel Zweden vakantie in eigen land, binnenlands toerisme is goed voor een aandeel van 76%. Van de buitenlandse toeristen vormen Nederlandse en Belgische bezoekers ongeveer 5%, respectievelijk 1%.

Bevolking en religie

Zuid- en Midden-Zweden met de hoofdstedelijke regio en het Mälardal zijn de dichtstbevolkte delen van Zweden: hier wonen ongeveer 8,5 miljoen Zweden, dus meer dan 90% van de bevolking, op ongeveer een derde van het totale landoppervlak. 12% van de bevolking werd in het buitenland geboren.

Ongeveer 66% van de bevolking behoort tot de *Svenska kyrkan* (Luthers, staatskerk tot 2000), daarnaast zijn er katholieken, moslims en joden. Zeer actief zijn de onafhankelijke kerken (*frikyrkor*), zoals baptisten en de pinkstergemeenschap.

Taal

Het Zweeds is een Noord-Germaanse taal en als zodanig nauw verwant aan het Nederlands. Met een beetje geduld is het niet zo moeilijk krantenteksten te ontcijferen. De uitspraak is een groter probleem dan de woordenschat en de grammatica (blz. 289).

Geschiedenis

Prehistorie

na ca. 12.000 v.Chr. Oude steentijd: Nomadische jagers/verzamelaars leven na het einde van de laatste ijstijd in het huidige Zuid-Zweden.

na ca. 4000 v.Chr. Jonge steentijd: Akkerbouw en veeteelt. De tand des tijds doorstaan hebben talrijke staande stenen, gang- en steenkistgraven en keramiek.

ca. 1800-500 v.Chr. Bronstijd: De rotstekeningen ontstaan, er wordt handel gedreven met de rest van Europa (koper, tin), rijke grafcultuur (koningsgraf Kivik).

ca. 500 v.Chr. Begin van de ijzertijd: De ijzerwinning uit ijzermoer wordt ontdekt.

98 n. Chr. In de *Germania* van Tacitus worden voor het eerst de *Suiones* of *Svear* genoemd, die in het gebied rond het meer Mälaren leven.

6-7e eeuw Regionale koningen in Götaland en Sveland, de grafheuvels in Vendel en Valsgärde en de koningsheuvels van Gamla Uppsala ontstaan.

Vikingtijd

ca. 760 Vestiging van de handelsstad Birka op een eiland in Mälaren, handelscontacten tot in Arabië en China.

ca. 830, 853 De Frankische monnik Ansgar onderneemt missiereizen naar Birka.

862 Volgens de Nestorkroniek vestigen de Zweedse Vikingen (varjagen), Rurik en zijn broers, een handelspost bij het Ladogameer.

na ca. 1006 Kerstening van Götaland: een Angelsaksische missionaris doopt Olof Skötkonung in Husaby, bisschopszetel in Skara (1015).

1164 De bisschopszetel van Sigtuna wordt verplaatst naar Gamla Uppsala.

na ca. 1250 Het rijk consolideert zich, het bestaat dan uit Finland en ongeveer het huidige Zweden, zonder Skåne, Blekinge, Halland en Bohuslän (die tot Denemarken, respectievelijk Noorwegen behoren).

1336 Magnus Eriksson wordt in Stockholm tot koning gekroond.

13e eeuw Contacten met de handelslieden van de Hanzen, die een beslissende invloed krijgen op economie, politiek en cultuur.

Onder Deense heerschappij

1397 De Unie van Kalmar met Denemarken, Zweden en Noorwegen onder één kroon, onder leiding van de Deense koningin Margarete.

1434-1436	Opstand tegen de Denen in de mijnstreek Bergslagen onder leiding van Engelbrekt Engelbrektsson. Na strubbelingen tussen de opstandelingen wordt hij vermoord.
1520	Het bloedbad van Stockholm: de Deense koning Christian II laat de leidende adel van Zweden terechtstellen.

Vasadynastie

1523	Het land wordt zelfstandig als Gustav Vasa de macht overneemt en de staat hervormt.
1527	Gustav Vasa onteigent in feite de rooms-katholieke kerk en vormt onder protest van de provincies een centrale regering.
1561	Erik XIV Vasa verovert Reval (Tallinn) voor Zweden.
1630	Onder koning Gustav II Adolf wordt Zweden een grote mogendheid en gaat deelnemen aan de Dertigjarige Oorlog. In 1632 sneuvelt de koning bij de Slag van Lützen. Hij wordt opgevolgd door zijn zesjarige dochter Kristina, haar voogd wordt rijkskanselier Axel Oxenstierna.
1645-1648	Door de Vrede van Brömsebro, het Verdrag van Osnabrück en andere vredesverdragen krijgt Zweden ongeveer zijn huidige omvang.
1654	Koningin Kristina doet troonsafstand en bekeert zich tot het katholicisme. Ze wordt opgevolgd door haar neef Karel X Gustav (van Pfalz-Zweibrücken).

In Kalmar herinneren deze beelden aan de 'Unie van Kalmar' in 1397

Geschiedenis

Gouden Eeuw

1650-1680 — De in de Dertigjarige Oorlog rijk geworden adel haalt architecten en kunstenaars naar het land.

1680 — Reductie: koning Karel XI onteigent ter dekking van militaire en civiele staatsuitgaven deels de adel en verdeelt hun bezittingen opnieuw onder adel, staat en boeren.

1697-1718 — Onder Karel XII voert Zweden oorlogen tegen Rusland, Polen en Denemarken. Het resultaat is dat Zweden zijn positie als grote mogendheid verliest.

Vrijheidstijd en het begin van de Bernadottedynastie

1719/20 — Een herziening van de grondwet vesterkt de macht van de *riksdag*.

1771-1786 — Vergeefse pogingen van de koning om de macht van de *riksdag* te beperken en zijn macht uit te breiden; economie en cultuur bloeien.

1792 — Aanslag op de 'theaterkoning': Gustav III wordt op een gemaskerd bal neergeschoten en sterft enkele weken later.

1818 — Dynastiewissel: Jean-Baptiste Bernadotte, een maarschalk van Napoleon, wordt door de *riksdag* gekozen tot koning Karl XIV Johan.

1856 — Bij Örebro wordt de eerste spoorweg in gebruik genomen.

1856/66 — Een tweekamerparlement vervangt het standenparlement.

1889 — Oprichting van de sociaal-democratische partij.

19e eeuw — Sterke bevolkingsgroei en verschillende emigratiegolven. Rond 1900 leven er meer dan 5,1 miljoen mensen in Zweden.

1905 — De Unie met Noorwegen wordt op verzoek van Noorwegen opgeheven. Vreedzame oplossing van het conflict van Zweedse zijde.

1907 — Algemeen kiesrecht voor mannen (voor de Tweede Kamer).

1909 — Een grote staking eindigt met een nederlaag voor de vakbonden.

1914-1918 — Eerste Wereldoorlog. Het neutrale Zweden beleeft een economische opleving door de wereldwijde export van industriële producten als ijzer, staal, lucifers en kogellagers.

1919 — Kiesrecht voor vrouwen (voor de Tweede Kamer).

Sociaal-democratie en welvaartsstaat

1920-1932	De sociaal-democraat Hjalmar Branting wordt minister-president. De crisis treft Zweden hard.
1932-1946	Onder de sociaal-democraat Per Albin Hansson ontwikkelt Zweden zich tot een sociaal-democratische modelstaat.
1939-1945	In de Tweede Wereldoorlog blijft Zweden neutraal, maar staat Duitse transporten naar het bezette Noorwegen toe. Gelijktijdig is Zweden actief op humanitair vlak en neemt talrijke vluchtelingen op.
1946	Tage Erlander neemt de leiding over bij de sociaal-democraten.
1961	De Zweedse secretaris-generaal van de VN Dag Hammarskjöld komt om bij een vliegtuigongeluk tijdens een vredesmissie in Congo.
1968-1970	De VS bevriezen de diplomatieke betrekkingen wegens de Zweedse afwijzing van de Amerikaanse militaire operaties in Vietnam.
1969	Olof Palme wordt na de dood van Tage Erlander premier.
1973	Kroning van Carl XVI Gustaf tot koning.
1986	Premier Olof Palme wordt in Stockholm op straat vermoord.
1994	Na drie jaar conservatieve regeringen vormen de sociaal-democraten een door een groene partij gedoogde minderheidsregering.

Zweden in de Europese Unie

1995	Treedt toe tot de EU na een krappe meerderheid in een referendum.
1996	Het sociale budget wordt gekort om de staatsschulden te verminderen.
2000	Opening van de brug over de Sont.
2003	Afwijzing in een referendum van de euro als valuta; enkele dagen eerder wordt de Zweedse minister van Buitenlandse Zaken Anna Lindh vermoord.
2012	Kroonprinses Victoria krijgt haar eerste kind: prinses Estelle.
2014	Na acht jaar burgerlijk bestuur onder Fredrik Reinfeldt neemt Stefan Löfven de regering over met een minderheidscoalitie van Socialdemokraterna en Miljöpartiet de Gröna.
2016	De entree van rijksmusea in Zweden wordt gratis.

Overal in Zweden ontmoet u sporen van de geologische geschiedenis: glad geslepen rotsen langs de westkust of rotsblokken in het oerbos van nationaal park Tiveden, tafelbergen zoals de eigenaardige Kinnekulle in Västergötland of de grillig gevormde *raukar* op de eilanden Öland en Gotland.

Meer dan 600 miljoen jaar geleden vormden vulkaanuitbarstingen het moderne Scandinavië. Afgekoelde magmastromen uit de diepten van de aarde werden graniet, dat samen met gneis

De sporen van de ijstijd

Meer dan wat ook hebben de laatste ijstijden hun sporen achtergelaten in het Zweedse landschap. In ten minste drie opeenvolgende golven – elk onderbroken door warme periodes – groeiden ongeveer 100.000 jaar geleden vanuit de bergstreken in Noorwegen en Noord-Zweden de gletsjertongen als gevolg van de klimaatveranderingen naar alle kanten tot diep in Midden-Europa.

15.000 jaar geleden lag Scandinavië opnieuw onder een 2-3 km dikke ijslaag,

Van het ijs bevrijd – de geboorte van Zweden uit vuur, ijs en water

het harde 'fundament' van het land vormt. Deze door erosie in de loop van miljoenen jaren, bijna plat afgesleten sokkel van oergesteente komt nog op veel plekken als kale rots aan de oppervlakte.

Tropische koraalriffen

Een paar honderd miljoen jaar later verdween het land onder een tropische, door mangrovebossen omzoomde oerzee, waarvan de sedimenten onder hoge druk werden samengeperst tot zandsteen, kalksteen en leisteen. De dikke kalksokkel van de eilanden Öland en Gotland en de tafelbergen ten zuiden van het meer Vänern getuigen in het verder kalkarme Zweden van dit tijdperk in de geschiedenis van de aarde, toen Scandinavië op de evenaar lag; de grillig gevormde *raukar* langs de kust van Gotland zijn zelfs resten van koraalriffen.

die met een immens gewicht op het land drukte. Daaronder wervelde en kolkte het gletsjerwater, dat de karakteristieke patronen in het oergesteente van graniet en gneis sneed: gletsjermolens (*jättegrytor*) die met rondtollende stenen (*löparstenar*) door het water werden uitgehold en machtige kloven zijn bewijzen van de kracht van het water.

Ongeveer 12.000 jaar geleden begonnen de ijskappen vanuit het zuidwesten te smelten. Waar dit proces tijdelijk tot stilstand kwam, zette het smeltwater langs de rand van de gletsjer morenen af, en liet het zwerfkeien achter en kilometerslange stuwwallen, eskers en rolsteenvelden (*klapperstensåsar*). Sprekende voorbeelden zijn de ver in het Vänern stekende smalle landtong Hindens rev en zijn tegenhanger aan de andere kant van het meer in Värmland, Hjortens udde. Ook de heuvelruggen

Rotsen, die de geschiedenis van de aarde vertellen: de scherenkust van Stockholm

Naturum Vattenriket Kristianstad

in Skåne zijn door de terugtrekkende gletsjers gevormd.

Het smeltwater verzamelt zich in een reusachtig ijsmeer. Deze voorloper van de huidige Oostzee was aanvankelijk een zoetwatermeer. Landbruggen scheidden het meer van de latere Noordzee, zo was er een verbinding tussen het huidige Deense eiland Seeland en Skåne. Ten slotte verdween – met het terugtrekken van het ijs in het noorden en het stijgen van het water – het hele huidige Midden-Zweden onder de watermassa's van de zogenoemde Yoldiazee. De naam is afgeleid van een klein schelpdier, waarvan de schelpen het vaakst in de sedimenten te vinden zijn. Zeedieren konden naar het oosten trekken – de leem- en kleiafzettingen op de bodem van de Yoldiazee zorgden voor de grote vruchtbaarheid van de bodem van de Midden-Zweedse laagvlakte, waardoor de Mälarregio al vroeg bewoond kon worden en tot op de dag van vandaag een hoge bevolkingsdichtheid kent.

Landstijging

Het van het gewicht van het ijs bevrijde land stijgt nog steeds, met als gevolg dat bijvoorbeeld de scherenkust van Stockholm steeds uitgestrekter wordt en er nieuwe landbruggen ontstaan. Verder naar het zuiden is de stijging minder sterk en in het uiterste zuiden, in Skåne, daalt het land in een soort van kantelbeweging zelfs weer – met ongeveer 1 mm per jaar. De opwarming van de aarde, het smelten van de poolkappen, en de daarmee verbonden wereldwijde stijging van de zeespiegel zal er waarschijnlijk voor zorgen dat de landstijging in Midden-Zweden de komende 100 jaar nauwelijks merkbaar of zeer laag zal zijn. Maar in tegenstelling tot de bewoners van vlakke eilanden of de lage kusten van Nederland, België en Denemarken, zijn de meeste Zweden dankzij de landstijging in ieder geval veilig bij overstromingen als gevolg van de stijgende zeespiegel.

Feiten en cijfers
Het laagste punt van Zweden: Nosabyviken bij Kristianstad in het Vattenriket (Skåne) met 2,40 m onder zeeniveau
Het hoogste punt van Zweden: Kebnekaise (Lapland) 2097 m (noordtop zonder gletsjer), 2104 m (zuidtop met gletsjer)
Landstijging: Skåne 0 tot - 1 mm, Stockholm + 4 mm, Noord-Zweden + 7 mm per jaar
Lengte van de kust: in totaal 3218 km
Eilanden: ca. 150.000
Meren: Vänern 5585 km² (op twee na grootste meer van Europa), Vättern 1914 km², Mälaren 1409 km² (ter vergelijking IJsselmeer: 1100 km²)

Lynx, beer en wolf

Zelfs al zijn ze zeldzaam in de rest van Europa: elanden en beren zijn in Zweden niet beschermd. Op de Rode Lijst staat daarentegen de lynx, maar die komt u – net als wolven en beren – vrijwel nooit tegen in het zuiden van Zweden, en in het wild alleen in Värmland en ten noorden van Stockholm. In Noord-Zweden zijn ze wat talrijker. In het algemeen hebben de bestanden van de ooit bijna uitgestorven roofdieren zich wat hersteld. In Värmland trekken iedere winter jagers eropuit om te jagen op in aanmerking komende dieren.

de grootste Europese wilde kat. Bijna 1500 van deze solitair levende roofdieren heeft men in Zweden geteld, waarbij de immense territoriumgrootte en de reislust van de dieren een nauwkeurige schatting van de populatieomvang moeilijk maken. De lynx leeft verborgen in het bos, met zijn zachtbehaarde poten is hij goed toegerust om zich op een sneeuwdek geruisloos voort te bewegen. Een goede gelegenheid om de in zijn voortbestaan bedreigde wilde kat van nabij te bekijken is tijdens een bezoek aan het dierenpark Nordens Ark (blz. 126).

Schuwe lynx

In het Zweeds heet hij *lodjur* – de lynx, met zijn karakteristieke oren met kwastjes en zwarte, stompe staart, is

Spookbeeld wolf

In de laatste paar winters gingen de jagers in Värmland er weer vaker op uit voor de jacht op de wolf. Ook wolven

Geen knuffeldier: de bruine beer

Nationale parken

Zweden heeft als eerste land in Europa nationale parken ingericht: in 1909 waren dat er niet minder dan negen, vooral in het noorden, onder andere Abisko en Sarek, maar ook Gotska Sandön en Ängsö in de scherenkust van Stockholm. Samen vormen de nationale parken en natuurreservaten ongeveer 10% van het land. Van de 29 nationale parken in Zweden liggen er ongeveer een dozijn in het zuiden, meestal betreft het kleine gebieden. De grootste gebieden vormen de nationale parken in Lapland, echte wildernisgebieden.
In 2009 werd het eerste mariene nationale park van Zweden ingewijd: Kosterhavets Nationalpark, bij de Kostereilanden aan de westkust, dat grenst aan het Noors nationaal park Ytre Hvaler.

zijn zwervers tussen twee werelden, en komen inmiddels al voor in de agglomeratie Stockholm, waarbij ze meestal onopgemerkt blijven. Het zijn er nauwelijks meer dan een paar honderd, maar er is een stijgende tendens. Dat ze nog steeds worden bejaagd, heeft te maken met de rivaliteit tussen mens en dier. Wolven worden beschouwd als uitstekende elandjagers. De mensen met belangstelling voor deze prooi rekenen voor dat een roedel wolven per jaar honderd elanden te grazen neemt. Even fel op de wolf zijn de rendierhoudende Samen in Noord-Zweden, die zich in hun levensonderhoud bedreigd voelen door aanvallen van wolven op hun rendierkuddes. Kanovaarders in Värmland worden zelden geconfronteerd met een wolf, maar 's winters houden zich wel degelijk wolven op in het zuiden en het westen van Zweden. In Skånes Djurpark in Höör (zie blz. 147) en in Kolmårdens Djurpark bij Norrköping (zie blz. 234) kunt u 's nachts de wolven horen huilen.

De beer is los

Zuid-Zweden is niet echt de juiste omgeving om in het wild op zoek te gaan naar beren. Verder naar het noorden, in Värmland, Dalarna, Härjedalen, Jämtland en nog noordelijker, treft men deze dieren wel geregeld aan.

De tot 300 kilo wegende bruine beer ontwijkt doorgaans ontmoetingen met mensen, maar verstoorde, gewonde of uit hun winterslaap opgeschrikte dieren en vrouwtjes met jongen kunnen mensen aanvallen. Wie ten noorden van Stockholm de reis naar het noordelijke uiteinde van het Siljanmeer maakt, vindt in Grönklitts Björnpark bij Orsa een van de mooiste berenparken van Europa.

Alternatieven voor emigratie – de visfabrieken op Klädesholmen

Dit is het kleine, voor Tjörn gelegen eiland Klädesholmen: glad gepolijste rotsen, witstenen huisjes, kleine houten hutten, een steiger waaraan boten liggen afgemeerd. En daarachter zouden conservenfabrieken verborgen liggen? Moeilijk voor te stellen, maar het is wel waar. De kleine hallen, die naadloos opgaan in de idylle, verbergen volledig gerationaliseerde ondernemingen waar de productieprocessen zijn onderworpen aan een strikte werkverdeling.

Voorheen werden de haringen gevangen door lokale vissers en direct op het strand – waar nu de boten liggen – gekaakt en gefileerd alvorens te worden ingelegd en ten slotte verpakt; het afval verdween gewoon in het zeewater.

Vandaag de dag is het proces internationaler en rationeler: de vis komt van Noorse of Deense visgronden, waarbij de Noorse vetter is, de kruiden daarom beter opneemt en daardoor populairder is. De Klädesholmer fabrikanten leveren de vissers hun – natuurlijk geheime – kruidenmengsels, die deze dan samen met de gefileerde haring in grote tonnen vullen. Opdat de vis de kruiden goed opneemt en gelijkmatig rijpt, moeten de tonnen regelmatig worden bewogen, dat wil zeggen gerold. Het hele proces duurt enkele maanden. Als het rijpingsproces voltooid is, worden de vistonnen afgeleverd bij de Klädesholmener fabrieken waar de vis wordt gesneden, in blikken of potten afgevuld en met pekel bedekt.

In de plaatselijke winkel kunt u de lokaal geproduceerde waren voordelig inkopen. Voor *Midsommar* schieten de verkoopcijfers in de hoogte, want ingelegde *matjessill* met nieuwe aardappelen en zure room zijn de onmisbare ingrediënten voor een echt feest.

Visconserven tegenwoordig

In 1950 waren er 25 conservenfabrieken op Klädesholmen en ongeveer 150 vissers. Nu zijn er na een fusie van drie van de vier overgebleven producenten in 2002 nog twee fabrieken over. Ondanks de geautomatiseerde productie zijn er nog steeds honderd mensen werkzaam in de *sill*productie. Verbazingwekkend: het marktaandeel van de Klädesholmer haringconservenindustrie is gegroeid – ongeveer 50% van alle Zweedse *matjessill* komt van hier.

Bijna twee eeuwen hielden de Vikingen het christelijke Europa in hun greep: de verwoestende aanvallen op kloosters en steden, waarbij de zeevarende Noord-Europeanen rijke buit maakten, vormen tot op de dag van vandaag het beeld van de Vikingen als gewelddadige barbaren.

gen van de aanvallen zijn vooral afkomstig van christelijke kroniekschrijvers. Vaak ging het om weerloze kloosters die werden beroofd en in brand gestoken, terwijl de monniken in slavernij werden weggevoerd. Deze rovers kwamen meestal uit het huidige Denemarken en Noorwegen. Terwijl de mannen op roof-

De Vikingen – zeevaarders, ontdekkers, handelaars

De Vikingtijd begon volgens de kronieken in 793, toen het klooster van Lindisfarne aan de kust van Noordoost-Engeland werd aangevallen. In 834 bereikten de invallen van de Vikingen Dorestad, in 844 Sevilla, 845 Parijs en Hamburg, 860 Constantinopel, 881 Keulen, Mainz, Worms en Aken. De eigentijdse verslatocht waren, runden de vrouwen thuis met de hulp van slaven de boerderijen.

Handelaren en kooplui

Arabische bronnen berichtten over de vaardigheden van de Noord-Europeanen van de Vikingtijd als handelaren en politici. Ze stichtten bloeiende handelscentra zoals Birka in Mälaren (zie blz. 272) of Hedeby bij het huidige Sleeswijk, dat door een Moorse gezant tegen het einde van de 10e eeuw werd omschreven als de rijkste stad van het noorden. In grote havens werden goederen overgeslagen en voorbereid voor verder transport. Kooplieden uit verre landen ontmoetten elkaar voor de winstgevende uitwisseling van goederen – ze handelden in slaven, zout uit Frankrijk, zijde uit het Oosten, luxegoederen uit Byzantium, tin uit Engeland, en pelzen en walrusbeen uit het hoge noorden. Er werd betaald in zilver.

Waar u onderweg meer over de Vikingen te weten komt
Foteviken bij Malmö: nagebouwd Vikingdorp met eigentijdse 'Vikingen', 's zomers evenementen (zie blz. 84).
Trelleborgen: deels gereconstrueerde Vikingburcht (zie blz. 134).
Eketorp op Öland: nagebouwde burcht, het dagelijks leven in de Vikingtijd, museum, rondleidingen in de zomer (zie blz. 176).
Birka: handelsplaats van de Vikingen op een eiland in Mälaren, 's zomers rondleidingen langs opgravingen, met museum (zie blz. 273).
Historiska Museet, Stockholm: vaste expositie met een uitstekend overzicht over de Vikingtijd (zie blz. 258).
Vikingaliv, Stockholm: het leven van Vikingen geënsceneerd (zie blz. 259)

Zeelieden en ontdekkers

In de scheepsbouw waren de Noord-Europeanen veel beter dan hun tijdgenoten en ze ontwikkelden schepen

De strijd van toen in scène gezet tijdens een van de vele Vikingfestivals in het land

voor verschillende toepassingen. De zeilschepen konden indien nodig worden geroeid en hadden bovendien een extreem vlakke kiel, waardoor ze gemakkelijk en snel op het strand konden aanleggen. De Vikingen bezeilden met snelle zeewaardige zeilschepen de Noordzee en de Oostzee en de grote rivieren van Midden- en Oost-Europa. Vikingen uit het huidige Noorwegen en Denemarken vestigden zich in Ierland en Schotland, stichtten in het noorden van Engeland het koninkrijk Danelaw, namen bezit van Normandië, ontdekten IJsland (874) en Groenland (986) en bedreven vanaf daar handel. Lang voordat Christoffel Columbus naar de Nieuwe Wereld zeilde, vestigden ze zich in Newfoundland. In het oosten van Scandinavië, het huidige Zweden, richtte men zich vooral op de handel. Deze zogeheten varjagen trokken naar het zuiden en het oosten van Europa, verhuurden zich als lijfwachten in Byzantium en stichtten steden, waaronder Kiev.

Kunst van de Vikingen

Talrijke runenstenen vertellen over de reizen van de Vikingen en zijn daarmee belangrijke historische bronnen. De in runenschrift geschreven tekst is vaak geïntegreerd met een sterk gestileerde, lintvormige dierafbeelding. De hoge kwaliteit van metaalbewerking is te zien in de zilveren sieraden die werden gevonden in graven of als begraven zilverschatten. Deze werden, evenals wapens en gebruiksvoorwerpen, gedecoreerd met geometrische ornamenten, vlechtwerk en diermotieven. In de 11e eeuw kwam er een einde aan de de invallen door de Vikingen en de Vikingtochten, deels omdat de Europese koninkrijken zich hadden geconsolideerd waardoor ze de aanvallen beter konden weerstaan. Want de aanvallen van de Vikingen waren zo succesvol, omdat ze gebruikmaakten van politieke instabiliteit. Deels omdat de Vikingen zelf koninkrijken stichtten.

Gustav III is een van de meest intrigerende figuren uit de Zweedse geschiedenis: een op macht beluste heerser, die tevens sympathiseerde met de ideeën van de Franse Verlichting. De schone kunsten fascineerden hem en hij bevorderde het geestelijk leven in het arme, agrarische Zweden zoals geen ander dat voor hem deed. Bijgevolg werd een heel tijdperk 'Gustaviansk' genoemd, naar deze neef van Frederik de Grote.

ziek, in 1773 de Academie voor Schone Kunsten, in 1786 de Zweedse Academie en in 1787 het Nationaal Theater. In de kastelen Drottningholm en Gripsholm liet hij theaters inrichten, die grotendeels in oorspronkelijke staat bewaard zijn gebleven.

De gustaviaanse periode bracht grote kunstenaars als de schilders Carl Gustaf Pilo en Alexander Roslin voort, bovendien de beeldhouwer Johan Tobias Sergel, van wie het standbeeld van Gustav

Gustav III – leven en sterven van de 'theaterkoning'

Op 19 augustus 1772 beëindigde Gustav III (1746-1792) door de arrestatie van de Rijksraad de bijna 50 jaar durende vrijheidstijd, waarin het begin van een meerpartijensysteem was ontstaan en de vorst gedegradeerd was tot een louter ceremonieel staatshoofd. Gustav III verhief zich tot de absolute macht, maar voerde ook hervormingen door, zoals de bevestiging van de persvrijheid, de humanisering van het strafrechtelijk systeem en de vrijheid van godsdienst voor buitenlanders. In een tweede 'staatsgreep van boven' beperkte hij in 1786 belangrijke adellijke privileges en werd hij een absolute alleenheerser.

Bevorderde de kunsten

Zoals zo veel andere Europese heersers van die tijd bevorderde Gustav III culturele instellingen. Hij gaf opdracht tot de bouw van een Opera in 1772, waarvoor hij zelf, als zeer getalenteerde toneelschrijver, een libretto schreef. In 1771 stichtte hij de Academie voor Mu-

III vóór het Koninklijk Slot in Stockholm is. Er werd een groot aantal landhuizen gebouwd – ontworpen en ingericht door Zweedse interieurontwerpers en ambachtslieden.

Gewelddadige dood

Op 16 maart 1792, een halfjaar nadat hij was betrokken bij een reddingspoging van de Franse koning Lodewijk XVI en koningin Marie-Antoinette, werd de bij de adel niet erg populaire vorst neergeschoten tijdens een gemaskerd bal in zijn 'eigen' Opera van Stockholm, dertien dagen later stierf hij op 46-jarige leeftijd aan zijn verwondingen. De moord leverde de historische achtergrond voor Verdi's 'Un ballo in maschera' (Een gemaskerd bal) – een passende nagedachtenis en cultureel monument voor een liefhebber van de schone kunsten.

Kunstzinnige heerser: Gustav III

Kapitaal voor een goede zaak – Alfred Nobel en zijn prijs

Elk najaar is zijn naam in het nieuws, en een paar weken later, op 10 december, ziet de wereld toe als in Stockholm de koning van Zweden tijdens een ceremonie in het Konserthuset de Nobelprijzen uitdeelt. Maar wie was de oprichter van deze beroemde, zeer hoog gedoteerde prijzen?

Alfred Nobel, in 1833 geboren in Stockholm, was een uitvinder en chemicus. De inventieve geest en de belangstelling voor chemie zaten duidelijk in de familie: zijn vader was de uitvinder van zee- en landmijnen, zijn oudere broer maakte een fortuin met de ontsluiting van de olievelden van Bakoe. Als uitvinder van dynamiet, waarvoor hij in 1867 het octrooi verwierf – een van de 355 die hij bezat – en als eigenaar van een wereldwijd zakenimperium rijk geworden, was Alfred Nobel echter niet gelukkig. Hij werd door vrienden, zoals de latere vredesactiviste Bertha van Suttner, omschreven als misanthroop en melancholiek. In tegenstelling tot hen was Alfred Nobel ervan overtuigd dat de mensheid door de afschrikkende werking van de explosieve wapens op een dag tot inkeer zou komen en dat dat tot de wereldvrede zou leiden.

Nobels erfenis

Zijn fortuin doneren aan een goed doel, dat was de wens van de – na een romance met Bertha van Suttner – ongehuwd en kinderloos gebleven industrieel, een van de rijkste mannen van zijn tijd. Hij liet in zijn testament vastleggen dat de jaarlijkse rente van zijn enorme fortuin, dat hij verwierf met de vervaardiging van explosieven, ieder jaar zou worden verdeeld in vijf delen om daarmee prestaties op het gebied van natuurkunde, scheikunde, geneeskunde en literatuur te belonen. Het vijfde deel moest gaan naar degene 'die zich het meest of het best heeft ingezet voor de bevordering van de broederschap tussen de naties en de afschaffing of vermindering van staande legers en de vorming en bevordering van vredecongressen'. Deze prijs wordt nu de Nobelprijs voor de Vrede genoemd.

In 1901 werden de eerste Nobelprijzen uitgereikt, zoals tot nu toe op de sterfdag van Alfred Nobel, de 10e december. Nog altijd wordt de bekendmaking van de winnaars ieder jaar met spanning afgewacht. De beslissing is aan een comité dat bestaat uit leden van de Zweedse Academie van Kunsten, respectievelijk Wetenschappen, met uitzondering van de Nobelprijs voor de Vrede. In een prijs voor de economie was overigens niet voorzien door Nobel – deze werd in 1968 door de Zweedse Bank in het leven geroepen en wordt ook door deze instelling gefinancierd.

Prijsuitreiking in Oslo

De Nobelprijs voor de Vrede lag de oprichter na aan het hart. Dat hij wordt uitgereikt in Oslo en niet, zoals de andere prijzen, in Stockholm is te danken aan de tot 1905 bestaande unie tussen Zweden en Noorwegen. Die bestond nog toen Nobel zijn testament schreef. Daarin beschikte hij dat vijf leden van het Noorse parlement, Stortinget, moesten bepalen wie de Nobelprijs voor de Vrede kreeg. De vreedzame ontbinding van de Zweeds-Noorse unie in 1905 was geheel in de geest van Alfred Nobel.

De alternatieve Nobelprijs (Right Livelihood Award)

Een nieuwe Nobelprijs – voor ecologische en sociale projecten – was wat de Zweedse politicus en filantroop Jakob van Uexkull voor ogen had. Het Nobelcomité wees dit idee echter af. En dus organiseerde Uexkull de prijs zelf. De sinds 1980 verleende Right Livelihood Award (Prijs voor goed leefgedrag), terloops ook wel de 'alternatieve Nobelprijs' genoemd, werd aanvankelijk gefinancierd uit de opbrengst van de postzegelverzameling van Jakob van Uexkull. De prijs wordt doorgaans verdeeld onder vier winnaars, vaak organisaties of bewegingen die zich inzetten voor het ontwikkelen van modellen voor een menswaardig bestaan. Tot de bekendste winnaars behoren Astrid Lindgren in 1994 en Edward Snowden in 2014.

Bijna ieder kind kent Pippi Langkous en velen kennen ook haar 'geestelijke moeder' Astrid Lindgren. In 1945 verscheen het eerste deel van de Pippi Langkous-serie. Het verhaal van het eigenzinnige, anarchistische, autonome en sterke meisje ontketende in eerste instantie een storm van protest, onder meer van de kant van de onderwijsvakbond. De in totaal meer dan honderd boeken van de schrijfster zijn tegenwoordig vertaald in meer dan zeventig talen.

Geen perfecte kinderboekenwereld

De belangrijkste kenmerken van de kinder- en jeugdboeken van Astrid Lindgren zijn het emancipatorische karakter van de verhalen en het respect voor de autonomie van het kind. Astrid Lindgren beschrijft sterke en onafhankelijke kinderen in een wereld die zowel echte als gefantaseerde trekken heeft. Daarbij sluit ze existentiële ervaringen zoals de dood, de scheiding van de ouders en het kwaad bewust niet uit, zoals blijkt uit boeken als *De gebroeders Leeuwenhart* en *Ronja de roversdochter*. Astrid Lindgren was altijd van mening, en dat was lang voordat deze visie populair werd in de jaren 80, dat kinderen heel goed opgewassen zijn tegen dergelijke ervaringen en dat verhalen en boeken hun

Pippi en haar 'moeder' Astrid Lindgren

een mogelijkheid bieden daarmee te leren omgaan.

Politiek engagement

Ook door politieke uitspraken trad Astrid Lindgren op de voorgrond. In 1976 verscheen in een boulevardkrant het artikel 'Pomperipossa i Monismania'. De satire over een schrijver die 102% belasting moest betalen, droeg in niet geringe mate bij aan de val van de heersende sociaaldemocratische regering. In de jaren 80 beïnvloedde Astrid Lindgren door tal van artikelen in Zweedse kranten de publieke opinie over dierenwelzijn aanzienlijk. Toen in 1988 een nieuwe dierenbeschermingswet werd aangenomen, noemde men die in het algemeen de 'Lex Lindgren'.

In 1994 verleende Jakob van Uexkull, de stichter van de Right Livelihood Award (zie blz. 57), Astrid Lindgren deze alternatieve Nobelprijs. Geëerd werd daarmee haar inzet voor het recht van kinderen op liefde en het respecteren van hun individuele persoonlijkheid, haar inzet tegen dierenmishandeling, haar 'engagement voor gerechtigheid, geweldloosheid en begrip voor minderheden' en haar 'liefde voor en betrokkenheid bij de natuur'. De Nobelprijs voor de Literatuur heeft Astrid Lindgren – hoewel verschillende keren genomineerd – echter nooit ontvangen. Inmiddels is er wel een literaire prijs ter ere van de schrijfster: in 2002 gesticht door de Zweedse regering, ter waarde

Kinderboeken en meer – Astrid Lindgren verandert de wereld

Als uit haar kinderboeken: geboorte- en woonhuis van Astrid Lindgren

van een half miljoen euro, de *Litteraturpriset till Astrid Lindgrens minne* voor kinder- en jeugdliteratuur.

Korte biografie

Astrid Lindgren werd geboren op 14 november 1907 op een boerderij in Småland. Haar carrière als schrijver begon ze als een lokale verslaggever in Vimmerby. Ze werd zwanger, bracht haar zoon tijdelijk onder bij een pleeggezin en trok als ongehuwde moeder naar Stockholm om in haar levensonderhoud te voorzien. Tussen 1946 en 1970 werkte ze als redacteur bij Rabén & Sjögren, de grootste Zweedse kinderboekenuitgever, die ook werken publiceerde. Op 28 januari 2002 overleed Astrid Lindgren in haar appartement in de Dalagatan in Stockholm.

Astrid Lindgrens Småland

De roem van Astrid Lindgren heeft haar eigen Småland op de toeristische landkaart gezet. Het wemelt er van toeristen die op zoek zijn naar de plaatsen uit de verhalen over de ondeugende Emil uit Lönneberga (die in sommige Nederlandse versies soms on-Zweeds Michiel heet), over de kinderen van Bolderburen en meester-detective Kalle Blomkwist. Op weg naar het geboortehuis van Astrid Lindgren in Näs bij Vimmerby (zie blz. 166) of het themapark *Astrid Lindgrens Värld* (Astrid Lindgrens Wereld) komen ze naar Småland en vinden in het beboste landschap met bloemrijke weiden, kleine dorpjes, oude stenen muren en afgelegen boerderijen daadwerkelijk iets dat lijkt op die idylle uit hun kinderjaren – als uit een boek van Astrid Lindgren.

Design, made in Sweden

Terecht wordt vaak benadrukt dat design in een tijdperk van globalisering niet meer nationaal, maar internationaal is. Toch, sinds in 1845 de Svenska Slöjdföreningen – tegenwoordig Svensk Form – werd opgericht, wereldwijd de oudste vereniging in haar soort, is Scandinavisch design een klasse apart.

In de Zweedse taal worden ontwerpers aangeduid als *formgivare*. De term 'vormgever' omschrijft de designtaak eigenlijk heel precies: een alledaags voorwerp of een industrieel product een juiste vorm geven. Want functionaliteit is niet alles, de mooie vorm maakt een product pas echt af. Daarnaast ging het sinds de *Stockholmsutställningen* van de Svenska Slöjdförening in 1930 in het sociaal-democratische Zweden ook om het sociale aspect. Hier gold het principe: mooie dingen mogen geen voorrecht van de rijken zijn. Dus de productontwikkelaars hebben altijd geprobeerd om door middel van een efficiënte productie en het gebruik van voordelige materialen de producten zo betaalbaar mogelijk te maken, waardoor ze bereikbaar zijn voor iedere beurs. Het duidelijkste voorbeeld daarvan wordt geleverd door het meubelwarenhuis Ikea, waarvan de klanten – zoals de bedrijfsfilosofie luidt – 'meer smaak dan geld' hebben.

Altijd een blikvanger: Zweeds design – hier in een meubelzaak in Stockholm

Classicisme versus functionalisme

Carl Malmsten en Bruno Mathsson vertegenwoordigen de twee polen, die op de maatgevende tentoonstelling van de Svenska Slöjdförening van 1930 in Stockholm tegenover elkaar stonden: het classicisme van de jaren 20, ook wel *Swedish grace* genoemd, aan de ene kant en het meer moderne functionalisme – in het Zweeds vaak afgekort tot *funkis* – aan de andere kant.

De naam Carl Malmsten (1888-1972) staat nog steeds voor comfortabele stoelen. De *Malmstenbutiken* verkoopt alles waarop u kunt zitten, van leunstoelen als de *Morfar* (opa) en *Jättepaddan* (reuzenschildpad) tot de eenvoudigweg geniale keukenstoel die in de jaren 50 en 60 in miljoenen exemplaren zijn weg vond naar de Europese keukens. Ze worden meestal vervaardigd in Småland, het centrum van de Zweedse meubelindustrie.

Radicaal en eenvoudig daarentegen zijn de gebogen organische vormen van de stoelen van Bruno Mathsson (1907-1988). Zijn eerste stoel van gelamineerd beukenhout en een bekleding van zeildoek ontstond in 1931 en heette *Gräshoppan* (sprinkhaan). De zoon van een timmerman uit Värnamo in Småland won verschillende prijzen op tentoonstellingen. Hij maakte de meubels in de werkplaats van zijn vader en nam de marketing en uitlevering van zijn producten in het begin zelf ter hand.

Op de tentoonstelling van 1930 in Stockholm stond het moderne, door de Duitse Bauhausstijl beïnvloede functionalisme recht tegenover het classicisme, vertegenwoordigd door onder meer Carl Malmsten. Het functionalisme is gestoeld op het idee dat design en architectuur een sociale verplichting hebben – ze zouden moeten helpen om de samenleving te veranderen, om betere leefomstandigheden en voorspoed voor iedereen te creëren. Bruno Mathssons minimalisme was symptomatisch voor het moderne Zweedse design: een combinatie van eenvoudige vormen, voordelige materialen en lage productiekosten.

Zweedse glaskunst

Småland is niet alleen de 'meubelfabriek' van Zweden, hier is ook het beroemde Glasrijk (zie blz. 164) te vinden. Boheemse immigranten brachten de glasindustrie al in de 17e eeuw naar het land. Sinds 1925, toen Simon Gate op de Parijse Wereldtentoonstelling prijzen won met zijn met een speciale techniek geproduceerde glazen, komen uit de glasblazerijen in Småland hoogwaardige designobjecten. Orrefors, Kosta-Boda, Pukeberg en Bergdala heten de beroemdste glasblazerijen. Hun producten gaan voor hoge prijzen weg – voor de goede bedoelingen met maatschappelijk aanvaardbare prijzen voor mooie dingen wordt hier een uitzondering gemaakt. De grenzen naar de kunst zijn vloeiend, bijvoorbeeld bij Bertil Valliens 'glazen boten' of de producten van Transjö Hytta (www.transjohytta.com).

Designadressen

Bruno Mathsson Center: Värnamo, www.bruno-mathsson-int.se
Carl Malmsten: Strandvägen, Stockholm, www.svenskttenn.se
Design House Stockholm: Smålandsgatan, Stockholm, www.designhousestockholm.com
Röhsska museet: Göteborg, belangrijk kunstnijverheidsmuseum (zie blz. 112)
Capellagården: door Carl Malmsten opgerichte kunstijverheidsschool op Öland, www.capellagarden.se

Een lange traditie van vakmanschap en design – een combinatie die de Zweedse glaskunst onderscheidt en wereldberoemd heeft gemaakt

Lifestyle met agrarische wortels

Het Zweedse design heeft zijn wortels in de landelijke, ambachtelijke tradities van de 19e eeuw, toen Zweden een zeer arm land was en spaarzaamheid een noodzaak was, alleen de natuur leverde geschikte materialen in overvloed, vooral hout. De kunstenaars van de *Nationalromantik*, de periode rond het begin van de 20e eeuw, stonden achter de ontwikkeling van de Zweedse interieurstijl, in het bijzonder Carl en Karin Larsson. Hun door het eenvoudige boerenleven geïnspireerde minimalisme kwam al overeen met wat later breed geassocieerd werd met Zweeds design: heldere, lichte interieuren, slanke vormen. De textielpatronen van Karin Larsson, die ontleend zijn aan de boerentradities, domineren nog steeds de Zweedse textielkunst. 'Traditionalisme' kenmerkt vaak ook de materiaalkeuze: zo worden uit inheems vlas gewonnen vezels gebruikt, bijvoorbeeld bij de linnenweverij in Klässbol in Värmland.

Internet

www.swedishdesign.org – De Zweedse kunstnijverheidsorganisatie Svensk Form informeert in het Engels over exposities, beurzen en allerlei andere evenementen.

www.mobelriket.se – Outlet voor meubels en interieurinrichting in Lammhult, Småland.

www.glasriket.se – Informatie over de glasblazerijen tussen Växjö en Nybro in Småland, zie blz. 164.

Een bijzonder licht – het noordse impressionisme

Kort voor het begin van de 20e eeuw ontstond in Scandinavië een nieuwe schilderstraditie: het noordse impressionisme. Veel kunstenaars van deze stroming hadden tijdelijk in Frankrijk gewoond, waar ze kennismaakten met het impressionisme. De tweede belangrijke voorwaarde voor hun werk vonden ze thuis: het zeer speciale licht van het noorden, dat de natuur en de voorwerpen een eigenzinnige gloed geeft.

Varberger school

Het speciale licht van het noorden op het doek te krijgen en op hetzelfde moment het levensgevoel van de Scandinaviërs over te brengen, daarin slaagden de schilders van Varberger school. Karl Nordström, Nils Kreuger en Richard Bergh – ze werkten allemaal vanaf 1893 in de omgeving van het ten zuiden van Göteborg gelegen vestingstadje Varberg.

Het noordse impressionisme mist de onbezorgde lichtheid van de Franse impressionisten. Hier stond men dichter bij de kunstenaar Gauguin en de late impressionisten. Richard Bergh (1858-1919) had altijd een Bretons landschap van Paul Gauguin voor ogen, dat hij in 1892 in Kopenhagen had gekocht. De stap naar het expressionisme laat zich al vermoeden: melancholie en zwaarmoedige gedachten kenmerken de schilderijen, zoals Berghs *Nordisk sommarkväll* (Noordse zomeravond).

Terug naar het landschap

Andere belangrijke impulsen kwamen voor veel kunstenaars uit de volkskunst, uit de verbinding met de natuur en het Zweedse landschap – *nationalromantik* is het sleutelwoord. Ze verlieten de stad en gingen naar het platteland om daar een eenvoudig leven te leiden. De in Stockholm geboren Carl Larsson (1853-1919), die samen met zijn vrouw Karin een tijdje behoorde tot de Zweedse kolonie in het Franse Grèz-sur-Loing, schilderde portretten en landschappen. Het bekendst is zijn in 1899 in boekvorm gepubliceerde aquarelreeks *Ett Hem* (Huize Zonnegloren). De afbeeldingen tonen ook kamers van zijn huis Sundborn in Dalarna. De textielontwerpster Karin Larsson (1859-1928) had het met zelf ontworpen behang, tapijten en meubels ingericht. Larsson was een van de meest opgewekte schilders van het noordse impressionisme. Dat is misschien wel een van de redenen waarom zijn schilderijen – vaak gebruikt voor kalenderfoto's, prenten en briefkaarten – ook vandaag de dag nog steeds zo ongelooflijk populair zijn.

De Larssons waren goed bevriend met de ook in Dalarna wonende schilder Anders Zorn (1860-1920). Hij richtte op het erf van zijn grootouders in Mora een atelier in en stelde dat beschikbaar aan anderen. Zorn schilderde voornamelijk portretten, naakten en genretaferelen, die worden gekenmerkt door een spannend samenspel van licht en schaduw. Beroemd zijn zijn meisjesfiguren,

In dramatisch licht gedoopt zag prins Eugen de 'Hoek van Örgården' (1922)

boerenmeisjes uit Dalarna, vol energie en vitaliteit. Zorn werd beschouwd als de ster van de Zweedse schilders van die tijd, en ook tegenwoordig brengen zijn schilderijen op veilingen de hoogste prijzen op. Zijn tijdgenoot Bruno Liljefors (1860-1939) maakte school als natuurschilder, vooral van vogels.

De schilderende prins en de natuur

Een van de beste landschapsschilders van Zweden was de jongste zoon van koning Oscar II, prins Eugen (1865-1947). Zijn monumentale beelden sieren onder andere de *Prinsens galleri* van het Stockholmse Stadshus, de Opera en het theater Dramaten. Iets kleiner is het schilderij *Molnet* (De wolk). Het ontstond op zijn landhuis bij Tyresö ten zuiden van Stockholm, waar hij 's zomers verbleef om te schilderen. Prins Eugens Waldemarsudde, de prinselijke villa op Djurgården, is nu een van de beste plaatsen om een breed overzicht te krijgen van het noordse impressionisme.

Noordelijk licht in het museum

Een van de belangrijkste schilderijen is Richard Berghs *Nordisk sommarkväll*, dat te zien is in het **Konstmuseum** in **Göteborg** (zie blz. 111). Dit museum bezit een van de beste collecties Scandinavische schilderkunst van rond 1900. In Stockholm zijn **Thielska Galleriet** (zie blz. 262) en **Waldemarsudde**, de villa van prins Eugen (zie blz. 260), de beste adressen. De prins schilderde niet alleen, hij verzamelde ook werk van andere kunstenaars en tijdgenoten.

ABBA of het Zweedse muziekwonder

De legendarische popgroep uit Zweden is zelfs meer dan 35 jaar na de start van hun komeetachtige carrière nog niet vergeten. De unieke naam van de cultband uit de jaren 70 werd gevormd door de initialen van de voornamen van Agnetha Fältskog, Björn Ulvaeus, Benny Andersson en Anni-Frid Lyngstad. De vier muzikanten straalden in 1974 als winnaars van het Eurovisiesongfestival in Brighton, hun bijdrage heette 'Waterloo' – een ware overwinning en een verrassende greep naar de macht.

De ABBA-sound

Wat was het recept voor het succes van het kwartet uit het hoge noorden? Muzikaal was het de harmonieuze zang van blonde Agnetha en de brunette Anni-Frid en de pakkende melodieën die Benny en Björn in lange sessies componeerden op een eenzaam schereneiland – net zo lang tot alles precies goed was voor de beste dancehallsound. Bijna alle nummers bewezen zich als 'klassiekers': na 'Waterloo' volgden 'Money, Money, Money', 'Fernando', 'SOS', 'Dancing Queen', en ga zo maar door.

Glitter en glamour

Niet alleen hun geluid, ook hun uiterlijk was een mijlpaal in de popcultuur: als een van de eerste bands presenteerde ABBA zich in opzichtige kostuums op het podium – ongeëvenaard in hun originaliteit. Glitter en glamour: hun plateauzolen en strokenrokken waren uniek. Ook vernieuwend voor de jaren zeventig: ABBA bracht bij de songs ook muziekvideo's uit. Na de Beatles is de groep de succesvolste band in de wereld: bijna 400 miljoen geluidsdragers werden verkocht – en nog dagelijks worden dat er meer.

Succesvolle marketing

ABBA is ook het verhaal van een succesvolle marketingstrategie: toen *ABBA – The Movie* uitkwam, rinkelden de kassa's. En toen de Zweedse koning Carl XVI Gustaf in de zomer van 1976 zijn Silvia Sommerlath naar het altaar leidde, lieten de vier van ABBA zich de kans niet ontnemen om in barokke kostuums een nieuw lied in de voor hen kenmerkende discosound op te nemen: 'Dancing Queen'. Mede dankzij deze 'reclamecampagne' werd dit de titel van een van de grootste ABBA-hits ooit.

Over en voorbij

Blunders en persoonlijke geschillen – de echtparen Agnetha en Björn en Anni-Frid en Benny waren al enige tijd gescheiden – maakten in 1982 een einde aan de succesvolle carrière van de groep, hoewel er officieel slechts sprake was van een pauze. De roddelbladen werden vervolgens gevuld met details over het privéleven van de vier, zoals de vliegangstaanvallen van Agnetha, echtscheidingsstrijd en financiële onrust.

ABBA – en wat komt daarna?

En tegenwoordig? De leden van de band gingen na 1982 niet op hun lauweren rusten. Björn en Benny schreven bijvoorbeeld de musical *Mamma Mia*, die in heel Europa een succes werd, Benny groeide uit tot een succesvol hotel- en theatereigenaar in Stockholm. ABBA-nummers werden door Nils Landgren verjazzt, door talloze anderen gecoverd en door tribute bands in de hele wereld uitgevoerd. Samen opgetreden hebben de vier ABBA-leden nooit meer, hoewel er altijd geruchten over een hereniging zijn. Hoe dan ook: ABBA-fans kunnen in de Zweedse hoofdstad belangrijke locaties van de band op eigen houtje bezichtigen of bij de multimediale presentatie in het in 2013 geopende ABBA-Museum of tijdens een rondvaart met commentaar van een gids (zie blz. 259).

Polar Music Prize – Nobelprijs voor Muziek

Stig 'Stikkan' Anderson (1931-1997), die met zijn platenmaatschappij Polar Music ABBA onder contract had, stichtte in 1989 de Polar Music Prize. Deze internationale muziekprijs wordt toegekend aan personen, groepen of instellingen die een bijzondere bijdrage aan het muziekleven hebben geleverd. Elk jaar wordt een popmuzikant en een uitvoerder van klassieke muziek bekroond. De prijs wordt ook wel de Nobelprijs voor Muziek genoemd en wordt toegekend door de Koninklijke Zweedse Muziekacademie. Hij wordt uitgereikt in de maand mei in Stockholm, in aanwezigheid van koning Carl XVI Gustaf.

ABBA op internet

www.abbasite.com – Officiële website van de band, natuurlijk met muziek en video's.
www.abbathemuseum.com – ABBA-tentoonstelling in de Zweedse Music Hall of Fame, Stockholm.

Wie aan de Zweedse cinema denkt, denkt vooral aan Ingmar Bergman. Maar de overweldigende veteraan is niet de enige Zweedse regisseur die van zich doet spreken. Het is dus interessant om na te gaan waarom er juist in Zweden zoveel goede films worden gemaakt.

ook wel bekend als 'Trollywood', produceert Film i Väst in voormalige loodsen van de autoindustrie naast tal van Zweedse ook internationale films, zoals *Dancer in the Dark* (2000), *Dogville* (2003) en *Anticrist* (2009) van de Deense regisseur Lars von Trier. Naast een ander centrum in Umeå heeft zich een derde be-

De erfenis van Ingmar Bergman – film in Zweden

Filmfabriek Trollywood

Een unieke regeling zorgt er sinds 1963 in Zweden voor dat binnenlandse filmproducties een kans hebben: van de opbrengst van elk bioscoopkaartje gaat 10% naar het ook nog door de staat gesubsidieerde Svenska Filminstitutet, het Zweedse filminstituut. Dit heeft als taak om de Zweedse film te ondersteunen – op deze manier sponsort Hollywood dus indirect de Zweedse filmmakers. In de filmstudio's van Trollhättan,

langrijke pijler van de filmindustrie in Ystad gevestigd: Film i Skåne. Hier worden de Wallanderfilms gemaakt, eerst de tien naar de boeken met Rolf Lassgård in de hoofrol, vervolgens 26 naar speciaal voor de films geschreven scripts met Krister Hensriksson als Wallander. De BBC verfilmde Henning Mankells romans in de studio's op het voormalige kazerneterrein in Ystad met Kenneth Branagh als Wallander.

Ingmar Bergman

Ingmar Bergman (1918-2007) was een regisseur van wereldfaam, die de film al in de jaren 50, de tijd van het neorealisme, een nieuwe richting gaf en een uitdagende auteurscinema creëerde. Geboren in 1918 als zoon van een predikant in Uppsala, maakte hij in 1956 in Cannes furore met *Glimlach van een zomernacht*. Zijn films verkennen de diepten van de menselijke ziel, meedogenloos leggen ze de afgronden in relaties bloot, zoals in *De grote stilte* (1963) en in *Scènes uit een huwelijk* (1973), meesterlijk geënsceneerd door de dramatische belichtingstechniek van cameraman Sven Nykvist. Films maken en toneelstukken regisse-

---

Plaatsen & evenementen

Bezichtiging van de filmstudio's in Ystad: zie blz. 136.
Filmfestival Stockholm: nov., internationale films, www.stockholmfilmfestival.se.
Filmfestival in Göteborg: begin feb., niet alleen Scandinavische films, www.giff.se.
Buff Filmfestival: half mrt. in Malmö, kinder- en jeugdfilms, www.buff.se.
Bergmanveckan, Fårö (Gotland): week van evenementen in juni (zie blz. 195), met onder meer rondleidingen met gids langs plaatsen van opnamen.

ren – beide waren belangrijk voor Bergman. Zo werkte hij sinds 1960 voor het Dramaten in Stockholm en in 1976-1985 in München. Uitstekende acteurs bracht hij van het podium naar het doek, onder wie Liv Ullmann, Erland Josephson, Bibi Andersson en Max van Sydow.

Bergman won vier Oscars alleen al voor zijn laatste grote, in zijn woonplaats Uppsala gedraaide film *Fanny en Alexander* (1982) – typisch Zweeds door het contrast tussen vrolijke, zomerse levensvreugde en de overweldigende protestantse strengheid. Na deze film kondigde Bergman in 1983 zijn afscheid van de film aan. Hij leefde daarna teruggetrokken op het eiland Fårö bij Gotland. Daar geeft nu het Bergmancenter informatie over zijn werk (zie blz. 192).

Veelbelovende navolgers

Ingmar Bergman weerstond de verlokkingen van Hollywood – Lasse Hallström (1946) niet, die er sinds zijn bioscoophits *Chocolat* (2000) en *Casanova* (2005) internationale successen viert. Met *ABBA – The Movie* brak Hallström in 1977 door, met de kinderfilm *Mijn leven als hond* liet hij in 1985 zien hoe veelzijdig hij was. Een regisseur van formaat is Lukas Moodysson (geb. 1969), wiens *Fuckin' Åmål* (1999) en *Tillsammans* (2001) ook in Nederland grote successen waren. In *Lilja-4ever* (2002) vertelde hij een tragisch verhaal. De laatste jaren worden veel bestsellers met succes verfilmd, zoals Stieg Larssons Millenniumtrilogie.

Met de camera onderzocht hij de menselijke ziel: regisseur Ingmar Bergman

Onderweg in Zuid-Zweden

Ideaal om Zweden individueel te ontdekken: op reis met een camper

IN EEN OOGOPSLAG

De westkust van Skåne en Halland

Hoogtepunt ☀

Malmö: de stad aan de Öresund geldt als een kunst- en genotsmetropool: supermoderne architectuur in de westelijke haven, lommerrijke groene parken langs rustige grachten, aantrekkelijke vakwerkhuizen met een middeleeuwse sfeer in de oude stad en een uitgebreid winkelgebied laten u geen tijd voor verveling. Zie blz. 75.

Op ontdekkingsreis

Ven – eiland voor sterrenkijkers: op mooie zomerdagen is het kleine eiland in de Öresund met bos, akkers en weiden, rotsen en duinen een ideale bestemming voor een uitstapje. Maar dat is niet alles: Ven heeft wetenschappelijke geschiedenis geschreven, want vanaf dit eilandje greep Tycho Brahe, de heer van het eiland en astronoom, naar de sterren. Zie blz. 88.

Bezienswaardigheden

Dom in Lund: de imposante romaanse kerk met een indrukwekkende crypte en een astronomisch uurwerk uit de 14e eeuw is zeker een kijkje waard. Zie blz. 85.

Sofiero slott: in het koninklijk slot met terrassen uitkijkend op de Sont en een fraai park zou iedereen graag willen wonen. Zie blz. 90.

Aardewerk: aardewerkfabrieken en pottenbakkersstudio's zijn te vinden in Vallåkra en Höganäs bij Helsingborg. Zie blz. 91.

Actief

Fietsen rond het centrum van Malmö: buiten de kasseienstraatjes van de oude binnenstad kunt u trendy wijken, aangename parken en zandstranden verkennen. Zie blz. 80.

Wandelen op de Kullaberg: grotten, steile rotswanden, heide en weidse vergezichten vindt u tussen Mölle en de vuurtoren van Kullen. Zie blz. 94.

Sfeervol genieten

Flickorna Lundgren: het heerlijke zomercafé lokt met uitzicht op de zee bij een koffie of vruchtensap en zelfgebakken koekjes. Zie blz. 96.

Varbergs Kallbadhuset: het badhuis met een oosterse sfeer aan het strand biedt saunabezoekers de mogelijkheid om af te koelen in zee. Zie blz. 102.

Uitgaan

Lilla Torg, Malmö: een wandeling door de oude stad van Malmö is geweldig, vooral 's avonds. Aan het Lilla Torg rijgen de restaurants zich aaneen, maar op een mooie zomeravond is er nauwelijks een tafeltje vrij. Zie blz. 75.

Mejeriet, Lund: in het cultureel centrum komt vooral een publiek van studenten voor cabaret, livemuziek en film. Zie blz. 86.

After Beach in Tylösand: voor coole drankjes na een dag op het strand kunt u prima terecht in deze trendy badplaats bij Halmstad. Zie blz. 100.

De kust in het westen en het zuiden van Skåne is met de agglomeratie Malmö-Kopenhagen niet alleen een van de dichtstbevolkte regio's van Zweden, maar ook een toeristische trekpleister met talloze attracties.

Het landschap van Skåne, dat tot 1658 bij Denemarken hoorde, doet duidelijk denken aan het zuidelijke buurland. De zachtglooiende heuvels, fruitbomen, felgele koolzaadvelden en kleine dorpjes met vakwerkhuizen vormen een regio die zeker met het Deense woord *hyggelig*, ofwel gezellig, goed wordt gekarakteriseerd. De provinciale vlag, een geel kruis op een rode achtergrond, kan gemakkelijk worden gezien als een synthese van de nationale vlaggen van Zweden en Denemarken. Langs de gehele westkust van Zweden staan overigens nog steeds imposante vestingwerken die getuigen van de lange periode waarin de provincies Skåne en Halland betwist werden door de heersers van Denemarken en Zweden.

Veel kuststeden aan de Oostzee kenden een eerste grote bloeiperiode in de middeleeuwen, toen de vissers in opdracht van de Hanzekooplieden de hier voorbijtrekkende grote scholen haring aan land brachten. De haring werd geconserveerd met het door de Hanze beschikbaar gestelde zout en vervolgens verkocht in Midden-Europa als voedsel voor de vastentijd. Ook de scheepsbouw profiteerde van deze uitgebreide Europese handel.

Tegenwoordig lokken de twee provincies met vrijwel eindeloze stranden. In het zuiden bestaan ze voornamelijk uit fijn zand en hebben ze een lieflijk karakter. In het noorden zijn de stranden rotsachtiger en soms wat ruig. 's Zomers worden de stranden bij Tylösand en Mellbystrand goed bezocht. Voor deze streek past het etiket 'Zweedse Rivièra' nog steeds.

De Hallandsås, een heuvelrug van glaciaal puin uit de laatste ijstijd dat door smeltwater werd afgezet, markeert de grens tussen de provincies Skåne en Halland, dat eveneens lang (tot 1645) bij Denemarken hoorde. De Deense invloed is nog te zien aan de bakstenen vakwerkhuizen, de noordelijke vakwerkgrens loopt door deze provincie. Buiten de drukte van het strand vindt u hier eenzame natuur en culturele hoogtepunten.

INFO

Toeristische informatie
Region Skåne: www.visitskane.com.
Region Halland: www.halland.se.

Vervoer
Openbaar vervoer: voor Skåne www.skanetrafiken.se, voor Halland www.hallandstrafiken.se.
Het dichtbewoonde West-Skåne kan goed met trein en bus verkend worden. **Let op:** er dient vaak betaald te worden met een magneetkaart (JoJoKort) die vooraf opgeladen moet zijn met een tegoed van minstens SEK 200. Deze is geldig in de hele provincie en voor een deel ook nog daarbuiten. De kaart is te koop bij de loketten en automaten van Skånetrafik en kan worden opgeladen met bank- of creditkaart. Rond de Öresund tussen Malmö, Kopenhagen en Helsingborg geldt het **Öresund rundt ticket** (beperking: eenmaal over de Öresundbron en eenmaal de veerboot Helsingør-Helsingborg) voor SEK 249 in 48 uur; met kortingen bij attracties.

Actief
Kattegattleden: de in 2015 geopende fietsroute is zo goed als autovrij en loopt over een lengte van 370 km van Helsingborg naar Göteborg, steeds langs de kust.

Malmö ✶ ▶ C/D 15

De Zweden beschrijven Stockholm vaak als het hoofd, Göteborg als het hart (de Götenborgers worden beschouwd als hartelijk en open-minded) en Malmö als de buik van Zweden. Die karakterisering is niet helemaal verkeerd, want de op twee na grootste stad van het land ligt in de provincie Skåne en staat bekend om het lekkere eten en een verzorgde leefwijze.

Malmö was aan het begin van de 16e eeuw de op een na grootste stad van Noord-Europa. Door de aansluiting van Skåne bij Zweden in 1658 lag de stad ineens niet meer in het midden, maar aan de rand van het rijk en stagneerde in zijn ontwikkeling. In de loop van de eeuwen zijn de verbindingen met de Deense buren echter intact gebleven. Tegenwoordig is dat cruciaal voor het economische optimisme van de stad. Kopenhagen is gemakkelijk te bereiken via de Sontbrug en beide steden vormen belangrijke economische en culturele metropolen in Noord-Europa, die steeds dichter naar elkaar toe groeien. Zo rijdt over de ondergrondse spoorlijn Citytunneln de Öresundståg tussen Kopenhagen en Malmö met grote regelmaat.

De bezienswaardigheden zijn geconcentreerd in het centrum en ze liggen op loopafstand van elkaar.

Centrum

Stortorget

Een rondwandeling begint het beste op Stortorget bij het ruiterstandbeeld van Karl X Gustav, tijdens wiens regering Skåne aan Zweden kwam. Zijn naam, grote markt, heeft het door imposante bouwwerken omzoomde Stortorget werkelijk verdiend, want het behoort zonder twijfel tot de grootste pleinen van Noord-Europa.

Jörgen Kocks gård of **Kockska huset** 1 op de noordwesthoek van het plein is waarschijnlijk het oudste huis van de stad. Het eenvoudige bakstenen pand werd in 1522-1524 gebouwd door Jörgen Kock, de burgemeester van Malmö en tevens muntmeester van de Deense koning. Kock gaf ook opdracht voor de bouw van het stadhuis en was al met al een zeer bedrijvig man, die van groot belang is geweest voor de ontwikkeling van de stad. In het Kockska huset zou in 1524 Gustav Vasa hebben overnacht, toen hij de Deense koning ontmoette voor vredesonderhandelingen. Tegenwoordig huisvest de begane grond een van de beste restaurants van de stad, Årstiderna (zie blz. 82).

Residenset 2, de zetel van de gouverneur, bestaat uit twee oorspronkelijk afzonderlijke huizen, die in jaren 20 van de 18e eeuw met elkaar verbonden werden tot een neorenaissancistisch gebouw. Het **Rådhuset** 3 ontstond in 1546. Het huidige uiterlijk van het stadhuis dateert van omstreeks 1860, toen het werd verbouwd in Nederlandse renaissancestijl. In de oorspronkelijke keldergewelven bevindt zich tegenwoordig een restaurant.

Lilla Torget

Het met kasseien geplaveide Lilla Torg is met zijn vakwerkgebouwen en de rondom gelegen restaurants en cafés het mooiste plein van de stad. Zodra de temperatuur dat toelaat, stromen de terrassen vol, waardoor een bijna mediterrane sfeer ontstaat. In de kleine stegen rond het plein verlokken winkels u tot het uitegeven van geld; hier zijn sieraden, stoffen en mooie Scandinavische designartikelen te koop. Lilla Torget werd in 1591 aangelegd, toen het Stortorget te klein geworden was voor het groeiend aantal handelaren.

Liefhebbers van Zweeds design moeten beslist een kijkje nemen in het

De westkust van Skåne en Halland

Vroeger dwangburcht, plaats van heksenprocessen, gevangenis – nu een museum: Malmöhus

Form/Design Center 4 (Lilla Torg 9, www.formdesigncenter.com, di.-za. 11-17, zo. 12-16 uur) in de historische **Hedmanska Gården** (begin 17e eeuw). De tentoonstellingen zijn vooral gewijd aan eigentijdse Zweedse kunstnijverheid en design.

Sankt Petri kyrka en de Sankt Gertrudwijk

De toren van de **Sankt Petri kyrka** 5, die in de 14e eeuw gebouwd werd naar het voorbeeld van de Lübeckse Mariakerk, waarschijnlijk door bouwmeesters uit die Hanzestad, is een mooi voorbeeld van de rond de Oostzee veel voorkomende baksteengotiek. Bovendien is de kerk het oudste bouwwerk van de stad. Bezienswaardig zijn de kalkschilderingen van het einde van de 15e en het begin van de 16e eeuw in de Krämarekapell. Het in 1611 ingewijde houten altaarstuk is met een hoogte van 15 m het grootste van Noord-Europa.

Ten oosten van de kerk ligt de **Sankt Gertrudwijk** met de geel gesausde, lage

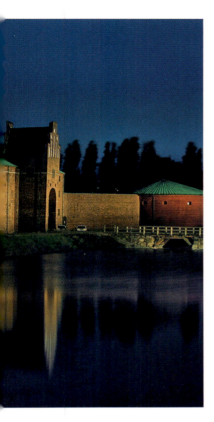

elektriciteitscentrale (1901) die tot een moderne expositieruimte is verbouwd. Het is een architectonisch juweeltje.

Malmöhus slott en omgeving

Malmöhus 8

Malmöhusvägen, www.malmo.se/museer, dag. 10-17 uur, vanaf 19 jaar SEK 40 (combikaartje voor alle musea)

Parallel aan de gracht, die het hele centrum omgeeft, loopt u via Adelgatan, Västergatan en Malmöhusvägen naar het slot. De geschiedenis van Malmöhus, de voormalige munt van het Deense koninkrijk, is gevarieerd en niet altijd glorieus. In 1434 liet Erik van Pommeren een burcht aanleggen om zich te verdedigen tegen de aanvallen van de Hanze. Deze had in 1370 zuidwestelijk Skåne veroverd en heerste daar tot 1395. De Deense koning Kristian III liet in 1536-1542 op dit punt een kasteel bouwen, omgeven door een brede gracht. In de 16e eeuw werden hier heksenprocessen gehouden. Het kasteel diende lange tijd als gevangenis – van 1568 tot 1573 zat Lord Bothwell hier, de derde echtgenoot van Maria I Stuart – totdat het in 1870 zwaar beschadigd werd tijdens een gevangenenopstand.

huizen uit de 16e eeuw. Er tegenover staat het **Thottska huset** 6, het oudste vakwerkhuis van de stad (1558), waarin zich tegenwoordig een hotel-restaurant bevindt.

Moderna Museet Malmö 7

Ola Billgrens plats 2-4, www.modernamuseet.se, di.-zo. 11-18 uur, vaste collectie gratis

Het Moderna Museet van Stockholm toont een wisselend deel van zijn verzameling in Malmö in een voormalige

Musea in en rond het slot

Malmöhus huisvest tegenwoordig talrijke musea, waaronder het **kunstmuseum** met een grote verzameling eigentijdse, Scandinavische kunst, een **stadsmuseum** en een natuurhistorisch museum met een aquarium. In het **Teknikens och sjöfartens hus** 9 (openingstijden als Malmöhus), het 'huis van techniek en scheepvaart' ertegenover, laten interactieve exposities de bezoeker kennismaken met techniek en natuurwetenschap aan de hand ▷ blz. 80

Malmö

Bezienswaardigheden
1. Kockska huset
2. Residenset
3. Rådhuset
4. Form/Design Center
5. Sankt Petri kyrka
6. Thottska huset
7. Moderna Museet Malmö
8. Malmöhus
9. Teknikens och sjöfartens hus
10. Fiskehoddorna
11. Slottsmöllan
12. Posthuset
13. Turning Torso

Overnachten
1. Hotel Kramer
2. Astoria Hotel
3. Comfort Hotel Malmö
4. Vandrarhem Malmö City

Eten en drinken
1. Johan P.
2. Mrs Brown
3. Salt & Brygga
4. Patisserie David
5. Slottsträdgårdens kafé

Winkelen
1. Malmö Saluhall
2. Formargruppen
3. Chokladfabriken

Actief
1. Steiger Rundan-boten
2. Waterfietsverhuur
3. Ribersborg (Kallbadhus)
4. Scaniabadet

Uitgaan
1. Moriska paviljongen
2. Malmö Brygghus
3. Hipp
4. Malmö Opera
5. Malmö Live konserthus

—— Fietstocht zie blz. 80

78

van voorbeelden en experimenten. Een van de grootste objecten is de op Kockums Werft gebouwde duikboot U3, die op bepaalde dagen van binnen te bezichtigen is (www.u3.se, di., zo. 13-16 uur).

Tegenover Malmöhus slott liggen de voormalige woonhuizen en werkplaatsen van vissers, **Fiskehoddorna** 10, waar u eventueel gerookte of verse vis en schaaldieren kunt kopen.

Slottsparken en Kungsparken

Ten westen van de oude stad, op het hoogste punt in het park, staat de Hollandse windmolen **Slottsmöllan** 11. Hier versterken een netwerk van kanalen met bruggen de Hollandse sfeer. Achter het kasteel Malmöhus en een gracht ligt **Slottsträdgården**. U kunt hier een mooie korte wandeling maken langs de in het park geïntegreerde thematische tuinen met planten uit diverse klimaatzones en leefomgevingen. Ernaast liggen volkstuintjes, waar inwoners van de stad hun eigen groente en bloemen onderhouden.

Op de fiets rond het centrum van Malmö

Kaart: zie plattegrond blz. 78
Begin: centraal station Malmö
Lengte: ca. 8 km
Fietsverhuur: Rundan (tegenover het station, zie blz. 83), Bike&Ride Station onder het busstation, enkele hotels bieden gasten gratis fietsen

Van het centraal station van Malmö fietst u – met de spiegelende glasfaçades en bonte sculpturen van Anna Lindhs plats links aan de overkant van het water – over Skeppsbron langs het **Posthuset** 12. Dit jugendstilgebouw met markante torens uit 1903 is geen hoofdpostkantoor meer, maar biedt nu onderdak aan een restaurant en kantoren. De kabelbrug **Universitetsbron** leidt in de richting van de Västra Hamnen. U rijdt langs de rood-wit gestreepte **vuurtoren** en over nog weer een brug, ditmaal een ophaalbrug (Klaffbron) in de Stora Varvsgatan in het vroegere industriegebied. Al snel passeert u de roestige restanten van Kockums Werft, waar tot halverwege de jaren 70 de belangrijkste industrie van Malmö gevestigd was. De bakstenen poort met het opschrift staat er nog. Op de vroegere plek van droogdokken en machinehallen vermaken zich nu kinderen met skaten en boulderen in het **Stapelbäddsparken**, een van de vele recreatiegebieden in de moderne woonwijk. Als u zin hebt in een verkoelende duik in de Sont, fietst u iets verder langs het water naar het **Scaniabadet** 4. Met kinderen is ook **Varvsparken** een goede bestemming, want dit is een van de mooiste speeltuinen in Malmö. Al een hele tijd hebt u het hoogte punt van deze tocht in het zicht: de in 2005 voor woondoeleinden gebouwde wolkenkrabber **Turning Torso** 13. Naar het voorbeeld van een beeldhouwwerk ontwikkelde de Spaanse architect Santiago Calatrava het 190 m hoge gebouw: het bestaat uit negen blokken van vijf verdiepingen die gedraaid zijn naargelang ze hoger staan. Tegenover deze hoge woonflat staat een biologische supermarkt met ingrediënten voor een picknick aan het water. Daarnaast vindt u aan de promenade genoeg te eten en te drinken in cafés, een pizzeria en het restaurant **Salt & Brygga** 3 (zie blz. 82). Met uitzicht op de Öresundbron fietst u dan langs het recreatiecentrum Kockums fritid door het **Öresundsparken** met groene weiden en kleine vijvers naar het 3 km lange strand van Ribersborg. U ziet hier meteen ook het in 2000 naar een historisch voorbeeld gebouwde pronkstuk van het huisstrand van Malmö, dat in de volksmond 'Ribban' heet. Dit **Kallbadhus** 3 (zie blz. 83) van Ribersborg laat u ook weer achter u, en u volgt de borden in de richting van het Malmöhus. In het Slottsparken kunt u een pauze inlassen in het **Slottsträdgårdens kafé** 5 of in de markthal **Malmö Saluhall** 1, voordat u langs het **Malmöhus** 8 via de Slottsbron en de Citadellsvägen terugrijdt naar het centraal station.

Overnachten

Hotelkamers boekt u het best vooraf via www.malmotown.com.

Elegant – **Hotel Kramer** 1: Stortorget 7, tel. 040 693 54 00, www.scandichotels.com/kramer, 2 pk vanaf SEK 1900. Luxueus hotel midden in het centrum, chique ambiance met kroonluchters en de flair van omstreeks 1900.

Onspannen sfeer – **Astoria Hotel** 2: Gråbrödergatan 7, tel. 040 786 60, www.astoriahotel.se, 1 pk vanaf SEK 895, 2 pk vanaf SEK 1399. Vriendelijk, klein hotel met een centrale, maar rustige ligging aan een binnenplaats nabij Lilla Torg, met vrolijk, bont design in een oud pand.

Centraal en modern – **Comfort Hotel Malmö** 3: Carlsgatan 10 C, tel. 040 33 04 40, www.nordicchoicehotels.com, kleine 2 pk vanaf ca. SEK 750. Mooi vormgegeven groot hotel met bijna 300 kamers op een paar minuten van het centraal station. Bijdetijds design in een historisch gebouw uit 1888. Voor een langer verblijf zijn de grotere kamers aan te raden. Rijkelijk ontbijtbuffet, parkeerterrein.

Spaart de reiskas – **Vandrarhem Malmö City** 4: Rönngatan 1, tel. 040 611 62 20, boeken via www.svenskaturistforeningen.se, bed in slaapzaal (Vandrarhem) vanaf SEK 220 zonder ontbijt

Badend in het warme avondlicht ligt de promenade langs de Öresund, waar in de Västra Hamnen een geheel nieuwe wijk met moderne woningarchitectuur is ontwikkeld

en beddengoed, 2 pk vanaf SEK 650/995 zonder/met ontbijt en beddengoed. Dit budgethotel in de wijk Davidshall biedt veel voor weinig geld, maar niet alle kamers hebben eigen douche/wc.

Eten en drinken

De in 2016 geopende markthal (zie **1**) is een goede plek voor wie honger heeft, maar wel aan kwaliteit hecht. Aan het **Lilla Torg** vindt u vooral de reeds lang gevestigde restaurants. Daarnaast hebben de wijken **Davidshall** en **Möllevangen** naam gemaakt met enerzijds trendy restaurants en bars en anderzijds een grote culinaire verscheidenheid aan keukens van elders.

Topklasse – Årstiderna i Kockska huset 1: Frans Suellsgatan 3, tel. 040 23 09 10, www.arstiderna.se, ma.-vr. 11.30-24, za. 17-24 uur (juli-begin aug. gesl.), lunch SEK 117-147, hoofdgerecht SEK 300, menu SEK 495. Gourmetrestaurant, vooral wild- en visgerechten.

Heerlijke vis – Restaurang Johan P. 1: Hjulhamnsgatan 5, tel. 040 97 18 18, www.johanp.nu, ma.-za. 11.30-1 (keuken sluit om 23 uur), zo. vanaf 16 uur, lunch (ma.-vr.) SEK 125, hoofdgerecht SEK 165-300. Uitstekende visgerechten, bistrosfeer, met eigen viswinkel.

Trendy en regionaal – Mrs Brown 2: Storgatan 26 (Davidshallstorg), tel. 040 97 22 50, www.mrsbrown.nu, ma.-vr. vanaf 15, za. vanaf 12 uur, kleine gerechten (tot 17 uur) vanaf SEK 85, hoofdgerecht ca. SEK 200-250. De kinderboekfiguur Tant Brun stond model voor de naam – en die kookt moderne streekgerechten uit Skåne met een Frans randje. Men hecht belang aan de herkomst van de producten van boerderijen in de regio. De zaterdagse lunch (12-15.30 uur) is aan te bevelen. Uitstekende biologische wijnen.

Slowfood bij de Sont – Salt & Brygga 3: Sundspromenaden 7, Västra Hamnen, tel. 040 611 59 40, www.saltobrygga.se, ma.-vr. 11.30-15, 17-21, za. 12.30-21 uur, hoofdgerecht à la carte vanaf SEK 195. Consequent biologisch: de ingrediënten zijn afkomstig uit de regio. De inrichting komt cool en trendy over, maar is puur natuur. Bij de voordelige lunch (SEK 125) krijgt u een overvloedig saladebuffet en eigengebakken brood.

Bakwerk à la française – Patisserie David 4: Östergatan 7, tel. 040 630 80 80, www.sanktgertrud.se, lunch ma.-vr. 11-14.30, café ma.-vr. 8-17, za. 10-16 uur. In het huizenblok van de historische Sankt Gertrudwijk zit u gezellig aan tafels op de binnenplaats aan de voortreffelijke soep en belegde broodjes of bij een kopje koffie met *éclairs* of *pain au chocolat* – de patissier heeft zijn vak immers in Parijs geleerd.

Tussen het groen – Slottsträdgårdens kafé 5: Malmöhus, www.slottstradgardenskafe.se, apr.-sept. Bij mooi weer zijn de cafétafeltjes van dit café rond de kas in het park al snel bezet.

Winkelen

De belangrijkste winkelgebieden zijn **Södergatan** en **Södra Förstadsgatan** van Stortorget tot de Passage **Triangeln**. Kleine originele boetieks zijn te vinden aan het **Davidshallstorg**. Buiten het centrum, in Hyllie in het zuiden, ligt naast de watertoren het gigantische **Emporia Shopping Center**, dat overigens vanwege zijn 'barnsteen'-architectuur ook al bezienswaardig is.

Markthal – Malmö Saluhall 1: Gibraltargatan 6, www.malmosaluhall.se, ma.-za. 7.30-19.30, zo. 10-16 uur. In de gerenoveerde hal van het goederenstation uit 1898 komen liefhebbers winkelen of een hapje eten

Zweeds design – Formargruppen 2: Engelbrektsgatan 8, www.formargrup

pen.se, ma.-vr. 11-18, za. 10-16 uur. Winkel en kunstgalerie.

Zoetigheden – **Chokladfabriken** 3: Bergsgatan 36B, www.malmochokladfabrik.se, ma.-vr. 10-18, za. 10-15 uur. De trendy wijk rond de Bergsgatan is vernoemd naar de chocoladefabriek Mazetti die hier was gevestigd. In de verlaten fabriek uit 1888 (ook museum en café) kunt u wel chocolade kopen.

Actief

Sightseeing per boot en fiets – **Rundan** 1: www.rundan.se. Rondvaart van 50 minuten door de grachten van Malmö, vertrek ieder uur tussen 11-16 uur vanaf de steiger tegenover het station. Ook fietsverhuur.

Zelf sturen – **Waterfiets** 2: www.cityboats.se. Verhuur bij de Amiralsbron (niet ver van het Gustav Adolfs Torg).

Vlak bij het centrum – **Strand Ribersborg** 3: het zandstrand ligt op enkele minuten lopen van het centrum. In het **Kallbadhus** (www.ribersborgskallbadhus.se) kunt u in elk seizoen een bad in de Sont nemen, met een sauna en een fitnessafdeling om weer op te warmen.

Zwemmen in de Sont – **Scaniabad** 4: Scaniaparken, Västra Hamnen. Elke steiger aan het water en elk zonnedek zijn 's zomers felbegeerd.

Uitgaan

Rond het Lilla Torg vindt u cafés, kroegen en restaurants. Wie 's avonds laat wil uitgaan, kan een rondje maken door de wijken Davidshall en Möllevangen (Bergsgatan) en 's zomers verder in het Folkets park met aardige bars en muziektenten.

Muziek in het park – **Moriska paviljongen** 1: Norra Parkgatan 2, www.moriskapaviljongen.se, wo.-za. 17-2/3 uur. Liveoptredens in het 'Moorse' paviljoen uit het begin van de 20e eeuw.

Veelvoud – **Malmö Brygghus** 2: Bergsgatan 33, www.malmobrewing.com. Pub met zelfgebrouwen craft-bier van de tap in een deel van de voormalige Mazetti-chocoladefabriek. Ma.-vr. vanaf 16, za. vanaf 12 uur. Regelmatig concerten, clubnights, dans.

Historische ambiance – **Hipp** (**Malmö stadsteater**) 3: Kalendegatan 12, www.hipp.se, vr.-za. nachtclub 23-3 uur. Twee bars en een dancefloor in een voormalig circus (Hippodrom). Gourmetrestaurant met een theaterpodium (www.malmostadsteater.se).

Voor wie van opera houdt – **Malmö Opera** 4: Östra Rönneholmsvägen 20, www.malmoopera.se. Gerenommeerd opera- en muziektheater.

Cultuurhuis – Malmö Live konserhus 5: Dag Hammarskjölds torg 4, www.malmolive.se. Concertgebouw, hotel en nog veel meer in moderne architectuur aan de haven.

Info en evenementen

Malmö Turistbyrå: Börshuset (tegenover het station), Skeppsbron 2, 211 20 Malmö, tel. 040 34 12 00, www.malmotown.com. Een tweede informatielocatie, **Skånegården**, bevindt zich bij de laatste afslag vóór de Sontbrug.

Malmöfestivalen: tweede helft aug. Groot feest met *kräftskiva* (kreeften eten) op het Stortorget, eettentjes, openluchttheater, markten en nog veel meer.

Stadsvervoer: de bezienswaardigheden in de stad zijn gemakkelijk te voet te bezoeken; stadsbussen onder meer naar Västra Hamnen (nr. 2); kaartjes zijn te koop op de stations Centralen en Triangeln (geen contante verkoop in de bus, zie. blz. 74). Een kaart voor het hele stadsgebied kost SEK 65 voor 1 dag, SEK 165 voor 3 dagen.

De westkust van Skåne en Halland

Trein: onder meer naar Stockholm, Lund/Eslöv, Ystad en Karlskrona. De Öresundståg gaat naar Kopenhagen en Helsingborg-Göteborg. Andere stations zijn Triangeln en Hyllie in het zuiden van de stad.
Bus: naar Kopenhagen, Trelleborg, Skanör-Falsterbo, Ystad, Lund en Jönköping.
Vliegtuig: vanaf het vliegveld Sturup (30 km zuidoostelijk) vluchten naar Stockholm en Göteborg (bus naar het vliegveld). Het dichtstbijgelegen internationale vliegveld is Kopenhagen-Kastrup (verbinding met Öresundståg).
Veerboot: naar Travemünde met Finnlines (zie blz. 22)

Ten zuiden van Malmö

▶ C 15

Bärnstensmuseet (Barnsteenmuseum)

Södra Mariavägen 4, Kämpinge (Höllviken), www.brost.se, juli-half aug. dag. 10-18, half mei-juni, half aug.-half sept. 11-17, half sept.-half mei za.-zo. 11-15 uur, SEK 25
De stranden van Zuid-Zweden zijn bijzonder rijk aan barnsteen. In het Bärnstensmuseet worden mooie exemplaren van deze fossiele edelsteen tentoongesteld, die geen steen is, maar uit de hars bestaat die 30-50 miljoen jaar geleden in zee droop, toen de kusten van de Oostzee omzoomd waren door dichte bossen. Bijzonder waardevol zijn stukken met insluitsels, zoals insecten of plantendelen. Het museum heeft ook tijdelijke tentoonstellingen over de regio, die in de prehistorie dichtbevolkt was.

Ängavallen

Norra Håslöv, bij Vellinge, www.angavallen.se, winkel wo.-vr. 12-18, za.-zo. 12-15 uur, 's zomers dag. en langer
Deze boerenhoeve met een rijk verleden ligt te midden van een klein Engels park. Hier werkt men geheel biologisch: het moderne boerenbedrijf met eigen winkel en restaurant produceert runder-, lams- en varkensvlees. Het is afkomstig van zuiver gehouden oude dierrassen.

Falsterbonäset

Bus 100 vanaf Malmö, www.vellinge.se, www.soderslatt.com
De zuidwestpunt van dit Scandinavische schiereiland is misschien wel de belangrijkste locatie voor het waarnemen van trekvogels in Zweden. Het vogelstation is dan ook een trefpunt van vogelkenners. De rietstrook Flommen en het heidegebied Skanörs Ljung bieden een rustplaats voor tienduizenden trekvogels. Spectaculair is de roofvogeltrek in de herfst. Op weg van en naar hun broedplaatsen in het hoge noorden houden ze hier even pauze na de oversteek van de Sont. Als de zwaluwen hier komen, weet heel Zweden dat de zomer eraan komt. De inwoners van de stadjes Skanör en Falsterbo leefden ooit van de haringvangst. Nu zijn het pittoreske plaatsjes met populaire zandstranden en een geliefd woongebied.

Vikingdorp Foteviken

Museivägen 24, Höllviken, www.fotevikensmuseum.se, mei-half sept. di.-vr., juni-aug. dag. 10-16 uur, SEK 90, gezin SEK 220
Een met palissades versterkt dorp bewoond door langharige, bebaarde mannen in ruwe wollen kleding, met speren in hun handen? Dergelijke Vikingromantiek treft u aan in Höllviken. De Vikinghaven, die hier 1000 jaar geleden was, werd beschermd door een barrière van boomstammen tegen aanvallen vanaf zee. Nu wonen er weer ongeveer een dozijn overtuigde 'Vikingen' in de twintig huizen en tenten. Op uitnodiging van mooie vrouwen

in eenvoudige hutten, waar het haardvuur brandt, kunt u tijdens een rondleiding beleven hoe het dagelijks leven 1000 jaar geleden was. Af en toe, als er handwerkslieden aanwezig zijn, kunnen de bezoekers meedoen aan het smeden of boogschieten.

Eten en drinken

Biologisch – **Ängavallen:** het bij de boerderij (zie blz. 84) behorende restaurant brengt de eigen producten lekker toebereid op tafel. Er zijn gastenkamers in verbouwde boerderijgebouwen met een rustieke charme, modieus gerenoveerd en zeer comfortabel.

Informatie

Falsterbonäsets Turistbyrå: Videholms allé 1 A (in de bibliotheek), 236 31 Höllviken, tel. 040 42 54 54, www.vellinge.se.

Lund ▶ D 14

De belangrijkste bezienswaardigheid van de gezellige universiteitsstad (101.300 inwoners), die – oorspronkelijk Deens – een van de oudste steden van Zweden is, is de romaanse kathedraal. Lund is sinds 1103 aartsbisdom en was lang het spirituele en culturele centrum van het noorden, tot steden als Uppsala en Stockholm de stad voorbij streefden. In de 14e eeuw waren er in Lund 27 kerken en zeven kloosters. Ten oosten van de kathedraal liggen mooie wijken met lage oude huizen aan kasseienstraten.

Dom en universiteit

De bouw van de kathedraal begon rond 1080 en eindigde in 1145 met de inwijding van de kerk. Het oudste deel is de in 1123 ingewijde crypte met een plafond dat wordt gesteund door gebeeldhouwde pilaren. Een stelt de reus Finn voor, die volgens de legende de kerk bouwde voor de heilige Laurentius (Lars). De beste tijd voor een bezoek aan de imposante kathedraal is rond de middag of in de vroege namiddaguren, als het astronomische uurwerk uit de 14e eeuw in beweging komt (ma.-za. 12 en 15, zo. 13 en 15 uur).

De bij Zweedse en buitenlandse studenten in gelijke mate populaire **universiteit** is de grootste van Noord-Europa. Ze werd in 1668, tien jaar nadat Skåne in Zweedse handen was gekomen, opgericht om de regio te versterken en beter te kunnen 'verzweedsen'. Het hoofdgebouw is in 1880 gebouwd en de afzonderlijke faculteiten zijn over de stad verspreid. Tussen het centrale universiteitsgebouw en de Dom ligt de Lundagård, een park met mooie oude bomen.

Openluchtmuseum Kulturen

Tegnérplatsen, www.kulturen.com, mei-aug. dag. 10-17, sept.-apr. di.-zo. 12-17 uur, 's zomers SEK 120, 's winters SEK 90

Ook in de buurt van de kathedraal ligt het openluchtmuseum Kulturen. Het in 1892 geopende, uitzonderlijk goed toegeruste openluchtmuseum toont in aanvulling op tijdelijke tentoonstellingen in het moderne museumgebouw vooral alledaagse geschiedenis van vroeger: meubels, kunstnijverheid en archeologische vondsten uit het middeleeuwse Lund. Ze worden gepresenteerd in ongeveer dertig gebouwen, die deels uit andere delen van Skåne naar hier werden overgebracht. Veel kon ook op dezelfde plek blijven staan, zoals de huizen in enkele oude straatjes, evenals een paar straathoeken verderop **Hökeriet** (hoek Sankt Annegatan/Tomegapsgatan), een winkel met een inrichting uit 1906 en een bijpassend assortiment (za.-zo. 12-16 uur, gratis).

Skissernas Museum

Finngatan 2, www.skissernasmuseum.se, di.-wo. 11-17, do.11-21, vr. 11-18, za., zo. 12-17 uur, SEK 80, beeldentuin gratis

Sinds 1934 verzamelt het museum materiaal over de kunst in de openbare ruimte in Zweden. Maar ook schetsen, studies en modellen voor de werken van Henry Moore, Mexicaanse wandschilderingen uit de jaren 20 en de kleurrijke schilderijen van de Franse kunstenares Sonia Delaunay zijn er te zien. Bezoekers krijgen een blik op het creatieve proces en kunnen als het ware 'in het hoofd' van de kunstenaars kijken.

Lunds Universitets Botaniska Trädgård

Östra Vallgatan 20, www.botan.lu.se, dag. 6-20, half mei-half sept. 6-21.30 uur, toegang gratis.

De botanische tuin van de Universiteit van Lund is een heerlijke oase, waarvan de kassen (11-15 uur) bezienswaardig zijn. Met leuk zomercafé.

Overnachten

Verzorgde ambiance – **Hotel Concordia:** Stålbrogatan 1, tel. 046 13 50 50, www.concordia.se, 2 pk SEK 995-1995. Zeer fraai historisch gebouw in een rustige zijstraat.

Eten, uitgaan

Trendy – **Godset:** Bangatan 3-5, tel. 046 12 16 10, www.godset.se, ma.-vr. 11-15, 17-22, za.-zo. 12-22 uur, burgers en nachos ca. SEK 100-170, lunch (ma.-vr.) vanaf SEK 84. Trendy 'stationscafetaria' in de stijl van een Amerikaans eethuis.

Studentenvoer – **Ariman:** Kungsgatan 2, www.ariman,se, ma.-do. 11-0/1, vr.-za. 11-3, zo. 13-23 uur. Lichte kost, niet alleen vegetarisch, onder meer soepen en *paj*, ca. SEK 50. Vr. en za. club nights.

In het park – **Mejeriet:** Stora Södergatan 64, www.kulturmejeriet.se. Regelmatig livemuziek, film, theater, comedy. Zondag vanaf 11 uur brunch.

Informatie

Lunds Turistbyrå: Botulfsgatan 1A (bij Stortorget), 221 00 Lund, tel. 046 35 50 40, www.visitlund.se.
Trein: naar Stockholm, Göteborg, Malmö, Helsingborg, Eslöv, Landskrona, Karlskrona.
Bus: naar Malmö, Kopenhagen en Jönköping.

Landskrona en omgeving ▶ C 14

Landskrona straalt rust uit. Deze stad, heeft een bezienswaardige, halverwege de 16e eeuw opgetrokken **citadel** (www.citadellet.com, eind juni-begin sept. di.-zo. driemaal per dag rondleiding, SEK 75) die een van de bestbewaarde vestingwerken langs de westkust is.

Langs de weg van Landskrona naar Råå en Helsingborg hebt u vanaf een heuvel vlak voor Glumslöv een prachtig uitzicht op Landskrona en het eiland Ven (zie blz. 88). Via het vissersdorpje Råå, van waaruit 's zomers boten naar Ven vertrekken, komt u in Helsingborg.

Informatie

Landskrona & Vens Turistbyrå: Skeppsbron 2 (bij veerterminal), 261 35 Landskrona, tel. 0418 47 30 00, www.landskrona.se/turist.

Trein: Landskrona ligt aan het traject Kopenhagen-Malmö-Göteborg van de Öresundståg. Station ca. 2 km oostelijk.
Veerboot: naar Ven, zie. blz. 88.

Helsingborg ▶ C 14

Helsingborg (97.100 inwoners) ligt op het smalste punt van de Öresund, op 20 minuten met de veerboot van het Deense Helsingør. Het uitzicht over de Öresund reikt tot aan Kronborg slot, onder de naam Elsinore bekend als schouwtoneel in Shakespeares *Hamlet*.

De stad Helsingborg werd al in 1085 vermeld in documenten en was ooit een van de felst betwiste steden in Zweden, niet verwonderlijk met deze strategische ligging. In de 17e eeuw getroostte Zweden zich aanzienlijke inspanningen om de stad, die deel uitmaakte van het Deense grondgebied, te annexeren. Zes keer veroverden de Zweden Helsingborg, maar telkens verloren ze de stad ook weer aan de Denen. Uiteindelijk was de Zweedse heerschappij pas in 1710 verzekerd na een zeer heftige strijd, die wordt beschouwd als de bloedigste op wat nu Zweedse bodem is.

Helsingborg toont nu tamelijk chic, zelfs deftig. De met moderne woon- en kantoorgebouwen bebouwde industriegebieden van de noordelijke haven geven de stad een ultramoderne, frisse indruk.

Dunkers Kulturhus

Kungsgatan 11/Sundstorget, www.dunkerskulturhus.se, di.-wo., vr. 10-18, do. 10-20, za.-zo. 10-17 uur, SEK 70 (tentoonstelling)

Het in 2002 geopende Dunkers Kulturhus heeft zeer goede tentoonstellingen en hedendaagse kunst en het stadsmuseum maakt indruk met een multimediapresentatie van de door de Öresund beïnvloede geschiedenis van Helsingborg. Het moderne gebouw biedt tevens onderdak aan theater- en concertzalen, een goed gesorteerde designwinkel, het *turistbyrå* en een restaurant. Bij dat alles hebt u bovendien uitzicht door grote glazen ramen op de Öresund en het reilen en zeilen in de nabije jachthaven.

Stortorget en omgeving

Op **Stortorget**, de grote markt, naast het stadhuis uit 1897 herinnert het standbeeld van Magnus Stenbock aan de bloedige strijd van 1710 tegen de Denen. Op de markt begint een van de oudste voetgangersgebieden van Zweden, **Kullagatan**, met mode- en andere winkels.

In de tegenovergestelde richting bereikt u de **Sankta Maria kyrka** in de Södra Storgata (ma.-za. 8-16, zo. 9-16 uur). Deze kleine bakstenen kerk gaat terug op een romaanse zandstenen kerk uit de 12e eeuw, die in de 15e eeuw door de huidige gotische werd vervangen.

In de Norra Storgatan ten noorden van het Stortorget staan enkele fraaie vakwerkhuizen, zoals **Jacob Hansens hus** (nr. 21), het oudste woonhuis van de stad (1641). De oude gebeeldhouwde fontein ertegenover herinnert aan de sterrenkundige Tycho Brahe en het onderzoek dat hij verrichtte op het eiland Ven (zie blz. 88).

Kärnan

Juni-aug. dag. 11-19, half apr.-half juni di.-vr. 9-13, za.-zo. 11-15, sept. di.-vr. 9-16, za.-zo. 11-17uur, SEK 40

De stad wordt gedomineerd door de 34 m hoge vestingtoren Kärnan uit de 14e eeuw. De vele traptreden zijn zeker de moeite waard om te beklimmen: eenmaal boven kunt u bij helder weer genieten van een fantastisch uitzicht over de Öresund tot aan Denemarken en de Deense tegenhanger van Kärna, het kasteel Kronborg. ▷ blz. 90

Op ontdekkingsreis

Ven – eiland voor sterrenkijkers

Op mooie zomerdagen is het 7,5 km² grote eiland in de Öresund een geweldige bestemming: bos, akkers en weiden, kliffen en duinen. Maar dat is nog niet alles. Op het eiland werd wetenschappelijke geschiedenis geschreven: vanaf hier deed Tycho Brahe, de heer van het eiland en astronoom, een greep naar de sterren. Zonder telescoop ontdekte hij in 1572 een supernova in het sterrenbeeld Cassiopeia en deed hij baanbrekende ontdekkingen over de bewegingen van de planeten.

Kaart: ▶ C 14
Informatie: www.tychobrahe.com; Tycho-Brahe-Museum mei/juni-sept. dag., april, okt. za.-zo. 11-16, juli-aug. dag. 11-18 uur, SEK 680 (met klank-beeldshow Stjärneborg).

Reizen naar en op Ven: veerboot vanaf Landskrona (ca. 30 min., www.ventrafiken.se, kaartjes bij automaat, geen contante betaling), 's zomers ook een veerboot vanaf Helsingborg (Rååbåtarna). Bussen op de hoofdwegen van Ven. Fietsverhuur.

De weg van de veerboot omhoog naar het midden van het eiland leidt rechtstreeks naar **Uraniborg** met spaarzame fundamenten van het slot dat de heer van het eiland, Tycho Brahe (1546-1601), vanaf 1576 op het hoogste punt van het eiland, 45 m boven de zee, liet bouwen. Hij was een telg van een invloedrijke adellijke familie in het toen nog bij Denemarken behorende Zuid-Zweden. Als veertienjarige raakte hij onder de indruk van een zonsverduistering en schreef zich in als student sterrenkunde aan de universiteit van Kopenhagen. De Deense koning waardeerde hem overigens ook als astroloog en gaf hem Ven voor het leven, verzekerde hem de opbrengsten van andere landgoederen en bevorderde – overeenkomstig de ambitie van een wereldmacht – een wetenschappelijk onderzoeksprogramma. Tycho Brahe bleef 21 jaar op het eiland Ven. Toen hij meer ruimte voor zijn observatieapparatuur nodig had, liet Brahe naast het slot het ondergrondse observatorium **Stjärneborg** bouwen. In de crypte toont een klankbeeldshow aan de bezoekers de door Tycho Brahe ontwikkelde instrumenten voor zijn waarnemingen.

Kwadratuur van de cirkel

Uraniborg slott was omgeven door een slottuin in renaissancestijl, waarvan de symmetrische vorm het zinnebeeld was voor de goedgeordende kosmos, de aarde dacht men zich als een vierkant, de hemel als een cirkel. Op de vier hoeken van het vierkant waren poorten en de tuin werd omgeven door een hoge aarden wal. Inmiddels is de kasteeltuin gereconstrueerd. In de bloembedden groeien sierplanten en kruiden die in de 16e eeuw in Europese tuinen gebruikt werden. Aan de rand van het terrein staat een meer dan levensgroot standbeeld van Tycho Brahe, de sterrenkundige met de kanten kraag.

Astronomie in beeld

De hoge toren in de buurt van Uraniborg is van de voormalige parochiekerk Allhelgonakyrkan, waar het **Tycho Brahe Museum** is ingericht. Brahes wetenschappelijke instrumenten, een stalen kwadrant en een astronomische sextant – gereconstrueerd door deskundigen uit Tsjechië – behoren tot de belangrijkste voorwerpen. Films, archeologische vondsten, modellen en beelden documenteren het leven en werk van de beroemde wetenschapper. Tycho Brahe werkte vanaf 1597 in Praag als hofastronoom van keizer Rudolf II en gaf zijn kennis van de bewegingen van de planeten door aan zijn leerling Johannes Kepler – die op zijn beurt de basis legde voor de huidige ruimtevaart.

Kerkschat en calorieën

De middeleeuwse trapgevelkerk **Sankt Ibb** staat bijzonder fraai aan de steile kust. Tycho Brahe is hier nog aanwezig met een door hem geschonken altaarstuk uit 1578 en zijn portret – een geschenk ter gelegenheid van zijn 300e geboortedag in 1846. Beneden in de haven **Kyrkbacken** kunt u de inwendige mens sterken in restaurant Hamnkrogen of de rokerij (alleen 's zomers).

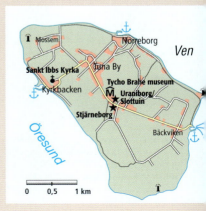

Openluchtmuseum Fredriksdal

Gisela Trapps väg, ca. 1,5 km ten oosten van het centrum, www.fredriksdal.se, apr., sept.- dec. dag. 10-176, mei-aug. 10-18, SEK 70

Een mooi uitstapje, vooral voor gezinnen met kinderen en tuinliefhebbers, gaat naar het openluchtmuseum Fredriksdal. Naast het landgoed uit de 18e eeuw behoort een typische boerderij uit Skåne en stadsstraatje met een drukkerij, waarvan de machines af en toe nog in bedrijf zijn, tot het openluchtmuseum. Pronkstuk is de rozentuin met veel oude soorten. Er is ook nog een volgens de ideeën van Carl Linnaeus aangelegde botanische tuin met de inheemse flora van Skåne. Wie geïnteresseerd is in oude variëteiten van groenten, kan een kijkje nemen in de moestuin. Imposant zijn de metershoge beukenhagen die 's zomers het decor vormen voor voorstellingen in een openluchttheater.

Overnachten

Centraal en goedkoop – **Hotel Maria:** Mariagatan 8A, tel. 042 24 99 40, www.hotelmaria.se, 2 pk vanaf SEK 950 1 pk vanaf SEK 750. De 19 meestal kleine kamers zijn in de stijl van verschillende tijdperken ingericht: renaissance of barok, Carl Larsson of Flower Power. Goede bedden, maar wel wat gehorig; zeer geliefd is de bij het hotel behorende tapasbar.

Zeer geliefd – **Råå Vallar Resort:** Kustgatan, tel. 042 18 26 00, boekingscentrale tel. 0771 10 12 00, http://raavallar.nordiccamping.se, het hele jaar door, staanplaats vanaf SEK 280, campinghut naargelang uitrusting SEK 380-650. Grote camping 500 m van Råå (5 km ten zuiden van Helsingborg) aan het kindvriendelijke, vlakke zandstrand met een groot zwembad.

Eten en drinken

Gourmetkeuken – **Restaurang Gastro:** Järnvägsgatan 3, www.gastro.nu, tel. 042 24 28 70, ma.-vr. 11.30-14, ma.-za. 18-24 uur uur. Driegangenmenu SEK 575-625. Het restaurant van Per en Sara Dahlberg is een van de beste in Zweden.

Verse vis – **Roy's Fisk & Servering:** Kajpromenaden 21 (aan de noordelijke haven), tel. 042 13 31 31, do.-za. vanaf 17, za.-zo. 12-16 uur, lunch SEK 75 (ma.-vr. 11.30-14), à la carte SEK 135-245. Vishandel en -restaurant, voordelig, zonder pretenties en goed.

Informatie

Turistbyrå Helsingborg: Dunkers kulturhus, Kungsgatan 11, 252 21 Helsingborg, tel. 042 10 43 50, www.familjenhelsingborg.se. Verkoop van de Kulturkort (SEK 120/2 dagen), een combiticket voor Frederiksdal, Kärnan en Sofiero (www.mittkulturkort.se)

Trein: naar Stockholm, Lund, Landskrona, Kristianstad en Karlskrona. Helsingborg ligt langs het traject Kopenhagen- Malmö-Göteborg (Öresundståg).

Bus: onder meer naar Höganäs, Lund, Halmstad en Ängelholm.

Veerboot: naar Helsingør (DK).

Omgeving van Helsingborg

Sofiero slott ▶ C 14

ca. 5 km noordelijk, www.sofiero.se, paleis Pasen-half sept. dag. 10-18 uur, SEK 100, park het hele jaar, gratis

Het idyllisch te midden van oude bomen aan de Öresund gelegen paleis werd in 1864 gebouwd voor kroonprins Oscar als zomerverblijf voor zichzelf en zijn vrouw Sophia – vandaar de naam Sofiero. Later werd het eigendom van koning Gustaf VI Adolf, die hier in de zomer regeringsvergaderingen hield en met premier Tage Erlander in het park overlegde – een zinnebeeld voor de overeenkomst tussen de monarchie en de sociaal-democratische partij, die in die tijd nog steeds de roep om de oprichting van de republiek in het partijprogramma had staan. In het paleis, dat vanaf de terrassen uitkijkt over de Öresund, worden kunsttentoonstellingen gehouden, waarbij ook het park wordt betrokken. Naast bloembedden en meer dan 10.000 rododendrons zijn er sculpturen, een totempaal en een doolhof voor kinderen.

Wallåkra Stenkärlsfabrik ▶ C 14

Vallåkra, 15 km ten zuidoosten van Helsingborg, www.wallakra.com, winkel di.-vr., zo. 12-16, eind juni-half aug. dag. 11-17, adventstijd 12-16 uur

In de in 1864 opgerichte fabriek in het kleine stadje Vallåkra werd keramiek geproduceerd volgens historische recepten van in de regio gedolven klei: voorraadpotten, kruiken en rustiek vaatwerk met de typische zoutglazuur. U kunt kijken als de pottenbakkers aan het werk zijn, in de fabriekswinkel rondkijken of tafelen in het café-restaurant met een ambitieuze keuken. Fraai is ook een wandeling in het aangrenzende, beschermde dal van de rivier Råå.

Eten en drinken

Koninklijk genieten – **Sofiero Slottsrestaurang**: Sofiero slott, www.sofieroslottsrestaurang.se, tel. 042 14 04 40, ma.-vr. 12-14, di.-za. 18-22, zo. brunch 11.30-16 uur, lunch SEK 165-325 (1-3 gangen). Vanaf de veranda hebt u uitzicht op de Öresund, in de elegante eetzaal lokken koninklijke geneugten onder kroonluchters. Het restaurant behoort tot de beste van Zweden.

Schiereiland Kullen

▶ C 13/14

'Want het is zo gesteld, dat de Kullaberg niet op het land staat met vlakten en dalen om zich heen, zoals andere bergen, maar hij is zover in zee gelopen, als hij maar komen kan. Geen enkel strookje land ligt er voor de berg om hem tegen de golven van de zee te beschermen. Die komen tot vlak bij de bergwand, en kunnen die afronden en vervormen naar hun welbehagen. Daarom zijn de berghellingen er zo sierlijk, zoals de zee en haar handlangers, de winden, ze hebben toegetakeld. Er zijn ruwe, diep in de bergwand ingesneden kloven en zwarte, uitstekende rotsen, die onder de constante zweepslagen van de zee zijn gladgeschuurd.' Treffender dan Selma Lagerlöf kan men het noordwestelijke puntje van het schiereiland Kullen niet beschrijven, dat zeker tot de mooiste delen van Skåne behoort. Ook om die reden is de Kullaberg een populaire bestemming.

Höganäs ▶ C 14

In dit pottenbakkersstadje kunt u een expositie bekijken in **Höganäs Keramiskt Centrum** (www.keramisktcenter.se, do.-vr. 11-17, za.-zo. 11-16 uur, in Design Outlet, zie blz. 96). U ziet er werk van regionale pottenbakkers en kunt fraai keramiek kopen. Het authentieke zoutglazuurkeramiek wordt sinds begin 19e eeuw in het noordwesten van Skåne geproduceerd.

Mölle ▶ C 13/14

Rond de badplaats Mölle hangt de sfeer van een kuuroord en ▷ blz. 94

Favoriet

Kullens fyr – licht langs de Sont
▶ C 13

Vuurtorens hebben iets geruststellends: vast en veilig staat ook Kullens fyr op een hoog punt op de Kullaberg. Zijn licht schijnt over de Öresund, een van de drukst bevaren scheepvaartroutes ter wereld. Vanaf de top van de meer dan 100 jaar oude vuurtoren, die de bezoeker via een smeedijzeren wenteltrap kunnen beklimmen, is het uitzicht fenomenaal. Er is ook een vuurtorenwachter – maar hij komt er tegenwoordig alleen nog maar om de handgeslepen prisma's van de lens te reinigen. Die bundelt het licht voor de signalen die Kullens fyr over de Öresund stuurt (eind juni-half aug. dag. 11-17 uur, SEK 30).

De westkust van Skåne en Halland

Wandelen op de Kullaberg

boven de jachthaven torent stijlvol het Grand Hôtel uit. Tot het uitbreken van de Eerste Wereldoorlog vierden hier vooral Denen en Duitsers vakantie, de Duitse keizer verpoosde hier in 1907. Aan het begin van de 20e eeuw schokte de bouw van een eerste gemeenschappelijk zwembad voor mannen en vrouwen de gemoederen heftig. Gevreesd werd voor een volledig verval van de zeden.

Krapperups slott

Bij Nyhamnsläge, www.krapperup.se, café en winkel apr.-mei, half aug.-sept. za., zon- en feestdagen 11-17, juni-half aug. dag. 11-17 uur, park het hele jaar door dag., gratis

Het kasteelpark ten zuiden van Mölle bewijst dat men niet alleen in Engeland weet hoe een tuin moet worden aangelegd. Er horen ook een café en een winkel bij. Het particulier bewoonde kasteel van de ooit invloedrijke familie Gyllenstierna vormt af en toe het kader voor tentoonstellingen van hedendaagse kunst (www.krapperupskonsthall.se). De witte ster in de gevel van het bakstenen kasteel uit 1790 verwijst naar de familienaam. 'Guildenstern' is bij Shakespearekenners bekend uit *Hamlet*.

Kullabergs Naturum

www.kullabergsnatur.se, juni-aug. dag. 10-17, anders 10/11-16 uur

Sinds 1561 wijst Kullens fyr, de hoogste en krachtigste vuurtoren van Zweden, op het puntje van het schiereiland Kullen zeelieden de weg door de moeilijke wateren (zie blz. 92). Aan de voet van de toren werd in de zomer van 2009 een Naturum geopend, dat bezoekers dichter bij de unieke natuur en cultuur van het natuurreservaat brengt. Met enig geluk ziet u tuimelaars in de Sont. Hier beginnen ook wandelingen met gids naar de vele grotten in de Kullaberg.

Wandelen op de Kullaberg ▶ C 14

Begin: Mölle; lengte: 11 km; relatief moeilijk, standvastige tred vereist

Een van de mooiste routes op de Kullaberg begint bij de zwemlocatie **Solvik** aan de westrand van **Mölle** (oranje markering). U loopt eerst langs het stenige strand en daarna neemt u het pad omhoog naar Ransvik. U krijgt hierbij al een klein voorproefje van de klimpartij die nodig is om de vuurtoren Kullens fyr te bereiken. Voor een tussenstop is de baai van **Ransvik** zeer aantrekkelijk met een populair wandelaarscafé. De oranje gemarkeerde route loopt boven Ransvik al snel door een bos en om de **golfbaan** heen naar **Kullagårdens Wärdshus**. Nu gaat de wandeling steiler omhoog en loopt u over een ruwe ondergrond door een dun eikenbos dat de rotsige helling overdekt. Vanaf de hoogte hebt u een fantastisch uitzicht terug op Mölle.

Vervolgens loopt u deels over kale rotsen, deels over heidevlakten waar dieren grazen in de richting van de vuurtoren. Onder de top van de Kullaberg ligt de **Lahibiagrottan**. Als u van een avontuurtje houdt, kunt u er langs een kabel omlaag klauteren. Langs door de wind scheefgegroeide dennen voert het pad u uiteindelijk naar de **Kullens fyr** (zie blz. 92). In **Naturum** kunt u een interessante tentoonstelling bezichtigen en er is een café.

Voor de terugweg kiest u de blauw gemarkeerde route langs de noordkant van het schiereiland. Als u een verrekijker hebt meegenomen, kunt u onderweg allerlei zeevogels en zelfs dolfijnen zien. De rotsformaties aan de noordkust bieden een fascinerende aanblik. Er zijn al met al 24 grotten en sommige daarvan zijn te bereiken via gemarkeerde routes.

Een aanrader zijn klimtochten met een gids (actuele gegevens in het Naturum), zoals naar de **Visitgrottan**, die alleen bij een lage waterstand met droge voeten te bereiken is, of naar de **Störra Josefinelustgrottan**. Op het traject naar **Djupadal** loopt u parallel aan de rotskust en hebt u een geweldig uitzicht door het dunne eikenbos. Ten oosten van Djupadal ligt aan de kust een **vogelreservaat** dat in het broedseizoen (maart-half juli) verboden voor publiek is. U loopt hier landinwaarts en kiest dan een blauw gemarkeerde zijpad dat omhoogvoert naar de top van de **Norra Ljungås**. Hier hebt u uitzicht over het grootste deel van het schiereiland.

Vervolgens neemt u een van de geel gemarkeerde verbindingsroutes en wandelt u over een landweggetje naar het **tolhuisje** (Vaktstugan), waar bezoekers vroeger toegangsgeld moesten betalen, en dan terug naar Mölle.

Overnachten

Uitzicht – Grand Hôtel i Mölle: Bökebolsvägen 11, tel. 042 36 22 30, www.grand-molle.se, 2 pk vanaf SEK 1390, met balkon en uitzicht op zee vanaf SEK 2190. Traditioneel en schilderachtig op de Kullaberg boven het dorp gelegen, met gourmetrestaurant.

Golfhotel – Kullagårdens Wärdshus: www.kullagardenswardshus.se, tel. 042 34 74 20, speciale aanbiedingen, zoals golf- of weekendarrangement, ca. SEK 2000 per persoon in 2 pk met volpension. Op het golfterrein in het natuurreservaat Kullaberg, uitstekende keuken.

Voordelig – STF Vandrarhem Jonstorp: Gamla Södåkravägen 127, Jonstorp, tel. 042 12 14 13, www.jonstorp.com, 2 pk vanaf SEK 600. Kleine herberg buiten de stad; 40 bedden met goede matrassen (geen stapelbedden) in 2- en 4-beddenkamers, fietsverhuur.

Meer en heide – First Camp Mölle: www.firstcamp.se/molle, tel. 042 34 73 84, www.firstcamp.se/molle, hele jaar, staanplaats vanaf SEK 250, trekkershut vanaf SEK 385. Bijzonder mooi gelegen nabij de Kullaberg en het natuurreservaat Möllehässle.

Eten en drinken

Deftig – Tunneberga Gästgivaregård: Jonstorpsvägen 16, Jonstorp, tel. 042 36 74 81, www.tunneberga.se, hoofdgerecht vanaf SEK 160. Dit gezellige restaurant in een typisch Skåns

Tip

Cafetaria met tradities ▶ C 14

Zelfs toenmalige koning Oscar II nam graag een koffiepauze in Café Flickorna Lundgren langs de weg naar Jonstorp als hij voorbijkwam met zijn koets. Tot op de dag van vandaag wordt het café bestierd door afstammelingen van de 'Lundgrenmeisjes', die koffie in koperen potten en zelfgebakken koekjes en brood serveren. De grote tuin is op mooie zomerdagen druk. Op eenvoudige houten tafels onder de fruitbomen maakt u zich gemakkelijk met een *kaffe med dopp*, koffie met koekjes, met goede boter gebakken! Speciaal aanbevolen: vanilleharten, ooit koning Oscars favorieten, of een *skånering* van bladerdeeg met kardemom. Een brede selectie van vruchtensappen (Skäret, www.fl-lundgren.se, half apr.-half sept. dag. 11-17 of 10-18, half juni-half aug. 10-19 uur).

vakwerkhuis met lage plafonds ligt midden in het dorp. Er worden regionale gerechten geserveerd, zoals *äggakaka* of *köttbullar* (lunch vanaf SEK 99).
Cafetaria met uitzicht – **Ellens Café**: Kullen, tel. 042 34 76 66, www.ransvik.se, juli-aug. dag., anders vr.-zo. 11-17 uur, koffie, wafels, taart, gerechten SEK 200. De afdaling naar de baai is alleen al om het zicht op Mölle de moeite waard.

Winkelen

Design – **Höganäs Design Outlet**: Gärdesgatan (zijweg van RV111 ten noorden van Höganäs), www.hoganasoutlet.se, ma.-vr. 10-19, za.-zo. 10-17 uur. Producten van bekende Scandinavische merken, onder andere glas en keramiek.

Actief

Peddelen, klimmen, fietsen – **Mölle Kajak & Klättercenter**: mob. 070 558 66 57, www.mollekajakcenter.se. Het hele programma ('s ochtends klimmen, 's middags peddelen voor de kust) SEK 800 per persoon. Verhuur van mountainbikes (SEK 500 per dag) en kajaks (SEK 300-400 per dag).

Informatie

Höganäs & Kullahalvöns Turistbyrå: Centralgatan 20, 263 82 Höganäs, tel. 042 33 77 74, www.hoganas.se, www.kullabergsnatur.se, www.kullen.se.
Bus: naar Helsingborg en Mölle. 's Zomers (mei-aug.) rijdt de bus uit Mölle door tot Kullens fyr, half juni-half aug. dag.

Ängelholm ▶ C 13

Het prachtige 5 km lange zandstrand van Vejbystrand tot Ängelholm aan de baai van Skälderviken wordt in de zomervakantie druk bezocht door gezinnen met kinderen. Als afwisseling voor de dagen aan het strand kunt u in Ängelholm een bezoekje brengen aan het spoorwegmuseum (www.jarnvagensmuseum.se, juni-aug. dag. 10-17, sept.-mei di.-zo. 10-16 uur, SEK 50), of een wandeling maken door het oude stadscentrum met het stadhuis uit 1775.

Informatie

Ängelholms Turistbyrå: Järnvägsgatan 5, 262 32 Ängelholm, tel. 0431 821 30, www.engelholm.com.
Bus: naar Helsingborg en Mölle.

Bjärehalvön ▶ C 13

Het Bjärehalvön nodigt uit met goede stranden en jachthavens. Langs de noordwestrand duiken bij Hovs hallar grillige rotsformaties pittoresk op uit zee. Hier zijn de schaakscènes uit Ingmar Bergmans *Het Zevende Zegel* gefilmd.

Båstad ▶ C 13

De belangrijkste stad (14.000 inwoners) van het schiereiland langs de Laholmsbukten, vooral bekend als locatie van een groot tennistoernooi en als vestigingsplaats van het Zweedse Tennisgymnasium, waar beroemde spelers hun vak leerden. In het stadion langs de zee vinden sinds het midden van de jaren 20 ieder jaar de open Zweedse tenniskampioenschappen plaats, waaraan koning Gustaf V van 1930-1945 deelnam onder het pseudoniem Mr G; naar hem is de Mr G.'s väg langs het tennisstadion genoemd.

De oudste bouwwerken in Båstad zijn de huizen in de Agardhsgatan; ze overleefden als enige onbeschadigd de grote brand van 1870. De rond 1500 voltooide Mariakyrka bevat indrukwekkende fresco's in sacristie en zijbeuken.

Ten westen van Båstad

Norrviken ▶ C 13

5 km ten noordwesten van Båstad, www.norrvikenbastad.se, juni-aug. dag., sept. wo.-zo., okt. za., zo. 10-17 uur, gratis

De tuinen die liggen ten noordwesten van Båstad zijn de moeite waard voor een dagtocht. Met baroktuin, Japanse tuin, renaissancetuin, rosarium, winkels met kunstnijverheid of tuinplanten, galerie en restaurant bieden ze tal van bezienswaardigheden. De fruitonderzoeker en tuinarchitect Rudolf Abelin, een vernieuwer van de fruitteelt in Zweden, legde de tuin ongeveer vijftig jaar geleden aan.

Torekov ▶ C 13

De kleine badplaats en jachthaven Torekov is tegenwoordig beroemd als trefpunt voor beroemde en rijke Zweden; navenant hoog is het prijsniveau van de restaurants en cafés. Inmiddels hebben talrijke kunstgaleries hun deuren geopend in het dorp.

Hovs hallar ▶ C 13

De spectaculaire rotskust nodigt uit tot lange zwerftochten te voet, waarbij overigens voorzichtigheid is geboden, want de rotsen kunnen glibberig zijn.

Hallands Väderö ▶ C 13

www.hallandsvadero.se, boot hele jaar vanaf Torekov, half/eind mei-aug. dag. elk uur van 9-16 uur

Voor de kust ligt het unieke natuurgebied Hallands Väderö, een eiland met eikenbossen, zand- en rotsstranden en een rijke flora en fauna: onder meer een zeehondenkolonie en in de zomer broedende zeevogels en kans op bijzondere waarnemingen in de trektijden.

Overnachten

Op het strand – **First Camp Båstad/Torekov:** Flymossavägen 5, ten noorden van Torekov, tel. 0431 36 45 25, www.firstcamp.se/torekov, half apr.-eind sept., staanplaats vanaf SEK 160. Ook luxehutten vanaf SEK 695 per dag.

Eten en drinken, uitgaan

Chic – **G. Swensons krog & café:** Pål Romares gata 2, Torekov, tel. 0431 36 45 90, www.swensons.net, mei-sept. do.-vr. vanaf 18, za.-zo. vanaf 12, juni-half aug.

De westkust van Skåne en Halland

Natuurlijk 'voetlicht' en golven tot de horizon – de kust van Halland in de avond

dag. vanaf 12 uur, hoofdgerecht ca. SEK 300, driegangenmenu SEK 545. Restaurant aan de haven van Torekov in een voormalige winkel uit 1907.

Actief

Surfen – **Kiteskolan Båstad:** mob. 070 628 98 00, www.kiteskolanbastad.se. Cursussen kitesurfen, boardverhuur. Goede surflocaties zijn Hemmeslöv en Malens havsbad in Båstad.
Pure ontspanning – **Wellness:** badhuis van Torekov, onder meer met zeewierbaden en massage, slechts 5 m van het strand, tel. 0431 36 36 32, www.torekovs warmbadhus.com.
Naar de zeehonden – **Boottocht:** Hallands Väderö vanaf Torekov (www.vade rotrafiken.se)

Info en evenementen

Båstad Turism: Köpmansgatan 1, Box 1096, 269 21 Båstad, tel. 0431 750 45, www.bastad.com. **Torekovs turistbyrå:** Hamnplan 2, tel. 0431 36 31 80, www.torekov.se, hele jaar, maar niet dag.
Swedish Open: 1e helft juli, www.swedishopen.org. Groot tennistoernooi in Båstad.
Vliegtuig: vanaf vliegveld Ängelholm/Helsingborg (25 km) dag. verbindingen met onder meer Stockholm, www.angelholmhelsingborgairport.se.
Trein: de treinen naar Göteborg, Malmö en Kopenhagen stoppen in Båstad.

Laholm ▶ C 13

De oudste stad van Halland (23.000 inwoners), gesticht in 1231, draagt in het wapen drie zalmen – ze dankt zoals de hele provincie Halland (waarvan de zalm het landschapsdier is) haar rijkdom aan de vangst en verkoop van de vissen, die ooit talrijk van zee de rivier Lagan opzwommen. Na de bouw van een waterkrachtcentrale op het eiland in de rivier naast de ruïne van het kasteel was hun weg versperd en begon men een zalmkwekerij (expositie Statkrafts Besökscenter, juni-aug. ma.-vr. 9-15.30 uur).

De oude stadskern Gamleby toont met lage baksteen- en vakwerkhuisjes als een typische stadsidylle. In Gamleby staat ook de **Sankt Clemens kyrka** met een toren uit 1632. Vier van de ramen in het koor zijn van Erik Olson, die tot de Halmstadgroep behoorde (zie blz. 100).

Laholm wordt wel beschouwd als de 'kleine stad met de grote kunstwerken'. Gefinancierd werden de vele sculpturen in het stadsbeeld met de inkomsten uit theaterfestivals. Ook aan de zalm is een beeldhouwwerk gewijd: op Stortorget eert John Lundqvists sculptuur **Lagafontän** de rivier de Lagan (1933). De figuren, de rivierman, de zalmjongen en het parelmeisje, symboliseren de rivier, de zalm en de parels uit de hier vroeger opgeviste oesters.

Teckningsmuseet

Hästtorget, www.teckningsmuseet. se, ma.-vr. 10-18, za.-zo. 10-16 uur, gratis

Het 'museum van de tekeningen' behoort tot Hallands Konstmuseum en is het enige museum van Zweden dat alleen tekeningen verzamelt. In de architectonisch aantrekkelijke uitbreiding van een monumentale, voormalige brandweerkazerne worden werken van Zweedse kunstenaars uit de tijd na 1780 getoond.

Actief

Zalmen vangen – **Vissen:** zalmen en zeeforellen komen veel voor in de Lagan; visvergunningen zijn te koop bij het *turistbyrå*.
Tot het gaatje – **Golf:** een 18-holesgolfbaan in Laholm, nog een in Skogaby (ca. 10 km oostwaarts).
Kindvriendelijk – **Stranden:** 12 km lang zandstrand met goede infrastructuur in Mellbystrand en Skummeslövsstrand.

Informatie

Laholms Turistbyrå: in Teckningsmuseet, Hästtorget, Box 78, 312 80 Laholm, tel. 0430 154 50, www.visitlaholm.se.
Trein: naar Malmö en Göteborg.
Bus: naar Halmstad.

Halmstad ▶ C 13

In de in de middeleeuwen grootste stad (88.000 inwoners) van de westkust werden de koningen van de Unie van Kalmar gekozen (zie blz. 42). Een vernietigende brand verwoestte de hele stad in 1619, alleen het kasteel en de stenen Sankt Nikolaikerk overleefden de ramp. Het aantrekkelijkst is het strand **Tylösand**, met minstens 5 km aan mooi zand, duinen en een licht dennenbos waarin chique villa's schuilen.

Kasteel en stadscentrum

Het **kasteel** is de zetel van het provinciaal bestuur en gesloten voor publiek met uitzondering van de binnenplaats; hier houdt men 's zomers theaterevenementen en concerten. Voor het kasteel ligt het zeilschip **Najaden** (1897), een klein fregat dat tot 1938 diende als opleidingsschip.

Het centrum van de stad langs de Nissan wordt gevormd door het marktplein **Stora Torg**, waar rond de Carl Milles' fontein 'Europa en de stier' levendig handel wordt gedreven. In de westelijk gelegen straten Kyrkogatan en Wallgatan laten vakwerkhuizen zien hoe de stad er vroeger uitzag. Ook bezienswaardig is een naar een plastiek van Pablo Picasso in Zweden gemaakt beeldhouwwerk Kvinnohuvud ('hoofd van een vrouw') langs de rivier Nissan.

Hallands Konstmuseum en Hallandsgården

www.hallandskonstmuseum.se, Konstmuseum: Tollsgatan, di., do.-zo. 12-16, wo. 12-20 uur; Hallandsgården: Sofiavägen, Galgberget, hele jaar toegankelijk, huizen juni-half aug. 12-18 uur geopend, gratis

Het kunstmuseum toont een collectie van boegbeelden en geschilderde wandkleden, zoals die in het zuiden van Zweden gebruikt werden in de betere salons, daarnaast wisselende exposities van hedendaagse kunstenaars uit de regio. Tot het provinciaal museum hoort ook het openluchtmuseum **Hallandsgården** aan de rand van de stad met een tiental historische gebouwen uit Halland, met inbegrip van meubilair, boerderijdieren en tuinen.

Mjellby Konstmuseum

5 km buiten de stad richting Steninge, www.mjellbykonstmuseum.se, dag. 12-17, SEK 80

In Halmstad werkte een groep schilders die onder de naam Halmstadgruppen de kunstgeschiedenis inging. Opgericht in 1929 door de broers Axel en Erik Olson, Waldemar Lorentzon, Sven Jonson, Esaias Thorén en Stellan Möller bestaat de groep eigenlijk pas niet meer sinds de dood van de laatste kunstenaar in 1986. De schilders woonden en werkten een tijdje in Berlijn en bij Fernand Léger in Parijs. In hun werken verbonden ze het continentale kubisme en surrealisme met Zweedse tradities. Erik Olson vervaardigde de glas-in-loodramen van de kerken in Laholm en Halmstad, de hele groep werkte aan het stadhuis van Halmstad. Het museum in de oude school van Mjällby heeft een permanente tentoonstelling met werken van de Halmstadgruppen, grotendeels geschonken door Viveka Bosson, de dochter van Erik Olson.

Overnachten

Spa-hotel – **Hotel Tylösand:** Tylöhusvägen 28, tel. 035 305 00, www.tylosand.se, 2 pk met spa-arrangement vanaf SEK 1095 per persoon. Modern hotel met 230 kamers, beautycenter, spa en restaurant. Centrum van het strandgebeuren met After Beach, disco en nachtclub.

Centraal – **STF-Vandrarhem/Hotel Kaptenshamn:** Stuvaregatan 6-8, tel. 035 12 04 00, www.kaptenshamn.com, 1 pk vanaf SEK 450, 2 pk vanaf SEK 600. 26 kamers, met douche/wc 1 pk vanaf SEK 850, 2 pk vanaf SEK 1100. In een gebouw uit 1912 bij de haven.

Excellent – **First Camp Tylösand:** Kungsvägen 3, tel. 035 305 10, www.firstcamp.se/tylosand, mei-eind aug., staanplaats vanaf SEK 275. Grote viersterrencamping nabij het strand, ook comfortabele hutten (vanaf SEK 4000 per week).

Eten en drinken, uitgaan

After Beach – **Restaurang Salt:** Tylöudden 11, Tylösand, tel. 035 335 01, www.restaurangsalt.se, vanaf half mei dag. vanaf 17.30 uur, hoofdgerecht vanaf SEK 200. Trefpunt na een dag op het strand met prachtig zeezicht. Goed restaurant, hoofdgerechten vanaf SEK 225.

Actief

Topbanen – **Golf:** Halmstad is 'de golfhoofdstad van Zweden' met negen golfbanen, waaronder Halmstad Golfklubb (www.hgk.se) in Tylösand.

Informatie

Halmstads Turistbyrå: Lilla Torg, 30132 Halmstad, tel. 035 12 02 00, www.destinationhalmstad.se.

Trein: naar Stockholm, Malmö, Göteborg, Jönköping en Nassjö.
Bus: naar Helsingborg, Laholm en Falkenberg.

Falkenberg ▶ C 12/13

De charme van het stadje met zo'n 20.000 inwoners zijn de kasseienstraten en de lage houten huizen, die voornamelijk te vinden zijn langs Gåsatorget. Het middelpunt van de schilderachtige oude stad is de **Sankt Laurentius kyrka** (12e eeuw). In de buurt ligt de oudste pottenbakkerij van Zweden, **Törngrens Krukmakeri** (Krukmakaregatan 4, ma.-vr. 9.30-12, 13-16.30 uur), sinds 1789 en al zeven generaties in het bezit van dezelfde familie. De producten worden verkocht in het centrum (zie hierna).

Winkelen

Souvenirs – **Törngrens:** Nygatan 34, www.torngrens-krukmakeri.se, ma.-vr. 10-18, za. 10-14 uur. Verkoop van keramiek.

Actief

Zalmen – **Vissen:** de Ätran is een van de beste zalmrivieren van het land; vissen toegestaan tussen de Tullbron en de Laxbron mrt.-sept., visvergunning verplicht (*fiskekort*; bij het *turistbyrå*).

Informatie

Falkenbergs Turistbyrå: Holgersgatan 11, Box 293, 311 34 Falkenberg, tel. 0346 88 61 00, www.visitfalkenberg.se.
Trein: naar Kopenhagen, Malmö en Göteborg.
Bus: naar Halmstad en Varberg.

Zalm in overvloed

De Laxbutiken is een waar dorado voor liefhebbers van deze vis. U kunt hem in verschillende variaties kopen – onder meer als zalmsalade, zalmpastei, zalmsoep en zalmpirogues – of meteen proeven in het restaurant, SEK 90-210 (**Laxbutiken,** Heberg, E 6 ten zuiden van Falkenberg, www.laxbutiken.se).

Varberg ▶ C 12

Een naar Zweedse begrippen 'mondain' resort is Varberg, dat sinds 1823 badplaats is. Destijds werden parken aangelegd en werd op palen in het water het koudbadhuis gebouwd, dat met zijn vijf uivormige koepels wat oosters aandoet. Tegenwoordig kan men zich hier opnieuw ontspannen in een zeewaterzwembad en de sauna (zie blz. 102).

Fästningen/Hallands kulturhistoriskt museum

www.museumhalland.se, half juni-half aug. dag. 10-18 uur, anders di.-vr. 10-16, za., zo. 12-16 uur, SEK 80

De vesting is de belangrijkste bezienswaardigheid van Varberg en gaat terug op een in de 13e eeuw door de Deense graaf Jacob van Halland gebouwde burcht, die later tot in de 17e eeuw steeds is verbouwd en uitgebreid. Kort na de voltooiing werd hij echter overbodig: Halland en Bohuslän kwamen met de Vrede van Brömsebro in 1645 aan Zweden – er was niets meer te verdedigen. Tegenwoordig huisvest de vesting het regionale museum met wisselende tentoonstellingen. Het bekendste voorwerp is de Bockstenman, die in de 14e eeuw leefde. Zijn stoffelijk overschot werd gevonden in een moeras bij

Tip

Van de sauna direct de zee in
Bezoekers van het historische **Kallbadhuset** (1903) in Varberg staat volop afwiseling te wachten. Vanuit de sauna loopt u zo de zee in – zowel 's zomers als 's winters een verfrissende ervaring (www.kallbadhuset.se, half juni-begin aug. dag. 10-17/18, 's winters wo. 13-20, za.-zo. 9-17 uur, SEK 65).

Varberg. Sensationeel was dat de kleren die hij droeg, nog geheel intact waren.

Stranden rond Varberg
Een mooie surflocatie is **Apelviken**. Bij het vroegere vissersdorp **Träslövsläge** ligt een vlak zandstrand. Vlakke rotsen aan kleine baaien vindt u ten noorden van Varberg. Het eiland **Getterön** is ook mooi om te wandelen (natuurreservaat).

Radiostation Grimeton
Ten zuiden van de RV153, www.grimetonradio.se, bezoekerscentrum juni-aug. dag., mei zon- en feestdagen, anders 1 x per maand za. 10-15 uur, rondleiding in het Zweeds en het Engels SEK 100

Sinds 1924 is dit radiostation een mijlpaal in de trans-Atlantische communicatie. Het staat nu op de UNESCO Werelderfgoedlijst. De plek is goed gekozen: geen enkel obstakel hindert de overdracht van radiogolven.

Overnachten

Dicht bij de zee – **Comwell Kurort Hotell & Spa:** Nils Kreugers väg 5, tel. 0340 62 98 00, www.varbergskurort.se, 2 pk vanaf SEK 995 per persoon. Het kuurhotel is rijk aan tradities en biedt in 125 kamers een klassieke elegantie. Onder meer zwemmen in een verwarmd zeewaterbad, Romeinse of Turkse stoombaden en qigong staan op het programma (daggasten SEK 595-1695 per dag).

Achter Zweedse gordijnen – **Fästningen:** tel. 0340 868 28 (*turistbyrå*), www.fastningensvandrarhem.se, vanaf SEK 195 per persoon, zonder ontbijt en beddengoed. De ligging van de populaire jeugdherberg maakt de krappe en Spartaanse ingerichte voormalige gevangeniscellen met meestal een of twee britsen goed. Comfortabeler zijn de kamers in de bijgebouwen (vanaf SEK 280).

Omringd door water – **Getteröns Camping:** 4 km ten noorden van Varberg, tel. 0340 168 85, www.getteronscamping.se. mei-half sept., viersterrencamping op het rotsachtige schiereiland Getterön

('s zomers een boot naar Varberg), staplaats SEK 230-420, hut vanaf SEK 490.

Actief

Surfen – **Apelviken** en **Träslövsläge** zijn de populairste surflocaties. Zie verder op www.surfaivarberg.se.
Luxe – **Wellness:** ook voor daggasten in het kuurhotel, zie hiervoor.
Bloot – **naaktstrand** (mannen en vrouwen gescheiden) op de rotsen tussen de vesting en Apelviken.

Uitgaan

Live – **Societetsparken:** van midzomer tot begin augustus organiseert men hier enkele keren per week concerten – van jazz tot pop; ook dans.

Info en evenementen

Varbergs Turistbyrå: Brunnsparken, 432 24 Varberg, tel. 0340 868 00, www.visitvarberg.se.
Medeltidsdagar: 2 dagen begin juli, in de vesting. Middeleeuws feest. Informatie bij Fästningen/Hallands kulturhistoriskt museum (zie blz. 101).
Trein: Varberg ligt aan het traject Kopenhagen-Malmö-Göteborg van de Öresundståg.
Bus: naar Falkenberg en Kungsbacka.
Veerboot: naar Grenå (DK).

Wellnesstempel uit een andere tijd: het Kallbadhus in Varberg

IN EEN OOGOPSLAG

Göteborg en Bohuslän

Hoogtepunt ✸

Göteborg: het brede culturele aanbod, de maritieme sfeer en de trendy restaurants maken de grootste havenstad in Zweden tot een aantrekkelijke bestemming. Een van de publiekstrekkers is de grootste verzameling museumschepen in Zweden. Zie blz. 107.

Op ontdekkingsreis

Uit de bronstijd – rotstekeningen bij Tanum: op veel plaatsen in Zweden zijn rotstekeningen uit de bronstijd, de periode van zo'n 3700 tot 2500 jaar geleden, behouden gebleven. Maar de grootste groep vormen de op kale rotswanden *(häll)* aangebrachte tekeningen in Bohuslän, in een gebied van ongeveer 45 km² bij Tanum. Deze locatie staat inmiddels op de UNESCO Werelderfgoedlijst. Zie blz. 128.

Bezienswaardigheden

Nordiska Akvarellmuseet in Skärhamn: bekroond museum met een strand ernaast – waar vindt u zoiets? Zie blz. 118.

Havets hus in Lysekil: haaien en haringen in een groot aquarium. Er worden ook zeehondensafari's aangeboden. Zie blz. 122.

Nordens Ark: de 'ark van het noorden' is een dierenpark dat in het teken staat van het fokken van bedreigde diersoorten. Zie blz. 126.

Actief

Wandeling op Dyrön: net als de moeflons die op het rotseiland leven, klauteren bezoekers over de rotsen. Zie blz. 118.

Strandpromenade Uddevalla: een wandeltocht met weids uitzicht voert langs de Byfjord van de haven van Uddevalla naar het mooie kuuroord Gustafsberg, ook over een hangbrug. Zie blz. 123.

Sfeervol genieten

Åstol Rökeri: het aanbod van vis en schaaldieren is overvloedig – zelfs garnalen worden gerookt aangeboden. Zie blz. 118.

Kreeftenstad Hunnebostrand: culinair hoogtepunt in de late zomer is een kreeftensafari, natuurlijk gevolgd door een kreeftdiner. Zie blz. 124.

Uitgaan

Göteborg staat bekend om zijn bruisende nachtleven, en dat niet alleen in het attractiepark Liseberg. Kungsportsavenyn en Linnégatan zijn de populairste boulevards voor feestvierders. Zie blz. 116

Krabben eten bij de jachthaven: 's zomers treft men elkaar bij de haven om in de avondzon te wandelen en in een trendy restaurant bij de steiger champagne te drinken en krabben te eten, bijvoorbeeld in **Smögen**, **Fjällbacka** of **Grebbestad**. Zie blz. 124, 127, 130.

De op een na grootste stad van Zweden, **Göteborg**, doet in uitstraling niet onder voor een metropool in Midden-Europa. De stad met zijn ruim 530.000 inwoners is zeer aantrekkelijk en heeft een divers nachtleven. Midden in de stad ligt Liseberg, een reusachtig attractiepark. De boulevard Kungsportsavenyn nodigt u uit om een lange wandeling te maken, ergens even koffie te drinken in een van de vele cafés en 's avonds uit te gaan. Bovendien ligt de rotsachtige kust van **Bohuslän** ook nog praktisch voor de deur. Deze is gemakkelijk te bereiken met de boot of de regelmatig rijdende bussen, want ook de Götenborgers brengen hier graag het weekend of hun vakantie door.

Welke plaats aan de kust van Bohuslän wordt gekozen als uitvalsbasis, is een kwestie van smaak. Tussen half juni en half augustus kunt u beter enige tijd van tevoren boeken, want dit gebied is ook voor de Zweden een van de populairste vakantiebestemmingen. Dat is ook wel logisch, want de eilanden Tjörn en Orust, de pittoreske vissersdorpjes en de mondaine toeristische centra, de rotstekeningen uit de bronstijd in Tanumshede, maar vooral de verleidelijke culinaire hoogstandjes zijn uitermate aantrekkelijk. De westkust is een waar paradijs voor fijnproevers die een voorkeur hebben voor vis, garnalen of kreeft en kan bogen op uitstekende restaurants.

Ook nu nog leeft de bevolking in veel plaatsen in Bohuslän van de visconserveningindustrie (zie blz. 51). Voor een deel leeft men ook van de opbrengst van steengroeven, waar sinds het begin van de 20e eeuw roze en grijs graniet wordt gedolven dat in de vorm van straatstenen naar Europa wordt geëxporteerd. Maar de belangrijkste economische factor in deze regio is vandaag de dag het toerisme. In de zomer neemt de bevolking aan de westkust snel toe en neemt na het seizoen ook net zo snel weer af. Deze situatie is voor de permanente bewoners overigens niet zonder problemen. De prijzen van grond en huizen gaan omhoog doordat welvarende stedelingen de verlaten boerderijen en vissershuisjes opkopen om ze in te richten als vakantiehuis. Deze seizoensgebonden bewoners brengen echter alleen 's zomers geld in de la voor de regio, wanneer ze de toeristische infrastructuur gebruiken.

INFO

Toeristische informatie
Göteborgs Turistbyrå: zie blz. 116
Västsvenska Turistrådet: www.vastsverige.com. Dit toeristenbureau is verantwoordelijk voor West-Zweden, met de provincies Bohuslän, Västergötland, Dalsland en Värmland.
Södra Bohuslän: tel. 0303 815 50, www.sodrabohuslan.com. Informatie over de regio ten noorden van Göteborg.

Vervoer
Op werkdagen geldt in Göteborg een tolheffing (trängselskatt) voor het passeren van de stad van SEK 60 per dag; in het weekeinde en op feestdagen is het gratis. Göteborg heeft het internationale vliegveld Landvetter. Van het busstation van Göteborg, Nils Ericsonterminalen, rijden bussen onder meer naar Orust (Rönnäng), Tanumshede en Strömstad. Treinen van de Bohustäg rijden via Uddevalla naar Tanum en Strömstad. Uddevalla is ook een belangrijk verkeersknooppunt. In het openbaar vervoer in de regio gebruikt men magneetkaarten die vooraf met een tegoed moeten worden opgeladen; in bus of boot kunt u geen kaartje kopen. Informatie: www.vasttrafik.se.

Göteborg ✱ ▶ B/C 11

De Götenborgers worden over het algemeen beschouwd als levenslustig en openhartig; er heerst een continentale, bijna mediterrane sfeer. De agglomeratie Göteborg met 900.000 inwoners geldt als het mekka voor fijnproevers. Ze kunnen hier genieten van vis en schelp- en schaaldieren die supervers op de markt komen. In talloze restaurants worden die verfijnd bereid. Göteborg heeft een tot in de buitenwijken reikend net van tramlijnen. Het centrum, Nordstaden en Innerstaden, is doorregen van kanalen en heeft een prettige infrastructuur voor voetgangers en fietsers. Het autoverkeer is namelijk weggehaald van de boulevard Packhuskajen en wordt door een tunnel geleid.

Göteborg werd pas in 1621 door Gustav II Adolf gesticht. Immigranten uit Nederland, Engeland en Duitsland hebben hun sporen achtergelaten en waren in hun tijd ook vertegenwoordigd in de gemeenteraad op basis van hun aantal. De stad leefde zeer goed van de internationale handel, die werd afgehandeld via de grootste haven van Noord-Europa. Sinds de sluiting van de grote scheepswerven zet men nu meer in op wetenschap en cultuur.

Haven en Nordstaden

Utkiken 1

Lilla Bommen, mei-eind sept., ma.-vr. 11-16, juli-aug. dag. 11-16 uur

Een goede start voor een wandeling door Göteborg is een bezoek aan een gebouw dat de Zweden trots omschrijven als 'wolkenkrabber': vanaf de 22e verdieping van de 86 m hoge, rood-wit gestreepte Utkiken hebt u een prachtig uitzicht over de stad en de haven. In het hoge gebouw houden verschillende bedrijven kantoor. Voor het gebouw ligt de gerestaureerde **viermastbark Viking** 1 uit het jaar 1907 permanent aangemeerd. Het schip, dat ooit Kaap Horn gerond heeft, beschikt over kajuiten om in te overnachten (zie blz. 113).

Opera (GöteborgsOperan) 2

Christina Nilssons gata, www.opera.se
Direct naast de mooie zeilboten in de jachthaven aan de voet van de 'Utkiken' springt de door Jan Izikovitz ontworpen Opera in het oog, die in 1994 werd geopend. Het silhouet past perfect in de maritieme sfeer.

Maritima Centrum 3

Packhuskajen, www.maritiman.se, mei, sept. dag. 11-17, juni-aug. 11-18, apr., okt. za.-zo. 11-16 uur, SEK 100, gezin SEK 350

Het grootste maritieme museum van het land heeft een uitgebreide collectie historische schepen. U kunt hier vrachtschepen, maar ook fregatten, mijnenvegers en onderzeeboten bezichtigen, zowel boven- als benedendeks.

Göteborgs Stadsmuseum 4

Ostindiska huset, Norra Hamngatan 12, www.stadsmuseum.goteborg.se, di., do.-zo. 10-17, wo. 10-20 uur, SEK 40

Het voormalige gebouw van de Zweedse Oost-Indische Compagnie, Ostindiska Huset aan de Stora Hamnkanalen, huisvest nu het stadsmuseum. Het heeft naast herinneringen aan de gloriedagen van de Oost-Indische handel collecties op het gebied van cultuurhistorie, archeologie en industriële geschiedenis. De resten van het enige Vikingschip dat in Zweden is opgegraven, zijn hier te zien, een handelsschip van het type knar. Het zeer decoratieve interieur van het gerestaureerde Ostindiska Huset is de moeite waard: gietijzeren kolommen in de zalen en het met wandschilderingen en glas-in-loodvensters gedecoreerde trappenhuis.   ▷ blz. 111

Göteborg

Bezienswaardigheden

1. Utkiken
2. Opera (Göteborgs Operan)
3. Maritima Centrum
4. Göteborgs Stadsmuseum (Ostindiska huset)
5. Christinae kyrka
6. Kronhuset
7. Palmhuset
8. Stora Teatern
9. Konstmuseum
10. Röhsska museet
11. Skansen Kronan
12. Liseberg
13. Universeum
14. Världskulturmuseet
15. Naturhistoriska museet

Overnachten

1. Barken Viking
2. Novotel
3. Hotel Flora
4. Vandrarhem Stigbergsliden
5. Lisebergs Camping Askim Strand

Eten en drinken

1. Sjömagasinet
2. Sjöbaren
3. Linnéterrassen Kök & Bar
4. Café Husaren
5. Junggrens Café

Winkelen

1. Nordstan
2. Saluhall
3. Feskekörkan

Actief

1. Filiaal Paddan

Uitgaan

1. Jazzhuset
2. Trädgår'n
3. Nefertiti Jazz Club
4. Hagabion

—— : tramlijnen

Christinae kyrka 5

Norra Hamngatan 16

De **Christinae kyrka** wordt ook Tyska kyrkan (Duitse kerk) genoemd. De kerk werd in 1623 gebouwd als een protestantse kerk voor de vele Duitsers, Nederlanders en Schotten in de stad. Nog steeds houdt een Duitse gemeenschap hier haar diensten.

Kronhuset 6 en omgeving

Tussen Kronhusgatan en Postgatan, winkels overwegend ma.-vr. 11-16/17, za. 11-14 uur geopend

Een klein, met kasseien geplaveid plein ligt verborgen tussen de haven, Östra Hamngatan en Hamnkanalen. Hier staat het oudste gebouw van de stad, Kronhuset, nog grotendeels in een 17e-eeuwse staat. In het voormalige wapenarsenaal worden soms concerten georganiseerd; alleen bij zulke gelegenheden is het interieur te bezichtigen, maar een bezoek aan de nabijgelegen ateliers, Kronhusbodarna, is de moeite waard. In de lage, geel gesausde huisjes werken ambachtslieden, zoals glasblazers, die er hun producten ook te koop aanbieden. Daarnaast verkoopt een winkel als uit overgrootvaders tijd handgemaakte snoepjes in een rood-witte papieren zak.

Gustaf Adolfs Torg

Rond het Gustaf Adolfs Torg staan **stadhuis, beurs** en **rechtbank** (*rådhus*), die hun huidige uiterlijk alle te danken hebben aan verbouwingen in de 19e eeuw. Dit is enerzijds te wijten aan de vele stadsbranden, maar hangt anderzijds samen met het feit dat Göteborg na de oprichting van de Ostindiska Kompaniet in 1731 tot een aanzienlijke welstand kwam.

Drie blikvangers: 'wolkenkrabber' Utkiken, de bark 'Viking' en een standbeeld ter nagedachtenis aan de zanger Evert Taube

Buiten de grachten

Trädgårdsföreningens park

Södra vägen, www.tradgardsforenin gen.se, mei-aug. dag. 7-20, anders 7-18 uur, gratis

Wie de drukte teveel is: rust is te vinden in de vele parken van de stad, zoals het heerlijk ouderwetse Trädgårdsföreningens park, dat midden in het centrum van de stad tussen het station en de Avenyn langs het kanaal ligt. Het hoogtepunt van het in 19e-eeuwse stijl aangelegde park is de rozentuin met café en het victoriaans aandoende **Palmhuset** 7 (Palmenhuis, juni-aug. dag. 10-20, sept.-mei. 10-16 uur) uit 1878, waar, verdeeld over 1000 m², exotische planten uit vijf continenten groeien.

Avenyn

Op één straat van hun stad zijn de Götenborgers zeer trots, en het is nog steeds de enige echte boulevard van Scandinavië: Kungsportsavenyn, kortweg Avenyn genoemd. Hier liggen cafés, restaurants en bars dicht bij elkaar. Bij mooi weer staan duizenden stoelen op het trottoir en het leven van de stad speelt zich als in Zuid-Europa op straat af. De Avenyn loopt van het in 1859 voltooide **Stora Teatern** 8, lijnrecht naar de Götaplatsen, die omzoomd wordt door **stadsbibliotheek, stadstheater, concertgebouw** en het **Konstmuseum**. Het midden van het plein wordt ingenomen door Carl Milles' Poseidonfontein. Vanaf de trappen van het kunstmuseum overziet u de hele boulevard.

Het **Konstmuseum** 9 huisvest een omvangrijke verzameling Scandinavische schilderkunst uit de periode rond 1900, het noordse impressionisme, met werk van onder meer Edvard Munch, Carl Larsson, Bruno Liljefors en Anders Zorn (Götaplatsen, www.goteborgs konstmuseum.se, di., do. 11-18, wo. 11-20, vr.-zo. 11-17 uur, SEK 40).

Vasastan

Niet alleen in een van de parken van de stad kunt u ontsnappen aan de stedelijke drukte, ook een wandeling door Vasastan, de tussen Vasaplatsen en Viktoriagatan gelegen universiteitswijk met gezellige restaurants en pubs, is zeer ontspannend.

In Vasastan staat ook het **Röhsska museet** 10 (Vasagatan 37-39, www.rohsska.se, wo. 12-20, do.-vr. 12-17, za.-zo. 11-17 uur, SEK 40). Sinds 1916 toont dit kunstnijverheidsmuseum in het fraaie bakstenen gebouw een omvangrijke verzameling van onder meer design uit Noord-Europa en kunstnijverheid uit het Verre Oosten. Met wisselende tentoonstellingen worden actuele trends in design belicht.

Haga

Aan de voet van **Skansen Kronan** 11 – deze schans is een van de vele militaire bouwwerken in de stad – geeft de rechthoekig aangelegde wijk **Haga** een dorpse sfeer in het midden van de metropool. In de autovrije straat Haga Nygata nodigen tweedehandswinkels, antiekwinkels en natuurlijk tal van cafés uit tot een ontspannen wandeling en een pauze in de oudste volksbuurt van Göteborg.

Buiten het centrum

Liseberg 12

Örgrytevägen 5, www.liseberg.se, wisselende openingstijden, midzomer-half aug. dag. 10/11-23/24 uur, vanaf SEK 95 (zonder attracties)

Attractie nummer één in Göteborg is voor veel Zweden Liseberg: enerzijds een lawaaiig attractiepark, anderzijds een rustige, groene oase. Vanaf de Lisebergtoren, met een hoogte van 146 meter het hoogste punt van Göteborg, hebt u een fantastisch uitzicht over de stad.

Universeum 13

Södra vägen 50, www.universeum.se, laatste week juni-aug. dag. 10-20, anders 10-18 uur, SEK 180, gezin SEK 575

Naast Liseberg hebben zich andere bezienswaardigheden gevestigd: het Universeum brengt natuurwetenschap als een belevenis. Bezoekers dalen via trappen vanuit de boomtoppen van het tropisch regenwoud af naar de krokodillenvijvers in de moerassige laagte, lopen door een aquarium met een haaientunnel en voeren wetenschappelijke experimenten uit – een ideale bestemming dus voor gezinnen met kinderen.

Världskulturmuseet 14

Södra vägen 54, www.varldskultur museerna.se, di.-vr. 12-17, wo. 12-20, za.-zo. 11-17 uur, gratis

Het in 2005 aan de Göteborg 'belevenismijl' geopende 'wereldcultuurmuseum' draagt met zijn tentoonstellingen bij aan de reputatie van Göteborg als kosmopolitische stad. Het is gewijd aan controversiële onderwerpen als migratie en moderne slavernij en de verbeelding daarvan in de hedendaagse kunst.

Naturhistoriska museet 15

Museivägen 10, www.gnm.se, di.-zo. 11-187 uur, SEK 40

Een bij gezinnen geliefde bestemming voor een dagje uit is Slottsskogen, dat volgens velen het mooiste park van Göteborg is. De grasvelden nodigen uit om te picknicken en te spelen, verder zijn er diverse vijvers en een kleine dierentuin met kinderboerderij. U vindt hier bovendien het Natuurhistorisch museum in een pand uit 1883. Het is het oudste museum van Zweden. Imponerend is het grootste tentoongestelde object: een opgezette blauwe vinvis. Het museum organiseert interessante wisselende exposities over thema's uit de natuurwetenschap.

Uitstapje met de boot op de Göta älv

De tocht vanaf Lilla Bommen met de veerboot 'Älvsnabben' (ongeveer elk uur) is als een sightseeingtour op het water. De boot vaart langs de havens, aan de rivier Göta älv. Een laatste kleine scheepswerf is nog steeds actief. De boot stopt in **Lindholmen**, waar instituten van de technische universiteit Chalmers en 150 bedrijven zijn gevestigd. Een andere stop is bij de voormalige scheepswerf **Eriksberg**. Vaak ligt hier de statige Oost-Indiëvaarder 'Götheborg' voor anker. Het schip, dat inmiddels alweer een keer naar China heen en weer is gevaren, werd in Eriksberg naar een 18e-eeuws voorbeeld gebouwd.

Vanaf de boot ziet u links hoog boven de stad het opvallende silhouet van de **Masthuggskyrkan**, een van de weinige Zweedse kerken in een nationaal-romantische stijl (gebouwd 1910-1914). Eindpunt van de 'Älvsnabben' is de monumentale wijk **Klippan** met gebouwen uit de 17e eeuw, een mooi kerkje en museumschepen aan de Ångbåtskaj nabij het restaurant Sjömagasinet. De wijk ligt aan de voet van de brug **Älvsborgsbron** die hoog boven de rivier hangt, om ook oceaanreuzen doorgang te kunnen bieden. Voor de terugtocht naar het centrum kunt u gemakkelijk een tram nemen (nr. 3 en 9 vanaf de Jægerdorffsplatsen).

Overnachten

Het voordeligst overnacht u met het Göteborgspaket (zie rechts). Voordeliger is alleen een overnachting op de camping of in een jeugdherberg.
Drijvend hotel – **Barken Viking** 1: Gullbergskajen, tel. 031 63 58 00, www.liseberg.se, 2 pk vanaf SEK 1295, arrangementen met toegang tot Liseberg. De 29 comfortabele, in 2008 geheel gerenoveerde dubbele kajuiten en ruime familiekamers (tot 6 personen) van het fraaie zeilschip zijn ook geschikt voor landrotten.
Topadres – **Novotel** 2: Klippan 1, tel. 031 14 90 00, www.novotel.se, 1 pk vanaf SEK 1020, 2 pk vanaf SEK 1120. In de monumentale wijk Klippan aan de voet van de Älvsborgsbron. 148 ruime kamers in een voormalige brouwerij die met een moderne aanpak is gerestaureerd. Men biedt vroegboek- en zomerkortingen.
Designhotel – **Hotel Flora** 3: Grönsakstorget 2, tel. 031 13 86 16, www.hotelflora.se, 1 pk vanaf SEK 1095, 2 pk vanaf SEK 1295. Door een familie gerund hotel met een rustig, centrale ligging, met in een moderne stijl zeer individueel ingerichte kamers, verdeeld over drie verdiepingen.
Zeemanshuis – **STF Vandrarhem Stigbergssliden** 4: Stigbergssliden 10, tel. 031 24 16 20, www.hostel-gothenburg.com, 1 pk vanaf SEK 340, 2 pk vanaf SEK 440, zonder ontbijt en beddengoed. Voormalig zeemanshuis met 105 bedden in de wijk Masthugget.
Pal aan zee – **Lisebergs Camping Askim Strand** 5: Marholmsvägen, Askim (15 km ten zuiden van de stad), tel. 031 28 62 61, www.camping.se/O38, www.liseberg.se, mei-aug., staanplaats vanaf SEK 310. Grote camping (400 plaatsen) met kindvriendelijk strand, snelle busverbinding met Göteborg.

Göteborg compact

Bij het *turistbyrå* of online kunt u de **Göteborg City Card** kopen, die recht geeft op het gebruik van het openbaar vervoer en de Paddanboottochten, gratis parkeren op gemeentelijke parkeerplaatsen, toegang tot de meeste musea in de stad en veel andere voordelen. De kaart is er voor een, twee of drie dagen.

Göteborg en Bohuslän

Eten en drinken

Fijne vis – **Sjömagasinet** 1: Klippan 6, tel. 031 775 59 20, www.sjomagasinet.se, ma.-vr. 11.30-14, 18-22, za. 17-22 uur, hoofdgerechten SEK 215-495. In het voormalige pakhuis van de Ostindiska Kompaniet geniet u van visgerechten uit de gourmetklasse.

Gezellige vistent – **Sjöbaren** 2: Haga Nygata 25, tel. 031 711 97 80, www.sjobaren.se/haga, ma.-do. 11-23, vr. 11-24, za. 12-24, zo. 15-23 uur, lunch vanaf SEK 110 (ma.-vr.), hoofdgerecht ca. SEK 150-300. Visspecialiteiten in een ontspannen sfeer op een fraaie binnenplaats of in het kleine restaurant.

Vishal – **Gabriel Fisk och Skaldjursbar**: in de Feskekörkan 3, tel. 031 13 90 51, di.-do. 11-17, vr. 11-18, za. 11-13.30 uur, SEK 170-320. Een must voor liefhebbers van vis en schelp- en schaaldieren. In de galerij van de 'viskerk' (1874) aan het Rosenlundskanal worden gastronomische gerechten geserveerd.

Uitzicht op de drukte – **Linnéterrassen Kök & Bar** 3: hoek Prinsgatan/Linnégatan 32, tel. 031 24 08 90, www.linneterrassen.se, ma.-vr. 16-1, za.-zo. 13-1/24 uur, hoofdgerecht SEK 140-250. Van het balkonterras op de eerste verdieping van het monumentale pand hebt u tijdens het eten een mooi uitzicht op het drukke kruispunt in de uitgaanswijk. Bij de stevige kost kunt u kiezen voor wijn of regionale en internationale biersoorten van het vat.

Kaneelbroodjes – **Café Husaren** 4: Haga Nygata 24, ma.-do. 9-21, vr. 9-20, za.-zo. 9-19 uur. Het café staat bekend om zijn grote kaneelbroodjes *(kanelbullar)* en is een populair trefpunt in de gemoedelijke wijk Haga.

Ruimbelegde broodjes – **Junggrens Café** 5: Kungsportsavenyn 37/hoek Engelbrektsgatan, ma.-vr. 8-21, za.-zo. 9-21 uur, SEK 60-100. Modelsandwiches *(smörgåsar)* tegen acceptabele prijzen, in een oergezellig restaurant met jugendstildecor en grote decoratieve wandschilderingen.

Winkelen

Reusachtig aanbod – **Nordstan** 1: ma.-vr. 10-19, za. 10-18, zo. 11-17 uur. Het grootste winkelcentrum van Zweden; levensmiddelen, kleding, schoenen enzovoort.

Specialiteiten – **Saluhall** (markthal) 2: Kungstorget. Breed geschakeerd aanbod van specialiteiten uit de hele wereld. Proeven van voedsel bij een aantal kramen en cafetaria's.

Delicatessen uit zee – Feskekörkan 3:
Rosenlundsvägen, www.feskekörka.se,
di.-vr. 10-18, za. 10-15 uur. Kraampjes
met allerlei heerlijkheden uit zee, zoals gerookte vis, oesters en garnalen. Er
zijn hier ook twee restaurants gevestigd.

Actief

Sightseeing per boot – Paddan 1:
Göteborg op zijn best – over de grachten en onder de bruggen varen de brede,
platte boten, met commentaar van deskundige gidsen (in verschillende talen),
vertrek vanaf de Kungsportsbron, duur
ongeveer 45 minuten.

Sightseeing per bus – Stadsrondrit:
meertalige gids, vertrek van de open
bussen vanaf het Stora Teatern 8,
www.stromma.se, Kungsportsavenyn
(duur 50 minuten).

Uitgaan

Kungsportsavenyn is zeer populair
– hier treft men niet alleen elkaar, de
boulevard is ook een podium. Flaneren op de **Linnégatan** is iets uitdagender, de restaurants zijn gewilder en de
porties kleiner. In Haga en ten westen
daarvan vindt u originele winkeltjes en
retrocafés.

's Avonds dubbel zo mooi: Göteborgs Opera, muziektempel met jachthaven voor de deur

Göteborg en Bohuslän

Innovatieve muziek – Jazzhuset 1: Erik Dahlbergsgatan 3, www.jazzhuset.se. De belangrijkste locatie voor veel aspecten van de muziekwereld is te vinden in de wijk Pustervik. Concerten, club- en muziekevenementen. Natuurlijk niet alleen jazz, maar ook indie, garage en elektronica.

Parkbistro annex nachtclub – Trädgår'n 2: Nya Allén, tel. 031 10 20 80, www.tradgarn.se, vr.-za. vanaf 22 uur. Overdag een bistro (ma.-vr. 12-14, wo.-za. 18-22 uur) aan de rand van het Trädgårdsföreningens Park en 's avonds een uitgelezen locatie voor concerten en shows. Dancefloor vanaf 20 jaar, verzorgde outfit gewenst.

Livemuziek – Nefertiti Jazz Club 3: Hvitfeldtsplatsen 6, tel. 031 711 40 76, www.nefertiti.se. Legendarische jazzclub met uitstekende liveoptredens, ook van internationale rock-, hiphop- en reggae-artiesten.

Alternatief – Hagabion 4: Linnégatan 21, www.hagabion.nu. Bioscoop met alternatieve programmering, café, lunchrestaurant in het hart van de uitgaanswijk rond de Linnégatan.

Muziekgenot – Opera (GöteborgsOperan) 2: tel. 031 13 13 00 (kaartverkoop), www.opera.se. Ambitieus programma in het fraaie icoon van de stad.

Mondain – Stora Teatern 8: Kungsparken 1, www.storateatern.se. Overdag een café met terras aan het water, 's avonds een podium voor concerten, theater en diverse culturele evenementen. Het programma staat op de website van de stad Göteborg.

Info en evenementen

Göteborgs Turistbyrå: Kungsportsplatsen 2, 411 10 Göteborg, tel. 031 368 42 00, www.goteborg.com. Ook in winkelcentrum Nordstan is een informatiebalie beschikbaar.

Een paar keer per jaar vinden in Göteborg grote sportevenementen plaats, bijvoorbeeld half juli het wereldkampioenschap voetbal voor jeugdteams om de Gothia Cup.

Göteborg International Film Festival: eind jan./begin feb. Internationale en Scandinavische films; www.giff.se.

Go To Sea: eind feb./begin mrt. Een week lang proeverij van producten uit zee en educatieve evenementen over dit thema.

Göteborgs Classic Jazzfestival: eind aug., www.jazzfest.se. Optredens van Scandinavische en internationale jazzmuzikanten.

Göteborgs Kulturkalas: half aug., www.kulturkalaset.goteborg.com. Gratis theater, film, muziek op veel plekken in de stad, vuurwerk en kindercircus.

Way Out West: half aug., www.wayoutwest.se. Indie-muziekfestival.

Vliegtuig: zie blz. 106

Trein: onder meer naar Stockholm, Malmö en Kopenhagen (Öresundståg), Oslo, Karlstad, Kalmar, Karlskrona, Borås, Uddevalla en Trollhättan.

Bus: onder meer naar Stenungsund en Lysekil.

Veerboot: naar Kiel (D) en Frederikshavn (DK).

Stadsvervoer: in Göteborg is het aan te raden de auto te laten staan en u te voet of met tram en bus te verplaatsen, bijvoorbeeld met de Göteborg City Card (zie blz. 113). Geen kaartverkoop met contant geld in bus of tram. In automaten of bij een balie kunt u kaartjes voor 1 rit of kaartjes voor 1 of 3 dagen kopen. Tussen het Centraal Station en Liseberg rijdt in de zomer om de 15-20 minuten een historische tram.

Boot: 'Älvsnabben' verbindt met een snelle lijnboot de stroomafwaarts van de Göta älv gelegen delen van de stad met het centrum (ongeveer om het uur). Informatie over het vervoer in de regio (heel Bohuslän): www.vasttrafik.se.

Omgeving van Göteborg

Marstrand ▶ B 11

De autovrije zeilmetropool Marstrand is bereikbaar vanaf Göteborg via de RV168 langs Kungälv en een veerboot. Marstrand is sinds 1822 badplaats, maar er kwam pas vaart in tegen het einde van de 19e eeuw, toen koning Oscar II hier regelmatig op vakantie kwam en zich toen ook liet verleiden tot het destijds nog gevaarlijk voor lijf en leden geachte baden in koud water. Uit de 18e en 19e eeuw stammen veel van de sierlijke houten huizen, die zorgen voor de charme van het plaatsje. In de vesting **Carlsten** zat Lasse-Maja – een Zweedse Robin Hood – opgesloten, die ook bekend stond als uitbreker.

Bohus fästning ▶ C 11

Kungälv, half mei-aug. dag. 10-18/19, apr.-half mei, sept.-okt. za.-zo. 11-16 uur, SEK 75

Kungälv is met zijn vesting Bohus aanzienlijk ouder dan Göteborg. De trotse burcht, waarvan de ronde torens nog steeds dreigend opdoemen, gaf de provincie haar naam en is nu in de zomer het toneel van middeleeuwse festiviteiten. Tot de Vrede van Roskilde in 1658 markeerde de vesting de grens met Noorwegen. Slechts een paar kilometer verder naar het zuiden begon het Deense grondgebied, zodat Zweden toen niet meer dan ongeveer 20 km westkust had.

Gunnebo slott ▶ C 11

Ca. 6 km ten zuiden van de stad (E 6 richting Mölndal), www.gunnebos lott.se, rondleidingen mei-half juni za.-zo. 12, 13, 14, half juni-aug. dag. 12, 13, 14, anders zo. 12, 13 uur, SEK 100

Gunnebo slott is weliswaar geen Potemkinkasteel – dus alleen maar een façade – maar wel een imitatie: het is het elegante herenhuis in gustaviaanse stijl niet aan te zien dat het niet is opgetrokken uit steen, maar uit hout. Het werd in 1784-1796 gebouwd voor de Göteborgse koopman John Hall, die door de handel in levertraan en hout in die tijd een van de rijkste mannen van het land was. Tegenwoordig maken ook de prijswinnende **tuinen** indruk. Op weg naar het huis passeert u een prachtig aangelegd **park** met oude bomen langs een riviertje.

Kungsbacka en Onsala ▶ C 12

Mooie pastelkleurige houten huizen uit de tijd rond 1900 kenmerken **Kungsbacka**, ooit gesticht door Duitse kooplieden, als een aantrekkelijke toeristische bestemming.

Het is de moeite waard een uitstapje te maken naar het dorp **Onsala** op het zuidelijke deel van het schiereiland. De van buiten bescheiden ogende kerk heeft binnen prachtige beschilderde houten plafonds en een schitterend barokaltaar. In de kerk wordt ook het stoffelijk overschot bewaard van Lars Gathenhielm (1689-1718), een gerenommeerd kaper die de Deense scheepvaartblokkades wist te omzeilen en die ook met succes de Deens-Noorse kapers in bedwang hield. In 1715 werd hij voor zijn diensten in het landsbelang tot de ridderstand verheven.

Tjolöholms slott ▶ C 12

www.tjoloholm.se, half juni-eind aug. dag. 11-16, apr.-half juni, sept.-half nov. za.-zo., feestdagen 12-16 uur, rondleiding SEK 150

Aan de Kungsbackafjord, ongeveer 10 km ten zuiden van Kungsbacka, liet de Schotse koopman James Fredrik Dickson rond het begin van de 20e eeuw een paleis bouwen: van rood graniet en in de tudorstijl. De bouwheer liet het ook voorzien van diverse gemakken. Het kasteel bezit luxueuze badkamers, een geavanceerde heteluchtverwarming en

Tip

Naar de rokerij op Åstol ▶ B 11

Het dicht met huizen in allerlei kleuren bebouwde eiland Åstol staat bekend om zijn goede Rökeri (rokerij) met restaurant. Vis of garnalen, alles wordt heerlijk gerookt en geserveerd met zelfgebakken brood (vanaf Rönnäng varen veerboten naar Tjörn).

een soort van centrale stofzuiger, die ooit door paarden werd aangedreven. Het interieur toont neorenaissance- en jugendstilelementen. Tjolöholm is geschikt voor een dagtocht: wandelpaden en prachtige badplekken langs de rotsachtige kust en het restaurant Storstugan nodigen u uit voor een bezoek.

Bohuslän

Tjörn en Orust ▶ B 10/11

Een vakantieparadijs voor watersporters zijn de eilanden Tjörn en Orust die zo'n 60 km ten noorden van Göteborg liggen en sinds 1960 door bruggen zijn verbonden met het vasteland. Richting vasteland is het landschap vriendelijker, richting Skagerrak is het veel ruiger. De RV160 voert van Stenungsund via bruggen, tunnels, vier eilanden en drie zeestraten naar Orust en is een van de mooiste wegen in Zweden. Dit is bij velen bekend, en daarom moet u bij de brug in Stenungssund, waar ook de meeste winkels in de wijde omtrek zijn, rekening houden met files en vertragingen.

Nordiska Akvarellmuseet

Södra Hamnen, Skärhamn, www.akvarellmuseet.org, mei-aug. dag. 11-18, anders di.-zo. 12-17 uur, 's zomers SEK 100, 's winters SEK 50

Een must voor kunstliefhebbers is een tochtje naar de westelijke helft van Tjörn, naar het Scandinavische aquarelmuseum in Skärhamn. De tentoonstellingen tonen overigens niet alleen aquarellen van Scandinavische kunstenaars. In het open atelier kunnen bezoekers ook zelf experimenteren met waterverf. Aangenaam zit u op het terras van het café met uitzicht op zee. Naast het museum is een zwembad.

Wandeling op Dyrön

Begin: bij veerboot, lengte: 6 km, Informatie: www.dyron.se, heenreis: veerboot vanaf Rönnäng, dienstregeling op www.gunnarsbatturer.se

Het autovrije eiland Dyrön ligt pal tegenover Rönnäng. Een wandeling om het eiland is moeiteloos in 2 uur af te leggen, maar met de uitkijkpunten en diverse stranden kan een bezoek gemakkelijk uitlopen naar een dag. Anders dan op het buureilandje Åstol is de bebouwing op Dyrön niet erg uitgebreid en voornamelijk beperkt gebleven tot een beschutte vallei in het midden van het dorre, rotsachtige eiland. Naast de zo'n 300 inwoners loopt hier slechts een kudde moeflons rond. Dagjesmensen zullen die wilde schapen zelden te zien krijgen. Op de bewegwijzerde wandelroute rond het eiland klautert u over trappen en overbrugt u diepe kloven over houten plankieren om hooggelegen uitkijkpunten te bereiken. Vooral het uizicht op Åstol van de heuveltop Åsen is spectaculair.

Overnachten

Op de helling – **Bergabo Hotell:** Kyrkvägen 22, Rönnäng, tel. 0304 67 70 80, www.bergabo.com, 2 pk vanaf SEK 1590. Veel hotelkamers van dit in de beschutting van de rotsen van Tjörnehuvud gebouwde hotel kijken uit op de scheren. 12 kamers en 10 appartementen, mooie lounge met bar op de veranda (zomer di.-zo. vanaf 17 uur).

In de scheren wonen – **Tofta Sjögård:** Stockenvägen 25, Ellös, tel. 0304 503 80, www.toftagard.se, half mrt.-half dec., 2 pk vanaf SEK 550, zonder ontbijt en beddengoed. Gemoedelijke STF-herberg aan de uiterste westkust van het eiland Orust, 10 minuten lopen van zee. Per twee of drie kamers (1-4 bedden) wordt een douche/wc gedeeld. Ontbijt op bestelling, keuken om zelf te koken. 's Zomers met café-restaurant.

Eten en winkelen

Aan het water – **Handelsman Flink:** Ellös, Flatön, tel. 0304 550 51, www.handelsmanflink.se, alleen 's zomers, hoofdgerechten SEK 165-235, pizza's vanaf SEK 85. Geliefde, traditionele picknickplaats. 's Avonds vaak met muziek en herinneringen aan de in Zweden nog steeds populaire zanger en liedjesschrijver Evert Taube (1890-1976), die Bohuslän en deze plek, de voormalige winkel van 'Handelsman Flink', vaak bezong – de winkel is als 'museum' te bezoeken. Men serveert er vis en schelpdieren, maar ook in een steenoven gebakken pizza's.

Actief

Kano- en kajakverhuur – **Stocken Camping:** Orust, tel. 0304 512 00, www.orustkajak.se. Grote keuze aan kajaks en sit-on-tops, SEK 350-390 per dag, verhuur van uitrusting, ook kajakcursussen en tochten met gids door de scherenkust.

Info en evenementen

Stenungsunds Turistbyrå: Kulturhuset Fregatten, Box 66, 444 31 Stenungsund, tel. 0303 833 27, www.sodrabohuslan.se.
Orusts Turistbyrå: Kulturhuset Kajutan, Hamntorget, 473 34 Henån, tel. 0304 79 93 40, www.sodrabohuslan.se.
Tjörns Turistbyrå: Kommunhuset, Kroksdalsvägen 1, 471 80 Skärhamn, tel. 0304 60 10 16, www.tjorn.se.
Zeilregatta Tjörn runt: 3e za. in aug. Wel 1000 boten doen jaarlijks mee.
Bus: van Göteborg naar Stenungsund, Skärhamn en Rönnäng.
Veerboot: van Rönnäng naar de kleinere eilanden, zoals Åstol.

Lysekil ▶ B 10

Via de RV160, die over een flinke afstand bijna recht langs berg en dal voert, en de RV161 komt u bij de veerboot van Bokenäs over de Gullmarsfjord (Gullmarn) naar Lysekil. De belangrijkste vissershaven in de wijde omgeving is een goed uitgangspunt voor boottochten langs de scherenkust. De grote vrachthaven, de olieraffinaderijen, een ▷ blz. 122

Wandelen op Dyrön

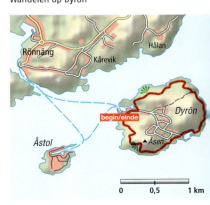

Favoriet

Tjörnehuvud – Panorama over de scherenkust ▶ B 11

Er zijn veel uitkijkpunten langs de westkust, maar Tjörnehuvud is een heel bijzondere. Zo wordt de klim naar het met 85 m hoogste punt van Rönnäng naast het Hotell Bergabo mogelijk gemaakt wordt door een steile houten trap. En het zicht op deze hoogte reikt bijzonder ver: niet alleen naar de steeds schaarser wordende, op walvisruggen lijkende scheren, maar ook naar de eilanden die voor Tjörn liggen. Slechts op een steenworp afstand van Tjörnekalv is het groene Dyrön (zie blz. 118) te zien. De blik glijdt verder naar het eiland Åstol – met dicht opeengepakte huizen waarvan de daken in de verte schitteren – en het opvallende silhouet van Marstrand, het vestingeiland net buiten Göteborg. En als er een zeilrace wordt gehouden, strekt de keten van witte zeilen zich uit tot aan de horizon.

Een goede plek voor een tussenstop tijdens een fietstocht: Lysekil

onderzoekscentrum voor de zee en bedrijven in de visserijsector zijn de belangrijkste werkgevers voor de ongeveer 14.750 inwoners.

In Lysekil zijn nog steeds sporen te zien uit de tijd dat het een belangrijke badplaats was, zoals de twee villa's aan de haven, Storstugan en Lillstugan, die in 1878-1880 door de arts Carl Curman gebouwd werden in de nationaal-romantische stijl met door de Vikingtijd geïnspireerde stijlelementen, zoals gebeeldhouwde drakenkoppen. Van de kerk leidt een pad naar een uitkijktoren waar u kunt genieten van een prachtig uitzicht op de talrijke eilanden die voor de kust van Lysekil liggen.

Havets hus

Strandvägen 9, www.havetshus.se, half juni-3e week in aug. dag. 10-18, anders 10-16 uur, SEK 60

Het 'Huis van de zee' is niet alleen geschikt voor regenachtige dagen. Verschillende zeewateraquaria brengen de bezoekers dichter bij de onderwaterwereld van de noordelijke Noordzee. Enkele daarvan zijn zo ontworpen dat u als het ware onder water loopt. 's Zomers ook zeehondensafari's.

Overnachten

Voor iedere beurs – Vandrarhem & **Kusthotell Strand**: Strandvägen 1, tel. 0523 797 51, www.strandflickorna.se, 2 pk hotel vanaf SEK 1140, vandrarhem vanaf SEK 650. Centraal gelegen en met uitzicht op zee, alle 22 twee- of meerpersoonskamers hebben douche/wc – u verblijft naar keuze in het *vandrarhem*, met uw eigen beddengoed en zelf koken in de gemeenschappelijke keuken, of in een van de comfortabele kamers met hotelservice.

Actief

Boottocht – **Rondvaart langs de scheren**: in het seizoen naar bijvoorbeeld de eilanden Kornöarna, Gullholmen en Käringö of naar Smögen.
Zeehondensafari – **Sälsafari**: informatie over tijden in het Havets Hus.
Vissen vangen of kijken – **Vis- en duiktochten**: informatie in het Havets Hus.

Informatie

Lysekils Turistbyrå: Havets Hus, Box 113, 453 23 Lysekil, tel. 0523 130 50, www.vastsverige.com/lysekil.
Bus: naar Uddevalla en Göteborg.
Veerboot: autoveer over de Gullmarn; passagiersveer naar Fiskebäckskil.

Uddevalla ▶ B 10

De hoofdstad (50.000 inwoners) van het *landskap* Bohuslän met een haven aan de monding van de Bäveån in de Byfjord is een belangrijk industrieel centrum en een belangrijke winkelstad. Onder andere het Bohusläns museum, dat direct aan de haven in een modern gebouw is ondergebracht, nodigt uit tot het maken van een tussenstop.

Bohusläns museum

Museigatan 1 (aan de haven), www.bohuslansmuseum.se, di.-do. 10-20, vr.-ma. 10-16 uur, gratis
De collectie bestaat uit schilderijen en textiel, maar er is ook een nagebouwde conservenfabriek. Verder documenteren arbeiderswoningen de geschiedenis en de cultuur van de provincie. De collectie schilderijen die koopman John Johnsson in 1951 nagelaten heeft, bevat werken van Vlaamse en Hollandse meesters uit de 15e en 16e eeuw en de *Düsseldorfer Malerschule* uit de 19e eeuw.

Strandpromenaden – wandelen langs de Byfjord

Een fraai fiets- en wandelpad, 'Strandpromenaden' genaamd, begint bij het vroegere badhuis tegenover het museum aan de overkant van de rivier de Bäveån (eventueel ook vanaf Svenskholmen, ca. 1 km buiten de stad, waar u kunt parkeren). De route loopt altijd langs het water van de Byfjord, langs stranden en uitkijkpunten. Het hoogtepunt is een 600 m lange hangbrug naast de steile rotswand **Hästepallarna** hoog boven het water. Kort daarna bereikt u **Gustafsberg** (4 km). In de naar Gustav III vernoemde oudste badplaats van Zweden werd in 1774 het eerste badhuis geopend, met verwarmd zout water, want baden in koud water werd als ongezond beschouwd. Vandaag de dag kan men zich gemakkelijk voorstellen hoe aan het begin van de 20e eeuw de dames na het baden in lange jurken en met parasols tussen de pastelkleurige houten huizen slenterden. Het pad eindigt na nog een kilometer bij een badplaats met een jachthaven in **Lindesnäs**.

Overnachten

Historisch – **Gustafsbergs Badhotell & STF Vandrarhem**: Gustafsberg, tel. 0522 152 00, www.gustafsberg.se, juni-aug., vanaf SEK 265 per persoon zonder ontbijt en beddengoed. 2 pk in het hotel vanaf SEK 800 in het oude badhuis.

Actief

Boottocht – **Per boot naar Smögen:** www.skargardsbatarna.com. Vanaf de aanlegplaats tegenover Bohusläns museum, kaartjes via het *turistbyrå*.

Informatie

Uddevalla Turistbyrå: Södra Hamnen 2, 451 42 Uddevalla, tel. 0522 69 84 84, www.vast sverige.com/uddevalla.
Trein: naar Vänersborg, Herrljunga, Göteborg en Strömstad.
Bus: busstation Kampenhof in het centrum (tegenover Bohusläns museum), is een belangrijk knooppunt met verbindingen in alle richtingen.

Schiereiland Sotenäs

▶ B 10

Een reis naar het schiereiland Sotenäs is in ieder geval de moeite waard, want hier zijn enkele van de grootste toeristische attracties van Bohuslän te vinden.

Smögen ▶ B 10

Zien en gezien worden is het motto in Smögen, dat in de zomer een uiterst levendig – voor velen vast ook wel een vreselijk druk – dorp is. In de haven dobberen prachtige en indrukwekkende luxejachten, die in alle rust kunnen worden bekeken tijdens een wandeling over de 1 km lange Smögenbryggan. Aan de landzijde staan afhaalrestaurants, souvenir- en designerkledingwinkels vindt u langs de steiger.

Sotenkanalen

Als u verder rijdt over RV174 van Smögen naar Bovallstrand, is een omweg naar het 7,6 km lange en 4,5 m diepe Sotenkanalen mogelijk; dit verbindt Väjern met Hunnebostrand. Het gedeeltelijk in de granieten rotsen uitgesprongen kanaal werd in 1931-1935 gebouwd en diende als een werkgelegenheidsproject voor de door de economische crisis getroffen werknemers in de steengroeven van de regio.

Hunnebostrand en Bovallstrand ▶ B 10

Aan de jaren 30 herinnert in **Hunnebostrand** het steenhouwersmuseum in de hoofdstraat. Van hieruit werden granieten straat- en bouwstenen naar Europa uitgevoerd, zoals in het Stenhuggarmuseet te zien is (www.stenhuggerimuseet.se, juli-half aug., rondleiding SEK 60). Het dorp onderscheidt zich sinds de oprichting van een 'kreeftenacademie' als bestemming voor fijnproevers. In de herfst kunnen de bezoekers deelnemen aan de kreeftvisserij, met inbegrip van een kreeftdiner 's avonds (Hummerakademien, met museum en aquaria, Södra Strandgatan 4, www.sha.nu, juni-

Schiereiland Sotenäs

aug. 16-20 uur of na afspraak tijdens het seizoen okt-nov.).

Bovallstrand, een van de oudste vissersdorpen in Bohuslän, is een zeer mooi dorp, dat nog steeds een zekere mate van authenticiteit tentoonspreidt. De prachtige huizen zijn nog in originele staat en niet in elk huis is een winkel ondergebracht.

Ramsvikslandet

8 km ten westen van Hunnebostrand, parkeren in Fykan en Nötö (Tryggö)

Het natuurreservaat Ramsvikslandet ligt aan de andere kant van het Sotenkanal ten zuidwesten van camping Ramsvik (zie blz. 126). Een goed uitgangspunt voor wandelingen is het parkeerterrein Fykan. Een van de routes in dit gebied is de met stapelstenen en in blauwwit gemarkeerde route Soteleden (traject Hunnebostrand-Ramsvik). De paden over kale rotsen en door schrale heide brengen u in contact met de zeer bijzondere plantenwereld van dit schiereiland. Onmiskenbare sporen van de laatste ijstijd, zoals gletsjermolens en rotsgroeven, zijn te zien bij het strand ten zuiden van Fykan. Een mooi uitkijkpunt is de ronde heuveltop van de 58 m hoge Sote Bonde. Een schraal bos- en heidegebied vindt u in het zuiden, met ook de kloof Hällingedalen. Het zuidelijk voor de kust gelegen eilandje Tryggö is bij laag water te voet te bereiken. Buiten twee zwemplekken vindt u daar een 3000 jaar oude grafheuvel uit de bronstijd. De in een IJslandse kroniek genoemde koning Tryggve, naar wie de heuvel is vernoemd, stierf overigens pas in het jaar 963.

Bootshuisjes aan de voet van de rotsen, woonhuizen met uitzicht bovenop: Smögen

Tip

IJskoud en heerlijk – Pipers glass

Liefhebbers van koude lekkernijen zouden in Hamburgsund (▶ B 10) een tussenstop moeten maken bij Pipers glasscafé, een filiaal van de oudste ijsfabriek van Zweden. Deze werd in 1920 door de Italiaanse immigrant Pietro Ciprian in Stockholm opgericht. Met behoud van de traditionele recepten heeft de fabriek in Hamburgsund zich gespecialiseerd in ecoproducten – bijzonder lekker is het vanilleijs (café met bakkerij, Parkvågen 4, Hamburgsund, www.pipershuset.se, mei-sept.).

Nordens Ark

Åby säteri, www.nordensark.se, dag. eind apr.-midzomer en sept. 10-17 (laatste toegang 15 uur), midzomer-half aug. 10-19 (laatste toegang 17 uur), anders 10-16 uur (laatste toegang 15 uur), SEK 230

In de 'Ark van het Noorden' zijn geen elanden en beren, maar wel lynxen, veelvraten en bosrendieren, omdat Nordens Ark bedreigde diersoorten herbergt. Hier ontdekt u de op het noordelijk halfrond zeldzaam geworden dieren, zoals de rode panda, en de himalayathargeit uit Azië of de sneeuwgeit uit Amerika. De grote katten, zoals de Siberische tijger (amoertijger) en de sneeuwluipaard, trekken de meeste kijkers. Neem ook even de tijd voor een wandeling door de halfwilde omgeving met loofboshellingen, steile ravijnen en snelstromende beken. Met het entreegeld ondersteunt u het wereldwijde werk van de dierentuin: bedreigde soorten worden in gevangenschap onder natuurlijke omstandigheden gefokt om ze in hun oorspronkelijke leefgebied weer uit te zetten.

Door een tunnel kunt u naar een boerderij aan de overzijde van de weg, waar nu zeldzame rassen van landbouwhuisdieren zoals de *fjällko* (bergkoe) en *gutefår* (Gotlands schaap) worden gefokt.

Overnachten

Wellness in een pakket – Smögens Havsbad: Hotellgatan 26, tel. 0523 66 85 40, www.smogenshavsbad.se, 2 pk vanaf SEK 1600 per persoon met volpension. Het moderne hotel achter het monumentale entreegebouw ligt deels in de rotsen, met prachtig uitzicht op zee. De kamers zijn ingericht in Scandinavische stijl; spa-arrangementen (massage met warme stenen).
Actief en eenvoudig – Sea Lodge: Nordmanshuvud, Smögen, tel. 0523 703 02, www.sealodge.se, juni-aug. 1 pk vanaf SEK 895, 2 pk vanaf SEK 1395, sept.-mei vanaf SEK 595 en 995. Prachtig gelegen aan het water, met 15 lichte en vriendelijk ingerichte kamers. Speciaal arrangement voor kanoërs en vissers.
Wonen in vissershutten – Ramsvik Stugby & Camping: bij Hunnebostrand (8 km), tel. 0523 503 03, www.ramsvik.nu, mei-sept. Camping met comfortabele 'vissershutten' *(sjöbodstugor)* aan het water, nabij het natuurreservaat Ramsvikslandet. Hut SEK 650-950 (1-2 personen per dag).

Eten en drinken

Nobele zomerkeuken – Bryggcafét: Torget 7, Bovallstrand, tel. 0523 510 65, www.bryggcafet.com, Pasen-sept., lunch/Husmans SEK 99-129, hoofdgerecht SEK 185-275. Vis en schaaldieren, groot terras aan het water, een van de beste Zweedse restaurants. In de bistro voordeligere gerechten.

Hier eet iedereen lekker – **Bella Gästis**: Norra Kajen, Hunnebostrand, tel. 0523 500 00, www.bellagastis.se, dag. vanaf 12 uur. Populair restaurant met een breed aanbod – vooral visgerechten, zoals vissoep (SEK 179) of kreeft (dagprijs); mooi terras met uitzicht op de haven. Kindergerechten van pizza (SEK 86-170) en gehaktballetjes tot pannenkoeken (SEK 50).

Winkelen

Vers! – **Vis- en krabbenmarkt**: in Smögen ma.-do. om 8, 17, 20, vr. alleen 8 uur.

Actief

Langs de kust – **Boottocht**: 's zomers vanaf de Smögenbrygga, onder meer naar het onbewoonde, beschermde eiland Hållö (20 min.) met strand, de oudste vuurtoren van de westkust en steenvlaktes van een schrale schoonheid.

Informatie

Sotenäs Turistbyrå Kungshamn/Smögen: Köpmanstorget 10 (alleen 's zomers), anders Kommunhuset, Parkgatan 46, 456 80 Kungshamn, tel. 0523 66 55 50, www.vastsverige.com/sotenas. **Bus**: naar Uddevalla en Göteborg.

Tanum ▶ B 9/10

De gemeente Tanum is geografisch de grootste van Bohuslän. Ze reikt tot ver in het binnenland en omvat het prachtige merenlandschap van Norra en Södra Bullaresjön, Bullarebygden.

Fjällbacka ▶ B 10

De huizen van het dorp gaan schuil onder de overhangende rotsen van de Vetterberg. Het pad naar de top gaat door een kloof (Kungsklyftan), waar de buitenscenes voor de Astrid Lindgrenfilm *Ronja de roversdochter* werden gedraaid. Boven opent zich een fantastisch uitzicht op de scheren voor de kust – voor velen de mooiste van de westkust. Tot de vaste bezoekers van Fjällbacka behoorde ook de actrice Ingrid Bergman en tegenwoordig staat het dorp bekend als het schouwtoneel van de voor televisie verfilmde thrillers van de Zweedse schrijfster Camilla Läckberg.

Tanumshede ▶ B 9

Het culturele hoogtepunt van een reis langs de westkust zijn de uit de bronstijd daterende rotstekeningen (*hällristningar*) bij Tanumshede, die op de UNESCO Werelderfgoedlijst zijn geplaatst (zie blz. 128). Bij de verbreding van de E6 tot een snelweg heeft men een tunnel gegraven om geen schade toe te brengen aan de cultureel waardevolle rotstekeningen.

De in 2015 bij deze snelweg aangelegde **verzorgingsplaats Skräddö** werd verrijkt met een tentoonstelling in het fraaie servicegebouw en voorzien van een uitkijkpunt als uitnodigende 'poort tot het werelderfgoed' (zie blz. 128).

Vitlyckemuseum
www.vitlyckemuseum.se, zie blz. 129

Grebbestad ▶ B 10

Het havenstadje behoort tot de drukst bezochte plaatsen langs de westkust – op de houten steigers in de jachthaven wemelt het 's zomers van de boottoeristen en andere bezoekers. Hier kunt u in restaurants genieten van vis en schaaldieren, waaronder Zweedse oesters. Zo'n 90% van de Zweedse oesters wordt hier gekweekt. Het is een prima uitvalsbasis voor tochten in de omgeving, zowel op zee als ter land. ▷ blz. 130

Op ontdekkingsreis

Uit de bronstijd – de rotstekeningen bij Tanum

Op veel plaatsen in Zweden zijn rotstekeningen uit de bronstijd, de periode van zo'n 3700 tot 2500 jaar geleden, behouden gebleven. Maar de grootste groep vormen de op kale rotswanden (häll) aangebrachte tekeningen in Bohuslän, in een gebied van ongeveer 45 km² bij Tanum. Deze locatie staat inmiddels op de UNESCO Werelderfgoedlijst.

Kaart: ▶ B 9-10

Informatie: o.a. bij de rustplaats Världsarv Tanum (Skräddö) langs de E6; de rotstekeningen zijn vrij toegankelijk. Vitlyckemuseum: www.vitlyckemuseum.se, mei-aug. dag. 10-18, april, sept. 10-16, okt. di.-zo. 11-16 uur, gratis. Tanums Hällristningsmuseum Underslös: www.rockartscandinavia.com, mei-okt. dag. 10-17 uur
Tip: geschikt als tocht per auto of fiets, fietsverhuur bij het Vitlyckemuseum. Wandeling vanaf parkeerterrein: zie www.vandringivarldsarv-tanum.se.

Veel rotstekeningen (*hällristningar*) tonen zwaarden en bijlen zoals men die ook in graven uit de bronstijd heeft aangetroffen. Andere motieven zijn mensen met boot of ploeg, grote handen en voeten, zonnerad, jachttaferelen en dieren. Ze zijn met harde steen, zoals diabaas, in de gladde rotswand gegrift. De vaak met kleur aangegeven reliëfs zijn goed zichtbaar bij regen of ondergaande zon.

Dagelijks leven 3000 jaar terug

Het **Vitlyckemuseum** belicht met wisselende tentoonstellingen diverse aspecten van het leven in de bronstijd. Bij het complex behoort de reconstructie van een boerderij uit de bronstijd met schapen en geiten, waar in de zomer net zo wordt gewerkt als 2500 jaar geleden. Na deze praktische kennismaking met het leven van alledag komt de kunst: tegenover de boerderij, aan de overkant van de weg, vindt u de **Vitlyckehällen**, met als beroemdste afbeelding het 'Bruidspaar' – twee met elkaar verbonden mensen helemaal boven aan de rand van het plateau op de rotsen.

Een kalender uit de bronstijd?

De weg zuidwaarts richting Kville voert langs twee andere vindplaatsen: 700 m ten oosten van de weg ligt de rotswand van **Aspeberget**, die beroemd is om zijn ploegscène, afbeeldingen van dieren en een zonnerad. Hier ziet u naast mannen die met bijlen zwaaien (zie afbeelding links) ook 29 sleutelvormige verdiepingen *(skålgropor)* in een enorm uitvergrote hand. De voorstelling wordt geïnterpreteerd als een maandkalender. De iets jongere rotstekeningen van Litsleby geven onder meer een 2,30 m lange mannelijke figuur met een speer te zien, die wordt aangeduid als 'Speergod'.

Wandelen langs de rotstekeningen

Zo'n 2 km ten zuiden van Vitlycke begint bij het parkeerterrein Rykkorset een 6 km lange wandelroute die onder andere leidt naar een uitkijkpunt met zicht over de hele omgeving. **Lövåsen** is een bijna 30 m lange rotswand met daarop veertig boten met bemanning. Daartoe behoren hoornblazers en acrobaten. Zo'n hoorn uit de bronstijd was een zogeheten *lure*. Bij opgravingen in Denemarken zijn exemplaren hiervan gevonden. De oorachtige vormen aan het hoofd van een menselijke figuur vat men op als een helm met hoorns. Anders dan de Vikingen droegen de krijgers uit de bronstijd daadwerkelijk zulke helmen. Het noordelijkste punt van de route, Gerum, heet ook Runhällen. Vroeger dacht men dat de rotstekeningen een oude schriftvorm waren, zoiets als runen. Onbekend in Gerum is de betekenis van de 'Kettingcaroussel' – een gebouw? Sotetorp biedt vooral kunstzinnige voorstellingen van boten, met dierenkoppen aan de boeg en de achtersteven, en hoornblazers en acrobaten, die een achterwaartse salto maken, zoals in Dalsland (zie blz. 209).

Raadselachtige beelden

In Fossum ziet u boten, dieren, motieven als voetzool, kom en het zonnerad. Een paar honderd meter verder ligt **Balken**, waar de rotstekeningen niet met rode verf zijn geaccentueerd. In het **Hällristningsmuseum Underslös** zijn alle rotstekeningen gearchiveerd en onderzocht op betekenis – maar tot dusver is slechts een deel van de vragen beantwoord. De functie en de betekenis van de rotstekeningen blijven raadselachtig.

Tip

Fijnproeversparadijs
Het Café Bryggan aan de haven van Fjällbacka ligt op een geweldige locatie aan het water en trekt vooral zeilers. De grote ramen bieden uitzicht op de haven en de boten. In de zomer kunt u heerlijk zitten op de steiger met de kabbelende golven onder uw voeten. Vanuit de eetzaal met een open keuken kunt u (bijna) bij de koks in de pannen kijken. Van eendenlever tot heilbot wordt alles opgediend, zoals een fijnproever dat verlangt. (Café Bryggan, tel. 0525 310 60, www.storahotelletbryggan.se, half juni-sept. dag., anders alleen za.-zo., hoofdgerecht SEK 150-300; zie ook hierna.

Zweden (hoofdgerecht vanaf SEK 269).
Oesters en garnalen – Grebys: Strandvägen 1, Grebbestad, tel. 0525 140 00, www.grebys.se. De voormalige conservenfabriek bij de jachthaven is een populaire bestemming voor liefhebbers van vis en schelpdieren – die zijn er naar gewicht en dagprijs, maar ook in een grote selectie hapjes als tapas (SEK 165 per portie). Het bijbehorende hotel (2 pk SEK 1550) biedt kamers met havenzicht.

Informatie

Fjällbacka Turistinformation: Ingrid Bergmans Torg, 450 71 Fjällbacka (midzomer-half aug.), tel. 0525 611 88, http://fjallbackainfo.se.
Grebbestad Turistbyrå och Infocenter: Nedre Långgatan 48, 457 72 Grebbestad, tel. 0525 100 80, www.grebbestad.se (ook voor Tanumshede).
Trein: verbinding met Göteborg, Uddevalla, Strömstad en Tanumshede (Västtågen).
Bus: halte van de E 6-Expressbus Göteborg-Oslo voor verbinding met Uddevalla en Strömstad.

Overnachten en eten

Trendy met uitzicht – **Stora Hotellet Bryggan:** aan de haven, Fjällbacka, zie hiervoor, 2 pk SEK 1690-1990. Boetiekhotel met 32 individuele kamers in de stijl van de Amerikaanse oostkust. Er worden diverse arrangementen aangeboden, zoals het kreeftarrangement van een overnachting met een tocht op een kreeftenvissersboot SEK 2995 per persoon, weekendpakket met inbegrip van een driegangenmenu vanaf SEK 1095 per persoon in een 2 pk.

Hotel met traditie – **Tanums Gästgifveri:** Apoteksvägen 7, tel. 0525 290 10, www.tanumhotel.se. Dit comfortabele hotel in Tanumshede werd opgericht in 1663 en is daarmee een van de traditierijkste hotels van het land, tegenwoordig in de stijl van een Engels landhuishotel (1 pk vanaf SEK 990, 2 pk vanaf SEK 1290); eventueel in combinatie met golfarrangementen. Tot het hotel behoort een van de beste restaurants van

Strömstad ▶ B 9

De regio rond Strömstad (11.400 inwoners) krijgt de meeste zonuren van Noord-Europa. Misschien ontstond daarom in de 'stad van de garnalen' het eerste zeewaterzwembad van Zweden. Tegenwoordig probeert de stad als kuuroord in te haken op die traditie.

Het toerisme profiteert echter vooral van de nabijheid van Noorwegen: de Noren profiteren graag van de lagere voedselprijzen in Zweden. Zo'n 20 km noordelijker loopt de Noors-Zweedse grens door de Svinesund. Die wordt overspannen door een 420 m lange brug met een prachtig uitzicht over de Sont.

Overnachten

Chic met zeezicht – **Laholmen Hotel:** Ångsbåtkajen, tel. 0526 197 00, www.laholmen.se, 2 pk vanaf SEK 1690. Dit ultramoderne conferentiehotel van de Ricaketen biedt alle faciliteiten. Het merendeel van de kamers heeft uitzicht op de Kosterfjord, net als het terras en de fitnessruimte boven, die net als de sauna voor gasten beschikbaar is. Het hotel biedt een restaurant, een nachtclub en wellnessarrangementen.

Gezinsvriendelijk – **Daftö Feriecenter:** Dafter, ten zuiden van Strömstad, tel. 0526 260 40, www.dafto.com, staanplaats SEK 250-490 naargelang seizoen. Vijfsterrencamping aan het strand, hutten en vakantiehuisjes, zeer comfortabel, met zwembad en veel activiteiten. Er is ook een belevenispark.

Actief

Zwemmen – Het uit hout opgetrokken koudbadhuis, **Strömstads Badanstalt** (www.stromstad-bad.se), schommelt op de golven langs de strandpromenade. Wie hier in de sauna gaat, kan direct een koud bad in zee nemen. Tevens: **zwemhal** met zeewater (25 °C) en uitzicht op de haven (ma.-vr. 8-19/20, za. 9-16, zo. 12-17 uur), fitnessruimte en spabehandelingen.

Expedities in het nationaal park Kosterhavet – Het hele jaar tochten worden er vanuit Strömstad tochten georganiseerd in het Noors-Zweedse nationaal park Kosterhavet, bijvoorbeeld met **Kust Event**, www.kustevent.com, of u maakt een zeehonden- en kreeften safari's met **Selin Charter**, www.celincharter.se.

Informatie

Strömstad Turist: Ångsbåtkajen 1, 452 30 Strömstad, tel. 0526 623 30, www.vastsverige.com/stromstad.
Trein: Västtågen via Tanum naar Uddevalla en Göteborg.
Bus: naar Uddevalla, Göteborg, Oslo (2,5 uur).
Veerboot: naar Sandefjord in Noorwegen (www.colorline.com), en naar de Kostereilanden (zie hierna).

Uitstapje naar het nationaal park Kosterhavet

www.kosterhavet.se, Naturum Ekenäs brygga, Sydkoster, eind juni-aug. dag.10/11-17/18, april-eind juni, sept. do.-zo. 11-17, okt.-mrt do.-vr. 11-17, za.-zo. 11-15 uur, gratis

Voor natuurliefhebbers is een uitstapje van de haven van Strömstad naar de autovrije Kostereilanden (Kosteröar) met zeehondenkolonies de moeite waard (fietsen kunnen worden meegenomen, de boot vaart enkele keren per dag en de reis duurt ongeveer 1 uur). Het wat schralere Nord-Koster heeft prachtige stranden en een vuurtoren, het zuidelijke eiland heeft bossen. De Kosterfjord tussen de eilanden en het vasteland werd in 2009 uitgeroepen tot het eerste mariene nationaal park van Zweden, Kosterhavets. Het grenst aan de Noorse kant aan het nationaal park Ytre Hvaler – samen vormen ze een waardevolle mariene habitat.

Het Naturum in Ekenäs (Sydkoster) geeft bezoekers informatie over de diversiteit boven en onder water aan de hand van films en foto's, ondersteund door audioguides. U kunt er een microscopp of verrekijer lenen om zelf op onderzoek uit te gaan. Er zijn ook gegidste tochten, met inbegrip van snorkelexcursies.

IN EEN OOGOPSLAG

Oost-Skåne en Blekinge

Hoogtepunt ✹

Karlskrona: het is niet voor niets dat de volgens een strak plan aangelegde, 18e-eeuwse garnizoensstad op de UNESCO Werelderfgoedlijst staat. Tot de architectonische meesterwerken uit de tijd van koning Karel XI wordt ook het prachtige, moderne zeevaartmuseum gerekend. Zie blz. 154.

Op ontdekkingsreis

Met Wallander door Ystad: niet alleen de lezers van Henning Mankells thrillers worden uitgenodigd om de sporen van hoofdinspecteur Kurt Wallander door de vakwerkstad te volgen. Zie blz. 136.

Bezienswaardigheden

Glimmingehus: tegenwoordig spelen zich rond de burcht van graaf Wolftand weer allerlei middeleeuwse taferelen af. Zie blz. 141.

Park van Wanås slott: eigentijdse kunst wordt gepresenteerd in het park. Zie blz. 147.

Laxens hus: het 'huis van de zalm' in Mörrum is een bron van kennis over de wateren van Mörrums å en onthult spannende details uit het leven van deze roofvis. Zie blz. 152.

Actief

Wandelen in het nationaal park Stenshuvud: in het nationaal park kunt u niet alleen wandelen, maar langs de zandstranden is het ook goed zwemmen. Zie blz. 144.

Naturum Vattenriket Kristianstad: niet ver van het centrum hoort u de vogels zingen in het riet en kunt u over houten plankieren langs kievit en koekoek wandelen. Zie blz. 146.

Sfeervol genieten

Simrishamn: in de regio Oost-Skåne kunt u heerlijk eten, onder meer in het pittoreske havenstadje waar een van de beste visrestaurants van de streek is gevestigd. Zie blz. 140.

Kivik: het uiterste oosten van Skåne, Österlen, biedt een idyllisch landschap, met in het voorjaar fraaie appelbloesems. Voor informatie over appels en proeverijen kunt u terecht in het Äpplets Hus. Zie blz. 145.

Eriksbergs Viltreservat: voor een wisentsafari kunt u naar het bos van Blekinge gaan, maar u kunt er ook zeer aangenaam eten en overnachten in de exclusieve Safari Lodge. Zie blz. 151.

Uitgaan

Bryggeriet in Ystad: hier kunt u aardig zitten tussen het koperwerk en het lekkere huisgebraad proeven. Zie blz. 139.

Oost-Skåne

In vergelijking met de Sontregio (zie blz. 74) is het oosten van Skåne aanzienlijk dunner bevolkt. Er is nauwelijks industrie; de belangrijkste bronnen van inkomsten voor de bevolking zijn de landbouw en het toerisme. Het landschap wordt bepaald door geelbloeiende koolzaadvelden en akkers die door wilgenlanen van elkaar worden gescheiden en die zo een geschakeerde lappendeken vormen, met felwitte dorpskerkjes met trapgevels, zacht glooiende heuvels en vlakke zandstranden.

Dit alles wordt in een bijzonder licht gedoopt, dat de kleuren laat stralen en veel kunstenaars lokt. Tot de culinaire geneugten van dit deel van Skåne behoort de *Ålagille* ('het palingfeest') in de late zomer, waarbij naast ten minste vier palinggerechten veel drank wordt genuttigd ('om de vis te laten zwemmen'). In november staat overal in de regio gans op het menu.

INFO

Toeristische informatie
Regio Skåne: www.skane.com.

Internet
De officiële website voor de vier gemeenten in de regio Österlen: www.visitystadosterlen.se. Verdere informatie op www.osterlen.com.

Vervoer
Informatie over het openbaar vervoer in de regio Skåne: www.skanetrafiken.se (zie blz. 74). Er rijden treinen (*pågatåg*) van Malmö via Ystad naar Simrishamn. Het netwerk van buslijnen wordt naar het oosten toe steeds breedmaziger.

Trelleborg en omgeving ▶ D 15

Porten mot Kontinenten, de poort naar het continent, werd de tegenwoordig 28.700 inwoners tellende stad ruim 600 jaar na haar stichting trots genoemd. Op 1 mei 1897 werd de veerverbinding Trelleborg-Sassnitz, de zogenoemde Koningslijn, ingewijd. Sindsdien wordt Trelleborg gedomineerd door grote veerhavens. Wie hier langer verblijft, vindt er in de oude stad fraaie straatjes met leuke cafés in kleurig gestuukte vakwerkhuizen en de oude watertoren op de markt.

Trelleborgen
Västra Vallgatan 6, www.trelleborgen.se, hele jaar toegankelijk, juli-aug. dag. 190-17, juni-sept. do.-ma., april-okt. za.-zo. 12-16 uur, SEK 40; café
De in het jaar 1991 ontdekte en inmiddels gereconstrueerde verdedigingsburcht Trelleborgen gaf de stad kennelijk haar naam en is tot nu toe de enige in zijn soort in Zweden. Verscheidene van zulke Vikingforten zijn aangetroffen in Denemarken. De houten palisadenring had een diameter van 140 m en werd waarschijnlijk tegen het einde van de 10e eeuw in opdracht van de Deense koning Harald Blåtand gebouwd.

Smygehuk en Smygehamn

Ongeveer 15 km ten oosten van Trelleborg is Zweden voorbij: de vuurtoren van **Smygehuk** is het zuidelijkste punt van het land. De vuurtorenwachterswoning was in gebruik tot 1975 en wordt nu gebruikt als jeugdherberg. In de naastgelegen kleine haven

Smygehamn, die tegenwoordig vaker aan plezier- dan aan vissersboten toevlucht biedt, is er naast de rokerij een populaire fotogelegenheid: het kompas van Smygehuk met verwijzingen naar verschillende wereldsteden, zoals Moskou, Parijs en Berlijn. Het in 1806 gebouwde Köpmansmagasinet diende tijdens de continentale blokkade door Napoleon als opslagplaats voor smokkelwaar, nu is er het *turistbyrå* gevestigd.

Overnachten

Met vuurtoren – **STF Vandrarhem Smygehuk**: Kustvägen, tel. 0410 245 83, www.smygehukhostel.com, half mei-half sept., vooraf reserveren verplicht, 2 pk vanaf SEK 660. De kamers in de rode vuurtorenwachterswoning en in de houten hutten op het erf zijn eenvoudig, maar voor gasten inclusief het uitzicht vanuit de vuurtoren.

Informatie

Trelleborgs Turistbyrå: Kontinentgatan 2, 231 42 Trelleborg, tel. 0410 73 33 20, www.trelleborg.se/turism.
Smygehuks Turistbyrå: Köpmansmagasinet, Kustvägen, 231 79 Smygehamn, tel. 0410 240 53, www.smygehuk.com, juni-aug.
Vikingspelen: half aug., www.vikinggames.eu. In Trelleborg.
Trein: naar Malmö met lokale trein (Pågåtåg)
Bus: naar Ystad en Malmö.
Veerboot: naar Swinoujscie, Rostock, Travemünde en Sassnitz.

Ystad ▶ D 15

Voor thrillerlezers is Ystad (27.000 inwoners) vooral een begrip dankzij de romans van Henning Mankell: als woonplaats van zijn held Kurt Wallander en het schouwtoneel van de gebeurtenissen (zie blz. 136). Maar de stad heeft veel meer te bieden dan alleen het decor van fictieve misdrijven.

Ystad verwierf in de middeleeuwen rijkdom door de visserij op haring en wordt beschouwd als een van de mooiste steden van Skåne. Bijna 300 schilderachtige vakwerkhuizen zorgen voor de bijzondere sfeer in Ystad. Aangezien deze gebouwen van nature zeer brandgevaarlijk zijn, organiseerden de bewoners al vroeg effectieve brandveiligheidsmaatregelen. In het begin van de 19e eeuw werd hier de eerste vrijwillige brandweer in Zweden opgericht. Ook nu nog bewaakt een brandwacht (*tornväktaren*) vanuit de toren van de Mariakyrkan de stad 's nachts en blaast – als er geen gevaar dreigt – ieder kwartier (van 21.15 tot 01.00 uur) in elk van de vier windrichtingen op zijn koperen hoorn.

Rond het Stortorget

Ten westen van het Stortorget ligt de karakteristieke Sankta Maria kyrka, waarvan de oudste delen uit de 13e eeuw stammen. In de directe omgeving staan de oudste school van Zweden (16e eeuw), Latinskolan, een opvallend bakstenen gebouw met trapgevels, en tussen de Stora en de Lilla Västergatan het vakwerkhuis **Kemnerska Gården** met delen die nog in de 16e eeuw dateren. **Änglahuset** ten noorden van het Stortorget op de hoek van Sladdergatan en Stora Norregatan, heeft een bijzonder rijke geveldecoratie.

Gråbrödraklostret

Hospitalsgatan 4/Sankt Petri kyrkoplan, www.klostret.ystad.se, di.-vr. 12-17, za.-zo. 12-16 uur, SEK 40
Van Stortorget via de Klostergatan bereikt u het in 1260 door ▷ blz. 139

Op ontdekkingsreis

Met Wallander door Ystad

De naam Kurt Wallander, de bedachtzame politieman uit Ystad, ligt op ieders lippen. Nadat de meer dan een dozijn romans van Henning Mankell (1948-2015) de bestsellerlijsten jarenlang hadden gedomineerd, werden de thrillers vanaf 2004 in de speciaal opgerichte studio's op het voormalige kazerneterrein van Ystad verfilmd. Ze worden met groot succes uitgezonden op televisie en zijn op dvd te koop.

Informatie: www.ystad.se. Bij Ystads *turistbyrå* is een kaart met informatie beschikbaar (in verschillende talen) met de ligging van de filmlocaties in de stad en de omgeving; bovendien is er een app voor smartphones ontwikkeld.

Studiorondleiding en Cineteket: Elis Nilssons väg 8 (bus 2 naar Regementet), half juni-sept. za.-do., anders di., do., za. 10-16 uur, SEK 60.
Literatuur: zie blz. 19
Internet: www.henningmankell.se

De beste manier om de wandeling langs de scènes uit Henning Mankells romans en de filmlocaties van de Wallanderfilms te beginnen is bij het **turistbyrå** aan het Sankt Knuts Torg. Hier kunt u ook een brochure krijgen. Bij het **turistbyrå** huurde Rykoff in *De witte leeuwin* een zomerhuis om een man uit Zuid-Afrika te verbergen. U kunt uw ontdekkingstocht in de voetsporen van Kurt Wallander doen aan de hand van een kaart en brochures die in verschillende talen te verkrijgen zijn. Het kopje koffie in **Fridolfs konditori** kunt u maar beter tot u nemen voor het einde van de tocht. Misschien treft u daar hoofdinspecteur Wallander, die sinds 2007 niet meer door Rolf Lassgård (zie afbeelding hiernaast), maar door Krister Henriksson wordt gespeeld. Tussendoor haalt hij hier *smörgåsar*, sandwiches, of geeft blijk van zijn voorliefde voor *wienerbröd*. Er is namelijk volop keus.

Onrust in de stad

Vervolgens wandelt u door de Stickgatan richting centrum. Aan de **Stickgatan** staat in *De man die glimlachte* het huis van de secretaresse, die werkt voor de vermoorde advocaat Torstensson. In de tuin laat Wallander vanaf een veilige afstand door een verrassend eenvoudige truc een mijn afgaan. De kleine groene oase **Bäckahästens Torg** is voor hem een plek om na te denken, als hij in het onderzoek naar de *Midzomermoorden* op een dood punt is aanbeland.

Moordenaars op het spoor

Vanaf dit pleintje gaat u naar het **Stortorget** waar in de oude stadhuiskelder het **Restaurant Storethor** lokt – Kurt Wallander prijst het in de film *De dekmantel* aan als het beste restaurant van Ystad en nodigt zijn Europolcollega uit Kopenhagen uit voor een tête-à-tête in de romantische gewelven – bij wijze van spreken als een vertrouwenwekkende maatregel. De twee proberen te achterhalen wie verantwoordelijk is voor de wrede dood door verstikking van veel mensen in een geparkeerde vrachtwagencontainer.

In de film *De dorpsgek* komt het wit gesausde stadhuis als decor voor, het is dan een bankfiliaal. Ook het gijzelingsdrama in deze film werd opgenomen op Stortorget. Achter de **Mariakyrka**, dat het plein domineert, gaat u verder door de **Lilla Norregatan**, waar in de roman *Midzomermoorden* Wallanders collega Svedberg wreed werd doodgeschoten in zijn appartement. Hij is een van de slachtoffers van een seriemoordenaar die de politie een hele zomer bezighoudt. Van **Stortorget** is het maar een paar stappen naar de Sekelgården in de Långgatan. In het historische vakwerkhuis betrekt een uit Stockholm aangekomen ambtenaar in de roman *De honden van Riga* een hotelkamer. Wallanders listige onderzoek voert hem naar het buitenland – met inbegrip van diplomatieke complicaties.

Op jacht in de jachthaven

Van het Stortorget richting de haven wandelt u door de Teatergränd. Bij het theater gaat u rechtsaf, dan over de drukke doorgaande weg, tot u bij de **jachthaven** bent. Op een van de bankjes met uitzicht op de boten kunt u een

adempauze inlassen – ook Wallander zit hier soms te mijmeren over de toestand in de wereld. In *Midzomermoorden* heeft hij iets anders op het oog: hij zoekt de moordenaar in een verdachte boot – tevergeefs, de dader is hem een stap voor.

Iets naar het oosten, bij de haven, voert de Hamngatan weer de stad in. Op de hoek staat het **Hotel Continental du Sud**, dat in de *Midzomermoorden* voorkomt als toneel van een misdrijf. Maar in plaats van toe te slaan op het historische gemaskerde bal, plant de onvoorspelbare seriemoordenaar een aanslag op een volledig onschuldig persoon.

De Hamngatan is met zijn kraampjes een gevaarlijke plek voor Wallander, die worstelt met overgewicht. Als de dokter diabetes vaststelt, wordt Wallander in zijn favoriete pizzeria door de gastheer István op dieet gezet. In de roman *De blinde muur* beginnen twee tot dan toe onschuldige jonge meisjes voor het restaurant in de Hamngatan een taxirit die eindigt met de moord op de 60-jarige taxichauffeur – niet de enige wrede en onverklaarbare moord die de politie van Ystad in die herfstdagen bezighoudt. De **haven** van Ystad speelt in veel Wallander-romans en -films een rol. In *De dekmantel* komt hier de verdachte vrachtwagen van de veerboot. Ook de showdown en het einde van een gijzeling spelen zich af in een hal in het havengebied.

Commissaris Wallander privé

Als u commissaris Wallander thuis wilt bezoeken, kunt u naar de filmstudio gaan waar de binnenscènes worden opgenomen: Wallanders woonkamer met zijn fauteuil, de boeken en opera-cd's en de halflege whiskyfles vindt u niet in de Mariagatan, de voorlaatste dwarsstraat van de Regementsgatan op de route naar de studio's, maar in de bakstenen huizen van de vroegere kazerne, waar nu Ystad Studios gevestigd is. Als er tijdens uw bezoek geen rondleiding door de studio's wordt gehouden, ervaart u nog heel wat over het filmen in de interactieve expositie van Cineteket.

Decor voor veel thrillers: Stortorget, het marktplein van Ystad

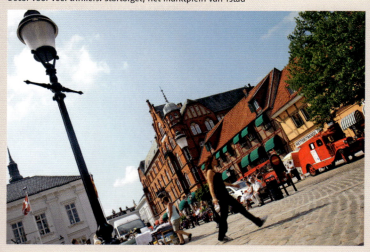

franciscanen gestichte Gråbrödraklostret. Na de Reformatie diende het klooster onder meer als ziekenhuis, distilleerderij en graanschuur. Na protesten van de inwoners van Ystad werd de sloop in 1901 voorkomen. Nu is het gerestaureerde gebouw een museum voor lokale geschiedenis. Bezienswaardig is ook zeker de fraai aangelegde rozen-, moes- en kruidentuin naast het gebouw.

Stora Östergatan

De moeite waard is een wandeling langs de voetgangerszone Stora Östergatan. Op de hoek van de Pilgränd staat het oudste vakwerkhuis van de stad, **Pilgrändshuset**, waarvan de oudste delen dateren van omstreeks 1480. **Pär Hälsas gård**, de grootste vakwerkwijk in Zweden, ligt een paar straten oostelijker tussen Besökaregränd en Piparegränd.

Overnachten

Degelijke elegantie – **Hotel Continental du Sud:** Hamngatan 13, tel. 041 137 0, www.hotelcontinental-ystad.se, 1 pk vanaf SEK 1390, 2 pk SEK 1550-1750. Het oudste hotel van Ystad in een mooi pand uit 1824 aan de rand van de oude stad. 52 elegant ingerichte kamers met kroonluchters en eikenhouten parket. Gunstige arrangementen, zoals het filmpakket met diner en bezoek aan Cineteket SEK 1145 per persoon in 2 pk.

Vakwerkhotel – **Anno 1793 Sekelgården:** Långgatan 18, tel. 0411 739 00, www.sekelgarden.se, 2 pk vanaf SEK 995. Klein stadshotel in een historisch vakwerkhuis, gezellige binnenplaats met kasseien.

Strandhotel – **Löderups Strandbad Hotell & Restaurang:** Löderup, tel. 0411 52 62 60, www.loderupsstrandbad.com, 2 pk vanaf SEK 790. Groot resort op een heuvel met uitzicht op de Oostzee; appartementen en vakantiehuisjes.

Eten en drinken

Zelf gebrouwen en goed gekookt – **Bryggeriet:** Långgatan 20, tel. 0411 699 99, www.ystadbryggeriet.se, ma. 11.30-14, di.-za. 12-15, 17-22 uur. In de brouwerij uit de 18e eeuw huist een uitstekende keuken (hoofdgerechten SEK 180-290). Het huisgebrouwen *Ystad färsköl* is een ongefilterd bier, dat vers uit de tap het best smaakt. U zit onder houten balken met zicht op de koperen brouwketels in de hal.

Leuk café – **Bäckahästens kaffestuga:** Lilla Östergatan 6/Bäckahästgränd, tel. 0411 140 00, mei-okt. Het café aan een klein plein in de oude binnenstad serveert koffie en gebak en een heerlijke, lichte lunch.

Actief

Niet alleen voor thrillerfans – **Stadsrondleiding:** in de zomer stadswandelingen (in verschillende talen), rondritten met de historische brandweerwagen; bustochten naar de belangrijkste plekken uit de Wallanderromans en -films buiten de stad; boeking via het *turistbyrå*.

Filmfans – **Cineteket:** expositie, bezoek van de Ystad Studios, zie blz. 136.

Info en evenementen

Ystads Turistbyrå: S:t Knuts Torg, 271 42 Ystad, tel. 0411 57 76 81, www.ystad.se.
Jazzfestival: begin aug. in Ystad.
Trein: naar Malmö en Simrishamn.
Bus: naar Trelleborg, via Simrishamn en Kivik naar Kristianstad.
Veerboot: dag. naar Rønne/Bornholm (vaartijd 1.15 uur, www.bornholmstrafikken.dk; naar Swinoujscie/Polen (www.unityline.se).

Oost-Skåne en Blekinge

Uitstapjes vanuit Ystad

Kåseberga en omgeving ▶ D 15

Als u voorbij Nybrostrand over de kleine landweg naar Kåseberga rijdt, die direct langs de kust loopt, komt u bij Kåseberga bij een imposant monument uit de vroegste geschiedenis van Zweden. In een kleine rokerij in de haven van het dorp kunt u eerst wat te eten inslaan voor een picknick. Vanuit de haven gaat een korte, steile klim naar de *skeppssättning* **Ales stenar** (zie Favorieten blz. 142). Vanaf hier reikt het uitzicht tot ver over de zee – bij goed weer kunt u het silhouet van het eiland Bornholm herkennen.

Sandhammaren ▶ E 15

De duinen van Sandhammaren op de zuidoostelijke punt van Zweden omzomen een mooi, breed zandstrand. Hier staat vaak een sterke wind, die vooral in de smaak valt bij surfers. Maar de stromingen aan dit deel van de kust zijn niet zonder gevaar. De regel is: als de wind aflandig is, is hier voorzichtigheid geboden bij het zwemmen.

Simrishamn en omgeving ▶ E 15

Schilderachtige, lage, pastelkleurige huizen, liefdevol beplante bloembakken op de stoep, de vele terrassen in de Storgatan, een levendige haven, dat alles draagt bij aan de charme van het stadje (19.400 inwoners). Bijzonder mooie foto-onderwerpen zijn bijvoorbeeld te vinden in de Brunnsgatan en de Stora Norregatan, waar vroeger de ambachtslieden woonden. De kerkscheepjes in de S:t Nicolai kyrka herinneren eraan dat Simrishamn sinds de middeleeuwen een van de belangrijkste vissershavens van Skåne is.

Musea in Simrishamn

In een voormalige graanloods is over drie verdiepingen verdeeld het **Österlens Museum** (Storgatan 24, half juni-aug. ma.-vr. 11-17, za. 10-14, anders di.-vr. 12-16, za. 10-14 uur) ingericht, met verzamelingen over geschiedenis en cultuur van Österlen.

Het **Konstmuseet Gösta Werner & Havet** (Strandvägen 5, www.gostawerner.se, Pasen, half juni-aug. di.-zo. sept. za.-zo. 12-17 uur) is gewijd aan de schilder Gösta Werner, die het schildersvak leerde van Isaac Grünewald en zijn ervaringen als zeeman in zijn kunst verwerkte.

Liefhebbers van motorvoertuigen mogen eigenlijk niet voorbijgaan aan het **Autoseum** met ruim 150 auto's, tientallen motoren, brommers en scooters en enkele vliegtuigen, waaronder een fraaie SAAB S35E Draken (Fabriksgatan 10, www.autoseum.se, mei-aug. dag., sept.-apr. za.-zo., 11-17 uur, SEK 100).

Overnachten, eten

Zicht op de haven – **Hotell Maritim/en gaffel kort:** Hamngatan 31, tel. 0414 41 13 60, https://engaffelkort.se, 1 pk vanaf SEK 1050, 2 pk SEK 1250-1450. Individueel ingerichte kamers aan de haven, onder andere in het historische Tullhuset (tolhuis). Bij het hotel hoort een van de beste visrestaurants in Skåne (lunch ma.-vr. SEK 100).

Actief

Rondleidingen – **Simrishamn:** half juni-half aug. ma. 18.30 uur, gratis.
Golf – **Österlens Golfklubb:** www.osterlensgk.com. Twee 18-holesbanen: Djupadal en Lilla Vik.

Simrishamn en omgeving

Door het fijnkorrelige zand een van de mooiste stranden van Zweden: Sandhammaren

Informatie

Simrishamns Turistbyrå: Marint centrum, Varvsgatan 2, 272 36 Simrishamn, tel. 0414 81 98 00, www.simrishamn.se/turism.
Trein: via Tomelilla naar Ystad.
Bus: via Kivik naar Kristianstad.
Veerboot: mei-aug. dag. passagiersveerboot naar Allinge op Bornholm (vaartijd 1 uur, www.bornholmexpress.dk).

Glimmingehus ▶ E 15

www.raa.se/glimmingehus, half mei.-half juni, half aug.-sept. dag. 11-16, half juni-half aug. 10-18, rondleidingen juni-sept. dag., april, okt. za.-zo. 12, 15 uur, 70-80 SEK

Zo'n 10 km ten zuidwesten van Simrishamn staat de burcht Glimmingehus. Deze burcht geldt als het oudste wereldse bouwwerk in Zweden dat nog intact is. Het door Adam van Düren, die ook betrokken was bij het werk aan de kathedralen van Keulen en Lund, in 1499-1505 gebouwde zogenoemde versterkte huis is in zijn oorspronkelijke staat bewaard gebleven. Het diende als woning en tegelijkertijd als vesting – het is nooit veroverd door aanvallers. De meer dan 2 m dikke, van kleine schietgaten voorziene zandstenen muren, 18 kanonnen op de zolder en een gracht rondom boden kennelijk een goede bescherming. Het kasteel, dat beschikte over een uitgekiend verwarmingssysteem, werd nog tot in de 17e eeuw bewoond. ▷ blz. 144

Favoriet

Ales stenar – Het schip van mythen en legenden ▶ D/E 15

Als een reusachtig Vikingschip kijkt de grootste *skeppssättning* van Scandinavië over de steile kust uit naar Bornholm. Het waren vermoedelijk mensen uit de Vikingtijd die de 58 in sommige gevallen meer dan 2 m hoge granieten blokken opgericht hebben. Graven in de vorm van een schip bestaan alleen in Scandinavië. Men neemt aan dat er een verband is met het gebruik in de bronstijd om hooggeplaatste doden in een schip te begraven. Nieuw onderzoek heeft aangetoond dat zich onder de tegenwoordig zichtbare graven een kleinere *skeppssättning* en verschillende ronde steengraven bevinden. De leeftijd van het monument is nog niet duidelijk, veel onderzoekers dateren het ook wel in het begin van de bronstijd 3500 jaar geleden. Vermoedelijk had het een soort kalenderfunctie: de voorsteven van het schip geeft precies de plek aan waar de zon op midzomer ondergaat, terwijl de achtersteven het punt markeert van de zonsopgang op de winterzonnewende (21 dec.).

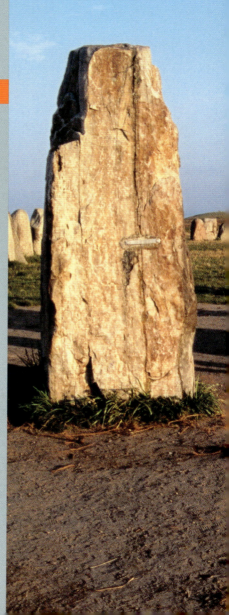

Oost-Skåne en Blekinge

Wandelen in nationaal park Stenshuvud

Nationaal park Stenshuvud ▶ E 14/15

In de zuidoostelijke uitloper van de heuvelrug Linderödsåsen verheft zich aan de kust de heuvel Stenshuvud tot een hoogte van bijna 100 m. Nadat zo'n 13.000 jaar geleden het ijs in het binnenland was gesmolten, woonden hier al mensen. In de 17e en de 18e eeuw werden de vlakke gebieden gebruikt om vee te laten grazen. Aan de terrassen van de gruishellingen is te zien dat de hoogte van de zeespiegel varieerde. Stenshuvud werd in 1986 nationaal park. Sindsdien grazen hier runderen, schapen en geiten om de bodem open te houden, zodat er orchideeën, vlinders en hagedissen kunnen gedijen. Het symbool van de streek is de hazelmuis, waarvoor de winter elders in Zweden te koud is.

Wandelen in het nationaal park Stenshuvud

Begin: Naturum, lengte: 6 km (zonder uitstapje naar Kortelshuvud), www.stenshuvud.se, Naturum feb.-apr., half aug.-nov. di.-zo., mei dag. 11-16, juni-half aug. dag. 11-18 uur

De wandeling begint bij het parkeerterrein bij Naturum. Voor een eerste kennismaking kunt u hier de tentoonstelling over geologie, flora en fauna van het nationaal park bekijken. De route volgt eerst zo'n 2 km de lange wandelroute Skåneleden (oranje gemarkeerd) door een bos van eiken en haagbeuken op 97 m hoogte met zicht op de Hanöbaai. U volgt de Skåneledenroute tot Hällevik, waar bij de noordingang een picknickplaats uitnodigt om even pauze te houden (parkeerterrein). Voor de terugweg neemt u de route op halve hoogte langs de zeekant van de heuvel naar Krivareboden. Hier staan pittoreske riethutten aan het strand, die al sinds de 18e eeuw worden gebruikt door palingvissers. Hier ligt ook een populaire zwemlocatie, met ten zuiden ervan een kilometerslang wit zandstrand. Bij de wandeling terug naar Naturum loopt u langs een beekje. Net voor het parkeerterrein kunt u een uitstapje maken naar de heuveltop Kortelshuvud met uitzicht over het zandstrand en de zee. Na de wandeling biedt café Annorlunda gelegenheid om bij te komen (zie hierna).

Eten en drinken

Koekjesbuffet – **Kaffestugan Annorlunda:** Stenshuvud, tel. 0414 704 75, www.kaffestuganannorlunda.se, half juni-aug. dag., Pasen-mei, sept.-okt. za., zon- en feestdagen 11-17 uur. Lekkere belegde broodjes.

Kivik ▶ E 14

Het idyllische stadje is het centrum van de fruitteelt en ciderproductie in Zweden. Zo'n 50% van de Zweedse appels wordt geoogst in Österlen, het oostelijke deel van Skåne. In het voorjaar is het glooiende landschap een zee van appelbloesems. Elk jaar trekt de markt in juli duizenden bezoekers (zie blz.146).

Äpplets hus

Kiviks Musteri, Karakåsvägen 45, www.kiviksmusteri.se, half feb.-dec. dag. 10-17 uur, rondleiding SEK 80

Het door Kiviks Musteri ingerichte 'huis van de appel' documenteert de geschiedenis van de fruitteelt en het maken van cider. Getoond wordt hoe veelzijdig de appel is. U kunt ptoeven in het restaurant en het café, en in de winkel kunt u terecht voor culinaire souvenirs als appelsap, cider, jam of chutney.

Kiviksgraven

www.kiviksgraven.se, mei, sept. di.-zo. 12-16, juni dag. 11-17, midzomer-aug. 10-18 uur, SEK 25

De belangrijkste bezienswaardigheid in Kivik is het 3000 jaar oude **Kungagraven** (koningsgraf, mei-sept. dag. 10-18 uur, SEK 25). Stenen vormen een heuvel van 75 m in diameter, in een grafkamer binnenin staan acht platen, waarvan het reliëfdecor doet denken aan rotstekeningen uit de bronstijd. Daar de grafheuvel tot de restauratie in de jaren 30 werd gebruikt als steengroeve, wordt aangenomen dat het oorspronkelijke graf drie keer zo groot was.

Overnachten

Plattelandshotel – **Blåsingsborgs Gårdshotell:** tel. 0414 702 18, 2 km te zuiden van Kivik, www.blasingsborg.se, 2 pk SEK 1400-1700, apartement SEK 4000 voor 4 personen. Ook eenvoudige 2 pk zonder douche/wc. In een mooie Skånse boerderij, aanbiedingen met inbegrip van maaltijden. Het restaurant (april-dec. vr.-za. 18-22 uur) serveert regionale specialiteiten, deels van eigen productie.

Gezellig – **STF Vandrarhem Häväng:** Skepparpsgården, Kivik, tel. 0414 740 71, www.stfhavang.com, mei-sept., 2 pk vanaf SEK 590. Comfortabele kamers in een oude Skånse boerderij met binnenplaats, 300 m van het strand, wandelen. Zeer populair, vroeg boeken!

Aan zee – **Kiviks Familjecamping: Tittutbacken 10,** ten noorden van Kivik aan RV9, tel. 0414 709 30, half apr.-sept., www.kivikscamping.se, staanplaats vanaf SEK 175. Fraai gelegen camping met hutten.

Eten en drinken

Stevige keuken – **Brösarps Gästgifveri:** Brösarp, tel. 0414 736 80, www.gastis.se, hoofdgerecht SEK 175-285. Traditionele gerechten en vis, specialiteiten zijn wild zwijn en *äggakaga* (omelet) met veenbessen. Ook kamers.

Cafetaria of picknick – **Buhres Fisk:** Hamnplan, tel. 0414 702 12, www.buhresfisk.se, half juni-half aug. Cafetaria dag. 11-20, verkoop ma.-vr. 10-18, za. 10-17, zo. 11-17 uur, anders beperkte openingstijden. Bij de haven kunt u terecht in het cafetaria: visspecialiteiten zoals ingelegde of vers gerookte haring.

Actief

Stoomtrein en draisine – **Museumspoorlijn van Sankt Olof naar Brösarp:** stoomtreinen op het ca. 15 km lange traject, draisinetochten zuidwaarts vanaf Sankt Olof, www.skanskajarnvagar.se.

Info en evenementen

Simrishamns Turistbyrå: zie blz. 141.
Markt: 3 dagen half juli met volksfeest,

www.kiviksmarknad.com. Ook met vlooienmarkt.

Åhus ▶ E 14

Het mooie, tegenwoordig wat slaperig ogende stadje was in de middeleeuwen een belangrijke haven voor de palingvisserij. Nadat het in 1617 zijn stadsrechten verloor aan Kristianstad, stagneerde de ontwikkeling echter. Het kasteel raakte in verval, maar delen van de stadsmuren en het middeleeuwse stratenplan zijn behouden gebleven. De met kasseien geplaveide, smalle straatjes en lage huizen trekken veel bezoekers naar Åhus.

Overnachten en eten

Havenzicht – **Åhus Gästgifvaregård**: Gamla Skeppsbron, tel. 044 28 90 50, www.ahusgastis.com, 1 pk SEK 1195, 2 pk SEK 1395-1695. Ruim 100 bedden, historische ambiance, restaurant.
Uitstekend – **Kastanjelunds Wärdshuset**: Yngsjö, tel. 044 23 25 33, www.kastanjelund.se, juli-half aug. dag., anders vr.-za. vanaf 18 uur, hoofdgerecht SEK 275. Traditioneel gasthuis in een hoeve, bekend om paling- en gansgerechten. Mooie rustieke kamers (2 pk vanaf SEK 1100, 1 pk vanaf SEK 850).

Informatie

Åhus Turistbyrå: Åhus Museum, Torget, tel. 044 13 47 77, internet zie Kristianstad.

Kristianstad ▶ D/E 14

Nadat Vä tussen 1452 en 1612 een paar keer was platgebrand, de laatste keer door Gustav II Adolf, gaf de Deense koning Christian IV de oude stad in 1614 op en liet de inwoners verhuizen naar een nieuwe, versterkte stad, Kristianstad (nu 75.600 inwoners). Het aan de grens met het vijandelijke Zweden gelegen bolwerk werd gebouwd volgens de idealen van de renaissance, wat nu nog te zien is aan het rechtlijnige stratenplan. De in 1617-1628 gebouwde Trefaldighetskyrkan (Heilige-Drieëenheidskerk) wordt beschouwd als een van de mooiste renaissancekerken van Noord-Europa. Een groot deel van het oorspronkelijke, 17e-eeuwse interieur is behouden gebleven.

Even verderop informeert het moderne **Regionmuseet** (www.regionmu§seet.se, juni-aug. dag. 11-17, sept.-mei di.-vr. 12-17, za.-zo. 11-16 uur, gratis) met wisselende tentoonstellingen over heel Skåne. Begin 20e eeuw werd hier filmgeschiedenis geschreven: in het huis op Östra Storgatan 53 werd in 1909 de eerste Zweedse film opgenomen. Daaraan herinnert het **Filmmuseet** (eind juni-begin aug. ma.-vr., anders zo. 12-17 uur, gratis, zo nu en dan vertoning van stomme films).

Naturum Vattenriket bij de Helgeå

www.vattenriket.kristianstad.se, Naturum, apr.-sept. dag. 11-17, anders di.-zo. 11-16 uur, gratis (behalve bij evenementen)
Vattenriket, 'het waterrijk', is een van de vaakst overstroomde gebieden van Zweden, hier ligt het laagste punt van het land. Fuut, baardman, bruine kiekendief en visarend zijn slechts enkele van de vele soorten die hier in de zomer nestelen. Tijdens de vogeltrek is het als een biosfeerreservaat beschermde water- en voedselrijke gebied een belangrijke tussenstop voor talloze vogels. Een op palen gebouwd **Naturum** informeert bezoekers over de bijzondere en rijke flora en fauna van het uitgestrekte gebied.

Via bruggen is de omgeving te voet te bereiken vanaf het Tivoliparken in Kristianstad. Met behulp van plankieren en observatietorens kunt u het landschap van drasgebieden, weiden en rietvelden bezichtigen. Als u het Vattenriket wilt verkennen vanaf het water, kunt u een tocht met een excursieboot maken vanuit Kristianstad of Åhus (zie blz. 149).

Eten en drinken

Van de grill – **Bar B Ko:** Tivoligatan 4, tel. 044 21 33 55, www.bar-b-ko.se, ma.-za. vanaf 18 uur. Specialiteit is kwaliteitsrundvlees van de grill, maar men serveert ook gevogelte of vis, met een aardappelgratin of gebakken aardappeltjes met lekkere sauzen. Spareribs ongeveer SEK 260, ribeyesteak SEK 299.
Innovatieve museumkeuken – **Café Miró:** in het Regionmuseet, zie aldaar voor openingstijden. Vis, groenten, verse salades en alles waar vegetariërs van houden.

Info en evenementen

Kristianstads Turistbyrå: Stora Torget, 291 80 Kristianstad, tel. 044 13 53 35, www.turism.kristianstad.se. Ook voor Åhus.
Christianstadsdagarna (10 dagen in juli): rock, jazz, dans, openluchttheater.
1800-tals-dag: laatste za. in aug. Markt in de stijl van de 19e eeuw, variété.
Trein: naar Hässleholm, Malmö, Kopenhagen en Karlskrona.
Bus: naar Simrishamn en Älmhult.

Rond Kristianstad

Wanås slott ▶ D 14

www.wanas.se, via weg 19 vanuit Kristianstad, vanaf Knislinge wegwijzers, midzomer-half aug. dag. 10-17, half mei-sept. dag., okt. za.-zo. 11-17 uur, SEK 130

Het park van Wanås slott – met zijn omgevallen en met mossen en paddenstoelen begroeide, soms vele eeuwen oude bomen zelf een kunstwerk van de natuur – maakt de ideale combinatie mogelijk van een verfrissende wandeling door een dicht beukenbos en het tegelijkertijd genieten van cultuur, want in de omgeving van het kasteel zijn prachtige kunstwerken te zien. Sinds 1987 worden jaarlijks wisselende tentoonstellingen gehouden, en omdat sommige objecten blijven staan, groeit de beeldentuin van jaar tot jaar.

Nationaal park Söderåsen ▶ D 14

www.soderasensnationalpark.se
Het grootste aaneengesloten loofbos in Noord-Europa, met diepe kloven en bruisende beken wordt ontsloten door wandelroutes vanaf het **Naturum** in Skäralid. Hier kunt u routebeschrijvingen en kaarten krijgen om dichter bij de natuur te komen (apr., okt. di.-zo. 11-16, mei-aug. dag. 10-17, sept. 10-16, nov.-mrt. di.-do. 11-15 uur).

Skånes Djurpark ▶ D 14

www.skanesdjurpark.se, apr.-sept. dag. 10-17, anders 10-15 uur, SEK 149-259 naargelang seizoen
Het grootste dierenpark van Zuid-Zweden 10 km ten noordoosten van Bosjökloster bij Höör is een bezoek meer dan waard, vooral als u uit bent op een ontmoeting met wolven, beren en lynxen: in de dierentuin leven deze roofdieren bij elkaar met andere inheemse en Noord-Europese dieren – in totaal ongeveer 80 soorten – zoals muskusossen, wisenten, rendieren en elanden, die goed gedijen in het relatief koele klimaat van Frostavallen in Midden-Skåne.

Bosjökloster ▶ D 14

www.bosjokloster.se, mei-sept. dag. 11-17, park het hele jaar 8-19 uur, 's winters tot zonsondergang, SEK 80

Witte trapgevels aan een blauw meer, zo presenteert zich het in de 11e eeuw door benedictinessen gestichte Bosjökloster op een landtong in de Ringsjö. Tegenwoordig is het in particulier bezit en bewoond. Een galerie toont wisselende tentoonstellingen van hedendaagse kunst, het terrein is verfraaid met bloembedden en geurige rozenperken. Maar vooral een wandeling door het park met reusachtige, oude eiken en dierverblijven en langs de oever van het meer, waar u roeiboten kunt huren, maakt een bezoek tot een belevenis, zeker met kinderen.

Trolle-Ljungby slott ▶ E 14

www.trolleljungby.com, park het hele jaar open

Het fraaie bakstenen kasteel met gracht, werd in 1629-1633 in de Deens-Hollandse renaissancestijl gebouwd en werd beroemd door een oude legende: op een keer zou in opdracht van de kasteelvrouwe een kostbare hoorn en een fluit zijn gestolen van de trollen, die luidruchtig feest vierden onder een nabijgelegen rotsblok. Verhalen over de pogingen van de trollen om de voorwerpen terug te krijgen, vullen hele sprookjesboeken. Sindsdien brengt het in elk geval ongeluk om de hoorn en de fluit te verwijderen uit het Trolle-Ljungby slott. Iedereen kan controleren of ze er nog zijn: *Ljungby horn och pipa* worden op bepaalde dagen in de zomer (juni-aug. wo., za. 9-17 uur) in een venster op de binnenplaats tentoongesteld – verder is het kasteel, dat particulier eigendom is, niet te bezichtigen.

Overnachten en eten

Slapen in een kasteel – **Bäckaskog Slott:** Barumsvägen 255, Fjälkinge, tel. 044 530 20, www.backaskogslott.se. In Bäckaskog op een landengte tussen de Ivösjö en de Oppmannasjö vestigden zich in de 13e eeuw premonstratenzers. In de 16e eeuw kwam het klooster in bezit van Henrik Ramel, gouverneur van kroonprins Christian, die het verbouwde. Het kasteel-hotel profiteert vooral van het feit dat koning Karl XV er halverwege de 19e eeuw een zomerresidentie liet inrichten. Te bezichtigen zijn de paradezalen, de stallen, de slotkapel en het kasteelpark. Accommodatie in verschillende klassen – van kasteelkamer (2 pk vanaf SEK 1990) tot een eenvoudig bed in de jachthut in het park (2 pk vanaf SEK 500), goed restaurant.

Actief

Safari op het water – **Boottocht:** www.landskapet.se. De tochten door het Vattenriket rond de Helgeå. Opstapplaats in Kristianstad: Tivoliparken (mei-sept.), 2 uur, SEK 195. In voor- en najaar ook vogelobservatietochten tijdens de vogeltrek (vooral ganzen).

Peddelen – **Kristianstads Vattenriket:** het mooist is dit waterrijk in een kano te verkennen; zie voor tips voor tochten en kanoverhuur op www.vattenriket.kristianstad.se.

Alleen van buiten te bezichtigen: Trolle-Ljungby slott bij Kristianstad

Blekinge

Blekinge behoorde vanaf 1101 bij Denemarken, werd in de 16e eeuw hevig bevochten en kwam met de Vrede van Roskilde van 1658 bij Zweden. Het landschap heeft een heel ander karakter dan dat van Skåne. Er zijn dichte bossen en u ziet er al de verspreid staande rode, houten huisjes. Voor de grillige kustlijn strekt zich de zuidelijkste scherenkust van Zweden uit, die een natuurlijke strategische bescherming vormt. Karlskrona is een van de grootste marinebases van het land. Blekinge wordt niet geheel ten onrechte de Tuin van Zweden genoemd – wat voor Österlen de appels zijn, zijn voor Blekinge de aardbeien die hier worden geteeld.

Sölvesborg en omgeving ▶ E 14

Sölvesborg (8400 inwoners) is de oudste stad van de provincie Blekinge. Het heeft enkele middeleeuwse wijken weten te behouden, maar ook een kasteelruïne en een aan de heilige Nicolaas gewijde bakstenen kerk. Bezienswaardig is sinds 2013 de Sölvesborgsbron, met 760 m de langste voetgangers- en fietsersbrug. Op het schiereiland Listerland liggen pittoreske vissersdorpjes, zoals **Hällevik** en **Nogersund** met rokerijen en mooie badstranden.

Wie een omweg maakt naar het schiereiland Listerland in de richting van het schilderachtige vissersdorp **Hällevik**, kan zich verheugen op visrokerijen en stranden.

Hanö

Het rotsachtige eiland **Hanö** ligt slechts een half uur varen van Nogersund. Hier vindt u kliffen, grotten, bossen en door wind geteisterde toppen, maar ook een vuurtoren en een Engelse begraafplaats met graven uit de napoleontische oorlogen, toen Hanö in 1810-1812 een Engelse vlootbasis was. Overnachten is mogelijk in de oude school (STF Vandrarhem).

Overnachten

Omgeven door dennenbossen – **Hälleviks Camping:** tel. 0456 527 14, www.hallevikscamping.se, naargelang het seizoen SEK 150-245. Prachtige locatie aan een zandstrand vlak bij het vissersdorp Hällevik. Comfortabele hutten en appartementen, verwarmd zwembad.

Actief

Kanoverhuur – **Halenkanot/Olofströms Fritidsklubb (OFK):** www.halenkanot.com. Kanoverhuur en kanocursussen in Olofström, 40 km aan tochten in het merenstelsel Halen-Raslången-Immeln bij Sölvesborg.

Info en evenementen

Sölvesborgs Turistbyrå: Stadshuset,

INFO

Toeristische informatie
Blekinge: www.visitblekinge.se

Vervoer
Het openbaar vervoer in de provincie Blekinge omvat niet alleen bussen, maar ook diverse lijnboten in het scherengebied.
Informatie: www.blekingetrafiken.se

Repslagaregatan 1, 294 80 Sölvesborg, tel. 0456 18 61 81, www.solvesborg.se.
Killebom: 2e weekend in juli. Stadsfeest met markt en gratis culturele evenementen in Sölvesborg.
Sweden Rock: begin/half juni, www.swedenrock.com. Grootste hardrockfestival van Zweden.

Karlshamn ▶ E 14

Deze oude haven- en handelsstad werd in 1666 vernoemd naar Karel X Gustav, Bij de aanleg van de marinebasis werd gebruik gemaakt van het diepe water van de baai. Via deze haven verlieten in de 19e eeuw vele honderdduizenden emigranten Småland en Blekinge voor een kans op een beter leven in Amerika. Een beeldengroep van Karl Oskar en Kristina – de belangrijkste personages uit Vilhelm Mobergs roman *De emigranten* – in het Hamnparken, herinnert aan hen. U kijkt uit op een klein eiland met een vesting, die in 1675 werd gebouwd om Karlshamn te beschermen tegen de aanvallen van de Denen.

Naast de bewaard gebleven houten huizen rond het Stortorget is ook het **Karlshamns Kulturkvarter** interessant, dat bestaat uit diverse gebouwen in de Vinkelgata en de Drottninggata en de inmiddels gesloten punchfabriek, die nu is ingericht als **Punchmuseum** (half juni-half aug. di.-zo. 13-17, anders ma.-vr. 13-16 uur, SEK 20). Hier werden vanaf 1840 enorme hoeveelheden (in 1914 500.000 liter) van de beroemde, zoete Carlshamns Flaggpunsch geproduceerd. In 1917 kwam een einde aan dit tijdperk toen de staat via de Vin- & Spritcentralen de volledige productie van wijn en sterkedrank overnam. Het museum toont de originele kantoor- en productieruimten en de flessenspoelerij. De bijgebouwen, 18e-eeuwse rode houten huizen, huisvesten onder meer een vissershut, een schoenmakerij en een tabakswinkel.

In het Science Center **Kreativum** kunt u verbluffende wetenschappelijke experimenten beleven, onder meer in een waterpark (Strömmavägen 28, www.kreativum.se, vr.-zo. 11-16, zomervakantie dag. 10-17 uur, SEK 150, tot 18 jaar SEK 115, gezin SEK 485).

Uitstapje naar het eiland Tjärö

Tel. 0454 600 33, www.tjaro.com, mei-sept., veerpont vanaf Järnavik (Tjäröbåten) of vanaf Karlshamn (Blekingetrafiken)

Tot in de jaren 50 was de nederzetting op het eiland Tjärö in de scherenkust bewoond. Nadat de laatste vissersfamilies waren vertrokken, werd het historische dorp verbouwd tot een resort. Het comfort in de pittoreske houten huisjes is niet groot, maar de Robinsonfactor is hoog. Een ideaal uitgangspunt voor kajaktochten langs de scherenkust tussen Karlshamn en Ronneby (Tjärö Turiststation, tel. 0454 603 00, www.

Op bezoek bij de grote dieren: Eriksberg ▶ E 14

In het betoverende landschap van de Eriksberg leven op een oppervlak van zo'n 1000 ha elanden, wilde zwijnen, wisenten, herten en moeflons, die u vanuit uw auto kunt bekijken. Een andere attractie is de zeldzame rode waterlelie in de Färsksjön, die vanaf eind juni in bloei staat. Als u het wild in alle vroegte wilt observeren, kunt u het best hier de nacht doorbrengen: er is goede accommodatie in de stijl van een Safari Lodge (2 pk vanaf SEK 2500 met toegang tot het natuurpark Eriksbergs Viltreservat, bij Åryd, www.eriksberg.nu, juni-aug. dag. 12-19 uur, SEK 160).

Overnachten

Zicht op scheren – Kolleviks Camping: 3 km ten zuidoosten van Karlshamn, tel. 0454 192 80, www.karlshamn.se, half apr.-sept. staanplaats SEK 175-255. De vlakke scherenkust ligt aan de voeten van de campinggasten met in hun rug een klein bos. Ook comfortabele hutten (vanaf SEK 490 per dag, 4 personen).

Informatie

Karlshamns Turistbyrå: Pirgatan 2, 374 81 Karlshamn, tel. 0454 812 03, www.visitkarlshamn.se.
Veerboot: 's zomers lijndiensten naar Tärnö en Tjärö, informatie: tel. 0455 569 00, www.blekingetrafiken.se.
Trein: naar Malmö, Helsingborg en Karlskrona.
Bus: naar Ronneby, Göteborg.

Omgeving van Karlshamn

Laxens hus ▶ E 14

Mörrum, www.sveaskog.se/morrum, apr.-sept. ma.-za. 9-17, okt.-maart ma.-vr. 9-16 uur

Interessant is een bezoek aan het kweekcentrum en de tentoonstelling over de geschiedenis van de zalm en het zalmvissen in Mörrum aan de Mörrumså, een van de beste zalmrivieren van Zweden. De grote ramen van het aquarium geven zicht op het leven in de rivier. Sinds 1231 worden hier de begeerde vissen onderschept als ze van de open zee naar de paaigronden in het binnenland van Blekinge trekken.

Ebbamåla bruk ▶ E 13

Hovmansbygdsvägen 610, Kyrkhult, www.ebbamalabruk.se, rondleiding mei-juni za.-zo., juli-aug. di.-zo. 11, 13, 15 uur, SEK 90

Als u de rivier de Mörrumså stroomopwaarts volgt (eerst naar Svängsta, dan de RV126 richting Fridafors), komt u bij de voormalige ijzergieterij, waar men nu onder meer gietijzeren tuinmeubelen maakt. Interessant is een rondleiding door de historische fabrieksgebouwen. Het snelstromende water van de Mörrumså dreef van 1884 tot de sluiting van de fabriek in 1950 de machines aan.

Overnachten

In het groene dal van de Mörrum – STF Vandrarhem Ebbamåla Bruk: Hovmansbygdsvägen 610, 290 60 Kyrkhult, tel. 0454 77 40 00, www.ebbamalabruk.se, half mrt.-half okt., appartement vanaf SEK 450 voor 2 personen, bed vanaf SEK 200 per persoon. Fraai gerenoveerde 2-kamerappartementen in de historische gieterij langs de Mörrumså, fiets- en kanoverhuur, verkoop van visvergunningen en vliegviscursussen.

Actief

Fietsen – Banvallsleden (BVL): over het traject van de vroegere Vislandaspoorlijn is een gemakkelijke route van 27 km aangelegd van Ebbamåla naar Karlshamn. In de andere richting voert een route naar Halmstad van 200 km langs de kust van Halland.

Info en evenementen

Visprèmiere: 1 apr. in Mörrum.
Zalmfeest: 11 mei.

Trein: Mörrum ligt aan het traject Kopenhagen-Hässleholm-Karlskrona.

Ronneby ▶ F 14

Het traditionele kuuroord met ongeveer 12.000 inwoners heeft veel van zijn idyllische, kleinsteedse karakter weten te bewaren. Samen met het naburige Kallinge was het ooit de 'hoofdstad van de potten en pannen' in Zweden. Enkele kleine fabrieken in Kallinge zetten deze traditie tot op de dag van vandaag voort.

Bezienswaardig is naast het oude kuurpark Brunnsparken de **Heliga Kors kyrka**. De kerk heeft fresco's uit de 14e-16e eeuw, de koorramen werden ontworpen door Erik Olson, een lid van de Halmstadgroep (zie blz. 100). Een wandeling door de wijk **Bergslagen** voert over kasseien langs goed bewaard gebleven houten huizen naar de 18e-eeuwse **Mor Oliviagården**, een van de oudste gebouwen in de stad, bij de stroomversnelling in de rivier de Ronnebyån en omringd door een geurige kruidentuin. Het is nu expositieruimte voor kunstnijverheid (di.-vr. 11-17, za.-zo. 11-15 uur).

Ronneby Brunnsparken aan de oevers van Ronnebyån is een wereld op zich: verscheidene grote hotels, een kuuroord, een café, een gaanderij en een petanqueveld creëren de juiste omgeving voor een ontspannen verblijf. De veelzijdige natuur van Blekinge is het thema van een multimediale expositie in de villa Gymnastiken uit 1890-1891 in het park, waarin een Naturum is ingericht (april-okt. za.-zo. 10-15, mei, sept. ma.-vr. 12-17, za.-zo. 10-15, juni-aug. dag. 10-18 uur).

Overnachten en eten

Kuurhotel – **Ronneby brunns Spa: Brunnsparken,** www.ronnebybrunn.se, tel. 0457 750 00. Mooi gelegen hotel met wellnesscentrum (zie blz. 154) voor de hotelgasten, spa-arrangement

In het kuuroord Ronneby heerst een idyllische atmosfeer

Winkelen

Huishoudelijk – **Ronneby bruk Sweden:** Järnbruksvägen 5, Kallinge, www.ronnebybruk.com, ma.-vr. 9-17, 's zomers en in de adventtijd ook za. 10-14 uur. Fabrieksverkoop van gietijzeren potten en pannen met een klassiek design van Sigurd Persson – zwaar, maar onovertroffen voor een optimale bereiding van sudderlappen en pannenkoeken. Ook geëmailleerd keukengerei naar Frans voorbeeld, kandelaars en dergelijke van gietijzer.

Actief

Kanoverhuur – **Paddelkompaniet:** p/o STF Vandrarhem Gula Huset, Järnavik, tel. 0457 803 00, www.paddelkompaniet.se. Verhuur van kano's en zeekajaks, ook peddelcursussen. Kanotochten over de Ronnebyå (70 km) en naar de scheren.
Ontspannen – **Ronneby brunns Spa: Brunnsparken,** www.ronnebybrunn.se. Zeer modern en luxueus wellnesscentrum op 2,5 km van de stad, met hotel. Verwarmd binnen- en buitenbad, jacuzzi, stoom- en droge sauna, solarium, tennisbanen, yoga, qigong en meer. Behandelingen zoals massage ook voor niet-gasten (SEK 175 per dag).

Informatie

Ronneby Turistbyrå: Kungsgatan 35 (in de stadsbibliotheek), 372 37 Ronneby, tel. 0457 61 75 70, www.visitronneby.se.
Trein: naar Malmö, Helsingborg en Karlskrona.
Bus: naar Karlshamn en Karlskrona.

Karlskrona ✹ ▶ F 14

De stad Karlskrona (35.000 inwoners) werd in 1680 door Karl XI gesticht als grote marinebasis op het eiland Trossö, het huidige stadscentrum. Delen van deze voorbeeldige militaire stad tegen de prachtige achtergrond van de scherenkust staan op de UNESCO Werelderfgoedlijst.

Stortorget

Om ruimte te hebben voor militaire parades, liet Karel XI de vestingbouwer Erik Dahlberg brede straten en grote pleinen aanleggen. Stortorget is een van de ruimste pleinen van Noord-Europa. In het midden herinnert een standbeeld aan de koninklijke stichter van de stad, geflankeerd door het stadhuis en twee barokke kerken door Nicodemus Tessin de Jongere, de **Trefaldighetskyrka**, tot 1846 de kerk van de Duitse gemeenschap, en de **Fredrikskyrka**.

Ulrica Pia kyrka en bastion Aurora

De admiraliteitskerk **Ulrica Pia kyrka** is het oudste gebouw in de stad, want hoewel het is gemaakt van hout, overleefde het de grote brand van 1790. Bij de ingang staat de houten figuur van de bedelaar Rosenbom, waarvan u de hoed kunt opklappen om er een paar kronen in te gooien. De figuur speelt ook een rol in de wonderbaarlijke reis van Nils Holgersson: Nils droomt dat Rosenbom hem onder zijn hoed verbergt om hem te beschermen tegen de toorn van Karl XI, wiens bronzen standbeeld Nils door een brutaliteit tot leven heeft gewekt.

Voor de kust ligt het **bastion Aurora**, onderdeel van de vestingwerken. Hier herinnert een bronzen borstbeeld aan de bouwmeester Erik Dahlberg.

Marinmuseum

www.marinmuseum.se, half juni-half

Karlskrona

Onder zeil – in de historische marinehaven van Karlskrona

aug. dag. 10-18, mei, sept. dag., anders di.-zo. 10-16 uur, gratis

Tot de attracties van het Marinmuseum op Stumholmen, het vroegere proviandeiland van de marine, behoren naast een grote collectie boegbeelden ook een onderwaterpassage naar een wrak en een onderzeeboot uit de Koude Oorlog. Aan de kade ligt een aantal boten, zoals de driemaster Jarramas (café). Wie het kijken moe is, kan naast het museum aan een mooi strand zwemmen.

Overnachten

Centraal – **STF Vandrarhem Nyo Trossö:** Nya Skeppsbrogatan 1, tel. 0455 100 20, www.karlskronavandrarhem.se, 2 pk vanaf SEK 490, kleine appartementen half juni-half aug. Vlak bij de steiger van de boten naar de scheren. Slechts 12 kamers, alle met douche/wc. Half juni-half aug. alleen 'comfortkamers', incl. ontbijt en beddengoed (2 pk SEK 745)

Met badrotsen – **Dragsö:** Karlskrona, tel. 0455 153 54, www.dragso.se, staanplaats vanaf SEK 195, half apr.-half okt. Op een schereneiland ten westen van de stad, nabij het centrum, verhuur van hutten, fietsen, kano's en roeiboten.

Aan een meer – **Stensjö Camping och Stugby:** Holmsjö, tel. 0455 920 07, www.stensjo.net, mei-half sept., staanplaats vanaf SEK 150-195. De door Nederlandse eigenaren gerunde camping is prachtig gelegen aan een meer, ongeveer 20 km ten noorden van Karlskrona. Goed kanogebied, kanoverhuur, vissen.

Actief

Peddelen – **Zeekajak- en kanoverhuur:** bij de campings Stensjö en Dragsö.

Informatie

Karlskrona Turistbyrå: Stortorget 2, 371 34 Karlskrona, tel. 0455 30 34 90, www.visitkarlskrona.se.
Veerboot: naar Gdynia/Polen (vaartijd 10 uur, www.stenaline.se).
Trein: naar Alvesta, Malmö en Kalmar.
Bus: naar Ronneby.
Boot: vanaf Fisktorget naar de scheren, kaartjes en informatie bij de steiger.

IN EEN OOGOPSLAG

Småland en Öland

Hoogtepunt ✶

Öland: een vakantie-eiland voor fijnproevers. Veel zon, mooie stranden, een ongewone, bijna mediterraan aandoende natuur en een bijpassende gastronomie. Zie blz 175.

Op ontdekkingsreis

Een reis door het Glasrijk: wat er gebeurt als kunstenaars met het materiaal glas experimenteren, ziet u op een rondrit langs de belangrijkste glasblazerijen in Småland – fascinerend! Zie blz. 164.

Bezienswaardigheden

Växjö: de kathedraal met het glazen altaar en Smålands museum met een uitstekende collectie van glaskunst passen goed bij een bezoek aan de glasblazerijen in de regio. Zie blz. 162.

Astrid Lindgrens Näs: waar de beroemde schrijfster opgroeide en haar verhalen uit Bullerbü hun wortels hebben, interesseert jong en oud. Zie blz. 170.

Kalmar slott: een slot uit de tijd van Gustav Vasa, schilderachtig aan de Kalmarsund gelegen en met een rijke historie. Zie blz. 173.

Actief

Wandelen rond het meer Kävsjö: plankieren maken het drassige gebied van het nationaal park Store Mosse voor wandelaars toegankelijk. Zie blz. 160.

Wandelen bij Möckeln: korte wandelingen naar mooie plekjes aan het meer Möckeln, in de 18e eeuw het thuis van de botanicus Carl Linnaeus. Zie blz. 162.

Sfeevol genieten

Hyttsill in het Glasrijk: wat goed genoeg was voor de glasblazers, is goed voor de toeristen: 's avonds zittend bij de hete ovens haring en worstjes eten. Zie blz. 162.

Solliden slott op Öland: voor koffie bij de koning wordt u niet uitgenodigd, maar het café in het park van het zomerverblijf van de koninklijke familie is van Carl XVI Gustaf. Zie blz. 175.

Uitgaan

Larmtorget in Kalmar: rond het plein in het centrum van Kalmar is de kroegendichtheid hoog – dus een goede plek voor nachtelijk vertier. Zie blz. 174.

Borgholm op Öland: de jachthaven van de 'hoofdstad' van het eiland is, althans in de zomer, een hotspot voor het nachtleven en de ruïne van Borgholms slott een podium voor wereldsterren. Zie blz. 175.

Småland en Öland

Het historische gewest (*landskap*) Småland bestaat tegenwoordig uit drie administratieve eenheden: de provincies Kalmar län, Kronobergs län en Jönköpings län. De laatstgenoemde provincie grenst aan het meer Vättern, en de provinciehoofdstad Jönköping ligt helemaal in het noorden van de provincie. Vättern en Jönköping worden om praktische redenen in een ander hoofdstuk besproken (zie blz. 215).

Voor velen vervult Småland de droom van wildernis en avontuur: met visrijke rivieren en meren, goede wateren voor kanovaren, en dichte bossen waar u, als u een beetje geluk hebt, in de schemering elanden kunt zien. De regio is dan ook ideaal voor wie van rust en afzondering houdt: een houten hut langs een van de vele meren huren met daarvoor een steiger en een bootje waarmee u uit vissen kunt gaan. Aan grote en kleine meren is geen gebrek. Het grootste meer is Bolmen, een van de kleinere meren is Möckeln, dat echter heel bijzonder is.

Op de pastorie Råshult, die niet ver van het meer is te vinden, stond de wieg van de botanicus Carl Linnaeus. De grote verscheidenheid in de natuur in deze streek van Småland is overweldigend.

Het enige hoogveen in het zuiden van Zweden ligt in het noordwesten van Småland bij Värnamo: Store Mosse. Het gebied is een nationaal park en vanaf het Naturum bij het meer Kävsjö lopen goede paden.

De provinciehoofdstad Växjö en het oostelijk tot Nybro reikende Glasriket trekken jaarlijks miljoenen bezoekers. Te midden van diepe, eenzame bossen kunnen ze hun kooplust botvieren in de fabriekswinkels van ongeveer 20 glasblazerijen, maar ook in designeroutlets. Verder naar het noordoosten ligt rond Vimmerby, de geboorteplaats van de beroemde schrijfster, het Astrid Lindgrenland: filmlocaties, plekken waar de verhalen zich afspelen en het themapark Astrid Lindgrens Värld zijn bedevaartsoorden voor liefhebbers van Pippi, Karlsson, Ronja en Kalle.

De kust van Småland tussen Kalmar en Västervik is rijk aan natuurschoon, maar arm aan bezienswaardigheden. In tegenstelling tot die van de westkust, zijn de ongeveer 5000 eilanden in de 300 km lange Oost-Zweedse scherenkust, die zich van Västervik tot noordelijk van Stockholm uitstrekt, meestal bebost, omdat ze minder aan harde wind en aan een lager zoutgehalte in de lucht zijn blootgesteld.

Öland is anders dan de rest van Zweden: het is vlak en winderig, droog en kaal. Als het kleinere van de twee grote Zweedse Oostzee-eilanden combineert het een mediterraan aandoende natuur met tal van getuigenissen van een lange geschiedenis. Een echt eiland is Öland overigens niet meer, want sinds 1972 is het door de 6,6 km lange Ölandbrug over de Kalmarsund met het vasteland verbonden.

INFO

Toeristische informatie

Zuid- en West-Småland: www.visitsmaland.se. Informatie over bezienswaardigheden, accommodatie en activiteiten in Kronobergs län.
Oost-Småland en Öland: www.malandoland.se. Informatie over de toeristische mogelijkheden in Oost-Småland en op het eiland Öland.

Vervoer

Gnosjö, Värnamo: Jönköpings läns trafik, tel. 0771 44 43 33, www.jlt.se
Ljungby, Växjö, Glasrijk: Länstrafiken Kronoberg, tel. 0771 76 70 76, www.lanstrafikenkron.se
Oost-Småland en Öland: Kalmar Läns Trafik, tel. 0491 76 12 00, www.klt.se

Bij boerderij Katthult werd de Astrid Lindgren-film 'Emil van de Hazelhoeve' opgenomen

Ljungby en omgeving

▶ D 12-13

Småland is een wereld van legenden en sprookjes – de enorme bemoste stenen, de in mist gehulde bossen en de diepe, donkere meren van de Sagobygden ('sprookjesland') in de gemeente Ljungby (15.700 inwoners) zorgen voor de perfecte ambiance.

In het sprookjesmuseum **Sagomuseum** (www.sagobygden.se, mei-aug. di.-zo. 12-16, sept.-apr. do. 12-16 uur, SEK 60, tot 19 jaar SEK 30) in een oud houten huis in het centrum van Ljungby draait alles om elfjes, trollen en hun fantastische avonturen – niet alleen voor kinderen spannend geënsceneerd. U kunt naar professionele sprookjesvertellers luisteren of met informatie uit het museum op stap gaan om trollenstenen, bronnen en fabelachtige schatten in de regio rond **Bolmen** te ontdekken. Het grootste meer van West-Småland is een geliefd viswater. Voor kanovaarders zijn er veel mogelijkheden en voor kinderen vlakke stranden. Een zeilveerboot kan u overzetten naar het eiland Bolmsö.

Overnachten

Rustige ligging – **Bolmsö Island Camping:** Kyrkbyvägen 12, Bolmsö, tel. 0372 911 02, apr.-sept., www.bolmsocamping.se, 4-pers.-hut SEK 400-450 per dag, staanplaats vanaf SEK 170. De camping op een eiland in Bolmen biedt behalve een kindvriendelijk strand verhuur van hutten en boten (kano, roeiboot); arrangementen voor vissers.

Småland en Öland

Met visstek – **Sjön Bolmens Camping:** Ljungby, tel. 0372 920 51, www.camping.se/G27, camping mei-sept., vakantiehuisjes het hele jaar, huisje vanaf SEK 650 per dag, staanplaats vanaf SEK 210 met douche. Comfortabele camping in een goed visgebied en goede uitvalsbasis voor kanotochten in de wijde omgeving. Kano- en motorbootverhuur.

Actief

Snoek, snoekbaars en baars – **Vissen:** informatie over het visgebied Bolmen, verkoop van visvergunningen (*fiskekort*), vistips en dergelijke (in het Zweeds en Engels): www.bolmensweden.com.
Peddelparadijs – **Kanoverhuur:** de bij Overnachten genoemde campings.

Informatie

Ljungby Kommuns Turistbyrå: Stora Torget 6, 341 83 Ljungby, tel. 037278 92 20, www.visitljungby.se.
Bus: onder meer naar Alvesta, Halmstad en Värnamo.

Voor grote en kleine westernfans: High Chaparral

Aan de rand van het nationaal park Store Mosse herleeft bij Kulltorp (▶ D 12) de romantiek van het Wilde Westen in het attractiepark High Chaparral: halsbrekende shows, vuurgevechten in goudgraverstadjes en Mexicaanse fiësta's zijn onderhoudend voor grote en kleine en wannabe-cowboys. Koopjeswinkels op het terrein dragen bij aan de sfeer rond het 'goudgraversstadje' (www.highchaparral.se, eind mei-half aug. dag., 2e helft aug. vr.-zo. 10-18 uur, SEK 200-260 naargelang seizoen, kinderen korter dan 1 m gratis).

Nationaal park Store Mosse ▶ D 12

www.storemosse.se, Naturum juni-aug. dag. 11-17, anders ma.-di. 9-13, zo. 11-17 uur

Tussen Värnamo en Gnosjö ligt het grootste moerasgebied van Zuid-Zweden, Store Mosse. In het als nationaal park beschermde 'grote veen' vindt u onder meer de subarctische steenbramen en andere gespecialiseerde, aan de extreme omstandigheden in het moeras aangepaste planten en dieren. Het is verboden om het gebied buiten de houten plankieren te betreden (behalve tijdens de georganiseerde sneeuwschoenwandelingen, zie hierna). U dient deze plankieren alleen al in uw eigen belang te volgen om te voorkomen dat u wegzinkt in de modder.

Het Naturum informeert over geologie, flora en fauna. Van daaruit en vanaf de parkeerplaats bij Östra Rockne langs de RV151 lopen verschillende routes door het veengebied, de langste (14 km, zie hierna) gaat rond het vogelmeer Kävsjö (met uitkijktoren), waar onder meer kraanvogels en wilde zwanen in het voorjaar rusten op hun weg naar het noorden. Sommige paden zijn geschikt voor rolstoelgebruikers en het 300 m lange pad Transtigen is speciaal aangelegd voor kinderen.

Wandeling rond het vogelmeer Kävsjö

Begin: Naturum, lengte: 14 km, duur: een dag. Tip: verrekijker meenemen, de plankieren niet verlaten; overnachten is mogelijk in voormalige boerderijen zonder elektriciteit of stromend water (STF-Vandrarhem Store Mosse, boekingen via www.svenskaturistforeningen.se)

De route vanaf het Naturum loopt tegen de klok in rond het Kävsjö, overwegend over houten plankieren *(spängar)* en houten steigers. Na ongeveer 3 km parallel aan de RV151 te hebben gelopen komt u bij het parkeerterrein **Östra Rockne**. De naam Rockne wijst op een stuifzandduin, dat zich hier rond een morenekern uit de ijstijd heeft gevormd. De schrale bodem wordt opengehouden door beweiding. In het landschap staan slechts hier en daar enkele dennen. Interessant is de passage langs de grote deinende bodem (**Stora Gungflyet**) aan de zuidoostkant van het Kävsjö. Het meer, dat nergens dieper dan 1,5 m is, wordt hier bedekt door een dikke plantaardige laag van waterklaver en andere moerasgewassen, die in vroeger tijden zelfs gemaaid werd. De deinende bodem biedt beschutte nestelplaatsen voor watervogels. Hier nestelen kraanvogels, terwijl het gebied tevens een belangrijke tussenstop is in het voor- en het najaar. U kunt een uitstapje maken naar een **vogeltoren** op de oostoever van het meer, niet ver van het parkeerterrein **Södra Svänö**. Ook op de westoever staat een vogeltoren, en verder nog een bij het Naturum. Vanaf de **hoge vogeltoren** bij Naturum hebt u het hele jaar door zicht op de vogels.

Hylténs Industrimuseum, Gnosjö

www.industrimuseum.gnosjo.se, ma. midzomer-3e zo. in aug. dag., anders ma.-vr. 13-16 uur, met rondleiding SEK 60

Småland kent de grootste concentratie van kleine ambachtelijke bedrijven in Zweden. Gnosjö was ooit het bolwerk van de metaalbewerking, nu is het een stadje met 9800 inwoners. In een in 1974 stilgelegde gieterij zijn de 100 jaar oude machines voor museale doeleinden in gebruik en produceren nog steeds metalen voorwerpen, zoals knopen.

Wandeling rond het vogelmeer Kävsjö

Actief

Op sneeuwschoenen door het veen – **Store Mosse Snöskovandringar:** juni-aug. Bijzonder origineel zijn de 4-uur durende tochten op sneeuwschoenen, waarmee u direct over het moerassige terrein kunt lopen. SEK 350 per persoon inclusief verrekijker, vergrootglas en een picknick. Vooraf reserveren via het Naturum.

Informatie

Turistbyrå Värnamo: Järnvägsplan 1, 331 30 Värnamo, tel. 0370 188 99, www.visitvarnamo.se.

Möckeln ▶ D/E 13

De eminente natuuronderzoeker Carl Linnaeus (1707-1778, zie blz. 277), die in Uppsala anatomie, geneeskunde en plantkunde studeerde, werd geboren als zoon van een predikant in het Smålandse **Råshult** bij Älmhult. Op de plek van Linnaeus' geboortehuis

Småland en Öland

werden de pastorie en het erf ingericht zoals het er tijdens zijn leven uitzag (www.linnesrashult.se, mei-aug dag., sept. za.-zo. 11-18 uur) met boerderijdieren en tuin. Een gebied van 42 ha wordt als beschermd cultuurreservaat beheerd zoals 300 jaar geleden. U kunt er een wandeling over gemarkeerde paden maken.

De gemeente **Älmhult** is bekend als de plaats van het eerste warenhuis van de door Ingvar Kamprad van de boerderij Elmtaryd in Agunnaryd opgerichte meubelketen: vanuit Småland veroverde Ikea de wereld. In dit historische warenhuis toont het **IKEA-Museum** (Ikeagatan 5, dag. 10-18 uur, SEK 60) de 70-jarige geschiedenis van het bedrijf – voor de meeste bezoekers een tijdreis in het eigen verleden.

Wandelen bij Möckeln

In enkele tegenwoordig als natuurgebieden aangewezen gebieden, waarin Linnaeus als kind zijn eerste 'expedities' ondernam, kunt u wandelen om de natuur te ontdekken. Erg mooi is **Taxås** met bospaden naar een uitkijkpunt op een steile rots hoog boven het meer Möckeln. Bijzonder idyllisch is het schiereiland **Höö** met weilanden en graasgebieden en een sterk gevarieerde flora en fauna.

U kunt een interessant uitstapje maken naar het landgoed **Möckelsnäs**

herrgård, met een bezienswaardige oranjerie die een reconstructie is van die in Uppsala, die Carl Linnaeus in de 18e eeuw aanlegde. Hier worden de historische tuinplanten uit de tijd van Linnaeus gecultiveerd.

Overnachten en eten

Landhuis aan het meer – **Möckelsnäs herrgård**: tel. 0476 532 00, www.mockelsnasherrgard.se, 2 pk vanaf SEK 1395. Prachtig gelegen in een zeer rustige omgeving. Stijlvol ingerichte kamers. Er is een goed restaurant met een veranda die uitkijkt op het meer.

Informatie

Älmhults Turistbyrå: Kommunhuset, Stortorget 1, tel. 0476 551 52, www.almhult.se.
Trein: Älmhult ligt aan de spoorlijn Malmö-Stockholm.

Växjö ▶ E 12

De hoofdstad van Kronobergs län, een van de drie provincies van Småland, staat dankzij het ecologisch neutrale beleid bekend als de groenste stad van Europa. Växjö (61.000 inwoners) aan het Helgåsjö heeft naast een prachtige omgeving nog tal van bezienswaardigheden te bieden.

Stoomtocht op het Helgasjö

Voor de kasteelruïne Kronoberg legt de in 1887 gebouwde stoomboot Thor aan. Dit is de laatste met hout gestookte stoomboot in Zweden. Hij maakt een sluizentocht naar Åby (www.kulturparkensmaland.se, juni-aug., wo., vr.-za., SEK 150).

Smålands museum/Sveriges glasmuseum

Södra Järnvägsgatan 2, www.kulturparkensmaland.se, juni-aug. dag., sept.-mei di.-vr. 10-17, za.-zo. 11-16 uur, combikaartje met Utvandrarnas Hus en Kronoberg SEK 100
Het regionale museum is gewijd aan de culturele geschiedenis van het lan-

delijke Småland in de 19e en de 20e eeuw. In hetzelfde gebouw documenteert het Glasmuseum de geschiedenis van de glasindustrie sinds de 17e eeuw met de grootste collectie glas in Noord-Europa.

Kathedraal

Sinds 1172 is Växjö een bisdom. De twee torenspitsen van de kathedraal werden in de 18e eeuw door bliksemslag vernietigd, maar met koper bekleed beheersen ze sinds hun restauratie in de jaren 50 opnieuw de skyline van de stad. Interessant zijn het glazen altaar van Bertil Vallien en verschillende andere glasculpturen, die ontworpen zijn door hedendaagse kunstenaars.

Utvandrarnas hus

Vilhelm Mobergs gata 4, di.-vr. 10-17, za.-zo. 11-17 uur, combikaartje met Smålands museum en Kronoberg SEK 100

Het museum is gewijd aan de Zweedse emigratie naar Amerika in de 19e eeuw. Een zaal herdenkt de schrijver Vilhelm Moberg. Zijn vierdelige romancyclus met deze emigratie als thema is prachtig verfilmd met onder meer Max von Sydow (als Karl Oskar) en Liv Ullman (als Kristina) in de hoofdrollen.

Kronoberg slottsruin

www.kulturparkensmaland.se, juniaug. dag. 10-17, mei za.-zo. 11-16 uur, SEK 40, combikaartje met Utvandrarnas Hus en Smålands museum SEK 100

Zo'n 5 km ten noorden van Växjö is op een eiland in de Helgasjö de ruïne van Kronobergs slott uit de 14e eeuw te zien. Het kasteel was ooit de residentie van een bisschop en was in de 16e eeuw het toneel van de bloedige strijd tussen de aanhangers van Gustav Vasa en een boerenleger onder leiding van Nils Dacke, dat zich hier had verschanst.

Tip

Hyttsill – grillavond voor de glasoven

De traditionele afsluiting van een tocht door het Glasriket vormt de *hyttsill* ('hutharing'): 's avonds worden in de afkoelende glasovens met de restwarmte haringen, karbonades, worstjes en aardappelen gebakken. Daartoe behoort ook de Smålandse *isterbandkorv*, een meestal gerookte, kruidige worst met een hoog gehalte aan granen, meestal gerst. Daarbij wordt koud bier geschonken en als dessert eet men meestal de Smålandse specialiteit *ostkaka*, een kwarktaart met slagroom en confiture. Met muziek en zang zullen *hyttsill*-avonden niet alleen nat, maar ook vrolijk zijn, vooral als de gasten eerst zelf mogen glasblazen (op afspraak of op bepaalde data, informatie: www.glasriket.se).

Småland was toen onafhankelijk en lag tussen Denemarken en Zweden. Gustav Vasa verbood de Smålanders te handelen met Denemarken, waartegen ze zich hevig verzetten. De koning versloeg de boeren en liet het kasteel uitbreiden, maar het raakte, nadat het zijn strategische belang had verloren, volledig in verval. Na een bezoek kunt u zich in het traditionele houten café **Ryttmästaregården** ontspannen bij wafels en koffie en toekijken hoe de stoomboot Thor aan- of afmeert.

Overnachten

Aan het meer – **Växjö Swecamp Evedal:** tel. 0470 630 34, www.evedalscamping.com, staanplaats voor caravan vanaf SEK 240, 4-beddenhut vana SEK 850 per dag. De camping biedt ook roeiboot- en kanoverhuur. ▷ blz. 167

Op ontdekkingsreis

Een reis door het Glasrijk

Iedereen die een zwak heeft voor mooie dingen kan zijn hart ophalen bij een tocht door het Glasrijk van Småland tussen Växjö en Nybro. Daar ziet u de glasblazers aan het werk en kunt u eventueel de artistieke objecten in de fabriekswinkel relatief goedkoop aanschaffen.

Kaart: ▶ E/F 12/13
Informatie: Glasrikets Turistbyrå, station Nybro, Engshyttegatan 6, tel. 0481 452 15, www.glasriket.se.
Glasblazerijen: De glasblazers werken ma.-vr. 7-15 uur, 's zomers dag.
Fabriekswinkels: meestal ma.-vr. 10-18, za. 10-16, zo. 12-16 uur.
Glasriket-Pass: met deze kaart (SEK 95) is het bezoek aan de fabrieken gratis; bovendien krijgt u korting bij aankopen of op *hyttsill*-avonden.
The Glass Factory: Boda glasbruk, www.theglassfactory.se, mei-half sept. ma.-vr. 10-18, za.-zo. 11-18, half sept.-apr. wo.-zo. 11–16 uur, SEK 50.
Koopadressen: www.pukeberg.se, www.kostaboda.se, www.transjohytta.com, www.jfs-johansfors.com.

In de dichte bossen van Småland met de schier eindeloze houtvoorraden voor de op hoge temperaturen brandende smeltovens waren de omstandigheden sinds de 17e eeuw ideaal voor de productie van glas. Ook nu nog liggen hier ongeveer twintig glasblazerijen verspreid over het gebied tussen Växjö en Nybro. Ongeveer vijftien daarvan hebben zich aaneengesloten onder het label Glasriket (Glasrijk).

Interactieve glaskunst

Een interactieve belevenis van de glaskunst is mogelijk in **The Glass Factory** in **Boda**. Er is een glasblazerij voor demonstraties, waar bezoekers kennismaken met de praktijk van de het glasblazen. Met wisselende tentoonstellingen belicht men de actuele ontwikkelingen in de glaskunst (www.theglassfactory.se). U krijgt hier ook een goede indruk van de eigentijdse creaties van jonge kunstenaars, die hier hun werk aan het publiek presenteren. Ook worden er workshops georganiseerd.

Designcenter met hogeschool

In de oude fabrieksgebouwen in de stad **Nybro** is nu een designhogeschool gevestigd; talloze jonge kunstenaars stellen hun werken hier tentoon. Bekend geworden is Nybro met glazen schalen die gebruikt worden voor het serveren van ingelegde haring (klein) of garnalen (groot), die al zo veel feestelijke buffetten sierden. Het bekendste object van de in 1871 als tweede opgerichte glasblazerij in Nybro, Pukeberg, is een borrelglas met gekleurde steel. Tegenwoordig vindt u hier designwinkels en een cultureel centrum.

Oude kunstnijverheid en design

De naam **Orrefors** staat al bijna een eeuw lang garant voor uitmuntend design. Daarmee vormt het de tweede reden voor de huidige reputatie van de kunst uit het Glasrijk. De geschiedenis wordt gedocumenteerd in Glasets Hus (www.glasriketsskatter.se). Alles begon toen de glasfabriek ontwerpers als Edward Hald en Simon Gate aanstelde. In 1925 won een vazencollectie van Simon Gate op de wereldtentoonstelling in Parijs de eerste prijs – dat was de doorbraak. Tot nu toe zijn er altijd bekende kunstenaars met de glasfabriek verbonden geweest. Zij leverden de ontwerpen, die vervolgens werden uitgevoerd door de glasblazers. In het bedrijfsmuseum kunt u de fraaiste stukken van de glasfabriek Orrefors bekijken, zoals gegraveerde glazen voorwerpen.

Hotel met een inrichting van glas: Kosta

De sinds 1742 bestaande glasfabriek in **Kosta** is de oudste nog in bedrijf zijnde glasblazerij in Småland. Het merk Kosta-Boda staat eigenlijk voor drie glasblazerijen: Kosta, Åfors en Boda (waar overigens niet meer wordt geproduceerd). Beroemde glaskunstenaars als Bertil Vallien en zijn vrouw Ulrica Hydman-Vallien werkten als ontwerpers voor het bedrijf, dat bekendstaat om de zeer individuele stukken, maar ook het fraaie gebruiksglas. In de fabriekswinkel met de **Kosta Boda Art Gallery** kunt u voordelig glaswerk ontdekken.

In de buurt van de glasfabriek hebben zich een winkelcentrum en designeroutlets gevestigd, en bovendien het **Kosta Boda Art Hotel** (zie blz 168). De inrichtig van dit hotel bestaat voor een groot deel uit glas – een mooi voorbeeld van modern design in optima forma.

Grappig, kleurrijk en innovatief

Aan de RV28 tussen Kosta en Emmaboda vindt u bij elkaar de glasblazerijen SEA, Transjö hytta en Åfors. Het is de moeite waard de borden 'Glasbruk' naar andere glasblazerijen te volgen. De in 1982 door Jan-Erik Ritzman en Sven-Åke Carlsson opgerichte **Transjö hytta** produceert naar ontwerpen van de twee onafhankelijke kunstenaars ongewone glaskunst in kleine oplagen en experimentele, mondgeblazen unicaten.

Ten noorden van Emmaboda maakt **Johansfors Glasbruk** (JFS) fraaie sculpturen volgens een smelttechniek van Astrid Gate, een nicht van Simon Gate. Handelsmerk van de in 1889 opgerichte glasblazerij **Bergdala** zijn kleurrijke kandelaars. Een andere klassieker zijn de drinkglazen met een blauwe rand – allemaal met de mond geblazen.

Aan het eind van de tocht kunt u in het Sveriges glasmuseum in Växjö (zie blz. 162) de geschiedenis van de glaskunst nog eens de revue laten passeren.

Glasblazer aan het werk: Transjö hytta

Overnachten en eten

Goede bistrokeuken – **PM & Vänner:** Storgatan 22-24, Växjö, www.pmrestauranger.se, tel. 0470 75 97 10, ma.-di. 11.30-23, wo.-do. 11.30-24, vr.-za. 11.30-01 uur. Populair restaurant in bistrostijl, salades, kleine gerechten en lunch vanaf SEK 110, 's avonds hoofdgerecht vanaf SEK 200. Het bijbehorende designhotel met een wellnessafdeling is ondergebracht in een ander gebouw in het centrum van Växjö.

Villa met taartbuffet – **Villa Vik Hotell & Konditori:** ca. 6 km buiten de stad, niet ver van weg 23, Lenhovdavägen 72, tel. 0470 652 90, www.villavik.se, 1 pk vanaf SEK 795, 2 pk vanaf SEK 895. Toftastrands hotell en de nabijgelegen villa Vik aan het meer, waar in het begin van de 20e eeuw de operazangeres Christina Nillsson domicilie had gekozen, bieden comfortabele kamers. De luxere kamers in de nieuwbouw kijken uit op het meer en zijn duurder. In het restaurant en vooral de konditorie hoeft niemand te versmachten. Een aanrader is het dessertbuffet (SEK 105). U kunt er terecht voor zowel lunch (ma.-vr., SEK 115) als diner (hoofdgerecht vanaf SEK 195).

Actief

Voor de kano – **Nordländer:** Slussvägen, Åby, tel. 0470 933 09, www.nordlaender.com, mei.-okt. Kanocentrum 25 km ten noorden van Växjö aan de Helgasjö, tochten met gids, arrangementen met onderdak en eten, kanoverhuur.

Informatie

Växjö & Co: Residenset, Stortorget, Kronobergsgatan 7, 352 33 Växjö, tel. 0470 73 32 80, www.vaxjo-co.se.

Vliegtuig: het regionale vliegveld Småland Airport ligt 8 km ten noorden van de stad; verbindingen met Stockholm en internationale budgetvluchten van onder andere KLM naar Amsterdam, www.smalandairport.se.
Trein: naar Stockholm, via Alvesta naar Göteborg, Malmö, Karlskrona en Kalmar.

Naar beschilderde houten kerken ▶ E 12

Ten noordoosten van Växjö staat enkele kilometers voorbij de afslag van weg 23 richting Lenhovda langs de weg een onopvallend, torenloos kerkje, **Dädesjö gamla kyrka**. Een kijkje binnen is de moeite waard. Het plafond is nog beschilderd zoals 800 jaar geleden, toen de kerk werd gebouwd. In het midden van de 13e eeuw ontstond de fraaie, met houtspanen beklede **Granhults kyrka** 6 km ten noorden van Lenhovda langs de RV31. De binnenwanden zijn bedekt met middeleeuwse wandschilderingen: een waar feest voor het oog.

Glasriket (Glasrijk)

In de bergachtige hooglanden van Småland vol meren, moerassen en bossen leeft een oud ambacht voort, dat ooit met immigranten naar het land kwam en vandaag de dag dankzij de innovatieve ontwerpers tot nieuwe hoogten is gekomen: glasblazen. U kunt een bezoek brengen aan de beroemdste glasblazerijen (zie blz. 164).

Nybro en Madesjö ▶ F 13

Nybro vormt in zekere zin de poort naar het Glasrijk, hier bevinden zich de glasblazerijen Pukeberg en Nybro en

Småland en Öland

de glasvakschool. De in 1879 gebouwde kerkstallen *(kyrkstallarna)* in het nabijgelegen dorp **Madesjö** maken tegenwoordig deel uit van het Hembygdsmuseum (half mei-half sept. ma.-vr. 10-17, za.-zo. 11-17 uur). Ze werden gebouwd, omdat de boeren in deze niet bepaald met kerken gezegende streek hun religieuze plichten alleen konden vervullen als ze in de buurt van de kerk konden overnachten. Daar ze met paard en wagen reisden, moesten er vaak honderden paarden gestald en verzorgd worden.

Lessebo ▶ E 13

Bijna halverwege tussen Nybro en Växjö langs de RV25 kunt u een tussenstop maken in Lessebo (8100 inwoners), waar u in **Lessebo Handpappersbruk** (www.lessebopapper.se, meestal ma.-vr. 9-17 uur, rondleiding bij papiervervaardiging SEK 95) naast de grote papierfabriek Vida kunt zien hoe handgeschept papier wordt gemaakt. Aan de pulp worden ook bladeren, gedroogde bloemen en andere natuurlijke materialen toegevoegd. In de winkel kunt u leuke souvenirs van het papier kopen.

Grönåsens Älgpark ▶ F 12

www.moosepark.net, Pasen-1 nov. dag. 10 uur-schemering, 50 SEK
In de bossen van Småland wemelt het van de elanden. Wie er bij het bosbessen plukken of andere uitstapjes links of rechts naast de doorgaande weg nog nooit een ontmoet heeft, zal ze in het elandenpark van Grönåsen niet kunnen missen. Hier hebben de koningen van het bos hun schuwheid overwonnen en zijn gewend geraakt aan nieuwsgierige blikken. Met een beetje geduld kunt u langs een 1,3 km lang pad op zoek gaan naar elanden en ze vanaf een hoogzit bekijken. Een souvenirwinkel en een barbecue om de in de winkel gekochte worstjes te bereiden horen erbij.

Overnachten

Glaspaleis – **Kosta Boda Art Hotel:** Stora vägen 75, Kosta, tel. 0478 348 30, www.kostabodaarthotel.se, arrangementen met diner en spa vanaf SEK 995 per persoon in 2 pk. De 102 kamers zijn bij voorkeur met designglas ingericht; heel bijzonder zijn een kobaltblauwe kristallen bar en een zwembad, beide voorzien van glasobjecten van Kosta-Boda's huisontwerper Kjell Engman.

Tussen het groen – **STF Vandrarhem Långasjö:** tel. 0471 503 10, www.so vaistall.50310.se, 1 pk vanaf SEK 350, 2 pk vanaf SEK 450 zonder ontbijt en beddengoed. Omgeven door groen in het midden van een dorp ten zuidwesten van Emmaboda bij het meer Långasjö gelegen. De in de voormalige kerkstallen op de begane grond ondergebrachte appartementen hebben een naastgelegen douche/toileteenheid; de 3-beddenkamers hebben stapelbedden.

Winkelen

Modern winkelcentrum – **Kosta Outlet:** Kosta (schuin tegenover de glasblazerij), www.kostaoutlet.se, ma.-vr. 10-19, za. 10-17, zo. 11-17 uur ('s zomers vaak langer geopend). Op twee verdiepingen van in totaal 20.000 m² vindt u hier outlets met Zweedse merkkleding, van jeans tot outdoorkleding, maar ook keramiek, glas en interieurartikelen.

Info en evenementen

Emmaboda Turistbyrå: Stationshuset, Järnvägsgatan 31, 361 30 Emmaboda, tel.

0471 24 90 47, www.emmaboda.se.
Trein: de trein van Kalmar naar Göteborg stopt in Emmaboda en Nybro.

Te voet, per fiets of per kano – Utvandrarleden

De langeafstandsroute Utvandrarleden ten zuiden van Emmaboda verbindt in een vijf- tot zesdaagse wandeltocht de jeugdherbergen van Ljuder, Korrö, Sjöviksgården, Moshult en Långasjö. De route gaat door de streek waarin de vanaf 1949 gepubliceerde romancyclus, met *De emigranten, Pioniers in de nieuwe wereld, Kolonisten in Minnesota* en *De laatste brief naar Zweden*, van Vilhelm Moberg zich afspeelt. Onderweg komt u langs musea, meren en veel natuur. Bij de fietsvariant (130 km) rijdt u over kleine, vaak onverharde weggetjes. U kunt zelfs een traject van 15 km per kano afleggen.

Eksjö en omgeving ▶ E 11

De historische stadskern van Eksjö (ca. 9600 inwoners) met zijn houten huizen, gezellige binnenplaatsen en houten veranda's uit de 16e en 17e eeuw is bezienswaardig en valt onder monumentenzorg.

Ongeveer 10 km ten oosten van Eksjö lokken de **Skuruhatt** (338 m) met uitzicht over de wilde Smålandse hoogvlakte en de diepe kloof **Skurugata** met zijn tot 60 m hoge, steil opstijgende wanden van bruin porfier. De 800 m lange, 7-24 m brede spleet is ontstaan in de laatste ijstijd, zo'n 10.000 jaar geleden. In de diepe kloof wordt het ook 's zomers niet warmer dan 10°C.

Informatie

Eksjö Turistbyrå: Norra Storgatan 29 (bij de markt), 575 80 Eksjö, tel. 0381 361 70, www.visiteksjo.se.

Vimmerby en omgeving ▶ F 11

Het schilderachtige stadje Vimmerby (15.600 inwoners) met zijn houten bebouwing langs de Storgatan leefde traditioneel van de handel. Veemarkten, zoals die door Astrid Lindgren zo fraai zijn beschreven in *Emil van de Hazelhoeve*, vonden hier sinds de middeleeuwen plaats. Nu lokt het dankzij de schrijfster veel toeristen.

Naar de Kleva gruva – inclusief goudzoeken

Diep in het bos verborgen bij Holsbybrunn, niet ver van Vetlanda (▶ E 12), vindt u deze voormalige mijn, waar sinds de 17e eeuw koper, nikkel en goud werd gedolven. Voorzien van helm, zaklamp en rubberlaarzen kunt u de mijn op eigen gelegenheid verkennen – verdwalen is uitgesloten, want de gangen lopen allemaal dood. Wie het zekere voor het onzekere wil nemen, kan zich bij een rondleiding aansluiten (ca. 1 uur). Geheimzinnig is een ondergronds meer, waar onder de waterspiegel op een diepte van 20 m ladders en steigers uit de 19e eeuw zijn te zien. Het goud lokt nog altijd: goudwassen (vanaf SEK 75) is naast een wandeling door de mijn een speciale belevenis (www.klevagruva.com, half mei-half juni, 2e helft sept. za.-zo., 2e helft juni, half aug.-half sept. dag. 11-16, juli-half aug. 11-18 uur, SEK 100, tot 13 jaar SEK 60).

Småland en Öland

Astrid Lindgrens Värld

www.alv.se, 2e helft mei dag. 10-17, begin juni-eind aug. 10-18, eind aug.-sept. za.-zo. en paas- en herfstvakanties 10-17 uur, SEK 230-2800, korting ouder dan 65 en jonger dan 15 jaar

De belangrijkste attractie in de wijde omtrek – vooral voor gezinnen met kinderen, natuurlijk – is het op de boeken van de schrijfster gebaseerde themapark Astrid Lindgrens Värld. Op het terrein staan onder meer Pippi Langkous' Villa Vilekulla (Villa Kakelbont) en de Mattisburg uit *Ronja de roversdochter*, bovendien het centrum van het stadje Vimmerby in het klein. In het hoogseizoen worden theaterstukken uitgevoerd naar de verhalen van Astrid Lindgren – kinderen die de boeken of films kennen, kunnen de gebeurtenissen meestal moeiteloos volgen.

Astrid Lindgrens Näs

Prästgårdsgatan 24, www.astridlind grensnas.se, half mei-aug. dag. 10-18, sept. 11-16, anders wo.-zo. 11-16 uur, SEK 120

In het honderdste jaar na Astrid Lindgrens geboorte op de pastorie van Näs (Näs Prästgården) werd in 2007 naast het houten huis een glazen paviljoen geopend. Hier is een tentoonstelling te zien die een mooi beeld geeft van het leven en het werk van de schrijfster. In 2014 is de eerste van diverse tuinen geopend die in het teken staan van de relatie die Astrid Lindgren had met de natuur.

Nationaal park Norra Kvill

Liefhebbers van uitzonderlijke bomen moeten ten noorden van Vimmerby eigenlijk nog even een stukje doorrijden in de richting van Ydrefors. Volg hierbij de borden voor het nationaal park Norra Kvill of Kvill Eken. U rijdt over smalle wegen door diepe bossen tot u bij een parkeerplaats uitkomt. Vandaar gaat het over ongebaande paden naar een gigantische 1000-jarige eik met een omtrek van meer dan 14 meter – dat is de Rumskulla Eken. Naar verluidt, is dit de grootste boom van Europa.

Overnachten

Met vlakke zandstranden – **Vimmerby Camping Nossenbaden:** tel. 0492 314 10, www.vimmerbycamping.se, staanplaats vanaf SEK 170, mei-sept. 3 km ten oosten van Vimmerby langs het meer Nossen, kindvriendelijk, zeer goede zwemmogelijkheden. Ook huttenverhuur (vanaf SEK 620 per dag).

Info en evenementen

Vimmerby Turistbyrå: Rådhuset (op de markt), 598 37 Vimmerby, tel. 0492 310 10, www.vimmerbyturistbyra.se.
Hultsfredsfestivalen: half juni, www. rockparty.se. Beroemd rockfestival in de openlucht bij Hultsfred aan het meer Hulingen.
Trein: er rijden treinen van Vimmerby en Hultsfred naar Kalmar en Linköping. Hultsfred, Mariannelund en Lönneberga zijn haltes aan de spoorlijn Nässjö-Oskarshamn (Krösåtåget).

Onderweg in Astrid Lindgren Land

Voor fans van Astrid Lindgren is het de moeite waard een tocht te maken in de voetsporen van de schrijfster naar de plaatsen die model hebben gestaan voor Bolderburen en Katthult of de plekken waar de films werden opgenomen. Voor een exact overzicht met een kaart van de filmlocaties kunt u terecht op een website die is gewijd aan Zweedse kinderfilms: www.barnfilmbyn.se.

Na de start in Vimmerby bereikt u over de RV40 richting Jönköping/Mariannelund, vanwaar u bij Pelarne linksaf gaat, Sevedstorp, bekender als **Bullerbyn** (Bolderburen) (half juni-eind aug. dag. 10-20 uur). De drie boerderijen – op de middelste woonde Astrid Lindgrens vader als kind – liggen in een heuvelachtige, Smålandse idylle.

Om bij Katthult – eigenlijk Gibberyd – te komen, rijdt u van Vimmerby ook richting Mariannelund en buigt u net voor deze plaats rechtsaf naar Ydrefors. Bij Rumskulla is de afslag naar Katthult met borden aangegeven. De boerderij was in 1971-1972 de locatie van Lönneberga (Hazelhoeve) in de film – deze kwam het dichtst bij Astrid Lindgrens ideeën over Katthult. Te bezichtigen zijn de schuur, waarnaar Emil regelmatig werd verbannen en waar hij zijn tijd doorbracht met houtsnijden (www.katthult.se, half juni-eind aug. dag. 10-19 uur, SEK 40, tot 17 jaar SEK 20) en de vlaggenmast waarin de schelm de kleine Ida omhooghees. In het woonhuis wonen 's zomers twee zussen die de souvenirwinkel runnen, dus dat is niet toegankelijk. In Nederlandstalige versies wordt voor de naam Emil ook wel Michiel gebruikt. Dat heeft te maken met het feit dat men ooit bang was dat er verwarring zou optreden met Erich Kästners *Emil en zijn detectives*. Nadat eerst was gekozen voor Michiel is men later toch weer teruggekeerd naar Emil.

De kust van Småland

Västervik ▶ G 11

In het jaar 1433 verkreeg Västervik (36.500 inwoners) stadsrechten. In 1452, 1517 en 1612 werd de stad door de Denen aangevallen, in 1677 vernietigden deze Stegeholm slott en de stad volledig. De stad werd herbouwd, en de kasteelruïne vormt nu elk jaar de sfeervolle achtergrond van een festival.

Stadswandeling

Bezienswaardig is de **Sankt Gertruds kyrka**, waarvan het koor in 1433 werd gebouwd. Het altaar is van Burchard Precht uit 1669. Het huis **Aspagården** aan de Västra Kyrkogatan overleefde als enige de aanval van de Denen in 1677 en is tegenwoordig een kunstnijverheidsatelier.

Het voormalige armenhuis **Cederflychtska fattighuset** op de hoek van de Hospitalsgatan werd in 1749-1751 betaald met een deel van de 100.000 koperdaalders, die een rijke dame had gegeven voor de bouw van het huis en het onderhoud van zestien armen. Het ontwerp werd geleverd door de toenmalige hofarchitect Carl Hårleman. In deze tijd ging het verhaal dat in Västervik de armen beter leefden dan de rijken.

Enkele jaren eerder werden de schilderachtige zeemanshuisjes aan de Båtsmansgatan gebouwd. Zoals veel andere kustplaatsen moest Västervik soldaten en zeelieden ter beschikking stellen voor de koninklijke marine en deze kosteloos woonruimte aanbieden. In de enige kamer van de kleine huisjes leefden soms acht tot tien personen. Vandaag de dag toont de verzameling huisjes eerder idyllisch, een café met tuin nodigt uit tot verpozen.

Een fraai uitzicht over de stad hebt u vanaf de **Uno torn**, waarvan u eerst de 98 treden moet beklimmen. Hij wijst de weg naar het openluchtmuseum **Kulbacken** (www.vasterviksmuseum.se, juni-aug. ma.-vr. 10-16, za.-zo. 13-16, anders ma.-vr. 10-16, zo. 13-16 uur, SEK 50), dat via twee bruggen te bereiken is, voorbij het *turistbyrå* dat gevestigd is in het in jugendstil gebouwde badhuis (1910) en de ruïne van het slot.

Småland en Öland

Overnachten

In de scherenkust – Västervik Resort/ Lysingsbadet: tel. 0490 25 80 00, www. lysingsbadet.se, staanplaats vanaf SEK 200. Vijfsterrencamping met een groot aanbod aan activiteiten: zwembad, waterglijbanen, golf, kano-, roeiboot- en fietsverhuur.

Actief

Langs de scheren – Boottocht: half juni-half aug. dag. vanaf de Skeppsbrokajen onder meer naar Loftahammar, Idö en Hasselö, informatie bij Västerviks Turistbyrå.
89,1 cm – Smalspoorbaan: Hultsfred-Västervik (tot Verkebäck) juli-aug., tel. 0490 230 10, www.hwj.nu.

Info en evenementen

Västerviks Turistbyrå: Rådhuset, Stortorget, 593 33 Västervik, tel. 0490 875 20, www.vastervik.com.
Visfestival: 5 dagen in juli, in het park bij Stegeborgs slottsruin, www.visfestivalen.se. Blues en volksmuziek.
Trein: naar Linköping en Stockholm.
Bus: naar Oskarshamn, Söderköping en Norrköping.
Veerboot: mei-aug. Veerboot naar Gotland (2 uur), gotlandsbaten.se

Oskarshamn ▶ F/G 12

Oskarshamn (18.300 inwoners) is een springplank naar het grootste eiland in de Oostzee vaart de veerboot langs de scheren van de oostkust van Småland. Oskarshamn is ook bekend als de locatie van een kerncentrale. Zijn naam kreeg de plaats na de toekenning van stadsrechten in 1856, toen koning Oscar I regeerde. De oude naam luidde Döderhultsvik (Baai van Döderhult).

Döderhultarmuseet

Hantverksgatan 18-20 (Kulturhuset), di.-vr. 10-16.30, za. 10-14, half juni-half aug. ma.-vr. 9-18, za.-zo. 10-14 uur, SEK 80

Het houtsnijwerk van Axel Petersson (1868-1925), bekender onder de naam Döderhultarn (vernoemd naar zijn geboorteplaats), dat hier wordt tentoongesteld, toont vaak humoristische scènes uit het dagelijks leven. Het geeft ook een beeld van de zware leefomstandigheden in Småland, die de mensen vroegtijdig deden verouderen. De figuren zijn gemaakt van elzenhout en ongeveer 25-30 centimeter hoog.

Boottocht naar het eiland Blå Jungfrun

Een boottocht leidt in de zomer naar het mythische eiland Blå Jungfrun. Volgens het volksgeloof ligt hier de Blåkulla, de Zweedse rotsberg waar in de nacht van Witte Donderdag de heksen elkaar ontmoeten. Het 86 m hoge en 66 ha grote eiland, dat bijna volledig bestaat uit rode graniet, is sinds 1926 nationaal park. Bezienswaardig zijn enkele grotten en in het zuiden een uit losse stenen aangelegd, prehistorisch labyrint. Ook is er een rijk gevarieerd vogelleven, met onder meer zwarte zeekoeten en eidereenden (informatie bij het *turistbyrå*).

Overnachten

Supermodern – STF Vandrarhem Forum Oscar: Södra Långgatan 15-17, Oskarshamn, tel. 0491 158 00, www.forumoskarshamn.com, vandrarhem vanaf SEK 205 per persoon in 2- tot 4-beddenkamers, hotel 2 pk/appartement vanaf SEK 810. In het hypermoderne hotel- en conferentieoord, 200 m vanaf het station en de veerhaven, woont u voordelig en comfortabel, 23 kamers met airconditioning en douche/wc.

Informatie

Oskarshamns Turistbyrå: Hantverksgatan 3, 572 30 Oskarshamn, tel. 0491 770 72, www.oskarshamn.com.
Trein: van Oskarshamn via Berga en Hultsfred railbussen (Krösåtåget) naar Nässjö, daar aansluiting op het traject Stockholm-Kopenhagen.
Veerboot: naar Gotland. Zie voor regionaal vervoer onder Kalmar.

Kalmar ▶ F/G 13

In de stad (ca. 38.000 inwoners), die tot de oudste in Zweden behoort, werd in 1397 met het besluit tot de Unie van Kalmar onder leiding van de Deense koningin Margrethe Scandinavische geschiedenis geschreven – plaats van handeling was het kasteel.

Kalmar slott

www.kalmarslott.se, mei, juni, sept. dag. 10-16, juli 10-18, aug. 10-17/18, apr., okt. za.-zo. 10-16, april, nov.-mrt. za.-zo. 10-16 uur, SEK 100-130

Het Kalmar slott, vorstelijk gelegen op een eigen eiland en alleen bereikbaar via een brug, werd onder koning Gustav Vasa en zijn zonen uitgebreid tot een van de mooiste Zweedse kastelen uit de renaissance. U zou ruim de tijd moeten nemen om het prachtige interieur van Kalmar slott te bezichtigen.

Gamla stan (Oude stad)

Behalve de idyllische straatjes in Gamla stan is er de **Krusenstiernska gården**

Schitterend: Kalmar slott, dat op zijn eigen eiland ligt

Småland en Öland

in de Stora Dammgatan, een goed bewaarde burgerwoning uit de 19e eeuw met een mooie tuin, waar u 's zomers koffie kunt drinken.

Kvarnholmen

Na de Zweeds-Deense Oorlog (1611-1613) werd op het eiland Kvarnholmen het nieuwe centrum van de stad aangelegd. Het middelpunt is de door Nicodemus Tessin de Oudere in 1660-1682 in de stijl van Italiaanse barok gebouwde kathedraal op Stortorget. Daar staat ook het barokke stadhuis en in de Södra Långgatan op nr. 40 het oudste stenen huis op Kvarnholmen (begin 18e eeuw).

Vanaf de resten van de **stadsmuren**, die u deels kunt beklimmen, hebt u een fraai uitzicht over Kvarnholmen en de **haven**. Daar staat het **Kalmar läns museum** (www.kalmarlansmuseum.se, ma.-vr. 10-16, wo. tot 20, za.-zo. 11-16, juli-aug. ma.-vr. 10-17, za.-zo. 10-16 uur, 's zomers SEK 100, 's winters SEK 60) met onder meer een boeiende tentoonstelling over de schipbreuk van het linieschip 'Kronan', dat in 1676 door een Deense vloot onder commando van Cornelis Tromp voor de kust van Öland tot zinken werd gebracht.

Overnachten

Klein en fijn – **Slottshotellet:** Slottsvägen 7, tel. 0480 882 60, www.slottshotellet.se, 2 pk vanaf SEK 1495. Zeer fraai, klein hotel in de oude stad. Kamers in een gedegen kasteelhotelstijl met kroonluchter, haard en parket. In het Lågprishotel ernaast zijn de kamers goedkoper: 2 pk vanaf SEK 895.
Centraal – **Frimurarehotellet:** Larmtorget 2, tel. 0480 152 30, www.frimurarehotellet.se, 2 pk naargelang comfort SEK 895-1450. Hotel aan het levendige Larmtorget (kamer aan de achterzijde nemen).

Eten en drinken

Steaks – **Kalmar Kött och Bar:** Larmtorget 2, tel. 0480 288 30, www.kalmarköttochbar.se, ma.-za. 11.30-22 uur, lunch (ma.-vr. 11.30-14 uur) SEK 99-129, hoofdgerechten ('s avonds) vanaf SEK 205. Het restuarant in het Frimurarehotellet serveert vooral vleesgerechten als steaks en burgers.
Net als thuis – **Kullzénska Caféet:** Kaggensgatan 26, www.kullzenska.se, ma.-vr. 10-18.30, za. 10-17, zo. 12-16.30 uur. In een aantrekkelijk houten huis uit 1771 is een hele etage ingericht in een 19e-eeuwse stijl – met kleine woonkamers, waar lekkere taart en goede koffie wordt geserveerd.

Actief

Lekker zwemmen – Het schiereiland **Stensö** ten zuiden van de stad is een groene natuuridylle. Een veel en graag bezochte zwemplek aan het einde van de Storgatan heel dicht bij het centrum is **Kattrumpan**.

Uitgaan

Het uitgaanscentrum in Kalmar is Larmtorget; 's zomers vinden hier vaak evenementen plaats met livemuziek.

Informatie

Kalmar Turistbyrå: Ölandskajen 9, Gästhamnen, 392 32 Kalmar, tel. 0480 41 77 00, www.kalmar.com.
Trein: naar Alvesta, Göteborg, Stockholm, en Linköping, Karlskrona.
Bus: naar Oskarshamn, Nybro, Växjö en over de brug naar Öland.
Belangrijk voor fietsers: fietsers mogen niet over de brug naar Öland! In mei-

sept. fietsvervoer met speciale bussen (zie ook blz. 179).

Öland ✸ ▶ G 12/13

Op een oppervlakte van 140 km lang en maximaal 16 km breed zijn op Öland zeer uiteenlopende vegetatietypes, prehistorische monumenten, plattelandskerkjes, molens en kilometers lange stranden te vinden. Wat een vreugde is voor de vakantieganger, doet de lokale bevolking lijden: er heerst een zeer droog klimaat en het eiland heeft in de zomer vaak last van extreme waterschaarste. Interessant is Öland voor botanici en ornithologen. De kalkstenen bodem, het grote aantal zonne-uren en de kleine hoeveelheden neerslag zorgen er voor dat hier een naar Zweedse begrippen exotische vegetatie, waaronder veel soorten orchideeën, gedijt. Op het zuidelijk deel van Öland breidt de steppe Stora Alvaret zich uit, die in de lente explosief opbloeit. Elk jaar passeren in de herfst en de lente tienduizenden trekvogels zuidelijk Öland, een fascinerend schouwspel, niet alleen voor vogelaars.

Borgholm

Ölands 'hoofdstad' ligt ongeveer in het midden van het eiland aan de westkust: Borgholm is een gemoedelijk stadje met een bescheiden winkelgebied in de Storgatan en interessante kunstnijverheidswinkels in de zijstraten. In de haven bruist 's avonds het dans- en entertainmentleven van het eiland.

Borgholms slott

www.borgholmsslott.se, apr., sept. dag. 10-16, mei-aug. 10-18 uur, SEK 70
De indrukwekkende ruïne (5000 m²) is 's zomers het toneel voor concerten van internationale sterren. Het kasteel heeft zijn oorsprong in de 12e eeuw. In de periode 1572-1592 ontstond tijdens de regering Johan III een prachtig renaissancekasteel, dat in de Zweeds-Deense Oorlog zwaar werd beschadigd. De wederopbouw sleepte zich echter voort en kwam onder Karl XII in 1709 volledig tot stilstand wegens geldgebrek. Het gebouw raakte in verval en in de noordelijke vleugel trokken in 1803 een weverij en een textielververij. In 1806 verwoestte een brand het kasteel op de buitenmuren na vrijwel geheel.

Solliden slott

www.sollidensslott.se, park midden mei-half sept. dag. 11-17 uur (laatste toegang), SEK 95
De zomerresidentie van de Zweedse koninklijke familie werd in 1903-1906 gebouwd in de stijl van een Italiaanse villa en wordt omgeven door een prachtig park dat bezocht kan worden. Uiteraard wordt het vooral bezocht door toeristen met een monarchistische inslag, die hopen een glimp van de koninklijke familie op te kunnen vangen.

Noord-Öland

Het uiterste noordoosten van het eiland is als **Ekopark Böda** goeddeels aan zichzelf overgelaten. Hier strekt Trollskogen, het trollenbos, zich uit met grillig gevormde bomen en een scheepswrak (zie blz. 178). De vuurtoren **Långe Erik** markeert de noordpunt van het eiland. Het natuurgebied **Neptuni åkrar** ('Akkers van Neptunus') aan de westkust toont het contrast tussen grijze stenen en de 'hongerartiest' onder de planten: slangenkruid (*blåeld*), dat hier massaal groeit. Eveneens langs de westkust liggen de door wind en golven gevormde kalksteenformaties van **Byerums raukar**. **Byxelkrok**, kortweg Kroken genoemd, is met zijn haven een belangrijke plaats in het vrij schrale noorden.

Met een smalspoortrein door het bos

Midzomer-half aug. di., do., zo. 3 x per dag, www.bosj.se, vanaf SEK 60

Zo'n 500 m van de parkeerplaats bij het Trollskogen ligt de halte van de bosspoorweg Böda Skogsjärnväg. In de zomer rijdt de trein met zijn smalspoorlocomotief en open wagens (warme jas niet vergeten!) naar Fagerör, dat niet ver van de Bödabaai ligt. Om de zandverstuivingen te stoppen, die nog tot het midden van de 18e eeuw het noordelijk deel van Öland teisterden, werden bossen aangeplant. De wildrijke sparrenbossen kregen al snel de aandacht van de hooggeplaatsten en Böda Kronopark werd een kroondomein.

Zuid-Öland

Het zuiden van het eiland, waarvan het unieke steppelandschap Stora Alvaret tot het Werelderfgoed van de UNESCO behoort, is landschappelijk minder divers dan het noorden, maar rijker aan bezienswaardigheden.

VIDA Museum & Konsthall

www.vidamuseum.com, apr., okt.-dec. za.-zo., mei-juni, aug.-sept. di.-zo. 10-17, juli dag. 10-18 uur, SEK 60

In enkele grote zalen is werk te zien van de glaskunstenaars Ulrica Hydman-Vallien en Bertil Vallien. Door grote glazen ramen opent zich een mooi uitzicht over de Kalmarsund naar het vasteland. Wisselende tentoonstellingen en een museumwinkel met glas, sieraden en textiel.

Himmelsberga

www.olandsmuseum.com, half mei-juni, sept. za.-zo., juli-aug. dag. 11-17 uur, SEK 80

Het openluchtmuseum Himmerlsberga is een authentiek dorp van Öland met drie boerderijen uit de 18e-19e eeuw.

Mittlandsskogen

Het grootste aaneengesloten bosgebied van het eiland, Mittlandsskogen, telt talloze prachtige, oude eiken. Midden in het bos ligt **Ismantorps borg,** een van de in totaal zo'n vijftien vluchtburchten uit de tijd van de volksverhuizingen.

Eketorps fornborg

www.eketorp.se, week na midzomer-3e week van aug. dag. 10.30-18 uur, SEK 120

De op basis van archeologische vondsten gereconstrueerde burcht, die in de periode 300 tot 1300 werd bewoond, is omgeven door een 5 meter hoge muur van zonder mortel opgestapelde stenen, die van veraf zichtbaar uit de vlakte oprijst. In het museum ziet u interessante, tijdens opgravingen gedane vondsten en krijgt u een indruk van het dagelijks leven van mensen zo'n 1000 jaar geleden. Hierbij heeft men strogedekte huizen en boerderijen gereconstrueerd.

Kastlösa kyrka

Een getuigenis van moderne kunst is te vinden in het zuiden, ongeveer halverwege tussen Färjestaden en Ottenby: Kastlösa kyrka werd in de 19e eeuw gebouwd en onderging in 1952 een grondige verbouwing. Tevens kreeg de kerk een koorfresco van Valdemar Lorentzon, lid van de Halmstadgroep (zie blz. 100).

Vuurtoren Långe Jan en Ottenby Naturum

www.sofnet.org/ottenby, Naturum mrt. vr.-zo. 11-16, apr. dag. 11-16, mei/juni 11-17, juli-aug. 10-17/18, sept./okt. wo.-zo. 11-16 uur, gratis; vuurtoren SEK 30

De met 41,6 m hoogste vuurtoren van Zweden biedt een prachtig uitzicht

Öland

Natuurlijke idylle op een zonnig eiland: het schrale noorden van Öland

over het zuiden van Öland. Aan de voet komt u in Ottenby Naturum meer te weten over het werk van het veldstation Ottenby waar ornithologen het gedrag van trekvogels bestuderen.

Ölands mooiste stranden

De kust van Öland heeft mooie, eindeloos lange stranden: perfect wit 'poederzand' omzoomt de baai van Böda in het eenzame noorden van het eiland, dat dankzij de camping beschikt over een goede infrastructuur. Fijn, wit zand markeert ook het strand ten noorden van Byerums raukar aan de westzijde. Het strand van Köpingsvik in het midden van het eiland is kindvriendelijk, omdat het water erg ondiep is.

Overnachten

Met zwembad – **Ottenby STF Vandrarhem och Camping:** Ottenby 106, Degerhamn, tel. 0485 66 20 62, www.otten byvandrarhem.se, 2 pk vanaf SEK 440 zonder ontbijt en beddengoed, campingplaats (mrt.-okt.) SEK 160-220. Jeugdherberg-accommodatie (stapelbedden) in de voormalige school bij de kerk van Ås, ca. 6 km van de zuidpunt van Öland, 2-, 3- en 4-beddenkamers, zwembad (mei-sept.) en fietsverhuur.

Luxueus – **Ekerums Camping:** Borgholm, tel. 0485 56 47 00, www.first camp.se, vrijwel het hele jaar door, staanplaats vanaf SEK 260. Vijfsterrencamping aan een van de mooiste stranden van het eiland, reusachtig aanbod aan activiteiten, onder meer zwembad, golf; hutten per week te huur.

Overnachten en eten

Top – **Hotell Borgholm:** Trädgårdsgatan 15, Borgholm, tel. 0485 770 60, www.hotelborgholm.com. Het hotel heeft een van de beste restaurants in Zweden – de chef-kok Karin Fransson wint geregeld prijzen met haar op kruiden gebaseerde keuken en

Favoriet

Trollskogen – door het toverbos

Avontuurlijk en spannend is een wandeling over het ongeveer 4-5 km lange pad door het trollenbos. Het gaat over knoestige boomwortels en grote rotsblokken, langs oeroude eiken en slangachtig vergroeide dennen. De eigenaardige groeivormen ontwikkelden de bomen als gevolg van de extreme omstandigheden langs de noordoostelijke kust van Öland: harde wind en gruizige, voedselarme bodem. In de buurt is nog iets anders te bewonderen: op het rotsachtige strand ligt sinds 1926 het wrak van de schoener Swiks.

streekgerechten; 2-gangenmenu SEK 295. Hotel met exclusief ingerichte kamers, weekendtarief vanaf SEK 1165 per persoon inclusief menu.
Voortreffelijk – **Halltorps Gästgiveri:** tel. 0485 850 00, www.halltorpsgastgiveri.se, hoofdgerecht vanaf SEK 195, ook hotel met 41 kamers (paketten incl. avondeten vanaf SEK 1300 per persoon in 2 pk) en wellness. Het voormalige landhuis 9 km ten zuiden van Borgholm is een fijnproeversparadijs met regionale specialiteiten.
Gezellig – **Guntorps Herrgård:** Guntorpsgatan 2, Borgholm, tel. 0485 130 00, www.guntorpsherrgard.se. Landgoedhotel (32 kamers, 2 pk vanaf SEK 1195) op ecologische basis, fietsverhuur.

Eten en drinken

Op de spies – **Lammet & Grisen:** Hornsvägen 35, Löttorp, tel. 0485 203 50, www.lammet.nu, mei-3e week aug., juli dag., anders ca. 3x per week, vanaf 17 uur. Lam en speenvarken aan het spit worden voor een vast bedrag (SEK 349) onder het hongerige volk gebracht.
Goedkoop – **Böda Hamns Rökeri:** Bödahamnsvägen 43 (aan de haven), www.bodahamn.se, eind juni-half aug. di.-vr. 17-20, za.-zo. 12-20 uur. Vers gerookte vis in de kleine haven van Böda.

Winkelen

Naast kruiden zijn kunstnijverheidsproducten de specialiteit van het eiland, gemaakt van wol, glas en keramiek.
Klassieke kunstnijverheid – **Capellagården:** Vickleby, www.capellagarden.se. In 1957 door Carl Malmsten opgerichte kunstnijverheidsschool met moestuin; verkoop van kruiden en kunstnijverheid (verkoop 's zomers in de oude school naast de kerk).

Fraaie souvenirs – **Paradisverkstan:** bij de oprit naar de brug, www.paradisverkstaden.se. Kwaliteitsproducten voor de inrichting van uw huis.

Actief

Fietsen op Öland – Routetips (in het Zweeds), kaarten, adressen van fietsverhuur: www.cyklapaoland.se.
Veel keuze – **Golf:** er zijn vijf golfbanen op Öland. Golfarrangementen: www.olandsturist.se of Ekerums Golf & Resort, tel. 0485 800 00, www.ekerum.com. Golfbaan met appartementen.

Uitgaan

Onbetwist centrum van het nachtleven is de jachthaven van Borgholm.

Info en evenementen

Ölands Turist AB: Träffpunkt Öland (bij de brug), 386 33 Färjestaden, tel. 0485 890 00, www.olandsturist.se.
Borgholms Turistbyrå: Storgatan 1, tel. als hiervoor.
Victoriadagen: 14 juli. De verjaardag van de Zweedse kroonprinses wordt in Borgholm groots gevierd.
Ölands Skördefest: eind sept.-begin okt. Oogstfeest met proeverij en verkoop van regionale producten.
Veerboot: half juni-half aug. met het vrachtschip MS Solsen van Oskarshamn naar Byxelkrok (2.20 uur; www.olandsfarjan.se).
Bus: van Stockholm en Kalmar; op het eiland goede busverbindingen. Informatie: www.klt.se.
Belangrijk: fietsen over de Ölandbrug is verboden. In mei-sept. neemt de Cykelbuss, anders de lokale bus, fietsen vanaf Kalmar mee.

IN EEN OOGOPSLAG

Gotland

Hoogtepunt ✱

Visby: in de hoofdstad van Gotland met zijn middeleeuwse stadsmuren en een tiental ruïnes van kerken heerst niet alleen in de festivalweek in augustus een betoverende sfeer. Zie blz. 183.

Bezienswaardigheden

Martebo kyrka: de fraai bewerkte sculpturen van deze plattelandskerk zijn net als bij vrijwel alle kerken op Gotland goed behouden gebleven. Zie blz. 189.

Raukar op Fårö: de verbluffende rotsformaties aan de noordkust van Fårö zijn kunstwerken van de natuur. Zie blz. 192.

Roma kloster: van het vroegere cisterciënzerklooster resteert alleen nog een ruïne, al fungeert het wel als cultureel centrum. Zie blz. 193.

Actief

Tofta strand: bij de duinen van het populairste strand van Gotland nodigt de Oostzee uit om te surfen en te zwemmen. Zie blz. 189.

Uitstapje naar Karlsöarna: op de rotsen van het eilandje broeden zeevogels die anders slechts zelden te zien zijn. 's Zomers varen er boten heen vanaf Klintehamn. Zie blz. 193.

Sfeevol genieten

Botanische tuin in Visby: hier waant u zich op warme zomerdagen in het zuiden van Europa – een mediterrane plantenpracht en een schilderachtige kerkruïne bieden zorgen voor de juiste sfeer. Zie blz. 187.

Lilla Bjers gård op Gotland: biologisch geproduceerde producten overdag in de boerderijwinkel en 's avonds in het restaurant. Zie blz. 188.

Uitgaan

Nachtelijk Visby: de uitgaanscentra van de stad zijn Donners plats en Stora Torget. Zie blz. 187.

Gotland

Het grootste eiland in de Oostzee (3140 km²) is zeker een reis waard: Visby, de 'stad van de rozen en de ruïnes', brengt de bezoekers in een romantische sfeer van de middeleeuwen. De stranden van het eiland verrijken het ongerepte witte zand met uitzicht op grillige kalksteenpilaren en loodrechte witte rotswanden. Op talloze plaatsen op het eiland vindt u labyrinten, bootvormige steenformaties en gegraveerde stenen uit de prehistorie.

Net als Öland bestaat Gotland uit vlakke kalksteenplaten; deze verheffen zich in drie lagen tot 70 m boven het zeewater als het restant van een tropisch koraalrif dat hier zo'n 400 miljoen jaar geleden lag. Door wisselende waterstanden in de latere ijstijden ontstonden de grillige rotspilaren (*raukar*) uit het hardste rifkalk dat de erosie weerstond.

Gotland staat bekend om zijn mediterraan aandoende flora. De poreuze kalksteenbodem wordt bijzonder snel warm. Meer dan dertig orchideeënsoorten, tijm, alsem, hysop, adonisroosje en andere zonneroosjes doen het hier bijzonder goed in de karige omstandigheden. Kenmerkend is het heidelandschap met zijn jeneverstruiken. Het oude schapenras Gotlandsfår met de gedraaide hoorns is ook kenmerkend voor Gotland, dat met de gotlander (*skogruss*) ook een eigen ponyras heeft. Andere bijzonderheden van het eiland zijn de met stro van een biesgewas gedekte schapen- en paardenstallen.

Vanaf de 8e eeuw was Gotland in de Vikingtijd een belangrijk centrum van de Oostzeehandel. De zelfstandige boeren waren tevens zeevaarders en handelaars. Er vond een levendige ruilhandel plaats in een Oostzeegebied, en verder over de Russische rivieren tot aan Byzantium, dat aan de Zwarte Zee tevens het eindpunt vormde van de Chinese Zijderoute.

Visby werd toonaangevend in de handel met Letland en Novgorod toen zich hier in de 12e eeuw handelaars uit Lübeck vestigden. Er was een hechte band tussen Visby en de Duitse Hanzestad. De stedelingen in Visby kwamen steeds meer apart te staan van de bewoners in het omliggende gebied van Gotland. In 1288 brak een strijd uit tussen een boerenleger en de stad. Het slechts losjes met het Zweedse Rijk verbonden eiland werd later een gemakkelijke prooi voor de begerige Deense koning Valdemar Atterdag. Op 27 juli 1361 was duidelijk te merken hoe groot de haat tussen de stedelingen van Visby en de bevolking op de rest van het eiland was. Het boerenleger van Gotland werd door Deense troepen voor de poorten van de stad in de pan gehakt, terwijl de inwo-

INFO

Toeristische informatie

Gotlands Turistförening: Donners plats 1, 621 57 Visby, tel. 0498 20 17 00, www.gotland.com, www.gotland.info. Stadsrondleidingen, uitstapjes, kaarten en brochures. Arrangementen (accommodatie plus veerboot) bij Destination Gotland, www.destinationgotland.se, en verder bij www.gotlandsturistservice.com en www.gotlandsresor.se.

Vervoer

Op het eiland rijden bussen, in het hoogseizoen (eind juni-half aug.) vaker en verder dan in de rest van het jaar. Vanaf het busstation van Visby het hele jaar vrij vaak naar Tofta en Klintehamn en naar Roma; in het noorden via Slite en Lärbro naar Fårösund (daar aansluiting naar Fårö); in het zuiden niet zo vaak naar Hoburgen. Actuele informatie bij Kollektivtrafiken Gotland, tel. 0498 21 41 12, www.gotland.se/kollektivtrafiken.

Visby aan de havenkant – de torens van de kathedraal domineren het stadsbeeld

ners van Visby lijdzaam toekeken. Bijna 300 jaar heersten de Denen over het eiland. Ze werden ook niet verdreven bij een aanval van Lübeck in 1525, waarbij de kerken van de stad verwoest werden. Pas bij het vredesverdrag van Brömsebro in 1645 kwam Gotland bij Zweden – en viel het in een doornroosjesslaap. De ruim negentig plattelandskerken uit de 12e-14e eeuw getuigen nu nog van de voorspoed van de zeevarende boeren van Gotland. Ze zijn vrijwel onveranderd bewaard gebleven – met unieke kunstschatten uit de middeleeuwen: muurschilderingen, glas-in-loodramen, houten kruisbeelden en verfijnd beeldhouwwerk aan portalen en kapitelen. Door de economische neergang en de afgelegen ligging buiten het oorlogsgewoel is ook het oude stadsdeel van Visby met zijn wirwar aan straatjes, kerkruïnes en de oude stadsmuur intact gebleven. Het staat inmiddels op de UNESCO Werelderfgoedlijst.

Visby ✸ ▶ H 11

De romantische sfeer in Visby (24.000 inwoners, van wie ongeveer 3000 binnen de stadsmuren) is het sterkst voelbaar op zwoele zomeravonden. Vanaf mooie uitkijkplaatsjes kunt u genieten van de zonsondergang boven de schilderachtige ruïnes, de daken van de stad en ook boven de zee. U kunt de avond gezellig doorbrengen op levendige pleinen en in mooie parken, of door de kasseienstraatjes langs oeroude huisjes en fraaie gevels wandelen. In de zomermaanden bent u daarbij vrijwel nooit alleen, want Visby is zonder meer een

Gotland

toeristische trekpleister. De bezienswaardigheden in het oude stadsdeel zijn het gemakkelijkst te voet te bereiken.

Stadswandeling

Bij het Donners Plats begint de wandeling door de straat die in de middeleeuwen de grote verkeersader van Visby was: Strandgatan. De koopmanshuizen documenteren hier de bloeitijd van de stad in de 13e-15e eeuw. Aan de straatkant hebben ze een smalle gevel omdat er dan minder belasting hoefde te worden afgedragen. Boven het gewelfde souterrain waren er diverse verdiepingen met opslagruimte, die werden gevuld met een hijsblok aan de gevel.

De Strandgatan komt uit op het kleinere plein Packhusplan. Hier ziet u een gebouw van vijf verdiepingen met een imposante trapgevel. Deze 'oude apotheek', **Gamla Apoteket** 1 (Strandgatan 28), is een koopmanshuis dat zijn oorsprong heeft in de 13e eeuw. Als u hiernaast omhoogloopt door een van de straatjes, bijvoorbeeld de Lybska gränd, en dan naar rechts gaat via de Sankt Hansgatan, loopt u als het ware een etage hoger dan de Strandgatan naar het Sankt Hans plan met de kerkruïne **Sankt Hans och Sankt Per** 2. In de schaduw van dit bouwwerk kunt u gezellig met een kopje koffie en een stuk taart even bijkomen in het tuincafé **Sankt Hans Café & Orangeri** 4.

Boven de kerkruïne wandelt u, wederom een etage hoger, via de Hästgatan naar het Wallers plats. Vanaf het terras voor de methodistische kerk hebt u een weids uitzicht over de daken van de stad tot aan de zee. Hierna gaat de wandeling heuvelafwaarts: langs het Stora Torget komt u onder de Dom (zie blz. 185) bij een andere kerkruïne, Drottens ruin. Hiertegenover worden 's zomers in de Kapitelhusgården evenementen gehouden, zoals een middeleeuws feestmaal. Met de ruïne van de kerk Sankt Clemens in uw rug komt u vervolgens bij **Fiskargränd** en **Skogränd**, die beide met hun bloemenpracht als de mooiste straatjes van Visby bekendstaan. Aan het einde van de Strandgatan, niet ver van het strand, staat Visby's oudste vestingtoren, **Kruttornet** 3, ofwel kruittoren, die ooit de toegang tot de haven van Visby bewaakte.

De stadsmuur

Als u bij de strandpromenade begint, kunt u 'steeds langs de muur' helemaal rond de tot wel 12 m hoge stadsmuur wandelen. Zo komt u na enige tijd bij de oudste bewaard gebeleven stadspoort, **Norderport** 4. Deze was oorspronkelijk uitgerust met een valhek, zoals nog wel goed te zien is. Het stuk naar de Österport is een aangename wandeling van goed 2 km over mooie paden door een park.

Fornsalen 5

5 Strandgatan 14, www.gotlands museum.se, juni-half sept. dag. 10-18, anders di.-zo. 11-16 uur, SEK 100, combikaartje met Konstmuseet SEK 150

Bij een bezoek aan dit Gotlandse museum fascineren vooral de soms meer dan levensgrote beeldstenen *(bildsten)* op de benedenverdieping. De oudste van deze alleen op Gotland aangetroffen monumenten stammen uit de 5e eeuw. De jongste, uit de 11e-12e eeuw, vertonen overeenkomsten met de runenstenen uit de Vikingtijd. De zuiver figuratieve, vaak raadselachtige motieven geven onder andere taferelen uit de oude noordse mythologie te zien. Beroemd is de 'Slangengodin' – een vrouwenfiguur die slangen, of draken, in haar handen houdt. Ook het pictogram van een knoop voor bezienswaardigheden op de borden in Scandinavië is ontleend aan zo'n Gotlandse beeldsteen.

Een ander deel van het museum is gewijd aan de slag van 1361. Vondsten van

Visby

Bezienswaardigheden
1. Gamla Apoteket
2. Sankt Hans och Sankt Per
3. Kruttornet
4. Norderport
5. Fornsalen
6. Konstmuseet
7. Domkyrkan
8. Sankta Karin
9. Sankt Olofskyrka

Overnachten
1. Scandic Hotel Visby
2. Almedalens Hotell
3. Norderstrands Camping

Eten en drinken
1. Donners Brunn
2. Gamla Masters
3. Bakfickan
4. Sankt Hans Café & Orangeri

Winkelen
1. Konst och Form
2. Ödins Garveri

Actief
1. Gotlands Cykeluthyrning (fietsverhuur)
2. Visby Hyrcykel (fietsverhuur)

het slagveld voor de muren van Visby geven een indruk van het gruwelijke bloedbad bij de aanval door Valdemar Atterdag. Interesssant is de schatkamer met een grote rijkdom aan Oost-Romeinse, Arabische en Frankische munten. Nog steeds worden er op Gotland spectaculaire vondsten gedaan.

Konstmuseet 6

Sankt Hansgatan 21, www.gotlandsmuseum.se, juli-aug. dag. 11-17, anders 12–16 uur, SEK 70, combikaartje met Fornsalen SEK 150

Heel iets anders dan de middeleeuwen vindt u in het kunstmuseum dat deels is gewijd aan 19e-eeuwse schilders op Gotland. In wisselende tentoonstellingen zijn hier kunst en kunstnijverheid van het eiland te zien en wordt de eigentijdse kunstwereld van Gotland over het voetlicht gebracht.

Domkyrkan 7

Västra Kyrkogatan, dag. 10-17 uur

Pas in 1572 werd de kerk Sankta Maria als enige van de verwoeste kerken van Visby weer opgebouwd. Sindsdien is dit de **Dom**, een bisschopskerk. In het begin van de 13e eeuw was het gebouwd

als kerk voor Duitse handelaars op Gotland: van elk Duits schip werd een bijdrage voor de bouw gevraagd. De karakteristieke torenspitsen dateren uit de 18e eeuw. Het interieur getuigt in veel details van de geschiedenis van Visby. Als echte koopmanskerk heeft hij boven het gewelf van het middenschip een opslagruimte van twee verdiepingen: vandaar de hijsbalk aan de oostkant. Veel grafschriften uit de 16e en de 17e eeuw getuigen van de hechte band met de Hanzestad Lübeck.

Rond het Stora Torget

Via de Södra Kyrkogatan is het vanaf de Dom een paar stappen naar het Stora Torget met de ruïnes van de kerk **Sankta Karin** 8 (= Catharina). Net als de andere ruïnes is het terrein van het vroegere franciscanenklooster alleen met een stadsrondleiding te bezichtigen (informatie bij het *turistbyrå* of Fornsalen).

Botanische tuin

De botanische tuin van Visby is befaamd om zijn vele rozen en exotische planten als magnolia's en amandel- en vijgenbomen, die laten zien dat Gotland met zijn ligging een gunstig klimaat heeft. Een met klimop overwoekerde romantische ruïne in deze tuin is het restant van de toren van de **Sankt Olofskyrka** 9. De kerk was gewijd aan de Noorse koning Olaf de Heilige. Hij zou onderweg van Rusland naar Noorwegen een tussenstop op Gotland hebben gemaakt en het eiland hebben gekerstend.

Overnachten

Comfort aan de haven – **Scandic Hotel Visby** 1: Färjeleden 3, tel. 0498 20

De middeleeuwse stadsmuren van Visby imponeren doordat ze in zo'n goede staat bewaard zijn gebleven

12 50, www.scandic.se, 1 pk/2 pk vanaf SEK 1000. Groot hotelcomplex met 214 kamers pal aan de haven, comfortabel en praktisch ingericht, met diverse categorieën van vensterloze cabines, via standaard tot familiekamers en suites; 1 pk/2 pk vanaf SEK 1000.

Aan het park – **Almedalens Hotell** 2: Strandvägen 8, tel. 0498 27 18 66, www.almedalen.com, 2 pk half sept.-half mei vanaf SEK 795-1495, hoofdseizoen half juni-half aug. SEK 1495-2295. Mooie centrale ligging tussen zee en park. Enkele kamers met pantrykeuken.

Nabij de stad – **Norderstrands Camping** 3: 1 km ten noorden van Visby, tel. 0498 20 33 00, www.norderstrand.se, juni-okt., staanplaats SEK 149-395. Kleine camping net buiten de stad aan zee, met verhuur van hutten en huisjes.

Eten en drinken, uitgaan

Heerlijk – **Donners Brunn** 1: Donners plats, tel. 0498 27 10 90, www.donnersbrunn.se, mei-sept. dag., okt.-apr. ma.-za. 18-23 uur, gerecht vanaf SEK 265. Uitstekend fijnproeversrestaurant met regionale inslag. Specialiteiten zijn een stoofgerecht van vis en schelp- en schaaldieren (*fisk- och skaldjursgryta*) en lamsgerechten.

Trendy – **Gamla Masters** 2: Södra Kyrkogatan 10, tel. 0498 21 66 55, www.gamlamasters.com, dag. 18-2 uur. Moderne Zweedse lekkere hapjes voor tussendoor, zoals een clubsandwich vanaf SEK 175. In de ontspannen sfeer van deze trendy bar kunt u ook genieten van cocktails (SEK 135).

Volop vis – **Bakfickan** 3: Stora Torget 1, tel. 0498 27 18 07, www.bakfickan-visby.nu, ma.-vr. 11-23, za.-zo. 12-23 uur, hoofdgerecht SEK 145-295. Het enige echte visrestaurant in Visby, en bovendien goed en goedkoop. Gerechten als bokking (*stekt strömming*) en gebakken

Tip

Al het goede van de boerderij

In elk opzicht werkt men biologisch en duurzaam op de boerderij **Lilla Bjers**, 7 km ten zuiden van Visby. In de boerderijwinkel kunt u goede regionale producten kopen. 's Avonds ontvangt het bijbehorende restaurant fijnproevers die hier kunnen genieten van voortreffelijk bereide gerechten. Dit zijn uiteraard creaties van overwegend biologisch geproduceerde ingrediënten (Lilla Bjers gårdskrog, Toftavägen, Västerhejde, www.lillabjers.se, restaurant mei-half juni, sept. do.-zo., half juni-aug. dag. vanaf 17 ur, 's zomers ook geopend voor lunch, 's avonds 3-gangenmenu SEK 545).

baars, en verder lekkere desserts.
Idyllisch – **Sankt Hans Cafe & Orangeri** [4]: Sankt Hansplan 2, www.sthans cafe.se, dag. 9-19 uur. Koffie, taart, kleine gerechten en gekoelde drankjes. U zit het mooist buiten onder de appelbomen tussen de ruïnes.

Winkelen

In Visby is in de winkelstraten **Adelsgatan** en **Hästgatan** een breed aanbod te vinden aan souvenirs, keramiek, handgeweven stoffen en verfijnd bewerkte objecten van steen, hout of metaal. Grote supermarkten zijn te vinden bij de Österport, net buiten de stadsmuur.
Kunstnijverheid – **Konst och Form** [1]: Wallers plats 5, www.gkf.nu, sept.-mei ma., do.-vr. 12-18, za. 11-14, juni-aug. ma.-vr. 10-18, za. 10-15 uur. Galerie van de kunstnijverheidsvereniging van Gotland met het accent op stijlvol bewerkt leer en textiel, en verder sieraden, keramiek, glas en nog veel meer.

Van het schaap – **Ödins Garveri** [2]: Tage Cervins gata 3 (bij de ingang aan de Strandgatan tot het park Almedalen), www.odinsgarveri.se, ma.-vr. 10-18, za. 10-14 uur. In het oude houten huis verkoopt men kleding van leer rechtstreeks vanuit het atelier van het familiebedrijf. Verder vilten pantoffels, mutsen, handschoenen – ideaal voor koude winters.

Actief

Sightseeing – In het hoogseizoen vanaf midzomer tot half aug., ook rondritten over het eiland met een bus. Boeken via het *turistbyrå*, zie blz. 182.
Fietsverhuur – **Gotlands Cykeluthyrning** [1]: Skeppsbron 2, www.gotlands cykeluthyrning.com, 300 m van de veerterminal, tel. 0498 21 41 33, juni-aug. dag. 9-18 uur, mei, sept. kortere openingstijden. Fiets met 3 versnellingen vanaf SEK 95 per dag, SEK 475 per week, ook scooterverhuur. **Visby Hyrcykel** [2]: Österport, www.visbyhyrcykel.se; direct aan de stadsmuur gelegen, ook e-bikes (SEK 200 per dag).

Info en evenementen

Informatie: zie blz. 182.
Medeltidsveckan: 1e helft aug. (week 32), www.medeltidsveckan.se. De middeleeuwen komen tot leven in de oude stad, met middeleeuwse markt, riddertoernooien en straatartiesten.
Vliegtuig: het hele jaar van Stockholm, Göteborg, Malmö (www.flygbra.se) naar Visby flygplats (3,5 km ten zuiden van Visby, www.swedavia.se/visby).
Autoveerboot: het hele jaar vanaf Oskarshamn (4 uur) en Nynäshamn (catamaran: 2.40 uur, anders 5 uur); pendelbus van Stockholm Cityterminalen naar Nynäshamn (reistijd 1.30 uur). Boeken via www.destinationgotland.se.

Bus: zie blz. 182.
Auto-/scooterverhuur: Europcar, AVIS, Hertz zijn aanwezig op het vliegveld (vanaf ca. SEK 2000-3000 per week). De plaatselijke Mickes Biluthyrning, haven, tel. 0498 26 62 62, www.mickesbiluthyrning.se, verhuurt oudere modellen (vanaf SEK 300 per dag). Scooterverhuur ook aan de haven.

In de omgeving van Visby

Högklint ▶ H 11
10 km ten zuiden van Visby

De kalksteenrots met een loodrechte wand van 48 m hoog kijkt uit op Visby en de zee – de juiste plek voor een fantastische zonsondergang. Als u geen last van duizelingen hebt en niet te dicht bij de rand komt, kunt u over smalle paden parallel aan de steile afgrond naar grotten en grillige rotsformaties wandelen.

Tofta ▶ H 11
16 km ten zuiden van Visby

Op het Toftastrand heerst 's zomers een opgewekte sfeer van zonnebaders en zwemmers. Achter het vlakke strand met zacht wit zand aan een brede baai liggen duinen en dennenbossen. In het ondiepe water kunnen niet-zwemmers veilig rondspartelen; bovendien wordt er toezicht gehouden. Daarom is Tofta een populaire bestemming voor gezinnen met kinderen en is de nabije camping in het zomerseizoen drukbezet. De voorzieningen hier zijn dan ook uitstekend, met onder meer een restaurant, bootverhuur, beachvolleyball en kiosk.

Bro kyrka ▶ H 11
11 km ten noordoosten van Visby

Een van de mooiste kerken op Gotland is Bro kyrka. De rijkversierde doopvont van eind 12e eeuw bij de ingang onder het grote orgel toont reliëfs van Christus en de twaalf apostelen; op het deksel staan vier miniatuurkerktorens. Het oudst zijn de gegraveerde stenen die bij de bouw van de kerk in de muren verwerkt werden.

Martebo kyrka ▶ H 11
21 km ten noordoosten van Visby

De kerk van Martebo werd in de 13e-14e eeuw gebouwd met een romaanse toren en een gotisch langschip. De drie gotische portalen hebben kapitelen die in reliëf zijn versierd met levendige taferelen die bijzonder fijn uitgewerkt zijn.

Brucebo ▶ H 11
Själsövägen 5, Själsö, Väskinde, 5 km ten noorden van Visby, rondleiding eind juni-aug. di., vr.-za. 11 en 13 uur, SEK 100

Dit kunstenaarshuis annex atelier met een lichte en open architectuur staat 20 m van zee. Het pand van midden 19e eeuw werd aangekocht en uitgebreid door de Canadese schilder William Blair Bruce en de Zweedse beeldhouwster Carolina Benedicks Bruce. Eind 19e eeuw was zij de eerste vrouw die beeldhouwkunst studeerde aan de Zweedse kunstacademie. Het echtpaar maakte deel uit van de kring van noordse impressionisten (zie blz. 64). Aan de wanden in de villa hangen werken van onder meer Carl Larsson en Hilmar af Klint.

Krusmyntagården ▶ H 11
10 km ten noorden van Visby, www.krusmynta.se, juni 10-18, juli-aug. 10-20, mei, sept. 10-16 uur, gratis; restaurant

Deze tuin heeft een verbluffende rijkdom aan mediterrane kruiden dankzij het zachte kustklimaat in het westen van Gotland, de poreuze en relatief warme kalksteenbodem, én ervaren tuinierskunst. In het restaurant kunt u fijngekruide gerechten eten of in de winkel een geurig souvenir kopen.

Lummelundagrottan ▶ H 11

13 km ten noorden van Visby, www.lummelundagrottan.se, rondleiding van 1 uur mei-juni, half aug.-half sept. dag. 10-15/16, eind juni-half juli 10-17, half juli-half aug. 9-18 uur, SEK 140

Het in totaal 3,7 km lange grottenstelsel van de Lummelundagrottan herbergt vele geheimen, met onder andere een onderaardse rivier van meer dan 1 km lang. De karstgrot is ontstaan door binnensijpelend oppervlaktewater dat met zijn hoge zuurgehalte geleidelijk het kalkgesteente heeft opgelost. Het kalksteen heeft daarbij grillige formaties langs de wanden van de druipsteengrot gevormd. Verder zijn er ook allerlei fossielen te ontdekken. De natuurlijke uitgang van de grot ligt op korte afstand van het toegangsgebouw; hier komt ook het onderaardse riviertje via een grotopening aan de oppervlakte. De aanzienlijke valhoogte van de rivier werd al vroeg als energiebron ontdekt; sinds de 17e eeuw ontgint men hier ijzererts. Het rad van de watermolen zou het grootste van Zweden zijn. In de fabrieksgebouwen is nu een café gevestigd. Neem ook de tijd voor een wandeling over mooie natuurpaden langs diverse geologische bezienswaardigheden.

Jungfruklint ▶ H 11

25 km ten noorden van Visby

Ten westen van het vissersdorp Lickershamn ligt een bijzonder mooi veld met *raukar*. Hier staat ook de hoogste kalksteenpilaar van Gotland, Jungfruklint. Aan deze zuil is een sage verbonden: hier zou zich in de 12e eeuw een liefdesdrama hebben voltrokken, toen de dochter van de legendarische heerser Likair verliefd werd op de zoon van een overwonnen tegenstander en daarom door haar vader de dood in werd gedreven. Christenen zagen een verklaring voor de naam in het silhouet van de rots dat hun deed denken aan de Maagd Maria met kind.

Noord-Gotland

Bläse kalkbruk ▶ J 11

www.blase.se, juni-aug. dag. 10-17, za.-zo. 12-17 uur, SEK 60, Stentåget SEK 20; café, hutten

Aan het zuideinde van de baai van Kappelshamn ligt een zijweg naar Bläse. Deze loopt langs de baai, waar nu nog steeds kalksteengroeves in bedrijf zijn – de hele kust draagt niet voor niets de naam 'Stenkusten'. De in de jaren 80 van de 19e eeuw geopende Bläse kalkbruk was in bedrijf tot 1954; de schoorstenen van de kalkovens roken niet meer. Het complex is een museum, waar nu de fabriekstrein Stentåget nu bezoekers over het terrein vervoert. Het museum geeft uitleg over het verwerkingsproces van kalksteen naar de opgeloste kalk, die onder meer in de bouw wordt gebruikt. In

de fabriekshal staan kleine houten hutten die een beeld geven van het huiselijke leven van alledag van de arbeidersgezinnen in de jaren 20 tot 40.

Lärbro

Een van de grootste kerken op het eiland is **Lärbro kyrka**; het is ook de enige met een achthoekige toren – men vermoedt dat hierbij Noorse invloeden een rol hebben gespeeld. Volgens de legende kwam de Noorse koning Olaf de Heilige, die het christendom naar Gotland zou hebben gebracht, niet ver hiervandaan in Sankt Olofsholm aan land. De heilige koning is met een beeld in het portaal vereeuwigd: hij is te herkennen aan de kroon en de bijl. Het westportaal is versierd met kapitelen met fijn bewerkte figuren. Naast de kerk staat de **Kastal**, een weertoren uit de 11e eeuw die een van de best bewaarde torens van Gotland is. Op het kerkhof herinneren ruim dertig grafkruisen en Joodse grafstenen aan slachtoffers van de nazi's die na hun bevrijding in 1945 uit concentratiekampen in Midden-Europa werden verzorgd in het militair ziekenhuis van Lärbro (nu een jeugdherberg).

Bunge kyrka ▶ J 11

De zware toren van de verder in laatgotische stijl opgetrokken kerk (14e eeuw) van Bunge, die pal aan de RV148 staat, was oorspronkelijk bedoeld als verdedigingsmiddel. De gerestaureerde schilderingen binnen op de kalkstenen muren van het langschip zijn iconografisch nog niet ontraadseld. Verwijzen de gevechtstaferelen naar de legende van het Thebaanse Legioen van christelijke soldaten die de marteldood stierven? Of gaat het om de strijd tussen de Victualiënbroeders, piraten die Gotland hadden bezet, en de Duitse Orde, die dat ook wilde? Aan de noordoostkant van de kerk staan de ruïnes van de statige pastorie (*prästgård*) en aan de andere kant ligt een zeer mooi labyrint (*trojaborg*).

Raukar: kalksteenformaties aan het strand van Fårö bij Langhammars

Gotland

Bungemuseet ▶ J 11
Bunge Hägur 119, Fårösund, www.bungemuseet.se, half mei-juni, 2e helft aug. dag. 12-16, juli-half aug. 11-18 uur, SEK 100

Het openluchtmuseum in Bunge toont ongeveer vijftig gebouwen, waaronder twee authentiek ingerichte boerderijen uit de 17e en de 18e eeuw. Niet ver van de ingang staan vier beeldstenen. De beroemdste geeft scènes te zien uit de sage van de ontvoerde koningsdochter Hildur, de 'Helena van het Noorden'. Door deze roof, die overigens met haar eigen instemming plaatsvond, brak een bloedige oorlog tussen de clans uit.

Fårö ▶ J 10

Het eiland Fårö vlak voor de noordoostpunt van Gotland bezit een ruwe, ongenaakbare charme, die zich niet gemakkelijk openstelt. Stilte, eenzaamheid en ongerepte natuur kunt u weliswaar op veel plaatsen op Gotland ervaren, maar Fårö gaat daarin nog een stapje verder. U bereikt het eiland met de veerboot vanuit Fårösund. Tegenwoordig telt het eiland ongeveer 570 bewoners die er het hele jaar zijn, maar in de zomer zijn het er veel meer, want heel wat Stockholmers hebben hier een *sommarställe* (zomerhuis). Fårö geniet faam vanwege de unieke natuur: de uitgestrekte vlaktes met *raukar* zijn vooral goed te verkennen via de parallel aan de kust lopende smalle weg tussen Lauterhorn en Helgumannen, of bij Langhammars.

Op de schrale zand- en steenbodem van Fårö gedijt de vegetatie met grote moeite. Dennenbossen zijn er alleen in het zuiden, waar de kalksteenbodem is overdekt met een laag zand. Hier liggen dan ook mooie zandstranden: zacht wit zand is het kenmerk van Sudersand. Het ondiepe water en het eindeloos lange strand maken het aantrekkelijk voor gezinnen met kinderen. Rustiger, maar toch ook met ondiep kustwater, is het strand van Ekevik aan de noordkant.

Bergmancenter
www.bergmancenter.se, juni-aug. di.-zo. 11-17, begin-half sept. do.-zo. 12-16 uur, SEK 100

De schrale schoonheid van Fårö werd ook gewaardeerd door Ingmar Bergman (1918-2007, zie blz. 68), die hier niet alleen zijn vakanties doorbracht, maar er ook films opnam. Filmliefhebbers komen dan ook naar dit eiland uit interesse voor het graf van de beroemde regisseur op het kerkhof van Fårö kyrka. In het Bergmancenter met wisselende tentoonstellingen en een bibliotheek en een café is alle informatie beschikbaar om Fårö in de voetsporen van Ingmar Bergman te verkennen.

Uitstapje naar het nationaal park Gotska Sandön ▶ J 10

Vanuit Fårösund vaart 's zomers geregeld een boot naar een eenzaam en tamelijk afgelegen eiland: Gotska Sandön, dat 40 km ten noorden van Gotland ligt. Het eiland van ongeveer 8 bij 5 km is sinds 1963 een nationaal park. Het bestaat hoofdzakelijk uit zand en is buiten de zeehonden, talrijke vogels en het personeel van het nationaal park onbewoond. Gotska Sandön wordt omringd door zandstranden en heeft op alle vier hoeken een vuurtoren.

Als u de stilte en de eenzaamheid op dit afgelegen eiland, dat hooguit met wat dennen en heide is begroeid, in volle omvang tot u door wilt laten dringen, kunt u in hier overnachten in eenvoudige hutten.

Zuid-Gotland

Van Visby is het bijna 100 km naar de zuidpunt van Gotland. Het landschap is mooi en verlaten, maar niet zo schraal als in het noorden. De grootste plaats in het zuiden is **Burgsvik**, een belangrijke haven voor het transport van het zandsteen. De belangrijkste haven in het zuidoosten is **Ljugarn**, dat 's zomers druk wordt bezocht.

Klintehamn ▶ H 11

Klintehamn is na Visby de grootste haven in het westen van Gotland. De skyline wordt bepaald door pakhuizen en moderne windturbines. Idyllische natuur vindt u vooral iets noordelijker op de landtong Warfsholm. Klintehamn is ook belangrijk als haven voor excursieboten naar de Karlsöarna.

Uitstapje naar de Karlsöarna ▶ H 12

Boot naar Stora Karlsö vanaf Klintehamn mei-half sept., www.stora karlso.se, overnachting mogelijk, café-restaurant op Stora Karlsö, vaartijd 30 min.; soms vaart de boot ook verder naar Lilla Karlsö

De 'Karelseilanden' zijn natuurreservaten en broedplaatsen voor kolonies van zeevogels, zoals alken, gewone en zwarte zeekoeten. **Stora Karlsö** is het grootste eiland (2,46 km^2) en heeft een klein restaurant, een jeugdherberg, een vuurtoren uit 1887 en een museum. Loofbomen en jeneverstruiken bepalen het beeld, en in het voorjaar bloeien er volop orchideeën. Het kleine **Lilla Karlsö** blijft daarentegen voorbehouden aan de halfwilde Gotlandschapen.

Skeppssättning Gannarve ▶ H 11

4 km ten zuiden van Klintehamn

Naast de grote weg bij Gannarve vindt u weliswaar niet de grootste, maar vanwege de ligging met uitzicht op de zee en de Karlsöarna wel een bijzonder mooie *skeppssättning* uit de jongere bronstijd (7e-8e eeuw v.Chr.).

Roma ▶ H 12

Alleen ruïnes resteren nog van het **Roma kloster**. Dit cisterciënzerklooster werd in 1164 gesticht door monniken uit Nydala in Småland en groeide sterk door de grote economische bedrijvigheid. Na de Reformatie werden de stenen gebruikt voor de bouw van de koninklijke hoeve niet ver hiervandaan. In het Roma kloster wordt nu elk jaar een ander toneelstuk van Shakespeare opgevoerd. In de vroegere koninklijke hoeve **Roma kungsgård** is een expositie te zien over de historische betekenis van deze regio (www.romakungsgard. se, mei-aug. dag. 10-17 uur, gratis). 's Zomers zijn een smederij en een glasblazerij actief in een vleugel van het gebouw, die hun eigen producten en andere kunstnijverheidsproducten verkopen – mooie souvenirs.

Petesgård ▶ H 12

Hablingbo, www.museigardenpetes. se, juni-aug. dag. 11-17 uur, SEK 50; met café en tweedehandswinkel

Deze historische boerenhoeve ligt heel idyllisch op korte afstand van de kust. Het uit steen opgetrokken woonhuis is ingericht zoals dat gangbaar was in de 19e eeuw en geeft een indruk van het leven van alledag van de gegoede boeren op Gotland. Bij de hoeve horen een put en een windmolen.

Kattlunds gård ▶ H 12

Grötlingbo, www.kattlunds.se, half mei-begin sept. di.-zo. 11-17 uur, SEK 50; met winkel en lunchcafé

Deze middeleeuwse hoeve is de oude boerderij van zeevarende boeren op Gotland. In 1294 was de eigenaar al actief in de handel met Engeland. Het oudste deel van het oorspronkelijke complex dat bijna als een vesting aandoet, is de langgerekte schuur uit de 13e eeuw. De dakplaten uit massief zandsteen op het hoofdgebouw wegen zo'n 30 ton. De keuken, slaapkamers en huishoudelijke vertrekken zijn ingericht als een eeuw geleden. Bij de hoeve horen ook een kruidentuin en een appelboomgaard met oude appelsoorten.

Bottarvegården ▶ H 12

Vamlingbo, www.bottarve.se, meihalf juni en 1e helft sept. vr.-zo., half juni-aug. dag. 11-17 uur, SEK 40
De gebouwen van deze Zuid-Gotlandse hoeve zijn deels met zandsteenplaten en deels met zegge bedekt. Ze staan dicht op elkaar en zijn ingericht zoals in de 19e eeuw gebruikelijk was. 's Zomers worden hier geregeld uitvoeringen georganiseerd.

Hoburgen ▶ H 12

De smalle weg langs de kust naar Hoburgen voert langs jeneverstruiken en tot 35 m hoge kalksteenhellingen. Naar het met kiezels overdekte strand strekken zich grote zandsteenplaten uit, die hier in het zuiden worden benut als bouwmateriaal en voor de vervaardiging van slijpstenen. Vanaf het hooggelegen Hoburgen hebt u een fantastisch uitzicht over de zuidpunt van Gotland. Het harde roodachtige kalksteen dat hier voorkomt, wordt Hoburgsmarmer genoemd. Het bestaat vooral uit fossielen, zoals zeelelies (Crinoidea) en stromatoporen. De vermaarde *rauk* Hoburgsgubben staat eenzaam boven op de rots. Het is een grillig gevormde rotspilaar, waarvan het silhouet met enige fantasie doet denken aan een gegroefd reuzenhoofd. De grootste van de talrijke grotten in de rots heet **Hoburgsgubbens Matsal** (eetzaal van de reus). Volgens de legende ligt onder de rots de schatkamer van de reus verborgen.

Holmhällar ▶ H 12

Een uitstapje in de omgeving van Holmhällar iets oostelijker is zeker de moeite waard: u kunt parkeren bij het in een klein dennenbos gelegen pension Holmhällar met een nostalgische sfeer (www.holmhallar.se, restaurant, kiosk). Als u hiervandaan in de richting van de zee wandelt, ziet u zo'n 500 m voor de kust het eiland Heligholmen, een vogelreservaat waar sterns, kleine mantelmeeuwen en zilvermeeuwen broeden (apr.-juni toegang verboden). Het is gevaarlijk erheen te waden: onderschat de stroming in geen geval! Langs het strand van Holmhällar strekt zich over ruim 1 km een veld van *raukar* uit, die deels in het water staan. Opvallend vanwege zijn horizontale oriëntatie is de kalksteenrots 'Austregalten'.

Overnachten

Stijlvol – **Toftagården**: Tofta, tel. 0498 29 70 00, www.toftagarden.se, 2 pk vanaf SEK 1350, half juni-half aug. ook budgetkamers zonder eigen douche/wc met ontbijt: 2 pk SEK 790). Hotel en conferentieoord 18 km ten zuiden van Visby. Comfortabele kamers met eigen terras. Uitstekend restaurant met Gotlandse specialiteiten.
Golfhotel – **Suderbys Herrgård**: Toftavägen 201, Västerhejde, tel. 0498 29 60 30, www.suderbysherrgard.com, julihalf aug. 1 pk SEK 850, 2 pk SEK 1190, anders 1 pk vanaf SEK 750, 2 pk vanaf SEK 995. Aangenaam golfhotel in een landgoed uit begin 19e eeuw met een prachtige bloementuin, 7 km ten zuiden van Visby aan de RV140 (busverbinding), gunstig gelegen voor het verkeer en toch rustig, met restaurant. Functioneel ingerichte budgetkamers in het bijgebouw. Fietsverhuur, golfbaan.
Op het schiereiland – **Pensionat Warfsholm**: Klintehamn, tel. 0498 24 00 10,

www.warfsholm.se, half mei-half sept. 1 pk vanaf SEK 540, 2 pk vanaf SEK 690 (in de villa met bad/wc op de gang). Prachtig gelegen op het schiereiland, goed restaurant (juni-aug., ongeveer SEK 165). 11 nostalgische kamers in de mooie villa van rond 1900, nog meer in de bijgebouwen. Het hele jaar vakantiehuisjes.

Luxueuze camping – **Tofta Camping:** Tofta strand, tel. 0498 29 71 02, www.toftacamping.se, eind mei-aug., in het hoogseizoen tweepersoonstent vanaf SEK 155, staanplaats vanaf SEK 275. Mooie camping aan het mooiste strand aan de westkust van Gotland, in de schaduw van een dennenbos, met afzonderlijke afdelingen voor tenten en caravans. Verder hutten, zwembad, winkel, restaurant en 's avonds entertainment in de Beach Club.

Aan het strand – **Sudersands Semesterby:** Fårö, tel. 0498 22 35 36, www.sudersand.se, staanplaats op camping vanaf SEK 235 (aan het strand), vanaf SEK 200 (binnenland), moderne 4-beddenhut met bad SEK 4000-8000 per week (seizoensafhankelijk). Vakantiedorp aan het langste zandstrand ten zuiden van Fårö, met zwembaden, restaurant, fietsverhuur. In het hoogseizoen meestal goed bezet.

Eten en drinken

Ambitieuze keuken – **Smakrike:** Claudelins väg1, Ljugarn, tel. 0498 49 33 71, www.smakrike.se, mrt.-dec. vr. 17-22, za. 12-16, 17-22, zo. 12-16 uur, za.-lunch SEK 105-205, zo.-brunch SEK 325, anders hoofdgerecht SEK 295-350. Fijne en seizoensgeoriënteerde keuken met ingrediënten als zalm, rosbief en truffel. Er zijn ook 5 smaakvol ingerichte kamers (2 pk vanaf SEK 1650) en een suite.
Café met kunst – **Körsbärgården:** Västergårda Sundre 135, Burgsvik, www.korsbarsgarden.se, mei, sept. za.-zo., juni-aug. dag. 11-17 uur. Gemoedelijk café met kunstzaal en beeldenpark (niet gratis). In het café kunt u genieten van lekkere taart, in het hoofdseizoen biedt men een vegetarisch buffet en diverse vis- en vleesgerechten.

Winkelen

Aardewerk – **Etelhems krukmakeri:** Etelhem, ten westen van Ljugarn, www.krukmakeri.com, juni-aug. dag. 10-18 uur, expositie en verkoop van Gotlandse kunstnijverheid.

Actief

Surfen – **Gotlands surfcenter:** Tofta strand, www.gotlandssurfcenter.se. Juni-sept. Kitesurfen en SUP.
Golf – De belangrijkste golfbanen zijn **Kronholmen**, met 27 holes op een mooie locatie aan de westkust, **Gotska**, met 18 holes 6 km ten noordoosten van Visby) en een bij **Suderbys Herrgård**, 7 km zuidelijker aan de RV140 (zie ook hiervoor). Lidmaatschap van een golfclub is vereist.
Paardrijden – Tochten en ruitervakanties worden aangeboden door diverse hoeven op het eiland. Zie voor informatie en adressen blz. 182.

Info en evenementen

Gotlands Turistforening in Visby informeert over het hele eiland, zie blz. 182.
Romateatern: midzomer-half aug., www.romateatern.se. Opvoering van Shakespearestukken in het Zweeds in de kloosterruïne.
Bergmanveckan: 1 week eind juni-begin juli, www.bergmancenter.se.
Bus: zie blz. 182.

IN EEN OOGOPSLAG

Vänern en Dalsland

Hoogtepunt ✹

Håverud: nog altijd een adembenemende staaltje van techniek uit het midden van de 19e eeuw is de uit metalen platen samengeklonken vaargoot in het Dalslands kanaal over een diepe kloof. Zie blz. 207.

Op ontdekkingsreis

Elanden op het spoor – op de Hunneberg: de natuuronderzoeker Carl Linnaeus verbaasde zich al over de opvallende tafelberg aan de zuidelijke rand van het meer Vänern met zijn steile kliffen en diepe ravijnen. Nu komen bezoekers er om op zoek te gaan naar elanden. Zie blz. 200.

Bezienswaardigheden

Läckö slott: als een sprookjesslot aan het Zwanenmeer ligt dit prachtige kasteel uit de Zweedse Gouden Eeuw aan de oever van het Vänern. Zie blz. 202.

Sparlösasten: de runensteen naast de kerk van Sparlösa is een van de geheimzinnigste van Zweden. Zie blz. 204.

Mårbacka: in de bos- en bergidylle rond het Frykendal zijn de locaties te vinden uit de romans van Selma Lagerlöf en het woonhuis van de schrijfster. Zie blz. 210.

Actief

Fietstocht rond de Kinnekulle: de 45 km lange route voert nu eens langs het Vänern, dan weer door bos en langs weiden vol bloemen. Zie blz. 203.

Draisinerijden langs het Dalslands kanaal: van Bengtsfors naar Årjäng trapt u met spierkracht langs een traject met prachtige uitzichten. Zie blz. 211.

Sfeervol genieten

Göta älv-sluizen in Trollhättan: hier kunt u met een kabelbaan boven de rivier en de historische sluizen zweven. Zie blz. 199.

Haven van Spiken: op de punt van het schiereiland Kållandsö ligt een van de grootste havens voor de binnenvisserij van Zweden. In het restaurant Sjöboden kunt u genieten van op diverse manieren bereide meerforel uit het Vänern. Zie blz. 202.

Uitgaan

Elandsafari in de schemering: als u van avontuur houdt, kunt u zich in juli en augustus aanmelden voor een deskundig geleide grootwildsafari vanuit Vänersborg of Trollhättan naar de Hunneberg. Zie blz. 200.

Vänern en Dalsland

Het **Vänern** is het grootste meer van Zweden en het op twee na grootste meer van Europa. Net als een zee in deze contreien heeft dit binnenwater een scherenkust. Bovendien is het een onderdeel van de beroemde waterweg tussen de west- en de oostkust van Zweden: het Götakanal begint in Göteborg met de Göta älv, passeert de sluizen van Trollhättan en een reeks meren totdat het bij Motala het Vättern verlaat en verder voert in de richting van de Oostzee.

Vooral de zuidelijke oever van het Vänern heeft een rijke geschiedenis – het is een van de vroegst gekerstende gebieden van Zweden. In Husaby werd met de doop van Olof Skötkonung omstreeks het jaar 1000 het fundament voor het Zweedse koninkrijk gelegd. De vele kerken en kastelen getuigen van het historische belang van het gebied. Door Jan Guillous spannende, min of meer historisch correcte trilogie over de avonturen van de kloosterleerling en kruisvaarder Arn Magnusson, die inmiddels verfilmd is, zijn de kerken van Forshem en het middeleeuwse klooster van Varnhem net als vele andere locaties uit zijn boeken in deze regio van de provincie Västra Götaland bijzonder populair geworden.

De tafelbergen Halleberg, Hunneberg en Kinnekulle en het schiereiland Kållandsö vormen bovendien een gevarieerd en zeer fraai landschap. U kunt hier op zoek gaan naar elanden of vanaf de rand van een van de tafelbergen genieten van het geweldige uitzicht over het Vänern en de vruchtbare vlakten van Västgötland.

Ten westen van het Vänern, in Dalsland komt de reiziger het soort landschap tegen dat we ons meestal voorstellen als een Zweeds prentenboek: beboste heuvels, natuurlijke rivieren en meren die glinsteren in de zon. Naar Dalsland reist u vanwege het landschap, want hier vindt u de ruimte voor ontspanning in de natuur en op het water. De provincie is dunbevolkt met slechts 50.000 inwoners. De langgerekte meren en rivieren zijn ideaal voor kanovaarders. In het gebied zijn ook elanden en bevers te zien.

De belangrijkste attractie van de provincie is het **Dalslands kanaal**. Dit kanaal werd in 1864-1868 aangelegd onder leiding van de ingenieur Nils Ericson, die ook verantwoordelijk was voor spoorlijnen en het Trollhätte kanaal, voor het transport van ijzererts uit de mijnen van Värmland naar de hutten in Dalsland. Slechts zo'n 10 km van het hele traject tussen het meer Stora Le bij de Noorse grens en Köpmannebro aan het Vänern is kunstmatig aangelegd, verder gaat het om natuurlijke waterwegen en meren. Het hoogteverschil van in totaal 66 m wordt overbrugd met 29 sluizen. Tegenwoordig is het 254 km lange kanaal alleen nog een toeristische attractie – de belangrijkste van de provincie. U kunt hier een tocht maken met een eigen plezierjacht of met een excursieboot, zonodig in verschillende etappes.

Een uitstapje van Dalsland naar het noorden brengt u in Värmland. Voor het dunbevolkte landschap rond het Frykenmeer heeft Selma Lagerlöf met haar roman *Gösta Berlings Saga* een monument opgericht. Haar huis Mårbacka is nu een trekpleister voor bezoekers.

INFO

Toeristische informatie

Västsvenska Turistrådet: www.vastsverige.com. Dit toeristenbureau biedt informatie over het hele gebied van Västergötland en Dalsland.

Vervoer

Ten zuiden van het Vänern (Skaraborgs län): www.vasttrafik.se
Dalsland: www.dalatrafik.se

Trollhättan ▶ C 10

Als centrum van de metaal- en autoindustrie heeft Trollhättan (53.000 inwoners) naam gemaakt. Motor voor de ontwikkeling tot industriestad was de rivier de Göta älv, die op deze plek oorspronkelijk een machtige waterval met een valhoogte van meer dan 30 m vormde. Zijn energie werd al in de 15e eeuw benut.

Göta älv-sluizen

De belangrijkste attractie van Trollhättan zijn de sluizen van Göta älv (volg de borden 'Slussarna'). Sinds 1910 is de Göta älv afgedamd om met behulp van turbines elektriciteit op te wekken. In de zomer mag de machtige stroom in ieder geval tijdelijk ongeremd door zijn oude bedding stromen, want dan worden de sluizen op bepaalde momenten geopend (mei-juni, sept. za., juli-aug. dag. om 15 uur). Half juli duurt het spektakel 'Slussdag' met talrijke toeschouwers tot laat in de avond. De waterval in de Göta älv was eeuwenlang een onoverkomelijk obstakel voor schepen die het Vänern vanaf de open zee wilden bereiken. In 1800 werd uiteindelijk de eerste sluis geopend en de lading van de schepen hoefde niet langer overgeslagen worden. Tijdens een wandeling kunt u de omgeving verkennen of in de zomer met een kabelbaan over de rivier zweven. Indrukwekkend is een rondleiding door de oude centrale **Olidan** (www.kreativkraft.se, half juli-half aug. dag., gratis).

Musea

Nieuwsgierige kinderen en liefhebbers van de natuurwetenschap kunnen in het **Innovatum Science Center** (Åkerssjövägen 10, www.sc.innovatum.se, juli-aug. dag. 11-17, anders di.-zo. 11-16 uur, SEK 75, gezin SEK 150) de werking van veel zaken multimediaal en in experimenten op het spoor komen. Het is ondergebracht als deel van een technologiepark in de voormalige fabriekshallen van de hier ooit gevestigde metaalindustrie.

Saab-liefhebbers kunnen een bezoek brengen aan het **SAAB Car Museum** (Åkerssjövägen 18, http://saabcarmuseum.se, di.-zo. 11-16, 's zomers dag. 9-17 uur, SEK 100). Zo'n honderd modellen van het om zijn fraaie vormgeving bekendstaande merk kunt u hier bekijken.

Overnachten en eten

Klassiek – **Ronnums Herrgård:** Parkvägen 18, Vargön, tel. 0521 26 00 00, www.ronnums.se, 2 pk vanaf SEK 995. Historisch herenhuis op een prachtige locatie in een park aan de voet van de Hunneberg met een goed restaurant (3 gangen SEK 350, ma.-vr. lunch SEK 98).

Info en evenementen

Visit Trollhättan AB: Åkerssjövägen 10, 461 29 Trollhättan, tel. 0520 135 09, www.visittv.se.
Slussdagen: half juli. De sluizen in Trollhättan worden geopend en de hele stad viert feest.
Trein: naar Göteborg, Oslo en Karlstad.
Bus: naar Vänersborg en Lidköping.

Lidköping en omgeving ▶ C/D 10

Lidköping

De met 25.600 inwoners grootste stad aan de zuidelijke oever van het meer Vänern wordt door de rivier de Lidån in een oud en een nieuw deel gescheiden. Het voormalige stadhuis (**Gamla Rådhuset**), geheel van hout ▷ blz. 202

Op ontdekkingsreis

De elanden op het spoor – op de Hunneberg

Carl Linnaeus verbaasde zich al over de opvallende tafelberg aan de zuidrand van het meer Vänern met zijn steile rotswanden en diepe ravijnen. Nu komen de bezoekers hier vooral om op zoek te gaan naar elanden.

Kaart: ▶ C 10
Kungajaktmuseet Älgens Berg: www.algensberg.com, juni-aug. dag. 10-18, sept.-nov., feb.-mei di.-zo., dec.-jan. di.-vr. 11-16 uur, SEK 80.
Elandsafari: juli-aug. ma., do. ca. 18.30 uur, duur 1,5 uur, boeken bij Turistbyrå Vänersborg, tel. 0521 135 09, info@visittv.se, SEK 375, kinderen SEK 225.
Wandelen: veel paden; kaarten en beschrijving in het Kungajaktmuseet.
Eten en drinken: Restaurant Spiskupan, www.spiskupan.se, dag. 11-16 uur.

De tafelbergen Halleberg en Hunneberg zijn ontstaan toen ongeveer 300 miljoen jaar geleden heet oergesteente door de scheuren en spleten in de dikke sedimentlagen op de voormalige zeebodem brak. De magma koelde af tot diabaas, een soort basalt. De harde diabaas erodeerde veel minder dan de sedimentaire gesteenten – en bleef als kolomformatie staan. Langs de rand van de 90 m hoge Hunneberg groeien tot wel 200 jaar oude dennen die door de wind een grillige vorm hebben aangenomen. Zij worden hier gekoesterd omdat ze beschutting tegen de wind bieden.

Elanden in de schemering

In enkele kloven zijn watervallen te zien. **Byklevsfallet** ligt op de route naar het **Kungajaktmuseet Älgens Berg** in het jachthuis Bergagården. Het museum geeft interactief een indruk van de leefwereld van de eland, die dankzij zijn sterke reuk en gehoor de mens vaak weet te ontlopen. De eland ziet bovendien erg goed in de schemering. Het grote gewei van het mannetje dient als een soort antenne om de lichtste geluiden op te vangen.

Koninklijk jachtgebied

Al vroeg lieten de machtigen hun oog vallen op de wildrijke Hunneberg. In 1539 verklaarde Gustav Vasa het gebied tot koninklijk jachtgebied. Naast de hier van nature voorkomende elanden zette men ook edelherten uit. De huidige koning Carl XVI Gustaf houdt elk najaar een koninklijke jacht. Het gebied is vanouds het domein van het koninklijke jachtgezelschap **Fagerhult**. De beste kans om de koning van het bos te zien te krijgen is overigens bij een van de rondleidingen die op zomeravonden worden georganiseerd.

Lichtvoetig groot wild

In de moerassen op het plateau voelen de elanden, echt groot wild met een schofthoogte tot 1,90 m zich uitstekend thuis. Met hun spreidbare hoeven zijn ze goed uitgerust voor drassig terrein. Ondanks zijn gewicht van een halve ton kan een elandstier zich lichtvoetig door het moeras verplaatsen. In de draslanden van het natuurreservaat **Öjemossarna**, midden op het plateau van de Hunneberg, leven verder vogels als watersnip, korhoen, visarend en kraanvogel. In het kunstmatig aangelegde vogelmeer **Fågelsjön** staat een observatietoren. Door het gebied loopt van noord naar zuid een pad parallel aan de dam die hier werd opgeworpen voor het vervoer met een treintje van de hier gewonnenen turf.

Botanische schatten

Van het zo'n 20 km lange bosbouwpad langs de rand van de Hunneberg lopen veel zijpaden naar bijvoorbeeld een uitkijkpunt met zicht op het dal van de Göta älv en de kerk van Västra Tunhem. Klein boeren *(torpare)* dreven in de 16e en de 17e eeuw hun vee naar de weiden boven op de Hunneberg en maaiden die weiden eens per jaar. Reusachtige oude loofbomen, vooral eiken, en zeldzaam geworden planten zoals valkruid en orchideeën getuigen van de botanische verscheidenheid op deze niet intensief bewerkte velden. U ziet ze onder meer in het eikenbos **Tunhems ekhagar** en het **natuurreservaat Grinnsjö**. Breng zeker ook een bezoekje aan de **Toltorpseken** ('Toltorpseik'). Deze statige oude boom staat in een weiland.

en een belangrijke bezienswaardigheid in Lidköping, is het voormalige jachtslot van graaf Magnus Gabriel De la Gardie, dat hierheen werd overgebracht. Het herbergt nu onder andere een populair café en het *turistbyrå*.

Ongeveer 300 meter van het marktplein (aan de andere zijde van het spoor) ligt het bedrijfsterrein van de beroemde **Rörstrands porslinsfabrik** (www.rorstrand-museum.se, ma.-vr. 10-17, za. 10-16, zo. 12-16 uur, gratis). Een kleine tentoonstelling toont producten uit de geschiedenis van de fabriek, een café biedt versterking voor de inwendige mens en een fabriekswinkel fraai serviesgoed, glas en andere designproducten tegen lage prijzen.

Vänermuseet

Framnäsvägen 2, www.vanermuseet.se, juni-aug. ma.-vr. 10-17, za.-zo. 11-16, anders ma. gesl., SEK 40

Net buiten het centrum, direct aan de oevers van het meer Vänern ligt het bezienswaardige Vänermuseet, gewijd aan de geschiedenis en de ecologie van het meer. Het toont visuitrusting en de resultaten van artistieke confrontaties rond het thema water, zoals de befaamde glazen boten van Bertil Vallien. Een indrukwekkende tentoonstelling over de geologie van het Kinnekullegebied verhaalt over meteorieten en het leven in de prehistorie.

Schiereiland Kållandsö

Läckö slott ▶ D 10

www.lackoslott.se, rondleidingen mei en sept. ieder uur, dag. 11-16, juni-aug. dag. 10-18 uur, naargelang het seizoen SEK 80-100

Vanuit Lidköping is een reis naar het op het puntje van het schiereiland Kållandsö gelegen Läckö slott de moeite waard. Zijn huidige vorm heeft het voornamelijk te danken aan Magnus Gabriel de la Gardie, die het kasteel in 1652 erfde. Hij liet het verbouwen, maar zijn plannen konden wegens geldgebrek niet volledig worden uitgevoerd. Op het kleine eiland in Vänern stond al in de middeleeuwen een bisschopsburcht, die tijdens de Reformatie aan de staat kwam. Ook De la Gardie werd het imposante bouwwerk ontnomen, omdat de staat door de Dertigjarige Oorlog in geldnood was geraakt. In de zomer worden hier thematische tentoonstellingen en opera-uitvoeringen georganiseerd.

Victoriahuset (Naturum Vänerskärgården)

www.naturum.lackoslott.se, apr.-sept. dag. 10-18, okt.-mrt. 10-16 uur

Het in 2013 door kroonprinses Victoria geopende Naturum Vänerskärgården in een gebouw met een ambitieuze architectuur biedt niet alleen onderdak aan een informatiecentrum bij het natuurreservaat Vänerskärgården, maar ook aan een uitstekend restaurant en zelfs enkele hotelkamers (2 pk SEK 1490-1540).

Spiken

Wie van plan is te picknicken op het schiereiland Kållandsö, kan in de haven van Spiken gerookte vis kopen of in het gerenommeerde restaurant Sjöboden aanschuiven (zie blz. 205).

Kinnekulle ▶ D 10

De schrijvers Selma Lagerlöf en August Strindberg trokken zich op zoek naar ontspanning en inspiratie al terug op de van verre als silhouet zichtbare tafelberg Kinnekulle. Hij ontstond ongeveer 300 miljoen jaar geleden, toen uit aardbevingspleten vloeiend lava uit het binnenste van de aarde uitliep over de

Omgeving van Lidköping

Sprookjesslot met meer dan 200 kamers: Läckö slott aan het Vänern

met versteende planten, schelpen en vissen bedekte zeebodem. Door het stijgen van het land en erosie verdwenen latere lagen en bleef alleen de harde diabaaslaag over, die zich nu boven de vlakte verheft. Onder deze harde schil rusten miljoenen jaren oude getuigenissen van de geschiedenis van de aarde.

Hoogtepunt en het beste startpunt voor korte wandelingen is de uitkijktoren op de **Högkullen** (autoweg). Ook de 45 km lange, gemarkeerde wandelroute Kinnekulleleden voert hier langs. Tot de belangrijkste bezienswaardigheden horen naast de indrukwekkende natuurlijke schoonheid enkele middeleeuwse kerken, waarvan de belangrijkste die van **Husaby** is. De in het begin van de 12e eeuw gebouwde zandstenen kerk was destijds bisschopszetel. In een nabijgelegen bron zou rond het jaar 1000 koning Olof Skötkonung zich hebben laten dopen.

Verder naar het noordoosten komt u bij de kerk van Forshem, waarop in gebeeldhouwde scènes de middeleeuwse bouwtradities worden getoond.

Fietstocht rond de Kinnekulle

Begin: Falkängen in Hällekis, hier ook fietsverhuur; lengte: ca. 40 km; markering: rood-wit; over secundaire wegen en onverharde landwegen zonder veel hoogteverschil; routekaart Kinnekulletåget op www.vasttrafik.se; neem een picknickpakket mee, want onderweg is weinig gelegenheid om eten of drinken te kopen

De route is goed in etappes onder te verdelen en met een treinreis te combineren; enkele stations van de Kinnekulletåget, die tussen Lidköping en Mariestad rijdt, liggen aan de route. Na het begin in **Falkängen** steekt u het spoor over en fietst u langs het meer in de richting van camping Hellekis hamn. Vervolgens gaat u landinwaarts langs het boerenbedrijf **Hellekis säteri** ('s zomers met tuinbezichtiging en café) naar het natuurreservaat **Munkängarna** in een

Vänern en Dalsland

Fietstocht rond de Kinnekulle

dun loofbos. In de middeleeuwen was dit gebied eigendom van de monniken van Vadstena, vandaar de naam 'monnikenweide'. Hier ligt ook de in de ijstijd onstane grot **Mörkeklevs grotta**. Bij de haven in **Råbäck** laat **Råbäcks Mekaniska stenhuggeri** zien hoe het uitgehouwen kalksteen hier tot in de jaren 60 werd verwerkt (alleen 's zomers). Parallel aan de spoorlijn en de oever van het meer gaat u verder naar een uitkijkpunt op de **Västerplana storäng**. Van de 30 m hoge zandsteenrots **Rödstensklevan** hebt u een prachtig uitzicht over het Vänern. De vruchtbare weiden, die met hun vele plantensoorten in de 18e eeuw Carl Linnaeus bekoorden, zijn nu een natuurreservaat. Voorbij het station **Blomberg** gaat de route landinwaarts in de richting van **Husaby kyrka** (zie blz. 203). Onderweg kunt u even een uitstapje maken naar **Lasses grotta**, een diepe spleet in het zandsteen waarin een zekere Lasse en zijn vrouw zich lieten zakken en daar leefden van wat het bos hun bood. Lasse i berget zou 82 jaar zijn geworden. Voorbij de bezienswaardige kerk Husaby kyrka en de rotstekeningen uit de bronstijd in **Flyhov** komt u bij het kalkrijke heidegebied **Österplana hed**, waar in juni orchideeën als mannetjesorchis en vrouwenschoentje bloeien. Hierna is het nog 7 km fietsen om terug bij Falkängen te komen en de ronde aan het meer te voltooien.

Runensteen Sparlösasten ▶ C 10

Zo'n 25 km ten zuiden van Lidköping
In een houten paviljoen naast de kerk van Sparlösa staat een runensteen die vermoedelijk uit het jaar 800 stamt. Hij wacht tot op de dag van vandaag op zijn uiteindelijke ontcijfering. De steen was gebruikt bij de bouw van de kerk – het inschrift werd pas ontdekt in 1937, waarna de steen voor de kerk werd geplaatst. Bezoekers kunnen zich een beeld vormen van de inscripties, terwijl de gedetailleerde toelichting op de wandpanelen een poging doet tot interpretatie van tekst en afbeeldingen. Meest opwindend is waarschijnlijk de interpretatie dat een van de afbeeldingen in de steen een Siberische joert zou weergeven – wat kan verwijzen naar de zeer uitgebreide reizen van de Zweedse Vikingen naar het oosten. Het paviljoen is altijd toegankelijk; in de zomer is er een tijdelijk café.

Overnachten

Handwerkersdorp – **Falkängens STF Vandrarhem:** tel. 0510 54 06 53, www.falkangen.se, 1 pk vanaf SEK 310, appartement vanaf SEK 520 voor 2 personen zonder ontbijt en beddengoed. Bezienswaardigheid en onderkomen in één: in huizen die ooit werden bewoond door de werknemers van de voormalige steengroeve, zijn 2- tot 5-beddenappartementen met douche/wc en keuken ingericht. Verder een klein mineralen- en fossielenmuseum, diverse kunstnijverheidswinkels en demonstraties van oude ambachten.

Alleen in de zomer – **STF Vandrarhem Vara:** Torggatan 41, Vara (ca. 35 km ten zuiden van Lidköping), tel. 0512 579 92 of 0512 579 70, vandrarhem@vara.fhsk.se, juni-3e week aug., 1 pk vanaf SEK 250, 2 pk SEK 500 zonder ontbijt en beddengoed. De volkshogeschool verhuurt gedurende de zomervakantie aangename 1- of 2-beddenkamers, douche/wc op de gang.

Luxueus – **KronoCamping Lidköping:** Lidköping, tel. 0510 268 04, www.kronocamping.com, het hele jaar, staanplaats vanaf SEK 225, eenvoudige 2-beddenhut met douche/wc vanaf SEK 600. Aan de oever van het meer, met eigen strand en verwarmd zwembad, 1 km buiten de stad; hutten, vakantiehuisjes, bootverhuur.

Eten en drinken

Vis – **Restaurang & Café Sjöboden:** Spiken, tel. 0510 104 08, www.sjoboden.se, Pasen, juni-half aug. dag. 12-16 en 17-22, anders di.-zo. 12-16 uur, buffet SEK 245. Uitstekende keuken, vooral vis uit het meer, terras met uitzicht over het meer.

Actief

Fietsverhuur – **Falkängens STF Vandrarhem:** zie hiervoor.
Boottocht – Langs de scheren van **Ekens Skärgård:** 's zomers vanaf Läckö slott, tel. 0510 263 00, 0510 21 04 55. Vanaf de steiger tochten met een excursieboot.
Wandelen – **Kinnekulleleden:** de 45 km lange wandelroute loopt door een prachtig landschap rond de Kinnekulle met de heuveltop Högkullen als hoogste punt. De route is begaanbaar voor mountainbikes.

Informatie

Destination Läckö-Kinnekulle: Gamla rådhuset, Nya stadens Torg, 531 31 Lidköping, tel. 0510 200 20, www.vastsverige.com, www.kinnekulle.se. In het Kinnekullegebied zijn informatiepunten te vinden in winkels en cafés.
Trein: de lijn Lidköping-Vara-Herrljunga heeft aansluiting op het traject Göteborg-Stockholm; de Kinnekulletåget Lidköping-Mariestad heeft tussenstations in onder meer Hällekis.

Skara ▶ D 10

De domstad Skara (10.800 inwoners) was in de middeleeuwen een van de belangrijkste bisdommen van het land, maar nu maakt het stadje, waar verschillende scholen en onderwijsinstellingen zijn, eerder een slaperige indruk, vooral tijdens de zomervakantie. Na het succes van de verfilming van Jan Guillou's romans over de kruisridder Arn (zie blz. 19), die in deze streek werd opgenomen, is er in de stad met zijn ontzagwekkende kathedraal iets meer aan de hand. In de omgeving van de stad zijn op veel plaatsen sporen van de christelijke middeleeuwen te ontdekken.

Västergötlands museum

Stadsträdgården, www.vastergotlandsmuseum.se, di.-vr. 10-16, za.-zo. 11-16, Fornbyn mei-sept. dag. 8-20 uur, gratis
In het regionale museum zijn onder meer de 17 beroemde bronzen schilden te zien die 3000 jaar geleden in een moeras op het schiereiland Kållandsö

Vänern en Dalsland

werden afgezonken. 's Zomers trekken handwerkslieden weer in de ongeveer 30 huizen van het openluchtmuseum **Fornbyn**, waar ze hun oude ambachten laten herleven.

Informatie

Skara Turistbyrå/Visitor Center: Biblioteksgatan 3, 532 88 Skara, tel. 0511 325 80, www.skara.se/turism.
Bus: naar Falköping, Uddevalla, Örebro, Lidköping en Trollhättan.

Omgeving van Skara

Skara Sommarland ▶ D 10

Axvall, www.sommarland.se, juni-half aug. dag. 10-17, juli tot 19 uur, vanaf SEK 309 per dag, vanaf SEK 469 voor 2 dagen; ook camping

Kinderen zullen aandringen om Skara Sommarland, het grootste waterpark, én het grootste pretpark van Zweden, te bezoeken. Het ligt ten oosten van Skara naast de drafbaan langs de RV49. U kunt de weekends beter vermijden, want dan is het hier erg druk.

Varnhems kloster ▶ D 10

14 km oostelijk van Skara, www.varnhem.se, apr.-mei, sept. dag. 11-16, juni-eind aug. 10-17 uur, SEK 40

Breed en zwaar staat de serene kloosterkerk van Varnhem tussen oude bomen en groene weiden. Het klooster werd in 1150 gesticht door de cisterciënzers van Alvastra. In 1566 werden de kloostergebouwen door de Denen afgebrand (de fundamenten werden ontdekt bij opgravingen in de late jaren 20) en alleen de kerk ontsnapte aan vernietiging. Het gebouw werd in 1654-1674 gerestaureerd door Magnus Gabriel De la Gardie, de eigenaar van Läckö slott, die er later met zijn vrouw ook begraven werd.

Inmiddels gaat men ervan uit dat ook de in 1266 overleden stichter van Stockholm, Birger Jarl, in de kerk begraven werd – DNA-analyses wijzen daar althans op. In de Klostergården is koffie en taart verkrijgbaar.

Falköping ▶ D 10

De stad in het hart van de vruchtbare streek Falbygden staat bekend om zijn kaas, maar er zijn ook stenen grafgangen (*gånggrift*) uit de steentijd gevonden, sommige midden in de stad. Meer wetenswaardigheden over de streek ziet u in het **Falbygdens museum** (Sankt Olofsgatan 23, juli-aug di.-zo., anders di., do. en zo. 11-16 uur, juli-aug. SEK 50, anders gratis).

Omgeving van Falköping

Hornborgasjö ▶ D 10

www.hornborga.com, Naturum half mrt.-april dag. 10-18, mei-aug. 11-18, sept. za.-zo. 10-16 uur, gratis

Dit vogelreservaat is in trek bij ornithologen, vooral in het voorjaar, wanneer ze met honderden hierheen komen om de dans van de duizenden kraanvogels te bekijken. Om akkerland te winnen werd in het verleden een groot deel van het meer drooggelegd, waardoor dit gebied lange tijd niet geschikt was voor watervogels als zwanen en ganzen. Dankzij beschermingsmaatregelen is de grootste schade inmiddels hersteld en is het meer een van de vogelrijkste gebieden van het land geworden, met futen, eenden en tal van zang- en roofvogels. Ook buiten het seizoen van de kraanvogels trekt het Naturum veel bezoekers.

Ekornavallen ▶ D 10

15 km noordelijk van Falköping, oostelijk van de Hornborgasjö

Een fraai staaltje Zweedse ingenieurskunst: het in 1868 aangelegde Dalslands kanal

Het indrukwekkende grafveld werd meer dan 4000 jaar gebruikt, van de steen-, tijdens de brons- en tot in de ijzertijd.

Overnachten

In de hoogte – **Trädhushotel Islanna: Ugglum Islanna**, tel. 0515 72 03 84, http://islanna.com, 2 pk vanaf SEK 1950. Een nacht op een hoogte van 6,50 m brengt de gasten op ooghoogte met mezen, bosuil en grote bonte specht. Een leuke belevenis.

Idyllisch – **Nästegården B&B**: Såtuna (ca. 15 noordelijk van Falköping), tel. 0500 49 20 26, www.nastegarden.se. 2 pk vanaf SEK 1150. De kamers zijn tot in detail gerestaureerd naar de staat van 100 jaar geleden – zonder tv maar met zonne-energie.

Informatie

Falköpings Turistbyrå: Stora Torget 11, 521 42 Falköping, tel. 0515 88 70 50, www.vastsverige.com/falkoping.
Trein: aan de lijnen Göteborg-Stockholm en Nässjö-Jönköping.

Dalsland

Håverud ✸ ▶ C 9

Akvedukt

In Håverud vindt u een meesterwerk van Zweedse ingenieurskunst uit 1868: een 32 m lange brug, het **Akvedukt**, leidt het Dalslands kanal over de rivier Upperudsälven, met daarboven een spoorwegbrug en daarboven weer een viaduct voor het wegverkeer. De metalen platen van het aquaduct worden bij elkaar gehouden door meer dan 30.000 klinknagels.

Kanalmuseum

Museivägen 3, Håverud, www.kanal museet.se, mei-midzomer, laatste week aug.-sept. 11-16, midzomer-3e week aug. 10-18 uur, SEK 40

Een tentoonstelling in het **Dalsland Center** in de vroegere papierfabriek documenteert de geschiedenis van het Dalslands kanaal en vertelt over het leven langs deze waterweg.

Boottocht op het Dalslands kanal

Dienstregeling: www.storholmen. com, railbus eind juni-3e week aug. ma.-za., www.dvvj.com

Van Håverud naar Bengtsfors vaart het historische schip M/S Storholmen (bouwjaar 1896) door 19 sluizen en het aquaduct van Håverud over de waterwegen van het Dalslands kanaal, door smalle kanalen en een prachtig stelsel van aaneengesloten meren. Voor de terugreis kunt u kiezen voor de railbus van Dal Västra Värmlands Järnväg. De afkorting DVVJ wordt ook wel uitgelegd als *De vackra vyernas järnväg*, de 'spoorlijn met het mooie uitzicht'.

Informatie

Håveruds Turistbyrå: Dalsland Center, 464 72 Håverud, tel. 0530 189 90, www. haverud-upperud.se.

Uitstapje naar Dals Rostock ▶ C 9/10

Dals Rostock heeft een geschiedenis van 300 jaar als kuuroord. Halverwege de 20e eeuw stond hier nog een sanatorium voor mensen met tuberculose. Bezienswaardig zijn de **tuin** met geneeskrachtige kruiden en een klein **museum** (www.rostock.se, half juni-half aug. dag. 11-18 uur). U kunt ook een mooie wandeling maken naar de 250 m hoge heuvelrug **Kroppefjäll**.

Over secundaire wegen naar Bengtsfors ▶ C 9

Van Håverud leidt een zeer mooie, bochtige en heuvelachtige weg naar Dals Långed en Bengtsfors, parallel aan het spoorwegtraject. Ten zuidwesten van Tisselskog kunt u een tussenstop maken bij de boerderij Högsbyn aan het meer Råvarpen voor de **rotstekeningen** uit de bronstijd (zie blz. 209). Voorbij Dals Långed bereikt de weg het meer Laxsjön, waar veel industrieën (papier- en houtverwerking) te vinden zijn. Tot halverwege de 19e eeuw leefde Dalsland vooral van de ijzerverwerkende industrie, die echter wegens gebrek aan grondstoffen niet concurrerend was. In de late 19e eeuw begon men de grote water- en houtrijkdom anders te gebruiken en werd de productie van hout, papier en cellulose de belangrijkste inkomstenbron.

Aan het einde van de laatste ijstijd ontstonden de **gletsjermolens** (*jättegrytorna*) bij Steneby kyrka langs de RV172, die wel tot 7 m diep en 10 m in doorsnede zijn.

In het stadje **Bengtsfors** zijn **Halmens hus** (www.halmenshus.com, juni-aug. di.-zo. 10-17, mrt.-apr., sept.-nov. di.-vr., mei di.-za, dec.-4e advent di.-zo. 10-16 uur, hostel en café, gratis) en het openluchtmuseum Gammelgården (mei-aug. dag. 11-16 uur, SEK 50) een bezoek waard. Hier wordt het oeroude ambacht van strovlechten nog vakkundig uitgevoerd en verder ontwikkeld, zoals wisselende tentoonstellingen over

Favoriet

Tisselskog – Een stenen plaatjesboek lezen ▶ C 9

Het in Dalsland gelegen gebied met rotstekeningen (*hällristningsområde*) ontleent zijn charme aan de nabijheid van het water. De locatie is gemaakt om er met een boot aan te leggen en men kan zich goed voorstellen hoe de mensen in de bronstijd hier kwamen voor overleg, ceremonies en rituelen. Waren de raadselachtige tekens boodschappen voor anderen die elkaar ook hier ontmoetten? Een van de opmerkelijkste afbeeldingen is van een personage dat een achterwaartse salto lijkt te maken. Vergelijkbare beelden zijn bekend uit het Middellandse Zeegebied. Of dit toeval is? Misschien niet, want de mensen hadden 3000 jaar geleden ook uitgebreide contacten (zie blz.128).

Tip

Uitstapje naar Värmland – Selma Lagerlöfs Mårbacka ▶ D 8

Ongeveer 138 km ten noorden van Bengtsfors, in de provincie Värmland, ligt Sunne. Bijna recht tegenover Sunne aan de andere kant van het meer Fryken ligt Mårbacka, waar op 20 november 1858 de latere schrijfster en Nobelprijswinnares Selma Lagerlöf werd geboren. De familie Lagerlöf verarmde na de dood van haar vader en zag zich genoodzaakt in 1907 Mårbacka te verlaten. Dankzij het prijzengeld van de Nobelprijs voor Literatuur die Selma in 1909 won, en de inkomsten van haar zeer goed verkopende boeken, zoals *Nils Holgerssons wonderbare reis*, was de auteur al in 1910 in staat het ouderlijk huis terug te kopen. Ze bleef hier wonen tot haar dood in 1940. Het in zijn huidige vorm in 1923 voltooide huis kan alleen worden bezocht tijdens een rondleiding. Bijzonder mooi is de tuin, die door de schrijfster met veel enthousiasme werd aangelegd. Onder oude linden kunt u er met een kopje koffie en koekjes naar originele recepten uit de tijd van Selma Lagerlöf heerlijk verpozen (www.marbacka.com, mei, sept. za.-zo. 11-15, juni en 2e helft aug. dag. 11-16, week na midzomer-half aug. 10-17 uur, rondleiding SEK 125, tot 15 jaar SEK 50, gezin SEK 300, winkel open na de rondleiding.

het onderwerp laten zien. De gevlochten kerstdecoraties behoren tot de populairste souvenirs uit Bengtsfors.

Overnachten en eten

Op een herenboerderij – **Baldersnäs herrgård:** tel. 0531 412 13, www.baldersnas.eu, dag. mei-aug., arrangement 2 pk SEK 1195 per persoon met driegangendiner. Comfortabele kamers in het herenhuis. Van het terras van het restaurants kijkt u uit op het park. Op het menu staan voorteffelijk bereide streekgerechten met wild en vis (vijfgangenmenu vanaf SEK 595).

Overnachten, actief

Op een herenboerderij – **STF Vandrarhem Bengtsfors:** Gammelgården, tel. 0531 126 20, www.gammelgarden.com, mei-aug., vanaf SEK 600 zonder ontbijt en beddengoed. Hoog op de heuvel met uitzicht over het meer Lelång ligt dit gezellige onderkomen, dat onderdeel is van het openluchtmuseum.

Ideaal voor kanovaarders – **Dalsland Camping- & Kanotcentral:** tel. 0531 100 60, www.dalslandscamping.se, juni-half sept., staanplaats vanaf SEK 200, eenvoudige 2-persoonshut vanaf SEK 350 per dag. Gelegen tussen de meren Lelången en Ärtingen, natuurlijk met strand, kano- en fietsverhuur.

Aan de sluis – **Kanalvillan:** Stenebyvägen 11, Dals Långed, tel. 0531 411 16, www.kanalvillan.com, *vandrarhem* 2 pk vanaf SEK 600 zonder ontbijt en beddengoed, pension in historische villa 2 pk met douche/wc vanaf SEK 1300. Op een eiland bij de Långbrons sluss. Ook arrangementen met kano- en draisinetochten of meerdaagse kanotochten. Verhuur van een- of tweepersoonskano's SEK 270 per dag.

Kanotochten – **Silverlake Camp & Kanot:** Brogatan 2, Bengtsfors. tel. 0531 121 73, www.silverlake.se, tweepersoonskano vanaf SEK 210 per dag. Kano- en kajakverhuur, ruime keus aan boten en tochten. Arrangementen met overnachting op de camping of in de *vandrarhem*, meerdaagse tochten met gids over het Dalslands kanaal en de omliggende meren. Ook verhuur van mountainbikes en combinatietochten draisine/kano.

Info en evenementen

Bengtsfors Turistbyrå: Sågudden 1, Box 24, 666 30 Bengtsfors, tel. 0531 52 63 55, www.vastsverige.com/bengtsfors.
Kanomarathon: half aug., www.kanotmaraton.se. Start in Baldersnäs.
Bus: naar Åmål en Mellerud.
Trein: toeristisch vervoer, alleen 's zomers, www.dvvj.se.

Draisinetocht met fraai uitzicht

Tussen Årjäng in Värmland, een paradijs voor liefhebbers van het buitenleven en kanoërs, en Bengtsfors in Dalsland kunt u, als u het peddelen even moe bent, zich voor de verandering individueel of op een tandem al trappend op een draisine voortbewegen.

Het 52 km lange, afgesloten deel van de spoorlijn van Dal Västra Värmlands Järnväg (DVVJ) loopt parallel aan het Dalslands kanal. Erg populair is een tocht die op het beginpunt terugkeert – heen over het water in een kano en terug over de rails – of vice versa. Informatie: www.dvvj.se.

IN EEN OOGOPSLAG

Van Vättern naar Mälaren

Hoogtepunten ☀

Vadstena: de heilige Birgitta verricht nog steeds wonderen – de toeristische sector in de stad waar ze haar kloosterkerk liet bouwen, is in trek. Het indrukwekkende Vasaslot en de prachtige ligging aan het meer dragen ook bij aan de populariteit van de stad. Zie blz. 220.

Bergs slussar: een sluizencomplex in de overtreffende trap, dat bijna 200 jaar achter de kiezen heeft en nog steeds soepel functioneert – het beroemdste technische wonder in het Götakanal. Zie blz. 227.

Op ontdekkingsreis

Met de fiets langs het Götakanal: Weinig heuvels, goede bewegwijzering, veel rustpunten langs de route – voor fietsers zijn de oude jaagpaden langs het kanaal perfect. Zie blz. 228

Risinge gamla kyrka – wat een oude kerk te vertellen heeft: de bouwgeschiedenis van de middeleeuwse kerken spreekt vaak boekdelen, zo ook in Risinge. Zie blz. 232.

Met Kurt Tucholsky op slot Gripsholm: een vakantie aan het meer Mälaren en een prachtige Zweedse zomer inspireerden Kurt Tucholsky tot zijn roman *Slot Gripsholm*. De schrijver ligt begraven in het naburige stadje Mariefred. Zie blz. 242.

Bezienswaardigheden

Lucifermuseum in Jönköping: het briljante idee van veiligheidslucifers komt uit Jönköping en wordt in het Tändsticksmuseet indrukwekkend gedocumenteerd. Zie blz. 215.

Omberg: prachtig uitzicht op het meer vanaf de panoramische weg en wandelroutes langs orchideeënvelden. Zie blz. 218.

Sigurdsristning: de intrigerende runensteen in een mooi oude beukenbos vertelt een spannende geschiedenis waarin een draak een rol speelt. Zie blz. 240.

Actief

Vogelmeer Tåkern: tussen het riet ligt een prachtige natuurgebied waar wandelingen met een gids worden georganiseerd. Zie blz. 220.

Naturreservat Stendörren: van eiland naar eiland zonder boot – hangbruggen maken het mogelijk. Zie blz. 235.

Sfeervol genieten

Visingsö, eiland in Vättern: tijdens een rustieke koetsrit ontdekt u het door het klimaat verwende eiland in het meer Vättern. Zie blz. 218.

Söderköping: een schilderachtig stadje dat gemaakt lijkt om rustig doorheen te wandelen. Aan het kanaal is een uitstekende ijssalon te vinden. Zie blz. 230.

Julita gård: wie een paar nachten doorbrengt in het herenhuis van Julita waant zich in de 18e eeuw – als een verblijf in een museum. Zie blz. 239.

Uitgaan

Orgelconcerten in Vadstena: in de kloosterkerk Blå kyrka heerst een onvergelijkbare sfeer. Zie blz. 224.

Sky Bar in Västerås: cocktailbar hoog boven de daken van de stad en hoog boven boven het Mälaren. Zie blz. 241.

Van Vättern naar Mälaren

Het **Vättern**, na Vänern (zie blz. 198) het grootste meer van Zweden, is een diepe, met water gevulde depressie in het oergesteente, die ontstond door aardverschuivingen. Het 130 km lange, tot 31 km brede meer is maximaal 100 m diep en wordt gevoed door bronnen onder het wateroppervlak. Niet alleen daarom geldt het ondanks zijn opmerkelijk heldere water als mysterieus.

Het in 1832 ingehuldigde, ongeveer 90 km lange oostelijke deel van het **Götakanal** in Östergötland tussen Motala en Mem bij Söderköping overwint met in totaal 58 sluizen het hoogteverschil tussen het Vättern en de Oostzee. Het volledige, bijna 390 km lange kanaal is een uniek monument van de ingenieurskunst. Tussen mei en eind september is het kanaal open en is het scheepvaartverkeer druk met zeil- en motorjachten. Weliswaar hoeft nog maar een klein deel van de sluizen met de hand opengedraaid te worden, maar in het hoogseizoen hebben de sluiswachters er hun handen vol aan om files te voorkomen.

Langs het kanaal zijn Linköping en Norrköping twee zeer verschillende steden, de eerste een historische dom- en universiteitsstad, de tweede een industriestad die in de 19e eeuw het centrum van de textielindustrie in het land was en het Zweedse equivalent van het Engelse Manchester. Vandaag de dag zijn het levendige steden met een spannende mix van cultuur, winkels en gastronomie.

Tussen Söderköping en Västervik strekt zich de 'Blauwe Kust' van Östergötland uit, waarvan de scherenkust uitstekende watersportfaciliteiten te bieden heeft. Zijwegen van de E22 leiden naar de scherenkust van Sankt Anna en, via Valdemarsvik, die van Gryt en Loftahammar. In het zomerse hoogseizoen verbinden excursieboten de kleine havens langs de kust met elkaar. Ze brengen bezoekers ook naar verder afgelegen eilanden.

In **Sörmland** (Södermanland) bevindt u zich midden in het historische centrum van Svealand. De vele kastelen en landhuizen, vaak op exclusieve locaties aan het water, zoals langs de scherenkust, zijn hier de imposante getuigen van en dragen bij aan de charme van de provincie.

Ten noorden van het Vättern doorkruist de E20 het kleinste *landskap* van Zweden, Närke, een bos- en ertsrijke regio die van oudsher een belangrijke rol speelde als transportroute tussen de grote meren van Midden-Zweden. Een belangrijk verkeersknooppunt is de stad Örebro aan het meer Hjälmaren. Dit meer ligt op de grens van Zuid- en Midden-Zweden, op de overgang van de

INFO

Toeristische informatie
Voor informatie en boekingen van accommodatie kunt u terecht bij de afzonderlijke bureaus van de provincies.
... Småland: www.visitsmaland.se.
... Östergötland: www.visitostergotland.se (meertalig).
... Sörmland: www.svetur.se/en/visitsormland (meertalig).

Internet
www.vattern.se, www.gotakanal.se

Evenementen
Vätternrundan: half juni, www.vatternrundan.se. Fietsmarathon van 300 km rond het meer.

Vervoer
Jönköpings läns trafik: www.jlt.se
Östgötatrafik: www.ostgotatrafiken.se
Sörmland: www.lanstrafiken.se/sormland

laagvlakte van Götaland naar het **Mälardal**. Hier gaf de in de millennia na de ijstijd langzaam inzettende maar gestage landstijging vruchtbare landbouwgronden vrij, waardoor het langs de oevers van het meer Mälaren ook toen al goed leven was.

De regio rond het Mälaren valt op door het grote aantal bezienswaardigheden, door de soms slaperige, soms bruisende steden, maar ook door de schoonheid van het landschap. Wie de tijd heeft, kan een uitstapje maken naar een van de vele schiereilanden, die vaak met een kasteel uitsteken in het meer. In de dichte rietvelden rond het meer is er soms wat ruimte over – een plek voor een stoombootsteiger, een kleine jachthaven of een zwemsteiger die uitstekende mogelijkheden biedt voor een verfrissende duik.

Jönköping ▶ D 11

De hoofdstad (120.000 inwoners) van de gelijknamige provincie in het noordoosten van Småland ligt aan de zuidelijke punt van Vättern en is een belangrijk verkeersknooppunt, commercieel centrum voor de hele regio en een belangrijke industriestad. Moderne gebouwen domineren het centrum van de stad, die in het verleden herhaaldelijk geteisterd werd door vernietigende branden.

Tändsticksmuseet

Tändsticksgränd 27, www.match museum.se, juni-aug. ma.-vr. 10-17, za.-zo. 10-15, sept.-mei di.-zo. 11-15 uur, SEK 50 (mrt-okt.)

Het bekendste exportproduct van de stad waren de veiligheidslucifers, die na de Wereldtentoonstelling in Parijs in 1855 een triomftocht zonder gelijke maakten. Fabrikanten van de wereldprimeur waren de broers Johan Edvard en Carl Lundström, die hun geld in eerste instantie met de gevaarlijke fosforlucifers hadden verdiend. Het Tändsticksmuseet documenteert de geschiedenis van de luciferproductie. Het is gehuisvest in een houten huis waarin zich in 1848 de eerste luciferfabriek bevond. Deze werd in 1971 gesloten. Omdat er wel 38 Zweedse luciferfabrieken waren die elkaar tot faillissement beconcurreerden, kwam het in 1917 tot een fusie, waaruit het concern Svenska Tändsticksaktiebolaget ontstond. Onder leiding van Ivar Kreuger wist het een wereldmonopolie voor lucifers te verwerven.

Jönköpings läns museum

Dag Hammarskjölds plats, www.john bauersmuseum.nu, www.jkpglm.se, juli-aug. ma.-vr. 12-19, za.-zo. 11-15, anders di., do.-vr. 12-19, wo. 12-21, za.-zo. 11-15 uur, gratis

Het architectonisch ook interessante provinciale museum heeft de grootste collectie werken van de Zweedse kunstenaar John Bauer (1882-1918), die op een onvergelijkbare – door sommigen als kitscherig, door anderen als verontrustend beschouwd – manier verhalen vertellen over trollen, elfen, kabouters en dwergen, waardoor de kunstenaar tot op heden immens populair is in Zweden. Hij kwam met zijn vrouw en dochter op tragische wijze om tijdens een schipbreuk op Vättern.

Overnachten

Centraal – **Familjen Ericssons City Hotell:** Västra Storgatan 35, tel. 036 71 92 80, www.cityhotel.se, 1 pk vanaf SEK 645, 2 pk SEK 995-1795, korting bij langer verblijf (vanaf 2 nachten) en weekends (vr.-zo.). Dit door een familie gerunde hotel met 80 kamers staat niet ver van het Tändsticksmuseet (200 m van het station).

Tip

Waar de zuurstokken worden gerold

Kinderen zullen vooral hierom van Gränna houden: de *polkagrisar* genoemde zuurstokken. Ze worden hier sinds 1859 gemaakt. Destijds kreeg de weduwe Amalia Eriksson toestemming om met de productie van fijne bakwaren in het levensonderhoud van zichzelf en haar dochter te voorzien. In Gränna's hoofdstraat rijgen de zuurstokwinkels zich tegenwoordig aaneen. Bij sommige suikerbakkers kunt u zien hoe de rood-witte zuurstokken met de hand worden gemaakt: het warme, met aroma's op smaak gebrachte zuurstokdeeg wordt gemengd en gedraaid, over een haak gegooid en uitgetrokken, zodat het vrij glad wordt. Vervolgens wordt de massa tot stangen uitgerold (**Franssons Polkagristillverkning**, Jönköpingsvägen 19, www.franssonspolkagrisar.se, dag. 9-17 uur).

Actief

Waterparadijs – **Rosenlundsbadet**: www.rosenlundsbadet.se. Het is het grootste recreatiebad van Scandinavië, mooie ligging aan het Vättern.
Voor waterratten – **Zwemlocaties** en verwarmde **buitenbaden** langs het Vättern, zie www.jonkoping.se.

Informatie

Jönköpings Turistbyrå: Södra Strandgatan 13, 553 20 Jönköping, tel. 0771 21 13 00, www.jkpg.com.
Vliegtuig: Jönköping Airport bij Axamo.
Trein: naar Falköping, Nässjö.
Bus: naar Gränna, Linköping, Norrköping, Vadstena, Motala en Örebro.

Huskvarna ▶ E 11

De naam van Jönköpings buurstad is over de hele wereld bekend geworden door de productie van wapens, motorfietsen en naaimachines. Nostalgische grasmaaiers, oude motoren en andere oldtimers uit de jaren 50 zijn te zien in het **Husqvarna Fabriksmuseum** (www.husqvarnamuseum.se, mei-sept. ma.-vr. 10-17, za.-zo. 12-16, okt.-apr. ma.-vr. 10-15, za.-zo. 12-16 uur, SEK 50).

Åsens by

Bij Haurida, 14 km ten noordoosten van Huskvarna, www.asensby.com, mei, 2e helft aug. za.-zo. juli-half aug. dag. 11-17 uur

Een uitstapje naar dit museumdorp is beslist de moeite waard. Het ligt in een soort cultuurreservaat, dat met 19e-eeuwse boerderijen en boerderijdieren in oude stijl behouden is gebleven zoals vroeger. Er is een mogelijkheid om hier te overnachten (zie hierna). In het idyllische gebied met weilanden en akkers kunt u heerlijk wandelen over talloze paden.

Overnachten

Idyllische herberg – **Rosendals herrgård**: Odengatan 10, Huskvarna, tel. 036 14 88 70, www.hhv.se, (2 pk met badkamer/wc vanaf SEK 695, 2 pk zonder eigen badkamer vanaf SEK 550. Dit *vandrarhem* is centraal gelegen in een historisch pand uit 1774 en heeft sfeervol ingerichte kamers.
In het museumdorp – **Åsens by**: bij Haurida, 14 km ten noordoosten van Huskvarna, tel. 036 830 55, www.asensby.com. Een mooi *vandrarhem* in het cultuurreservaat (zie hiervoor). Meerbeddenkamers, vanaf SEK 225 per persoon (zonder ontbijt).

Gränna en omgeving

▶ E 11

Gränna is vooral bekend om zijn roodwitte zuurstokken, die hier als overgedimensioneerde reclamedragers het stadje domineren. Kijk ook eens verder dan de Brahegatan, waarover in de zomer een eindeloze rij auto's voorbijschuift op zoek naar een parkeerplaats. Gränna is nooit getroffen door verwoestende stadsbranden en is dan ook een van de best bewaarde Zweedse steden met een houten bebouwing. In **Hallska Gården** werken ambachtslieden en op de binnenplaats lokt een mooi café (Brahegatan 35/Hahns Gränd, alleen 's zomers).

Grennamuseum en Polarcenter

Brahegatan 38-40, half mei-aug. dag. 10-18, anders 10-16 uur, SEK 50

In het pand van het *turistbyrå* (Grenna Kulturgård) is het de moeite waard een bezoek te brengen aan het Polarcenter. Het herdenkt de in 1854 in Gränna geboren Salomon August Andrée, die in 1897 met twee metgezellen probeerde in een ballon de Noordpool te bereiken om de regio in kaart te brengen. Drie dagen na de start vanaf Spitsbergen moesten ze een noodlanding maken, zwierven drie maanden door de ijswoestenij en kwamen uiteindelijk alle drie om het leven. Te zien zijn de in 1930 gevonden restanten van de expeditie: foto's, dagboeken en apparatuur. Ter ere van Andrée wordt jaarlijks in juli een ballonvliegwedstrijd gehouden. Het Grennamuseum huisvest ook een verzameling over de lokale geschiedenis van het voormalige graafschap Gränna-Visingsö.

Overnachten

Niet alleen voor romantici – **Gyllene Uttern:** aan de E4, 3 km ten zuiden van Gränna, www.gylleneutternhotel group.com, 2 pk SEK 1200-1700, golf-, weekend- en andere arrangementen; ook verhuur van hutten. Het hotel, in de stijl van een noordse 'koningshoeve' zoals men zich die in de jaren 30 voorstelde, is geliefd bij bruidsparen; ze kunnen zelfs in de eigen kapel van het hotel trouwen. Ook anderen biedt het hotel uitstekende service en comfortabele kamers. In de zomer kunt u op het terras genieten met koffie en cake van een prachtig uitzicht over het Vättern.

Aan de 'lagune' – **Grännastrandens Camping:** tel. 0390 107 06, www.granna camping.se, mei-sept., staanplaats SEK 225-350, hut vanaf SEK 500 per dag, met douche/wc vanaf SEK 1000 per dag. Naast de aanlegsteiger van de veerboot naar Visingsö, bij het zwembad Gränna Badlagun.

Actief

Langs de oevers van Vättern – **Openluchtbad Gränna Badlagun:** bij de aanlegsteiger van de veerboot. Het door een pier afgescheiden vlakke bassin is een echt waterpark waarin het water snel warm wordt. Middenin liggen kleine, zandige eilanden, die via plankieren kunnen worden bereikt, met glijbanen en klimrekken.

Info en evenementen

Gränna Turistbyrå: Box 104, Brahegatan 38, Grenna Kulturgård, 563 32 Gränna, tel. 036 10 38 60, www.destina tionjonkoping.se. Ook informatie over het eiland Visingsö.

Andrée-dagen: rond 11 juli, de dag dat Andrée op Spitsbergen aan zijn tocht begon, in Gränna; ballontochten.

Bus: naar Stockholm, Jönköping, Linköping, Vadstena, Motala en Örebro.

Veerboot: naar Visingsö, 's zomers ieder uur, vaartijd 20 min., reservering verplicht voor auto's, tel. 0390 410 25.

Wandeling naar de ruïne van Brahehus

Vanaf de parkeerplaats ongeveer 4 km ten noorden van Gränna bij Uppgränna voert een klim door het hellingbos aan de oever van Vättern naar de kasteelruïne Brahehus, die moest worden gerestaureerd omdat de bij eerdere restauraties gebruikte cementmortel het metselwerk dreigde te vernietigen. Deze is nu vervangen door een traditionele kalkmortel. In 1708 ging het in 1636 door Per Brahe gebouwde kasteel bij een brand verloren. Aan de andere kant van de ruïne loopt de snelweg E4. Het uitzicht over Gränna en Visingsö is de moeite van de klim zeker waard.

Visingsö ▶ E 10/11

Men zou kunnen denken dat het in 20 minuten met de veerboot te bereiken Visingsö, met 25 km² het grootste eiland in Vättern, een soort buitenwijk van Gränna was. In feite is het precies andersom: de graven van het geslacht Brahe – die de titel en het leen in 1561 van Erik XIV ontvingen – bouwden op Visingsö met stenen van het verwoeste klooster van Alvastra een kasteel en stichtten in 1652 op het vasteland als hoofdstad van het graafschap Visingsborg de stad Gränna. Bij de kasteelruïne is nu bovendien weer een kruidentuin aangelegd, naar voorbeelden uit de 17e-eeuwse barok.

Het eiland heeft een zeer mild klimaat, zodat hier bijvoorbeeld moerbeibomen kunnen groeien, waarop men in het midden van de 19e eeuw zijderupsen kweekte. Een van de grootste eikenbossen van het land werd in 1831 in het midden van het eiland aangeplant, omdat werd berekend dat er niet voldoende eikenhout zou zijn voor de vakwerkhuizen van toekomstige generaties. Het populairste vervoermiddel op Visingsö is de *remmalag*, een paardenwagen waarop ongeveer 25 mensen rug aan rug kunnen zitten om zich ontspannen over het eiland te laten rondrijden. Overigens rijdt er op het eiland ook een lijnbus.

Omberg en omgeving
▶ E 10

Voetpaden en smalle, kronkelende wegen, vanwaar u steeds weer een spectaculair uitzicht over Vättern heeft, ontsluiten het natuurgebied Omberg tussen Alvastra en Borghamn. De kalkhoudende ondergrond laat in het voorjaar sleutelbloemen, anemonen en orchideeën tot bloei komen. Vanaf de parkeerplaats bij de jeugdherberg Stocklycke leidt een panoramaweg naar het noorden, die alleen in deze richting kan worden gereden, tot aan de steengroeve van Borghamn. Deze leverde het bouwmateriaal voor het klooster van Alvastra, het

De hellingen van de Omberg worden gekenmerkt door een zeer rijke vegetatie

> **Mooie route langs de oever van het meer**
>
> Voor de verdere reis van Gränna naar het noorden, waar u al snel de grens met de provincie Östergötland passeert, zou u niet de E4, maar na Ödeshög de kleine weg direct langs Vättern moeten nemen (volg de borden 'Turistvägen'). U rijdt dan met het Vättern links in zicht door het vlakke weidelandschap, waardoor u steeds weer kunt genieten van het prachtige uitzicht.

klooster en het kasteel in Vadstena, het Götakanal en de vesting Karlsborg aan de andere kant van het Vättern.

Klooster van Alvastra

Franse cisterciënzers stichtten in 1143 op de zuidelijke uitlopers van de Omberg het klooster Alvastra, dat 400 jaar lang een van de machtigste in Zweden was. Tijdens de Reformatie kwam het klooster aan de Kroon en vanaf eind 16e eeuw diende het als steengroeve voor de bouw van het slot in Vadstena. Al meer dan 25 jaar is de schilderachtige ruïne steeds eind juli het openluchtpodium voor het *Alvastra Krönikespel*, waarin historische gebeurtenissen uit de middeleeuwen worden nagespeeld.

Vogelmeer Tåkern

Ten oosten van Omberg spreidt het ondiepe meer Tåkern zich uit. Het is een belangrijk vogelreservaat. De uitgestrekte rietvelden bieden ongeveer 270 vogelsoorten een ideale habitat, met onder meer zwarte stern, roerdomp en rietzanger. Vanaf de uitkijktoren in **Glänås** aan de zuidkant worden ornithologische rondleidingen georganiseerd (apr.-half okt.).

Naturum Tåkern

www.naturumtakern.se, mei-aug. dag. 10-17, apr., sept.. di.-zo., okt.-maart za.-zo. 10-16 uur, gratis

Dit Naturum bij het meer Tåkern is een van de mooiste bezoekerscentra bij een natuurreservaat in Zweden: het in 2012 geopende ronde bouwwerk midden tussen de rietvelden zou zo in aanmerking kunnen komen voor een architectuurprijs. Het bezoekerscentrum biedt uitvoerige informatie over de flora en fauna in het gebied, en geeft een uitstekend kijkje op het rijke vogelleven rond het meer.

Overnachten

In de natuur – **STF Vandrarhem Omberg:** Stocklycke, tel. 0144 330 44, www.stocklycke.se, apr.-okt., 2 pk vanaf SEK 600 zonder ontbijt en beddengoed. Een uitstekend uitgangspunt voor wandelingen in het natuurreservaat, ideaal voor groepen, 52 bedden in 15 kamers in het hoofdgebouw en in een kleiner, houten bijgebouw.

Bij de haven – **STF Vandrarhem Borghamn:** Borghamnsvägen 1, tel. 0143 203 68, www.borghamn.com, 2 pk vanaf SEK 450 zonder ontbijt en beddengoed. Fraaie ligging aan de kleine haven van Borghamn zo'n 15 km ten zuiden van Vadstena; 35 kamers verdeeld over drie gebouwen. Café op de binnenplaats en restaurant (alleen 's zomers).

Vadstena ✹ ▶ E 10

In deze fraaie en welvarende stad (5600 inwoners) heerst een heel bijzondere sfeer. De stad is een ware oase van rust en sereniteit. Pelgrims en nonnen bevolken de kerken en de straten. Daarbij komt nog de prachtige ligging aan het Vättern.

Haar belang – en in 1989 een pauselijk bezoek – dankt Vadstena aan de volharding van de heilige Birgitta, een van de opmerkelijkste vrouwen uit de Zweedse geschiedenis. Birgitta leefde als hofdame aan het hof van koning Magnus Eriksson, van wie ze een verre verwante was, en had acht kinderen. Toen ze in 1344 op een leeftijd van 42 jaar weduwe werd, trok ze zich vijf jaar terug in het klooster van Alvastra, waar ze in visioenen de opdracht kreeg een klooster in Vadstena te bouwen. Voor haar revolutionaire idee hier een klooster te stichten voor monniken én nonnen, had ze echter de toestemming van de paus nodig. Daarom ging ze in 1349 op weg naar Rome. Pas in 1370 kreeg ze toestemming van paus Urbanus V, die korte tijd was teruggekeerd uit Avignon op aandrang van Birgitta, Petrarca en keizer Karel IV. Ze beleefde de inwijding van haar klooster overigens niet meer, omdat ze in 1373 in Rome stierf. Daar ze echter duidelijke instructies had nagelaten, tot aan de afmetingen van de kerk aan toe, kwam het elf jaar na haar dood ingewijde klooster precies overeen met haar ideeën. De eerste abdis was haar dochter Catherine. Birgitta werd in 1391 heilig verklaard. Ze wordt beschouwd als de eerste Zweedstalige schrijfster, omdat ze haar openbaringen die ze eerst in het Latijn opschreef, later zelf heeft vertaald.

Ook het klooster van Vadstena kwam tijdens de Reformatie door koning Gustav Vasa aan de Kroon, de nonnen mochten slechts tot 1595 blijven. Het klooster werd eerst een koninklijk paleis, later een ziekenhuis, daarna een gekkenhuis, totdat het hele complex halverwege de 20e eeuw werd gerestaureerd. Tegenwoordig is er het gerenommeerde Klosterhotel gevestigd. Inmiddels zijn de birgittinessen teruggekeerd naar Vadstena; de nonnen leven in een nieuw gebouwd klooster.

Blå kyrkan

Mei, juni, aug. 9-19, juli 9-20, anders 11-15.30 uur

De 'blauwe kerk', de kloosterkerk, waarvan het uiterlijk en de afmetingen door Birgitta werden bepaald, werd pas in 1430 ingewijd. Hier zijn de relikwieën van Birgitta te vinden, naast een grote verzameling middeleeuwse beeldhouwwerken. Daar monnikken en nonnen geen oogcontact mochten hebben, zaten de nonnen boven het hoogaltaar in een galerij, die nu niet meer bestaat. De kerk werd 'blauw' genoemd ter onderscheid van de rode Sankt Perskyrka, waarvan de toren als klokkentoren dient.

Klostermuseum

Gräsgården, www.klostermuseum.se, juni, 2e helft aug. dag. 11-16, juli-half aug. 10-17.30, mei, sept. wo.-zo. 11-16 uur, SEK 70

In 1346 schonk koning Magnus Eriksson aan zijn hofdame Birgitta het voormalige paleis van het geslacht Bjälbo. Het omstreeks 1250 door Birger Jarl gebouwde paleis zou het oudste profane gebouw van Zweden zijn (ook Glimmingehus in Skåne maakt aanspraak op deze titel). Hier leefden in de middeleeuwen nonnen van de birgittijnerorde.

Vadstena slott

www.visitvadstena.eu, 2e helft mei, 1e helft sept. ma.-vr. 12-16, juni, 2e helft aug. dag. 11-16, juli 11-18, 2e helft sept. za.-zo. en jan.-half mei za. alleen rondleiding 14 uur, SEK 80 (rondleiding SEK 120)

De bezichtiging van het door koning Gustav Vasa in 1545 gebouwde kasteel geeft een goede indruk van de uitdagende trots van een typisch Vasaslot. Sinds 1654 worden hier regelmatig opera's opgevoerd. De in 1864 opgerichte Vadstena akademien zet deze traditie voort en maakt het voor jonge musici mogelijk elke zomer (juli en augustus) voor publiek op te treden.

Overnachten

Vadstena is een toeristische magneet. In in het hoogseizoen is er ruim voldoende onderdak; informatie bij het *turistbyrå*.
Op stand in het klooster – **Klosterhotel:** tel. 0143 315 30, www.klosterhotel.se, aanbiedingen 2 pk vanaf SEK 1045. In de historische kloostergebouwen zijn comfortabele kamers ingericht.
Vervlogen tijden – **Dahlströmska gården:** Lastköpingsgatan 38, tel. 0143 100 23, www.dahlstromskagarden.se, 2 pk vanaf SEK 980. In dit ▷ blz. 224

Favoriet

Vitsand strand – Zwemmen en de geur van dennen opsnuiven
▶ E 9

Vitsand in het nationaal park Tiveden is een zeer afgelegen plek om te zwemmen. De rit ernaartoe leidt al door de oerbossen van het nationaal park. Op dit strand verwacht niemand infrastructuur, maar wel veel natuur. Het zand van de wijde baai wordt afgewisseld met kiezelsteentjes en dennenappels en het zachte, venige water van het meer Stora Trehörningen wordt snel opgewarmd door de zon. U kunt zo'n 100 meter ver het meer in waden zonder dat het water u tot boven de knieën komt. Wandelpaden leiden van de zwemplekken naar verschillende natuurlijke bezienswaardigheden, zoals de Stenkälla ('steenbron', 1,6 km). De bron ontspringt onder huizenhoge zwerfkeien. Zouden reuzen hier de hand in hebben gehad?

voormalige ziekenhuis (1823) verblijft u in nostalgische sferen met veel historische details. Elf kamers, met gedeeld sanitair.
Bij een mooi strand – **Vadstena Camping:** tel. 0143 127 30, www.vadstena camping.se, mei-half sept., kamers en staanplaats SEK 200-250, hut vanaf SEK 600 per dag. 3 km ten noorden van Vadstena aan de oever van het meer bij het strand Vätterviksbadet.

Eten en drinken

Goede kloosterkeuken – **Restaurant Munkklostret:** in het Klosterhotel (zie boven), tel. 0143 315 30, www.kloster hotel.se, ma.-za. 12-14, 18-21 uur, hoofdgerecht SEK 200-300. Specialiteit is de Vättern-*röding* (forel).
Bistro met historisch tintje – **Vadstena Valven:** Storgatan 18, tel. 0143 123 40, www.valven.se, ma.-vr. 11.30-14, 18-22, za. 12-15, 18-22, zo. 12-15 uur, bistromenu SEK 130-150. Rustieke ambiance in de gewelfde eetzaal van het restaurant, met Zweedse gerechten op de kaart.

Uitgaan

Indrukwekkend – **Orgelconcerten** ('s zomers) in de Blå kyrkan zijn een belevenis, vooral als de zon achter het koor in het westen ondergaat.
Een bijzondere sfeer – **Operauitvoeringen in Vadstena slott:** informatie bij Vadstena Akademien, tel. 0143 122 29, www.vadstena-akademien.org, kaartjes bij Vadstena Kulturcentrum, tel. 0143 150 37.

Informatie

Vadstena Turistbyrå: Rödtornet, 592 80 Vadstena, tel. 0143 315 70 of 0143 315 71, www.visitostergotland.se/vadstena
Bus: naar Jönköping, Motala, Linköping, Örebro.

Askersund en omgeving ▶ E 9

De rustige stad Askersund (3900 inwoners), aan het noordelijke uiteinde van Vättern biedt zichzelf aan als een startpunt voor excursies naar de uit ongeveer vijftig eilanden bestaande scherenkust langs de oevers van het Vättern.

Zo'n 5 km ten zuiden van Askersund ligt **Stjärnsund slott** (www.vitterhets akad.se/kulturfastigheter, rondleiding half mei-half sept.), een classicistisch paleis uit de vroege 19e eeuw in een mooi park en met een aardig café.

Info en evenementen

Askersunds Turistbyrå: Sjöängen, Sundbrogatan 28-30, 696 30 Askersund, tel. 0583 810 88, www.visitaskersund.se.
Tradjazzfestival: half juni. Jazzfestival met dixielandgroepen.
Antiekmarkt: begin aug. Met veilingen in Askersund.
Bus: naar Örebro en via Medevi, Motala, Vadstena naar Jönköping.

Overnachten en eten

Aan het meer – **Husabergsudde Camping:** tel. 0583 71 14 35, www.husa bergsudde.se, mei-begin sept., staanplaats SEK 170-220. Hutten met uitzicht op meer en slot.

Actief

Uitstapjes – **Boottocht:** op het meer Alsen met de meer dan 100 jaar oude stoomboot 'Motala Express'; naar de brug over Stora Hammarsundet met de 'M/S Wettervik', tel. 0583 810 88.

Nationaal park Tiveden
▶ E 9

www.tiveden.se
Vanuit Askersund is een tocht van ongeveer 20 km langs de westelijke oever van het Vättern de moeite waard. Hier ligt in Tiveden een echte wildernis. Nadat het bos eeuwenlang gebruikt werd voor de productie van houtskool, ontwikkelt zich nu in het in 1983 onder natuurbescherming gestelde gebied zonder menselijke tussenkomst weer een 'oerbos'. Bosvogels als ruigpootuil en drieteenspecht hebben zich er gevestigd. Hier kunt u duidelijk zien welke krachten aan het einde van de ijstijd de oppervlakte van dit land hebben gevormd.

Een andere bezienswaardigheid in de omgeving van Tiveden is, naast het strand Vitsand (zie blz. 222) het meer **Fagertärn**, waar de zeldzame rode waterlelie groeit, die als eerste plant in Zweden in 1905 onder bescherming werd gesteld en van half juli tot in augustus bloeit.

Götakanal
Motala ▶ E 10

In de voormalige industriestad (31.000 inwoners) tussen Vättern en Boren begint het door Östergötland leidende deel van het Götakanal, dat Motala en Mem bij Söderköping met elkaar verbindt en in 1832 werd geopend. Hoofdingenieur was Baltzar van Platen. Hij ontwierp ook de waaiervormige plattegrond voor de direct aan de Vätternbaai gelegen wijk. Zijn graf met een imposante grafsteen ligt aan de oostzijde van het museum direct aan het kanaal.

Tip
Boottocht over het Götakanal
Door het Götakanal en het Trollhätte kanaal is een doorgaande scheepsroute van Göteborg naar Stockholm mogelijk. De tocht over de kanalen en de meren Vänern, Viken, Vättern, Roxen en Boren kan worden afgelegd met een lijnboot in vier tot zes dagen. De stijlvolste variant is een tocht met een van de traditionele stoomboten Juno, Wilhelm Tham of Diana.
Informatie: Rederi AB Götakanal, tel. 031 80 63 150, www.gotacanal.se. Deze mooie tocht is ook te boeken via verschillende touroperators in Nederland en België.

In de machinefabriek **Motala verkstad** (juni-aug. zo. 13-16 uur) uit 1822 zijn stoommachines en andere oude machines te zien. Een tentoonstelling aan de haven (Dockanområdet), **Götakanalutställning** (Varvsgatan, midzomer-aug. dag. 9-18 uur) is gewijd aan de levensader Götakanal en zijn geschiedenis. Eveneens aan de haven laat het **Motormuseum** (www.motormuseum.se, ma.-za. 10-21, zo. 10-17 uur, SEK 100) bezoekers in nostalgie zwelgen met een jukebox en een compleet benzinestation uit de jaren 50 – ook de bromfiets van de Zweedse koning, waarmee hij de grasvelden rond het kasteel onveilig maakte, staat hier.

Uitstapje naar Medevi brunn
▶ E 9/10

15 km ten noorden van Motala, tel. 0141 911 00, www.medevibrunn.se, hotel 2 pk vanaf SEK 1300, 2 pk vandrarhem vanaf SEK 480, ook café-restaurant
Medevi brunn is het oudste kuuroord van Zweden, dat in 1678 werd gesticht.

Van Vättern naar Mälaren

Tegenwoordig is de collectie oude huizen in het park een idylle met onder andere een apotheekmuseum. 's Avonds dans en theater op het door een band gespeelde 'Grötlunken' (juni-aug.).

Overnachten

Veel cafés, restaurants en goedkope accommodaties, zoals B & B's en *vandrarhem* sluiten al half augustus, ook al is het kanaal nog tot in september open.
In industrieel erfgoed – **Mallboden Café och Vandrarhem**: Varvsgatan 17, Motala, tel. 0141 21 09 23, www.mallboden.se, 2 pk vanaf SEK 700 zonder ontbijt en beddengoed. Herberg in een monumentaal en voorbeeldig gerestaureerd fabrieksgebouw direct aan het kanaal.

Eten en drinken

Nostalgie – **Göta Hotell**: Borensberg, tel. 0141 400 60, www.gotahotell.se, mei-sept., dec., 2 pk SEK 1400 met eigen douche/wc, 2 pk SEK 900 met douche/wc op de gang. Prachtig ouderwets hotel uit 1908 met veel sfeer. Uitstekend restaurant.

Actief

Fietsen – **Informatie over fietstochten** en arrangementen bij het *turistbyrå*. Fietsverhuur aan de haven.
Zwemmen – **Varamobadet,** ca. 4 km ten noorden van Motala. Met een lengte van 4 km is dit het grootste binnenwaterstrand van Zweden; diverse watersportmogelijkheden.

Informatie

Motala Turistbyrå: Platensgatan (aan de haven), 591 86 Motala, tel. 0141 10 12 04, www.motala.se.
Trein: naar Mjölby, Linköping en via Hallsberg naar Örebro en verder naar Stockholm.

Een houten idylle gered: Gamla Linköping met winkels en cafés in de stijl van rond 1900

Götakanal

Bus: naar Vadstena, Jönköping, Linköping, Örebro.

Bergs slussar ✺ ▶ F 10

Ten noordwesten van Linköping overbruggen in Berg verschillende sluizen het hoogteverschil tussen het Götakanal en het meer Roxen. De in 1815-1818 gebouwde sluizentrap van de Carl Johans sluss is met 18,9 m recordhouder in het kanaal. De twee dubbele sluizen direct ernaast overwinnen ieder 4,8 m, zodat de boten over een afstand van 28,8 m dalen of stijgen.

Linköping ▶ F 10

Met 106.000 inwoners is Linköping de op vier na grootste stad van Zweden, bovendien een universiteitsstad. In de domstad zijn sinds de 13e eeuw een aantal koningen gekroond.

De gotische **domkyrka** domineert het centrum en is na die van Uppsala de grootste van Zweden. Het pronkjuweel van de stad is de door Carl Milles ontworpen fontein met de ruiter Folke Filbyter, een figuur uit de noordse mythologie.

Linköpings slott staat tegenover de dom en was ooit de bisschopsresidentie. Enkele muren dateren van de 12e eeuw, daarmee is het slot het oudste bewaarde profane bouwwerk van het land. Het **Slotts- och domkyrkomuseet** documenteert de middeleeuwse geschiedenis van de bisschopszetel (www.lsdm.se, di.-zo. 12-16 uur, SEK 60).

Gamla Linköping

Terrein altijd toegankelijk, huizen, musea, winkels en werkplaatsen ma.-vr. 10-17.30, za. zon- en feestdagen 12-16 uur; wo. en in het weekend zijn niet alle werkplaatsen open

Het openluchtmuseum ten zuidwesten van de stad met houten huizen uit de 18e en 19e eeuw is de grootste bezienswaardigheid van Linköping. De 90 huizen stammen uit de periode van wederopbouw na de grote brand van 1700.

Een van de populairste attracties van het openluchtmuseum is **Fenomenmagasinet** (www.fenomenmagasinet.se, vakanties dag., anders za.-zo. 10-16 uur, SEK 40), waar in het historische magazijn van een voormalige suikerfabriek ongeveer 200 natuurwetenschappelijke fenomenen zintuiglijk waarneembaar verklaard worden. Maar er zijn ook opgezette dieren en andere delen van een natuurhistorische collectie te zien.

Naar Vreta kloster ▶ E/F 10

In Östergötland waren er al in de 12e eeuw veel koningshoeven. Koning Inge en zijn vrouw Helena stichtten in 1120 het eerste klooster van Zweden, Vreta kloster (10 km noordwestelijk). Naast de kerk uit de 12e eeuw liggen de romantische ruïnes van het klooster. Cisterciënzers namen de oorspronkelijk voor de koning bedoelde kerk over. In de prachtige kloosterkerk werden verschillende middeleeuwse Zweedse koningen begraven.

Overnachten

Luxueuze herberg – **STF Vandrarhem Linköping:** Klostergatan 52A, tel. 013 35 90 90, www.lvh.se, 2 pk vanaf SEK 590 zonder ontbijt en beddengoed. Midden in het centrum gelegen; hotelstandaard: alle kamers hebben douche/wc; 2-persoonsappartement vanaf SEK 800.
Met grote speeltuin – **Glyttinge Camping:** Berggårdsvägen, Linköping, tel. 013 17 49 28, www.camping.se/E28, www.nordiccamping.se, staanplaats vanaf SEK 255. 4 km buiten de stad, ook hutten. ▷ blz. 230

Op ontdekkingsreis

Sluizentocht per fiets – langs het Götakanal

Zelfs iemand die niet bijzonder sportief is, kan de afstand Borensberg-Berg al fietsend overbruggen. Over oude jaagpaden gaat het door een vlak, agrarisch landschap langs historische bruggen en aquaducten.

Kaart: ▶ E/F 10
Langte: van Borensberg naar Berg en terug met uitstapjes ca. 50 km.
Fietsverhuur: half mei-half aug., bijvoorbeeld bij Göta Travel Center met dependances Motala en Borensberg, www.gotatravelcenter.se. Boeken van fietsarrangement met fietshuur, boottocht onderdak/volpension. Fietshuur SEK 165 per dag, SEK 850 per week.
Meer informatie: winkel Brunneby Musteri, www.brunnebymusteri.se; Ljungs slott, www.ljungsslott.com, www.gotakanal.se.

Bij het beginpunt van de tocht neemt u in Borensberg de vooraf bestelde fiets in ontvangst voor de rit langs het kanaal. Misschien ziet u onderweg een van de historische kanaalboten, die zoals 100 jaar geleden met het rustige tempo van vijf knopen tussen Göteborg en Stockholm op en neer varen – de tocht duurt zes dagen. De boten werden speciaal gebouwd voor de smalle vaargeul van het Götakanaal. Maar dagtochten zijn ook mogelijk over delen van het kanaal. Zo tuft de M/S Wasa Lejon 's ochtends van Berg naar Borensberg en keert na een korte pauze in de namiddag terug.

Een molen vol herinneringen

Aan de rand van Borensberg passeert u na 2 km de vroegere graanmolen van Ljungs slott uit 1775. Tegenwoordig is in dit historische gebouw een **Hembygdsmuseum** (alleen in juli, dag. 10-16 uur) ondergebracht. Het toont oude landbouwwerktuigen en lokale geschiedenis. Kort daarop bereikt u het eerste **aquaduct** op deze route.

Koninklijke marmelade

Wie nu al dorst heeft, kan een korte omweg naar het zuiden maken om bij de hofleverancier van de Zweedse koning inkopen te doen: **Brunneby Musteri** (ma.-vr. 9-18, za. 10-16, zo. 11-16 uur, restaurant ma. gesl.) produceert vruchtensappen en marmelades, die u in de fabriekswinkel kunt aanschaffen – misschien een geschikte aanvulling voor de picknick onderweg.

De **kerk van Brunneby** met de originele tien spitsen op de dakruiter werd halverwege de 13e eeuw gebouwd, toen het landgoed in bezit was van een familielid van de latere H. Birgitta.

Vurige harten en kachels

Tegenover de brug van Ljung is een uitstapje naar **Ljungs slott** de moeite waard, ook al is het meestal slechts van buitenaf te bekijken (het wordt particulier bewoond). Een van de vroegere eigenaren van het slot, Axel van Fersen, zou een affaire met de Franse koningin Marie-Antoinette hebben gehad. Of het gerucht waar is, zult u hier niet ontdekken. De gustaviaanse kachels, waarin het vuur zeker brandde, en deuren van eind 18e eeuw zijn wel te bezichtigen tijdens een rondleiding (juli zo. 13 en 15 uur) of bij een evenement. De **kerk van Ljung** met een mooie bomenlaan is een ander juweeltje uit die tijd.

Afstanden overbruggen

Een van de hoogtepunten van de tocht is ongetwijfeld het **aquaduct**, waarmee het kanaal in Ljungsbro de weg kruist. Aansluitend passeert u de sluizen van Heda en Brunnby. Het absolute hoogtepunt vormt de beroemde Carl-Johansluis, bekender als **Bergs slussar**, met zeven opeenvolgende sluistrappen (zie blz. 227).

Tip

IJsparadijs

In het **Glassrestaurang Smultronstället** staat u een frisse verrassing te wachten: u hebt keus uit wel 60 ijsssoorten, de grootste sortering in Zweden. Originele creaties met namen als 'Candy Crush' of 'Hotlips' leveren een buitengewone smaakbeleving is op. U kunt ervan genieten op een fraaie plek met uitzicht op de sluizen en het scheepvaartverkeer (Kanalgatan, Söderköping, www.smultronstallet.se, meiaug. dag. 10-19, juli tot 21 uur).

Eten en drinken

Aan de rivier – **Stångs Magasin:** Södra Stånggatan 1, tel. 013 31 21 00, www.stangsmagasin.se, di.-vr. 11.30-14, 18-24, za. 16-24 uur, lunch SEK 115-225 (di.-vr.), hoofdgerecht 's avonds ca. SEK 185-255. Gourmetrestaurant in een oud graanpakhuis; populair is 's zomers het terras aan de rivier. Klassieke gerechten met een mediterraan tintje, zoals bouillabaisse en biefstuk met ratatouille.

Informatie

Linköpings Turistbyrå: Storgatan 15, S:t Larsparken, 582 23 Linköping, tel. 013 190 00 70, www.visitlinkoping.se, www.ostergotland.info.
Trein: Stockholm, Malmö, Helsingborg, Norrköping, Västervik, Kalmar.
Bus: onder meer naar Jönköping, Norrköping, Vadstena, Motala.

Söderköping ▶ F 10

Het stadje, dat tot een van de mooiste langs de kust wordt gerekend, werd begin 13e eeuw gesticht door kooplieden uit Lübeck. Nadat Deense aanvallers het in 1567 hadden platgebrand, besloot koning Johan III het te laten herbouwen, maar verlegde tegelijkertijd het bestuur van Östergötland naar Norrköping. De bewoners vonden alternatieven in de visserij en hadden vanaf het midden van de 17e eeuw tientallen jaren het monopolie daarop. Begin 19e eeuw vond men een minerale bron en werd er een kuuroord gebouwd. Met de opening in 1832 van het Götakanal hoopte men te profiteren van het economisch herstel. De hoop vervloog, want al in 1870 werd de eerste spoorlijn door Östergötland geopend en was het kanaal niet meer nodig. Nu is het kanaal met het sluizensysteem opnieuw de belangrijkste bron van inkomsten. Het idyllische stadje met zijn kleurrijke houten huizen – in het bijzonder in het gebied rond **Drothems kyrka**, waarvan de oorsprong in de middeleeuwen ligt – en vormde het decor voor de Madickenfilms naar de gelijknamige boeken van Astrid Lindgren. Uit de middeleeuwen stamt ook de kasteelruïne **Stegeborg** die de ingang van het kanaal zo'n 15 km ten oosten van Söderköping bewaakt.

Overnachten

Kuurhotel – **Söderköpings Brunn:** Skönbergagatan 35, tel. 0121 109 00, www.soderkopingsbrunn.se, 2 pk vanaf SEK 1450. Traditioneel kuurhotel met een wellnessafdeling (ook voor daggasten).

Bij het natuurreservaat – **Eköns Camping:** Gryt, tel. 0123 402 83, www.ekonscamping.se, caravan staanplaats vanaf SEK 230, hutten naargelang comfort vanaf SEK 400/500 per dag. Op een schiereiland langs de scherenkust 5 km ten zuiden van Gryt, schitterende wandelmogelijkheden, zwemlocaties bij de rotsen.

Actief

Onderweg zijn – **Uitstapjes:** fiets- en boottochten langs en op het Götakanal: te boeken via het *turistbyrå*; ook boottochten langs de scherenkust van Sankt Anna.
Peddelen – **Sankt Annas Skärgård:** kanovaarders kunnen hun hart ophalen tussen de scheren van Sankt Anna ten zuiden van Söderköping.

Informatie

Söderköpings Turistbyrå: Stinsen, Margaretagatan 19, 614 80 Söderköping, tel. 0121 181 60, www.soderkoping.se/turism.
Internet: www.sanktanna.com, startpagina in het Zweeds met tips over uitstapjes, onderdak, enzovoort.
Bus: onder meer naar Norrköping en Linköping.

Norrköping ▶ F 10

De industriestad (87.250 inwoners) aan de Motala ström stond vroeger vanwege de vele textielfabrieken en katoenspinnerijen bekend als het 'Manchester van Zweden'. Gebleven zijn de talrijke getuigen van dit industriële verleden, die voor het grootste deel in de 18e en 19e eeuw ontstonden en nu nog indruk maken door hun samenhang en omvang. Na het staken van de industriële activiteiten werden veel van de industriegebouwen langs de stroomversnelling in de Motala ström in gebruik genomen door de universiteit, terwijl andere werden gebruikt als kantoor of museum.

Arbetets museum

www.arbetetsmuseum.se, dag. behalve feestdagen 11-17 uur, gratis

In het midden van de rivier, op het eiland Laxholmen, staat het Museum van de Arbeid. Het 'Strijkijzerhuis' werd in 1917 gebouwd als weverij. Om optimaal gebruik te maken van de ruimte, ontwierp de architect een zeshoekig gebouw, dat het hele eiland in beslag neemt. Het museum documenteert met didactisch uitzonderlijk goed ontwikkelde tijdelijke en permanente tentoonstellingen de geschiedenis van de leef-en werkomstandigheden in de industriële samenleving.

Konstmuseet

Kristinaplatsen, www.norrkoping. se/konstmuseet, juni-aug. di., do.-zo. 12-16, wo. 12-20, sept.-mei wo., vr.-zo. 11-17, di., do. 11- 20 uur, gratis

In Norrköping ligt een van de belangrijkste musea voor de 20e-eeuwse Zweedse kunst, onder meer met Isaac Grünewalds schilderij 'Det sjungande trädet' (De zingende boom) uit 1915. Bij het museum hoort een beeldenpark.

Overnachten

Met uitzicht – **Pronova Hotel och Vandrarhem:** Korsgatan 2, Plan 5, tel. 011 13 20 00, www.pronovahostel.se, 2 pk met gedeelde douche/wc, resp. met eigen douche/wc SEK 545, resp. 695, 2 pk met bad/wc SEK 895, ontbijtbuffet in de gastenkeuken. Sauna (niet inbegrepen). Fraai uitzicht op het industriële landschap rondom, midden in de universiteitswijk en het groen langs de Motala ström.
Luxueus – **FirstCamp Kolmården:** tel. 011 39 82 50, www.firstcamp.se/kolmarden, mei-half sept., staanplaats ca. SEK 200-300 met elektriciteit. 22 km ten noorden van Norrköping ▷ blz. 234

Op ontdekkingsreis

Risinge gamla kyrka – wat een oude kerk te vertellen heeft

De mooie Risinge gamla kyrka bij Finspång, een juweel onder de vele Zweedse middeleeuwse kerken, maakt de ontwikkeling van het christendom in Zweden zichtbaar. Toen halverwege de 19e eeuw de nieuwe parochiekerk in het dorp Risinge klaar was, werd de oude Sancta Maria kyrka eigenlijk overbodig, maar bleef gelukkig met al haar schatten behouden.

Kaart: ▶ F 9
Route erheen: afslag links van RV51 Norrköping-Finspång kort voor Finspång (ca. 8 km zuidoostelijk ervan).
Informatie: rondleidingen midzomer-half aug. zo.-vr. 13-17 uur.

Het oude en het nieuwe geloof

Een roze geschilderde deur aan de lange zijde van Risinge gamla kyrka (oude kerk) voert u terug naar het begin van het christendom in Noord-Europa.

Links van de deur ligt een uitgeholde steen, die een speciale betekenis heeft: de Vikingen vereerden Odin, de god van de wijsheid, Frey, de god van de vruchtbaarheid, en de dondergod Thor met zijn hamer. Gezamenlijk boden deze goden bescherming tegen de reuzen, die de wereld bedreigden. De missionarissen konden de Vikingen moeilijk overhalen tot het christendom, omdat hun eigen religie al een antwoord bood op alle belangrijke vraagstukken.

De stenen kerk van Risinge werd gebouwd rond 1150, midden op een uitgestrekt grafveld – zeker niet toevallig bouwde men christelijke kerken bij voorkeur op dergelijke locaties. Het was de bekeerlingen in eerste instantie kennelijk toegestaan hun oude rituelen te behouden, en daartoe diende de hiervoor genoemde steen in Risinge. De kerkgangers konden offers brengen aan hun oude goden, voordat zij de christelijke kerk betraden om de nieuwe god te aanbidden. Al snel had deze strategie het gewenste effect; het christendom begon zich geleidelijk in het noorden te verspreiden.

Muur- en plafondschilderingen

Beroemd is de kerk vooral vanwege de schilderingen die de muren en het plafond van de kerk van boven tot onder bedekken. Vooral de gewelven zijn het aanzien meer dan waard: ze tonen personages uit verhalen van het Oude Testament – een compleet beeldverhaal van de Bijbel, waaronder de blinde Samson, de ten onrechte veroordeelde Susanna en haar redding door David. Bijzonder intrigerend is de weergave van een vaak afgebeelde passage: het verhaal van Judith en Holofernes, een geliefd motief van schilders door de eeuwen heen. De goed bewaard gebleven schilderingen dateren uit de periode 1430-1460. De naam van de kunstenaar is niet bekend, hij wordt daarom wel de 'meester van Risinge' genoemd en zijn aansprekende schilderstijl is in veel kerken in de regio rond Finspång te zien.

Reformatie en beeldenstorm

Ongeveer 100 jaar nadat de kleine kerk van Risinge werd beschilderd, brak koning Gustav Vasa met Rome. In Zweden deed de evangelisch-lutherse belijdenis haar intrede: zonder heiligen, zonder afbeeldingen. Toen de afbeeldingen in de kerk van Risinge tijdens de Reformatie witgekalkt moesten worden, verzette de gemeenschap zich daar met alle kracht tegen. Voor de gelovigen, overwegend analfabeet, waren de schilderingen de enige manier om Bijbelse teksten te begrijpen. Ze zagen de verhalen uit de Bijbel letterlijk voor zich. En dankzij hun protest kunt u de indrukwekkende voorstellingen ook vandaag de dag nog zien, ook al zijn de kleuren van de minerale verfstoffen wel iets verbleekt.

De kerk nu

Al in de 19e eeuw werd elders een parochiekerk met verwarming gebouwd. De Kerk van Zweden, Svenska kyrkan, die sinds de tijden van Gustav Vasa bij wet evangelisch-luthers is, gebruikt de middeleeuwse Sancta Maria kyrka nu alleen 's zomers nog voor bijeenkomsten en vooral concerten.

aan de zeearm Bråviken. Ook arrangementen met korting, met dierentuinbezoek.

Uitgaan en eten

Nieuw leven in de wijk – Kvarteret Knäppingsborg: www.knappingsborg.se. In de wijk tussen Skolgatan, Knäppingsborgsgatan en Gamla Radstugatan met gerestaureerde voormalige magazijnen en fabrieksgebouwen zijn chique winkels, restaurants en leuke cafés verschenen.

Info en evenementen

Upplev Norrköping: Källvindsgatan 1, 601 81 Norrköping, tel. 011 15 50 00, www.upplev.norrkoping.se.
Augustifesten; voorlaatste week aug. Groot stadsfeest met markt, kermis, kindercarnaval en vuurwerk.
Trein: onder meer naar Stockholm, Malmö, Helsingborg, Linköping, Västervik, Kalmar en Västerås.

Naar Kolmårdens Djurpark ▶ F 9

www.kolmarden.com, ca. 27 km ten oosten van Norrköping, juni-aug. dag. 10-19, mei, sept. 10-17, overige vakantieperioden 10-16 uur, SEK 399, tot 12 jaar SEK 299, parkeren extra
Met 250 hectare is Kolmårdens Djurpark de grootste dierentuin van Noord-Europa. Op het woeste terrein van een voormalige marmergroeve met uitzicht op Bråviken voelen pinguïns en giraffen, olifanten en zebra's zich thuis in hun ruime behuizingen. Bezoekers kunnen met een kabelbaan boven het terrein zweven. Speciale attracties zijn dolfijnenshows, een achtbaan, een luchtschommel, en een 'leeuwenkuil' waarin u oog in oog komt te staan met de koning der dieren.

Sörmland (Södermanland)

Nyköping ▶ G 9

Nyköping (49.000 inwoners), de hoofdstad van Södermanland en voorheen na Norrköping de belangrijkste textielproducent van Zweden, wordt door de rivier de Nyköpingsån gescheiden in een oostelijk en een westelijk deel. Daarom dragen veel straten de toevoeging *västra* (westelijk) of *östra* (oostelijk). Vanuit het centrum voert een rustig wandelpad langs de rivier (Åpromenaden) naar de **haven** aan de Oostzee. Hier leggen de excursieboten aan, die ook naar Trosa varen, in het cafetaria kunt u een hapje eten en in een oude havenloods presenteren lokale ambachtslieden hun fraaie producten.

In de bezienswaardige ruïne van **Nyköpingshus**, voorheen een prachtig renaissancekasteel, dat in 1655 bij een grote brand werd vernietigd, wordt jaarlijks in juli het historische toneelstuk *Nyköpings Gästabud* opgevoerd. Het is gebaseerd op gebeurtenissen in 1317, toen koning Birger Magnusson zijn broers uitgenodigde voor een verzoeningsmaal op het kasteel, hen gevangennam en in de kerkers liet verhongeren.

Nynäs slott

www.nynasslott.se, rondleidingen midzomer-half aug. dag., mei-midzomer, half aug.-begin okt. za.-zo. 11-15.30 uur, SEK 60
Nynäs slott kreeg zijn huidige uiterlijk in de 17e eeuw en toont, daar het tot 1985 in familiebezit was, nog de originele meubels uit de vroege 19e eeuw in laat-

gustaviaanse stijl. Het park gaat over in een langs de kust gelegen natuurreservaat. Op het terrein bevinden zich een café, een glasblazerij en een winkel.

Natuurreservaat Stendörren
Naturum juni-aug. dag. 10-18, mei, sept. ma.-vr. 12-16, za.-zo. 10-18 uur
Ook als u geen boot hebt, kunt u in het natuurreservaat **Stendörren** ongeveer 30 km ten oosten van Nyköping kleinere eilanden voor de scherenkust bereiken en in de amfibische natuur wandelen. De schaars met dennen en berken begroeide eilandjes zijn via hangbruggen en plankieren met elkaar verbonden. Bij het bezoekerscentrum geeft men informatie over de scherenkust.

Eten en drinken

Eenvoudig genieten – **Restaurang Ät:** Västra Storgatan 14, tel. 0155 60 60 01, www.restaurant.at.se, dag. vanaf 11, zo. vanaf 12 uur. Hoofdgerechten vanaf SEK 120. Huismanskost uit de hele wereld, modern bereid en regionaal geïnspireerd. Geserveerd met een uitgebreide selectie craftbieren.

Actief

Wandelen – **Sörmlandsleden** en **Näckrosleden** zijn populaire en zeer afwisselende lange wandelroutes.

Info en evenementen

Nyköpings Turistbyrå: Stadshuset, Stora Torget, 611 83 Nyköping, tel. 0155 24 82 00, www.nykopingsguiden.se.
Nyköpings Festdagar: begin aug. Muziek, theater, vlooienmarkt en nog meer.
Trein: naar Malmö, Stockholm, Linköping, Västervik en Kalmar.
Bus: naar Norrköping en via Södertälje naar Stockholm.
Vliegtuig: luchthaven Skavsta (10 km), onder meer met Ryanair vanaf Brussel (voor taxi- en busverbindingen zie www.lanstrafiken.se).

Trosa ▶ G 9

Carl Linnaeus heeft het stadje beschreven als 'Världens ände'. Helemaal fout had hij het niet, hoewel tegenwoordig veel toeristen naar het 'einde van de wereld' komen, vooral in het hoogseizoen. Wat ze vinden is een ware idylle, want ongeveer 80 km ten zuiden van Stockholm lijkt de tijd stil te hebben gestaan. Het marktplein oogt met zijn kleine winkeltjes schilderachtig ouderwets. Een smalle rivier, de Trosaån, doorsnijdt het stadje, met op beide oevers een promenade. De pastelkleurige houten huizen hebben, wanneer ze aan de Trosaån liggen, bijna allemaal een eigen steiger voor roei- en motorboten, de andere huizen rijgen zich aaneen langs rustige met kasseien geplaveide straten en worden omgeven door prachtige tuinen, heel wat huisvesten kunstnijverheidswinkeltjes, cafés en restaurants.

Midden in de natuur belandt u op het kleine eiland **Öbolandet**, dat via een

'Groene kust'
Tussen de baai Bråviken bij Norrköping en de zuidelijke scheren van Stockholm ligt Gröna Kusten, de 'groene kust'. De scheren van Sörmland zijn te bereiken via de toeristische weg Utflyktsvägen die landinwaarts loopt met zijwegen naar de kust.
Zie voor informatie, kaarten, tips voor uitstapjes, adressen voor overnachten, eten, drinken en winkelen op www.utflyktsvagen.se.

brug over de weg te bereiken is. Hier vindt u naast een parachtige natuur met gladde rotsen, berken en dennen en veel zomerhuisjes ook de camping- en badplaats Trosa Havsbad.

Overnachten

Klein en fijn – **Bomans Hotell:** Östra Hamnplan, tel. 0156 525 00, www.bomans.se, 2 pk vanaf SEK 1790. Familiehotel met 32 ruime kamers in een romantische landhuisstijl of volgens enkele thema's zeer individueel ingericht.
Met zandstrand – **Trosa Havsbad:** tel. 0156 124 94, www.trosahavsbad.se, laatste week apr.-sept., staanplaats SEK 170-210. Camping, hutten, fietsen en boten, kiosk, populair badstrand, kindvriendelijk.

Eten en drinken

Pal aan de haven – **Bomans Hotell:** zie hiervoor, hoofdgerecht SEK 135-235. Degelijke regionale keuken.
Visgerechten – **Fina Fisken:** aan de haven, tel. 0156 138 47, www.finafisken.com, apr.-sept. Regionale specialiteiten van het land of uit de zee.
Tuincafé – **Café Garvaregården:** Västra Långgatan 40, juni-aug. di.-zo. 11-16 uur. Heerlijke tuin.

Informatie

Trosa Turistbyrå: Rådstugan, Torget, 619 22 Trosa, tel. 0156 522 22, www.trosa.com.
Trein: van Stockholm tot Vagnhärad, met de bus verder naar Trosa.
Bus: onder meer naar Nyköping en Södertälje; dag. met de Trosabussen van/naar Stockholm-Liljeholmen (ca. 1 uur), via Tullgarn.

Van Hjälmaren naar Mälaren

Örebro ▶ E 8/9

Örebro (127.000 inwoners) behoort weliswaar tot de tien grootste steden van Zweden, maar het centrum, waardoor de groen omzoomde rivier Svartån naar het meer Hjälmaren slingert, maakt alles behalve de indruk van een bruisende metropool. Waar de verkeersvrije straten Drottninggata en Storgata tegenwoordig door de 'grote brug' Storbron met elkaar worden verbonden, bevond zich vroeger al een natuurlijke 'grindbrug' in de Svartån, die Örebro zijn naam gaf (Oudzweeds: *öre* = grind, *bro* = brug) – als een 'stad van de bruggen' ligt Örebro op de belangrijkste route tussen de westkust van Zweden en de Oostzee.

Örebro slott

Rondleidingen za.-zo., 's zomers dag., SEK 60
Het slot, dat sinds het begin van de bouw tot 1860 ook als gevangenis werd gebruikt, werd in de 13e eeuw als vesting gebouwd en vanaf 1570 uitgebreid in de stijl van de Vasarenaissance met de vier typische, ronde torens. In de noordoostelijke toren worden episodes uit de geschiedenis van het kasteel en modellen getoond. In het kasteel werd in 1810 Jean-Baptiste Bernadotte, een maarschalk van Napoleon en de latere koning Karl XIV Johan, verkozen tot de Zweedse troonopvolger. Nu worden er diverse evenementen georganiseerd.

Openluchtmuseum Wadköping

Mei-aug. dag. 11-17, sept.-apr. di.-zo. 11-16 uur, gratis
Een rustige wandeling leidt van het kasteel langs de rivier Svartån naar het openluchtmuseum Wadköping, waarheen in de vroege jaren 60 veel huizen

Van Hjälmaren naar Mälaren

Tijdelijke zetel van het Zweedse parlement: het renaissanceslot Örebro slott

van de oude stad werden verplaatst. De centraal gelegen wijken met hun smalle, kronkelende straatjes en lage houten huizen trokken in de jaren 30 en 40 de begerige blikken van stedenbouwkundigen, die de ruimte nodig hadden voor nieuwe gebouwen. In plaats van de oude huizen helemaal te slopen werden ze afgebroken en in het openluchtmuseum weer opgebouwd. Wadköping ontleent zijn naam aan een roman van Hjalmar Bergman, die in zijn kindertijd enkele jaren doorbracht in Örebro.

Watertoren Svampen

Dalbygatan, www.svampen.nu, toren en restaurant mei-half aug. dag., anders za.-zo. 10-18 uur

De buiten het centrum gelegen, 58 m hoge watertoren Svampen ('paddenstoel') werd in 1958 geopend en heeft met zijn opvallende strepenpatroon wereldwijd veel navolging gevonden. Een vergrote versie staat bijvoorbeeld in Riyad, de hoofdstad van Saoedi-Arabië. Vanuit het **café-restaurant** op een hoogte van 50 m hebt u een weids uitzicht over de stad.

Overnachten

In het centrum – **STF Hotell Livin:** Järnvägsgatan 22, tel. 019 31 02 40, www.livin.se, bed in 8-beddenkamer vanaf SEK 250, 1 pk vanaf SEK 545, 2 pk vanaf SEK 700. De moderne jeugdherberg in de buurt van het station heeft ook comfortabelere, duurdere kamers.

Luxueuze camping – **Gustavsvik Camping:** tel. 019 19 69 50, www.gustavsvik.se, mei-okt., staanplaats SEK 320-410, het hele jaar vakantiehuisjes met internet vanaf SEK 870. De vijfsterrencamping 2 km ten zuiden van het centrum geldt als een van de beste in Europa en ligt naast het recreatiebad Gustavsvik (zie hierna).

Actief

Recreatiebad – **Gustavsvik:** www.gustavsvik.se. Met het hoogste en het langste wildwaterkanaal van Europa en een tropisch badlandschap.

Fietsen – **Tysslingen Runt:** over het traject van de voormalige Svartåbana kunt u nu van Örebro langs een mooie rivieroever naar het meer Tysslingen met zijn befaamde wilde zwanen fietsen en ook rond het meer gaan (32 km). Of u fietst langs de Svartå naar het punt waar deze uitmondt in het meer Hjälmaren en fietst daar rond de baai (45 km).

Informatie

Örebrokompaniet: in het Slott (zuidwestelije toren), 701 35 Örebro, tel. 019 21 21 21, www.visitorebro.se.
Trein: via Eskilstuna en Västerås naar Stockholm; naar Borlänge en Hallsberg.
Bus: naar Askersund, Arboga en Eskilstuna.

Arboga ▶ F 8

Het idyllische Arboga ten noorden van Hjälmaren was lange tijd de tweede stad van Zweden. Hier werd Engelbrekt Engelbrektsson in 1435 verkozen tot *hövitsman* (commandant) van de Zweedse legers. Deze vergadering wordt algemeen beschouwd als de eerste *riksdag* (parlement) van Zweden.

Vandaag de dag is een bezoek aan de kleine stad de moeite waard, vooral vanwege de ongewoon goed bewaard gebleven houten gebouwen langs de **Storgatan** en de **Västerlånggatan**, die u tijdens een wandeling of vanuit een van de cafés langs de rivier Arbogaån kunt bekijken. In het prachtige koopmanshuis **Örströmska huset** (www.arboga museum.se, di.-do. 13-16, za. 13-15 uur) uit 1846 in de Nygatan, is tegenwoordig het kleine stadsmuseum ondergebracht. Tussen de tuinen en de oever loopt een smal pad langs de rivier. Dit werd aangelegd bij brand een snelle toegang tot het water te hebben.

Bezienswaardig is ook de **Heliga Trefaldighetskyrka**, die ooit deel uitmaakte van een franciscaner klooster. Er zijn middeleeuwse fresco's met allerlei taferelen uit het leven van de heilige Franciscus te zien.

Inzicht in de Zweedse brouwgeschiedenis geeft het bijzondere **Bryggerimuseum** (Nygatan 37, half juni-half aug. di.-do., za. 11-14 uur) met brouwbenodigdheden in een graanmagazijn.

Hjälmare kanal

www.hjalmarekanal.se, bezoekerscentrum in café Hjälmare Docka mei-aug. dag. 10-18/20, sept., dec. vr.-zo. 10-16 uur

Arboga verloor onder meer door de opening van het Hjälmare kanaal in de 17e eeuw haar betekenis als handels- en overslagplaats voor ijzer uit Bergslagen, de regio ten noorden van de grote meren. De oudste waterweg van Zweden, het 13,7 km lange Hjälmare kanaal, werd gebouwd in 1629-1639 om de meren Hjälmaren en Mälaren te verbinden. Het overbrugt met negen nog altijd met de hand bediende sluizen een hoogteverschil van 22 m tussen de Arbogaån en het Hjälmaren. Het bezoekerscentrum in een voormalig magazijngebouw informeert over de geschiedenis van het kanaal en over de flora en fauna langs zijn oevers.

Info en evenementen

Arboga Turistbyrå: Arboga station (in het station), Box 45, 732 30 Arboga, tel. 0589 871 51, www.arboga.se.
Medeltidsdagarna: 2e week van aug., www.arbogamedeltid.se. Heel Arboga steekt zich in middeleeuwse dracht; roeiwedstrijden op de rivier, markt, concerten en demonstraties van oude ambachten.
Trein: naar Västerås, Eskilstuna en Stockholm, en via Frövi naar Örebro.
Bus: naar Örebro, Eskilstuna, Västerås.

Julita gård ▶ F 9

Julita gård, 25 km ten noordwesten van Katrineholm, www.nordiska museet.se, mei, 4e week aug.-3e week sept. za.-zo. 11-16, juni-3e week aug. dag. 11-17 uur, SEK 100

Onder de vele Zweedse openluchtmusea neemt Julita een speciale plaats in: het is een volledig bewaard gebleven landgoed met landbouw, bosbouw, visserij, ambachten, boeren- en daglonershuisjes en een statig landhuis, met een interieur uit de tijd rond 1900. In de tuinen groeien fruitbomen en voor de regio kenmerkende gewassen.

Vanaf 1180 stond er een cisterciënzerklooster aan de oever van het meer Öljaren. In 1527 onteigende Gustav Vasa het klooster en liet bijna alle gebouwen afbreken om bouwmateriaal te verkrijgen voor de bouw van zijn kastelen. In de abtswoning ontmoette de jongste zoon van Gustav Vasa, de latere koning Karl IX, zijn minnares Karin Nilsdotter, en toen zij hem in 1573 een zoon (Carl Carlsson Gyllenhielm genoemd) baarde, schonk hij haar het landgoed.

Latere eigenaren verbouwden er tabak en vestigden er onder meer een steenbakkerij, een brandweerkazerne en een smederij. Ook werden huizen in de buurt opgekocht en hier herbouwd. Er werd een park aangelegd en men verzamelde gebruiksvoorwerpen die werden opgenomen in een museum. In 1941 kwam het hele complex als schenking in het bezit van het Nordiska Museet in Stockholm.

Julita is bij uitstek geschikt om met het hele gezin te bezoeken. Behalve in de Lekstuga (speelkamer) kunnen kinderen zich vermaken in de hut van Pettsson en Findus, die eruitziet alsof hij is ontsproten aan de boeken van Sven Nordqvist – geen wonder, want de hut werd door de kinderboekenschrijver persoonlijk goedgekeurd.

Overnachten

Naast het museum – **Julita gård:** boeking ma.-vr. 9-12 uur via tel. 0150 48 75 55, www.nordiskamuseet.se (onder: slott & gårdar, Julita gård, dan: Äta & Bo, 9 kamers in het STF vandrarhem 2 pk vanaf SEK 500 zonder ontbijt en beddengoed. Een alternatief is een overnachting in de historische sfeer van een vleugel van het landhuis met een inrichting in 18e-eeuwse stijl (2 pk zonder douche/wc vanaf SEK 1000, met douche/wc vanaf SEK 1400 – alles zonder ontbijt, maar met toegang tot Julita gård).

Eten en drinken

Ambitieus – **Julita Wärdshus:** tel. 0150 910 50, www.julitawardshus.se, naargelang seizoen wisselende openingstijden, hoofdgerecht SEK 245-295. Chef-kok Tommy Myllymäki, in 2014 winnaar van de Bocuse d'Or, serveert klassieke verfijnde gerechten met ingrediënten afkomstig van het landgoed zelf.

Langs Mälaren

Eskilstuna ▶ F 8

Bezienswaardig in de oude handelsstad (67.300 inwoners), die ook terug kan kijken op een lange traditie van ijzerbewerking, is het idyllische centrum rond de Köpmangatan.

Een andere attractie zijn de **Rademachersmedjorna** (Rademachersmederijen; huizen geopend juli-aug. dag. 11-16 uur, openingstijden van de individuele ambachtslieden via het *turistbyrå*) van 1658, genoemd naar de Lijflander Reinhold Rademacher, die door privileges van Karl X Gustav naar Zweden was gelokt om messen, scharen, stijgbeugels en sloten te vervaardigen.

Tip

Tingsgården in Eskilstuna

Het historisch complex in Gamla Staden, het oude centrum van Eskilstuna, dateert uit de 18e eeuw en bestaat eigenlijk uit boerderijen met veel bijgebouwen. Ooit diende de Tingsgården als rechtbank, daarna werd het complex een centrum voor glazeniers, waar glas wordt geblazen, gegraveerd, geslepen en beschilderd. Tegenwoordig zitten er beautysalons en spa's. In een statig houten huis met mooi terras en uitzicht op de rivier bevindt zich een restaurant, een paar stappen verder is een café met huisgemaakte cake en kleine winkels met mode en souvenirs in de oude houten gebouwen langs de rivier (Rådhustorget 2, Gamla staden, www.tingsgarden.com).

In de 19e eeuw ontwikkelde Eskilstuna zich tot een belangrijk centrum voor de machinebouw. In de voormalige fabriekshal van de firma Bolinder-Munktell, nu het **Munktellmuseet** (Munktellstorget 6, http://munktellmuseet.volvo.com, ma.-vr. 10-16, za.-zo. 12-16 uur, SEK 50), staan de tractoren en bouwmachines opgesteld, die hier sinds 1913 worden gemaakt.

Eveneens in een voormalige fabriekshal toont het **Kunstmuseum** (www.eskilstuna.se/konstmuseet, di., wo., vr. 11-16, do. 10-20, za.-zo. 12-16 uur, gratis) Zweedse kunst uit de 20e eeuw en eigentijdse kunst uit de regio.

Uitstapje naar Sundbyholms slott en de Sigurdsristning

Op een prachtige locatie staat aan de oever van Mälaren 11 km ten noorden van Eskilstuna het in 1648 gebouwde **Sundbyholms slott**. Het huisvest tegenwoordig een restaurant met bijbehorend romantisch hotel, daarnaast liggen een strand en een jachthaven. In de buurt van het slot ziet u in een voor de breedtegraden opmerkelijk beukenbos, de **Sigurdsristning**, een interessante getuigenis uit de Vikingtijd (met borden aangegeven). De opmerkelijke runensteen is versierd met een slangvormige runenband, waarvan de tekst een overleden persoon gedenkt, en een reeks afbeeldingen. Weergegeven wordt een episode uit de *Völsungasaga*: Sigurds gevecht met de draak.

Informatie

Eskilstuna Turistbyrå: Rothoffsvillan, Tullgatan 4, 632 20 Eskilstuna, tel. 016 710 70 00, www.eskilstuna.nu.
Trein: naar Stockholm, Örebro, Flen en Västerås/Sala.
Bus: naar Arboga, Örebro, Strängnäs.

Västerås ▶ F 8

Västerås (131.000 inwoners) heette oorspronkelijk Västra Aros. Vandaag de dag noemt de hoofdstad van Västmanland zich 'Mälarstaden Västerås'. Met zijn haven aan het meer Mälaren is de stad een prima startpunt voor boottochten naar de voor de stad in het meer liggende scherenkust met zo'n 400 eilanden.

Västerås is een historische plaats, onder meer vond hier in een dominicanerklooster de Riksdag van 1527 plaats, waarop tot de invoering van de Reformatie werd besloten.

Bezienswaardig is de vanaf 1240 gebouwde **Domkyrka**, waar een koning begraven ligt, zoals te zien is aan de kroon op de kerktoren: Gustav Vasa's zoon Erik XIV, die in 1577 in gevangenschap van zijn broer stierf – het gerucht gaat dat hij werd vergiftigd. Het standbeeld van Carl Milles op het plein stelt

Johannes Rudbeckius voor, die in 1623 in Västerås het eerste Zweedse gymnasium stichtte. Daarachter ziet u **Kyrkbacken,** een van de oudste wijken, die bij de brand van 1714 werd gespaard. Met kasseien geplaveide straatjes, omzoomd met liefdevol onderhouden huizen uit de 17e en 18e eeuw rijgen zich op de hellingen van de lage heuvel aaneen. Ook langs de rivier Svartån staan schilderachtige houten huizen.

In een voormalige fabriek uit het begin van de 20e eeuw is het **Konstmuseum** gevestigd (Karlsgatan 2, www.vasteraskonstmuseum.se, di., wo., vr. 10-17, do. 10-20, za.-zo. 12-16 uur, gratis).

Vallby friluftsmuseum

2 km noordelijk, www.vallbyfriluftsmuseum.se, dag. 10-17 uur, gratis

Ongeveer 40 historische gebouwen, blatende, knorrende en hinnekende vertegenwoordigers van oude huisdierrassen en een idyllische sfeer kenmerken dit openluchtmuseum. 's Zomers werken (kunst-)handwerkslieden in de huizen en verkopen er hun producten.

Overnachten

Nabij de stad – **Västerås Mälarcamping:** Johannisbergsvägen, tel. 021 14 02 79, www.nordiccamping.se, staanplaats vanaf SEK 260, trekkershut SEK 400-900 per dag. Ten zuiden van het centrum aan Mälaren, kanoverhuur.

Actief

Mooi – **Boottocht:** www.rederimalarstaden.se. Naar de kastelen Tidö en Engsö, naar Birka en naar Mariefred, mei-sept. Veerboot naar de eilanden Östra Holmen en Elba in Mälaren.
Kanoverhuur – **Björnö Stug- & Aktivitetscenter:** Björnö (eiland in Mälaren), tel. 021 261 00, www.bjornoab.se. Verhuur van allerlei kano's en toebehoren; Canadees of 1-persoonskajak SEK 300-350 per dag. Er zijn ook hutten te huur vanaf SEK 380 per dag.

Uitgaan

In de hoogte – **Sky Bar:** Hotel Aros, Kopparbergsvägen 16, tel. 021 10 10 99. Vanaf de 24e verdieping van het hotel hebt u onder het genot van een cocktail uitzicht over stad en meer.
Concerten – **Västerås Konserthuset:** Kopparbergsvägen 1, tel. 021 40 36 00, www.vmu.nu. Gerenommeerd, modern concertgebouw met twee zalen.

Info en evenementen

Västerås Turistbyrå: Kopparbergsvägen 3, 722 13 Västerås, tel. 021 39 01 00, www.visitvasteras.se.
Power Big Meet: 3 dagen begin juli, www.bigmeet.com. Amerikaanse sleeën – tot wel 10.000 oldtimers.
Trein: naar Stockholm, Örebro, Eskilstuna, Norrköping.
Bus: via Enköping naar Uppsala en Stockholm, via Köping naar Arboga,
Boot: zie hiervoor.

Omgeving van Västerås

Skultuna Messingsbruk ▶ F 8

Bruksgatan 8, Skultuna, www.skultuna.se, dag. 10-18 uur, rondleiding half juni-half aug. 11 en 14 uur

Sinds 1607 wordt 13 km ten noorden van Västerås in Skultuna messing geproduceerd en verwerkt; hier ontstond ook de kroonluchter in de kathedraal van Västerås. Tot het fabriekscomplex behoren, behalve een museum, ook een café en een fabriekswinkel, ▷ blz. 244

Op ontdekkingsreis

Met Kurt Tucholsky op slot Gripsholm

'Het was een heldere dag. Het slot van rode baksteen straalde, de ronde koepels vlamden tegen de blauwe hemel (...) het was dik en geruststellend, een bedachtzaam slot.' Zo beschrijft Kurt Tucholsky het slot Gripsholm. In 1929 huurden de schrijver en zijn vriendin Lisa Matthias een huis in Läggesta en bezochten Mariefred en het slot.

Informatie: Gripsholms slott, www.kungahuset.se, half mei-sept. dag. 10-16, april-half mei, okt.-nov. za.-zo. 12-15 uur, SEK 120.

Reis erheen: tocht per stoomboot vanuit Läggesta (treinverbinding met Stockholm) naar Mariefred, en terug naar Stockholm met S/S Mariefred mei-sept. za.-zo., midzomer-half aug. di.-zo., dienstregeling: www.oslj.net, boeking via Stockholm Visitor Center. Zie ook de leeslijst op blz. 19.

Naast *Rheinsberg* en *Een Pyreneeënboek* is de in 1931 verschenen en herhaaldelijk verfilmde bestseller *Slot Gripsholm* Tucholsky's beroemdste boek. In de roman huren de geliefden Kurt en 'de prinses' een zomerhuis in een bijgebouw van het slot Gripsholm. Ze krijgen bezoek van hun vriend Karlchen, die op het station van Mariefred in een wagon is komen 'aansnuiven'. 'Het was een piepklein station, eigenlijk niet meer dan een klein huis, dat de zaak echter zeer serieus nam en als station volkomen vergeten was dat het een huis was.' De reis naar Mariefred zoals Tucholsky die in zijn roman beschrijft, is vandaag de dag nog steeds mogelijk: op een smalspoorlijn rijdt 's zomers een stoomtrein tussen Mariefred en Läggesta.

Betoverend theater

'Er was een kerker waarin Gustav de Verstopte jarenlang Adolf de Ongeschorene opgesloten hield (...) Er hingen vele mooie schilderijen,' merkte Kurt Tucholsky na een rondleiding op. Gripsholm begon als een burcht, die de edelmann Bo Jonsson Grip omstreeks 1380 op een eiland in het Mälaren liet bouwen. Eind 15e eeuw kwam deze door een schenking in het bezit van het kartuizerklooster Pax Mariae. In de 16e eeuw nam Gustav Vasa hier zijn intrek en liet de burcht verbouwen tot een slot in de kenmerkende Vasastijl. Sinds 1822 huisvest Gripsholm een grote collectie portretschilderijen van de Zweedse staat. De theaterrecensent Tucholsky was echter vooral geïnteresseerd in het slot zelf: 'Het allermooist was het theater. Ze hadden in het slot een klein theater, misschien om zich niet te hoeven vervelen tijdens de belegeringen.' Het in 1782 op initiatief van koning Gustav III (zie blz. 54) gebouwde slottheater is dankzij de slimme toneeltechnieken nog steeds als podium te gebruiken.

Het stadje Mariefred

'Mariefred is een piepklein stadje aan het meer Mälaren. Het was hier een en al verstilde en vredige natuur, met bomen, weiden, velden en bossen – niemand zou ooit van dit plaatsje gehoord hebben als hier niet een van de oudste kastelen van Zweden stond,' laat Kurt Tucholsky zijn ik-verteller constateren over het stadje waar hij zelf een paar jaar later zijn laatste rustplaats vond. Zijn grafsteen draagt een citaat van Goethe uit *Faust*: 'Al het vergankelijke is slechts een gelijkenis.' Kurt Tucholsky, een van de bekendste Duitse auteurs uit de Weimarperiode, stierf in 1935 op 45-jarige leeftijd in een ziekenhuis in Göteborg na een overdosis slaappillen. In 1933 waren zijn boeken door de nazi's verbrand en moest de schrijver naar het buitenland uitwijken. In Hindås bij Göteborg leefde hij in ballingschap, ongelukkig en ziek. De naziterreur had de scherpzinnige, briljante auteur voorgoed uit zijn vaderland verdreven.

Nostalgische stoombootvaart

De terugreis van Mariefred naar Stockholm kunt u 's zomers net als in de tijd van Tucholsky afleggen met een stoomboot over het Mälaren. U dient wel op tijd bij de steiger te staan, voordat de S/S Mariefred met een luid signaal van de stoomfluit het vertrek aankondigt: 'De boot naar Stockholm was al vertrokken; men bespeurde slechts nog een vlag van rook achter de bomen.'

de Skultuna Fabriksbutiker, waar naast Skultunaproducten andere designproducten worden verkocht: onder meer textiel en keukengerei.

Anundshög ▶ F 8

5 km ten oosten van Västerås bij Badelunda

Anundshög, 'Anunds heuvel' is een van de grootste prehistorische vindplaatsen van Zweden. De 14 m hoge grafheuvel met een diameter van 60 m, die vermoedelijk uit de 6e eeuw stamt, is volgens een legende de laatste rustplaats van de legendarische koning Bröt-Anund. Rondoms de heuvel liggen twee kleinere grafvelden, twee *skeppssättningar* (graven in de vorm van een boot) en een bijzondere runensteen uit het midden van de 11e eeuw.

Engsö slott ▶ G 8

25 km ten oosten van Västerås, www.engso.se, mei-juni, 2e helft aug. za., zon- en feestdagen, juli-3e week aug. di.-zo. 11-16 uur, SEK 65

Rond 1740 werd op het schiereiland Ängsö, ongeveer 25 km ten zuidoosten van Västerås, dit door Carl Hårleman ontworpen rococopaleis met een vierkante omtrek gebouwd. Allerlei spookverhalen doen over Engsö de ronde – tijdens een rondleiding hoort u daar meer over. Een 18e-eeuws park met mooie oude bomen omgeeft het kasteel.

Tidö slott ▶ F 8

18 km ten zuiden van Västerås, www.tidoslott.se, mei-juni, sept. za.-zo., juli-aug. di.-zo. 12-17 uur, rondleiding slot mei-juni, sept. za.-zo., juli-aug. dag., SEK 120

De wijzers van de klok boven de hoofdingang staan stil sinds 1632 – naar men zegt sinds het moment dat koning Gustav II Adolf in de Slag bij Lützen sneuvelde. Axel Oxenstierna, de machtige rijkskanselier, liet het kasteel aan het Mälaren vanaf 1625 bouwen, voor een deel naar ontwerp van Nicodemus Tessin de Oudere. Het interieur met kostbaar inlegwerk is grotendeels in oorspronkelijke staat bewaard gebleven (alleen tijdens rondleidingen te zien).

Strömsholms slott ▶ F 8

22 km ten zuidoosten van Västerås bij Hallstahammar, www.kungahuset.se, 2e helft mei za., zon- en feestdagen 12-16, juni, aug. dag. 12-16, juli 12-17 uur, SEK 100

Gustav Vasa stichtte rond 1560 op Strömsholms slott een stoeterij en legde daarmee de basis voor een traditie die tot op de dag van vandaag voortduurt. Jaarlijks vindt hier met Pinksteren de Swedish Grand National plaats. De koning liet het kasteel aan de monding van het Strömsholms kanal in Mälaren als vesting bouwen. Zijn weduwe, Katarina Stenbock, leefde hier tot haar dood in 1621. Rond 1670 liet Karel X Gustav de vesting door Nicodemus Tessin de Oudere in barokstijl voor zijn echtgenote Hedvig Eleonora verbouwen. Het slot, waarvan het interieur voornamelijk uit de tijd van Gustav III stamt, huisvest een grote verzameling schilderijen van David Klöcker Ehrenstrahl, onder meer talrijke paardenporttetten.

Overnachten

Bij het slot – **Västerås Camping Ängsö:** tel. 0171 44 10 43, www.vasterascamping.se, staanplaats SEK 230-270, hut SEK 500 per dag. Zo'n 10 km van Engsö slott aan het meer gelegen, golfbaan en jachthaven in de buurt, zwemlocaties.

Strängnäs ▶ G 8

De stad, waar Gustav Vasa in 1523 tot koning werd gekozen, was al in de 12e eeuw een belangrijk geestelijk centrum. Op de heuvel met de kathedraal, die eind 15e eeuw in grote trekken zijn huidige vorm kreeg, strekt zich de pittoreske oude binnenstad uit. De voor zo'n kleine stad (13.600 inwoners) erg groot aandoende kathedraal herbergt naast een opmerkelijk interieur de stoffelijke resten van koning Karel IX.

In de directe omgeving ligt de naar bisschop Kort Rogge vernoemde, voormalige, rond 1480 gebouwde residentie Roggeborgen; het was van 1626 tot de jaren 30 een gymnasium. Op een andere heuvel aan de oever van Mälaren staat het tweede gebouw dat het silhouet van Strängnäs kenmerkt: een indrukwekkende windmolen, vanwaar u kunt genieten van een prachtig uitzicht.

Informatie

Strängnäs Turistbyrå: Eskilstunavägen 2, 645 80 Strängnäs, tel. 0152 296 94, www.strangnas.se/turism; geopend half mei-half sept.
Trein/bus: naar Stockholm via Södertälje en Eskilstuna/Örebro.

Mariefred ▶ G 8

Het mooie stadje met de idyllische houten huizen is een excursiebestemming voor Stockholmers, sinds de eerste stoomboot in 1903 over Mälaren zijn weg vond naar de steiger. Een wandeling langs het water en over de houten brug naar het indrukwekkende kasteel Gripsholms slott is als een droom op een mooie zomerse dag. Of u wandelt door de pittoreske straatjes en drinkt er een kop koffie in een café of op een terrasse, voordat de fluit van de stoomboot de terugreis naar Stockholm aankondigt.

Overnachten en eten

Topgastronomie – **Gripsholms Värdshus:** Kyrkogatan 1, tel. 0159 347 50, www.gripsholms-vardshus.se, 2 pk SEK 1145 per persoon. Een klassiek hotel en uitstekend restaurant, trainingskeuken voor het nationale Zweedse kokstearn (hoofdgerecht ca. SEK 200-320).
Uitzicht op slot en stad – **Mariefreds Camping:** Edsala, tel. 0159 135 30, www.mariefredscamping.se, mei-half sept., staanplaats SEK 190-210 (plus elektriciteit), hut SEK 395-795. Ongeveer 2 km ten oosten van de stad, strand en steiger, fraaie ligging aan het meer.

Eten en drinken

In het groen – **Gripsholms slottspaviljong:** Lottenlund, tel. 0159 100 23, www.slottspaviljongen.se, mei-sept. dag., anders vr.-zo., lunch ca. SEK 100. Restaurant in een fraai houten paviljoen met uitzicht op het meer; ernaast ligt een fraaie minigolfbaan.
Heerlijk – **Taxinge slottscafé:** Taxinge-Näsby slott, 15 km ten oosten van Mariefred, www.taxingeslott.se, mei-aug. dag. 11-18, sept. ook dag., anders vr.-zo. 11-16 uur. Grote keus aan banket, zoet of hartig.

Informatie

Mariefreds Turistbyrå: Rådhuset, 647 30 Mariefred, tel. 0159 296 90, www.strangnas.se/turism, half mei-half sept.
Bus: naar Läggesta ('s zomers ook met de museumspoorlijn), vandaar met de **trein** naar Stockholm en Eskilstuna/Örebro. Busverbindingen met Strängnäs en Eskilstuna.
Boot: 's zomers vaart een historische stoomboot Mariefred op en neer naar Stockholm (zie blz. 242).

IN EEN OOGOPSLAG

Stockholm en omgeving

Hoogtepunt ✹

Stockholm: de ongeëvenaarde ligging op 14 rotsige eilanden vormt de charme van de Zweedse hoofdstad, waar u zelfs in het centrum nooit lang hoeft te zoeken om na een uitgebreide sightseeing of het bezoeken van een museum even te ontspannen in de natuur. Zie blz. 248.

Uppsala: de universiteitsstad ten noorden van Stockholm biedt een druk bezichtigingsprogramma voor een hele dag: kathedraal, slot, Gustavianum met rariteitenkabinet, Zilverbijbel. Zie blz. 276.

Op ontdekkingsreis

Utö – Leven op een schereneiland vroeger en nu: bij een bezoek aan dit eiland aan de zuidelijke scherenkust van Stockholm wordt u ondergedompeld in een uniek landschap. Overblijfselen van de industriële geschiedenis verhalen over het leven en werk van de scherenkustbewoners in vroeger tijden. Zie blz. 274.

De natuur in met Carl Linnaeus: maak een excursie door het landschap rond Uppsala, zoals professor Carl Linnaeus dat 250 jaar geleden samen met zijn studenten ook deed. Zie blz. 280.

Bezienswaardigheden

Skansen: heel Zweden in een openluchtmuseum, met beren en elanden. Zie blz. 259.

Drottningholm slott: aankomst per stoomboot over het meer, barokpaleis, historisch theater, Chinees Paviljoen – genoeg voor een dagje uit. Zie blz. 265.

Skokloster slott: de tijd dat Zweden in de 17e eeuw een grootmacht was, herleeft in dit imposante bouwwerk, zelfs al bleef het onvoltooid. Zie blz. 285.

Actief

Rondje Djurgården: te voet of op de fiets over het eiland in het centrum van Stockholm. Zie blz. 262.

Kanotocht Brunnsviken: vanaf het water oogt het Hagapark uiterst koninklijk. Zie blz. 266.

Wandelen in nationaal park Tyresta: donkere bossen en stille meren liggen binnen het bereik van de metropool. Zie blz. 273.

Sfeervol genieten

Gamla Uppsala: de drie grote koningsheuvels vormen een bijzondere plek die u terugvoert naar het begin van de Zweedse cultuur. Zie blz. 279.

Tant Bruns kaffestuga in Sigtuna: een café waar men koffie uit een koperen kan schenkt en kaneelkoekjes warm uit de oven presenteert. Zie blz. 284.

Uitgaan

Gröna Lund in Stockholm: in het klassieke pretpark met een reuzenrad, draaimolens en liveoptredens van bekende artiesten gebeurt altijd wel wat. Zie blz. 259.

Mosebacke in Stockholm: livemuziek, dj-mix, hoogstaand theater en als bonus vanaf het terras een prachtig uitzicht op het nachtelijke Stockholm. Zie blz. 271.

Stockholm ✶ ▶ G/H 8

Groenkoperen daken en statige huizen in warme okertinten schitteren in de zomerzon, een lichte bries vanaf de zee waait door de straten, op de brug bij het kasteel staan vissers en voor het eiland Långholmen stoeien zwemmers in het water. De magie van deze stad in woorden te willen vatten is zo goed als onmogelijk. U moet de stad zien en u laten boeien, dan zal de 'drijvende stad' Stockholm u niet meer loslaten.

De nuchtere feiten geven een idee van wat de bijzondere charme van Stockholm vormt: op 14 eilanden op de overgang van Mälaren en Oostzee gebouwd met uitzonderlijk goed bewaard gebleven gebouwen, met name uit de 18e en 19e eeuw, en vele parken: de stad presenteert zich vriendelijker dan andere steden van vergelijkbare grootte. In de regio Stockholm wonen ongeveer twee miljoen mensen, in de stad zelf ruim 900.000 (2014). Van de totale oppervlakte van 4900 km² bestaat 30% uit water en nog eens 30% wordt ingenomen door parken en andere groene gebieden. Sinds 1995 kan Stockholm zich erop beroemen met het eiland Djurgården het eerste stedelijke nationaal park ter wereld te hebben.

Het kleine eiland Helgeandsholmen waarop zich tegenwoordig de *Riksdag* (het parlementsgebouw) bevindt, is het oudste bewoonde deel van de stad, die in 1252 werd gesticht door Birger Jarl. De opkomst als een belangrijk handelscentrum dankt het 'paaleiland', zoals de letterlijke vertaling van Stockholm luidt, niet in de laatste plaats aan het proces van de landstijging, die hier voorheen liefst 40-50 cm per eeuw bedroeg (en nog steeds doorgaat). Aan het begin van de middeleeuwen was het vasteland zo veel gestegen dat het waterpeil van het meer Mälaren boven dat van de Oostzee lag. Op de overgang was bij het eiland Helgeandsholmen een stroomversnelling gevormd. Handelswaren moesten van schepen worden gelost en voorbij deze hindernis worden getransporteerd.

In de 14e en 15e eeuw bepaalden handelaren van de machtige Hanze het lot van de stad. De dominantie van de Duitsers was zo sterk, dat er een wet werd aangenomen, waarin werd vastgelegd dat ten minste de helft van alle raadsleden Zweden moesten zijn. En zelfs in de

INFO

Stadsplattegronden
Binnenstad: zie blz. 253; **Djurgården:** zie blz. 263; **buiten het centrum:** uitneembare kaart, kaart 2; **metronet:** uitneembare kaart, kaart 3.

Toeristische informatie
Stockholm Visitor Center: Box 16282, 103 25 Stockholm, tel. 08 50 82 85 08, www.visitstockholm.com. Hoofdkantoor in het Kulturhuset, Sergels Torg (zie blz. 255), filiaal op het vliegveld (Arlanda Visitor Center, terminal 5 en 2), ma.-vr. 9-19, za. 10-17, zo. 10-16 uur. Informatie, boeken van excursies, stadsplattegronden.

Reizen naar en in de stad
In Stockholm geldt een tolsysteem, (ma.-vr. 6-18 uur, behalve juli). Het goede openbaar vervoer van Storstockholms Lokaltrafik (SL) maakt het gebruik van een auto eigenlijk overbodig. Bij de metrostations in de voorsteden zijn Park-en-Ride-faciliteiten. Voor meer informatie over het openbaar vervoer zie blz. 271.

17e eeuw was bijna een op de drie Stockholmers nog van Duitse afkomst.

In 1634 werd Stockholm hoofdstad van het land, wat leidde tot een enorme groei. In 1697 verwoestte een brand het oude kasteel Tre Kronor. Er werd onmiddellijk begonnen met de bouw van een nieuw paleis en het vanwege het constante brandgevaar werd verboden nog houten huizen te bouwen. Nadat Stockholm onder Gustav III was uitgegroeid tot het onbetwiste spirituele en culturele centrum van Zweden, werd de stad in de 19e eeuw ook de belangrijkste industriestad. De bevolking verdubbelde in korte tijd, er kwamen huurwoningen met verdiepingen en de stad werd volgens een strak plan uitgebreid. De uitbreiding van de stad duurde voort. In de jaren 50 ontstonden voorsteden met een goede infrastructuur, die toen als voorbeeldig werden gezien, maar tegenwoordig juist sociaal op achterstand staan. Tegenwoordig wordt nieuwe woonruimte vooral gecreëerd op voormalige industrieterreinen. Het grootste project in het centrum is de verbouwing van Slussen. Dit verkeersknooppunt in het midden van Stockholm heeft te kampen met betonrot en het stijgende waterniveau.

Kungsholmen

Een prachtig begin van de stadsbezichtiging is een bezoek aan het eiland Kungsholmen, want vanaf de toren van het Stadshuset kunt u een goed overzicht van Stockholm krijgen. Kungs-

Al slenterend door de straatjes ontdekt u steeds meer details: Stockholms Gamla Stan

holmen is een van de populairste woonwijken in de stad. De meeste gebouwen dateren uit begin 20e eeuw. Aan te bevelen is een wandeling langs het Norr Mälarstrand met zijn prachtige gevels.

Stadshuset 1 ▶ kaart 2, D/E 6

Hantverkargatan 1, www.stockholm.se/cityhall, rondleidingen juni-aug. dag. 10, 11, 12, 14, 15, mei, sept. 10, 12, 13, 14, okt.-apr. 10, 12 uur, SEK 100, nov.-mrt. SEK 70; toren juni-aug. dag. 9-17, mei en sept. 9-16, apr. za.-zo. 10-16 uur, lift en trappen, SEK 40

Het Stadshuset werd 1911-1923 gebouwd naar een ontwerp van Ragnar Östberg. De 106 meter hoge toren van het gebouw, het icoon van de stad, is getooid met drie kronen, die de koninkrijken symboliseren waaruit Zweden is ontstaan. Het interieur van het administratieve en representatieve gebouw vanwaaruit de stad Stockholm wordt bestuurd, is tijdens een rondleiding te bezichtigen. In de Blå hallen (blauwe hal), die overigens niet blauw is, vindt jaarlijks op 10 december het banket voor de Nobelprijswinnaars plaats. De Gyllene salen (gouden zaal) werd door de kunstenaar Einar Forseth met 18,6 miljoen gouden mozaïektegeltjes bekleed en de Prinsens galleri toont romantische stadsgezichten van de schilderende prins Eugen, die in frescotechniek aangebracht zijn op de kalk.

Oude stad

De kern van Stockholm bestaat uit drie eilanden: **Stadsholmen** met het slot en de Oude stad (Gamla Stan), **Helgeandsholmen** met de Riksdag en **Riddarholmen** met voormalige adellijke paleizen.

Stadsholmen

Vooral op het grootste eiland Stadsholmen heerst een heel bijzondere sfeer. In de smalle, meestal met hoge huizen uit de Zweedse Gouden Eeuw omzoomde straten is slechts weinig licht, en daar de zijstraten naar het water toe alle haaks op de hoofdstraten staan, openen er zich steeds weer onverwachte uitzichten. Stegen en pleinen dienen als podium voor straatmuzikanten, galeries en winkels nodigen uit om geld uit te geven en de vele cafés en restaurants zorgen ervoor dat u niet van honger of dorst omkomt.

De twee belangrijkste straten **Västerlånggatan** en **Österlånggatan** liepen in de middeleeuwen langs de westelijke en oostelijke oevers van het eiland Stadsholmen, dat pas door het proces van landstijging zijn huidige omvang bereikte. Tegenwoordig zijn ze de belangrijkste wandelstraten van Gamla Stan. U moet zeker niet vergeten door de kleine straatjes te dwalen, die zo hun eigen charme hebben. Vanaf Järntorget loopt u bijvoorbeeld door het smalste steegje van de stad, de soms slechts 90 cm brede **Mårten Trotzigs gränd**, naar de Prästgatan.

Wisseling van de wacht bij het Kungliga slottet

Bijzonder populair bij toeristen is de wisseling van de wacht (*högvakten*). Daar de soldaten echter weinig spectaculair zijn gekleed, verloopt het veel minder fotogeniek dan de wisseling van de wacht bij sommige koninklijke paleizen elders in Europa. Verschillende regimenten van het Zweedse leger vervullen om beurten de rol van Koninklijke Garde, marsmuziek weerklinkt, terwijl de soldaten opmarcheren van het Armémuseum via de Artillerigatan en de Strandvägen (ma.-za. 12.15, zo. 13.15 uur, bereden wacht alleen apr.-aug.).

Kungliga slottet (Koninklijk paleis) 2

Slottsbacken, www.kungahuset.se, half mei-half sept. dag. 10-17, half sept.-half mei di.-zo. 12-16 uur, slot met Skattkammaren en het museum Tre Kronor SEK 160

Het markantste gebouw van Stadsholmen is het Kungliga slottet, met meer dan 600 kamers het grootste in de wereld. De koninklijke familie is echter in 1981 vanwege de betere lucht verhuisd naar Drottningholm (zie blz. 265), het kasteel is nu het werk- en representatiepaleis. De bouw begon in 1697 nadat een brand het oude kasteel Tre Kronor had vernietigd, maar dure oorlogen vertraagden de voltooiing aanzienlijk. In 1754 kon de toekomstige koning Gustav III er met zijn ouders en broers en zussen uiteindelijk zijn intrek in nemen. Nicodemus Tessin de Jongere ontwierp het grote kubusvormige gebouw, Carl Hårleman ontwierp het interieur. Bouw- en interieurstijl tonen de overgang van de late renaissance naar de gustaviaanse stijl.

Binnenin zijn de *Rikssalen* met koningin Kristina's zilveren troon van 1650, de prachtige feestzalen en een aantal musea te bezoeken: **Skattkammaren** (schatkamer) met de koninklijke regalia en het tafelzilver en het **Gustav III:s Antikmuseum**. In het **Museum Tre Kronor** zijn de keldergewelven van het oude kasteel te zien. De wapenkamer, **Livrustkammaren** (mei-juni, dag. 11-17, juli-aug. 10-18, sept.-apr. di.-wo., vr.-zo. 11-17, do. 11-20 uur, gratis) toont rijtuigen, wapens en kroningsgewaden. Bijzonder is het opgezette paard Streiff dat Gustav II Adolf bereed toen hij in 1632 tijdens de Slag bij Lützen sneuvelde.

Storkyrkan 3

Trångsund 1, www.stockholmsdomkyrkoforsamling.se, mei en sept. dag. 9-16, juni ma.-za. 9-17, zo. 9-16, juli-aug. ma.-za. 9-18, zo. 9-16, okt. ma.-za. 10-16, zo. 9-16 uur, mei-sept. SEK 40, anders gratis

Stockholms kathedraal en kroningskerk is een van de oudste gebouwen van de stad en werd in 1306 ingehuldigd, maar daarna nog aanzienlijk verbouwd, voor het laatst in 1740. Het pronkstuk van het overwegend barokke interieur is de in de late middeleeuwen door Bernt Notke gemaakte sculptuur van St.-Joris en de Draak. Deze werd gemaakt in opdracht van Sten Sture de Oudere om de overwinning op de Denen bij Brunkeberg in 1471 te herdenken. Sankt Göran (St.-Joris) symboliseert de overwinnende Zweden, de vuurspuwende draak de verslagen Denen. Een kopie van de beeldengroep staat op het Köpmantorget. In de kerk hangt ook het oudste stadsgezicht van Stockholm (1535).

Stortorget met Nobelmuseet

Het plein Stortorget met in warme oker- en roodtinten gestuukte huisgevels uit de 17e eeuw wordt gedomineerd door de voormalige Beurs, die Erik Palmstedt in 1778 in opdracht van Gustav III bouwde. Op de bovenverdieping komen de leden van de Svenska Akademien bijeen. Zij zijn het die ieder jaar verantwoordelijk zijn voor het bekendmaken van de Nobelprijswinnaars. De ruim 100 jaar oude geschiedenis van wat wel de beroemdste onderscheiding ter wereld is, wordt getoond in het **Nobelmuseet** 4 (www.nobelmuseum.se, half mei-half sept. dag. 10-18, anders di. 11-20, wo.-zo. 11-17 uur, SEK 100, di. 17-20 uur gratis).

Tyska kyrkan 5

Svartmangatan/hoek Tyska Brinken, apr.-sept. dag., okt.-mrt. za.-zo. 12-16 uur

Sankt Gertrud is nog steeds de kerk van de Duitse gemeenschap en wordt ook wel Tyska kyrkan (Duitse kerk) genoemd. Het gebouw van ▷ blz. 254

Stockholm – binnenstad

Bezienswaardigheden
1. Stadshuset (stadhuis)
2. Kungliga slottet (koninklijk paleis)
3. Storkyrkan
4. Nobelmuseet
5. Tyska kyrkan
6. Riddarhuset
7. Birger Jarls torn
8. Riddarholmskyrkan
9. Riksdagshuset (parlementsgebouw)
10. Stockholms Medeltidsmuseet
11. Kulturhuset
12. Konserthuset
13. Strindbergsmuseet
14. Stadsbibliotek
15. Kungsträdgården
16. Hallwylska museet
17. Nationalmuseum
18. Moderna Museet en Arkitektur- och designcentrum
19. Dramaten
20. Historiska Museet
21. -31. Zie blz. 263
32. Stockholms stadsmuseum
33. Monteliusvägen

Overnachten
1. Hotel Birger Jarl
2. Långholmen
3. Best Western NoFo
4. Zinkensdamm
5. Mälardrottningen
6. First Hotel Fridhemsplan
7. Archipelago Hostel
8. STF Vandrarhem 'af Chapman'
9. Bredäng Camping
10. Ängby Camping

Eten en drinken
1. Den Gyldene Freden
2. Restaurang Hjerta
3. Operakällarens bakficka
4. Ciao Ciao Grande
5. Café Vete-Katten
6. Café Sturekatten
7. -10. Zie blz. 263

Winkelen
1. NK
2. Åhlens City
3. Svenskt Tenn
4. Carl Malmsten
5. blås & knåda
6. Svensk Hemslöjd
7. Hötorget/Hötorgshallen
8. Östermalmshallen
9. Söderhallarna

Actief
1. Bike Sweden
2. Gamla Stans Cykel
3. Brunnsvikens Kanot-central
4. Zie blz. 263

Uitgaan
1. Ice Bar
2. Berns
3. Fasching
4. Debaser Medis
5. Mosebacke (Södra teatern)
6. Kungliga Operan (koninklijke opera)
7. Dansens hus

Voor adressen buiten het centrum zie achterzijde van de uitneembare kaart

het Duitse Sankt Gertrudgilde, waarvan de invloed onder Gustav Vasa was ingeperkt, werd in de 17e eeuw door Hans Jacob Kristler tot kerk verbouwd.

Riddarhuset 6

Riddarhustorget 10, www.riddarhuset.se, ma.-vr. 11.30-12.30 uur, SEK 60
Riddarhuset werd door Justus Vingboons en Jean de la Vallée in 1641-1674 gebouwd en diende voor bijeenkomsten van de adel. De wapenschilden van alle Zweedse adellijke geslachten – meer dan 2300 – bedekken de wanden van de Ridderzaal in het buitengewoon fraaie barokgebouw.

Riddarholmen en Helgeandsholmen

Op Riddarholmen liet de adel in de 17e eeuw prachtige paleizen bouwen, waar nu vooral overheidsinstanties zijn gehuisvest. De ronde **Birger Jarls torn** 7 op de noordwestpunt van het eiland is een restant van de middeleeuwse bebouwing en werd later een deel van Gustav Vasa's stadsmuur. De oudste delen van de vroegere kloosterkerk **Riddarholmskyrkan** 8 (half mei-3e week sept. dag. 10-17, SEK 50), waarin Gustav II Adolf en de in 1950 overleden Gustaf V begraven zijn, ontstonden rond 1280.

Via Myntgatan en Stallbron komt u op het eiland Helgeandsholmen. Het westelijke deel van het **Riksdagshuset** (parlementsgebouw) 9 met de vergaderzaal huisvestte tot 1976 de Riksbanken. Onder het Riksdaghuset ligt – onder de grond – het **Stockholms Medeltidsmuseet** 10 (Strömparterren 3, www.medeltidsmuseet.stockholm.se; juni-aug. dag., anders di., do.-zo. 12-17, wo. 12-20 uur, gratis, zie blz. 264). Dit interessante museum toont stukken uit de tijd dat de stad in de middeleeuwen werd gesticht. Daartoe behoren een

paar meter van de oude stadsmuur, restanten van een begraafplaats uit de 13e eeuw en overblijfselen van schepen, die in de Strömmen zijn gevonden.

Norrmalm-City

Vanaf het Riksdagshuset loopt u via de Drottninggatan door de regeringswijk naar een geheel ander deel van de stad. Moderne gebouwen en winkelcentra domineren Norrmalm.

Sergels Torg

Het naar de beeldhouwer Johan Tobias Sergel vernoemde plein is gemaakt als onderdeel van de volledige herbouw

Norrmalm–City

Stad op het water, Venetië van het noorden: Stockholm van boven gezien

van de wijk in de periode 1940-1970. Het stadsplein met de zwart-witte bestrating en 's avonds fraai verlichte fontein is een ontmoetingsplaats voor allerlei mensen: politieke groepen komen hier samen om te demonstreren, nieuwe bandjes brengen hier livemuziek ten gehore, straatverkopers zetten er hun kraampjes op. Daar zich bij Sergels Torg ook een van de ingangen naar het metroknooppunt T-Centralen bevindt, is alles hier voortdurend in beweging.

Kulturhuset 11

Sergels Torg, www.kulturhuset.stockholm.se, di.-vr. 11-18, za.-zo. 11-16 uur, 's winters langer geopend, gratis

Het moderne gebouw van glas aan het Sergels Torg biedt ruimte aan het toeristenbureau, het stadstheater en tentoonstellings- en evenementenzalen. Vanaf het café op de bovenste verdieping kijkt u uit over geheel Norrmalm, in de zomer is ook het dakterras van het Café Panorama toegankelijk, dat het beste uitzicht op het Sergels Torg biedt.

Hötorget

Op de 'Hooimarkt' en in de markthal **Hötorgshallen** 7 kunt u verse etenswaren inkopen of een hapje eten. In het in 1926 door Ivar Tengbom ontworpen blauwe **Konserthuset** 12 (concertgebouw) vindt jaarlijk op 10 december de uitreiking van de Nobelprijzen voor literatuur, natuurkunde, chemie, geneeskunde en economie plaats. Anders wordt er gespeeld door het Kungliga Filharmoniska Orkestern en regelmatig spelen er ook internationaal bekende musici en orkesten. Carl Milles' **Orfeusbrunnen** voor het Konserthuset verrast met zijn expressieve, naar de hemel strevende bronsfiguren.

Strindbergsmuseet 13
▶ kaart 2, E 4

Drottninggatan 85, www.strindbergsmuseet.se, juli-aug. 10-16, sept.-juni di., do.-zo. 12-17, wo. 12-19 uur, SEK 75

Waar het winkelgebied van de Drottninggatan ten einde loopt, bracht August Strindberg op nummer 85 in 1908-1912 zijn laatste jaren door in de Blå Tornet (de blauwe toren), zoals het deftige huurhuis op de hoek met de Tegnérgatan destijds werd genoemd. De woning van de beroemde schrijver ziet eruit alsof de schrijver net even weg is.

Stadsbiblioteket 14 ▶ kaart 2, E 3

Sveavägen 73, www.biblioteket.stockholm.se, ma.-do. 9-21, vr. 9-19, za.-zo. 12-16 uur, 's zomers korter

In Observatorielunden, een prachtig, rustig park, ligt op een heuveltop het door Carl Hårleman gebouwde Observatorium (met museum). Daaronder pronkt in warm oker een toonbeeld van het functionalisme, de in 1925 door Gunnar Asplen gebouwde Stadsbibliotek. Neem vooral een kijkje in deze boe-

Tip

Ondergrondse kunst – de metrostations van Stockholm

Als enige stad van Zweden heeft Stockholm een metro, ofwel *tunnelbana* (T). De in de rotsbodem aangebrachte tunnels en stations zijn allesbehalve saai. Vooral in de jaren 70 gaven kunstenaars de stations vorm met sculpturen, kleurige tegels, muurschilderingen of reliëfs in spuitbeton – of een combinatie van verschillende technieken, zoals het metrostation Kungsträdgården (zie foto) uit 1977. Tijdens 'kunstritten', *konståkningar*, komt u meer te weten over interessante details van kunstenaars en kunstwerken. Rondleiding van een uur met een gids vanaf het T-Centralen onder het Sergels Torg (juni-aug. di., do. en za. 13.30 uur in het Zweeds, 15.00 uur in het Engels, een gewoon metrokaartje volstaat. Meer informatie op www.sl.se – zoek op 'Art Walks').

kentempel. Vanaf de hoofdingang gaat de blik automatisch omhoog naar de met boeken gevulde schappen van de ronde toren.

Kungsträdgården 15

Tussen de drukke en overvolle Hamngatan en het slot ligt de populaire stedelijke oase van Stockholm, Kungsträdgården. De vroegere koninklijke moestuin werd eerst omgevormd tot een lusthof, en in de 18e eeuw vrijgegeven voor het gewone volk. Er wordt tegenwoordig druk gebruikgemaakt van 'Kungsan': men speelt er schaak of streetball, er zijn concerten op het podium. 's Winters, wanneer een deel onder water wordt gezet, is het park geliefd bij schaatsers.

Het zuidelijke einde van Kungsträdgården wordt gevormd door **Karl XII:s Torg**, met een standbeeld van de expansie- en machtsbeluste heerser Karel XII. Als 18-jarige versloeg hij Peter de Grote in 1700 in de Slag bij Narva, deze revancheerde zich in 1709 bij Poltava en dit leidde uiteindelijk tot het einde van Zweden als grootmacht.

Hallwylska museet 16

Hamngatan 4, www.hallwylskamuseet.se, juli-aug. di.-zo. 10-19, anders di., do., vr. 12-16, wo. 12-19, za.-zo. 11-17 uur, begane grond gratis, rondleiding door het hele pand SEK 60

Een kijkje in de wooncultuur van rijke burgers rond 1900 is mogelijk in het in 1895 gebouwd woonhuis van gravin van Hallwyl. Zij was als erfgename van een houtzagerij-eigenaar rijk geworden. Het enkele verdiepingen tellende herenhuis doet aan de buitenkant denken aan een Moors paleis.

Nationalmuseum 17

Södra Blasieholmshamnen, www.nationalmuseum.se, gaat na een verbouwing in oktober 2018 open.

Net voor de fraaie brug naar het 'museumeiland' Skeppsholmen ziet u links het Nationalmuseum, dat in 1846-1866 werd gebouwd naar het ontwerp van de Pruisische architect F.A. Stüler. Tot de collectie behoort onder meer een grote collectie Vlaamse schilderijen uit de 17e eeuw, die als oorlogsbuit tijdens de Dertigjarige Oorlog in Zweden terechtkwam. Ook Zweedse kunstenaars uit alle tijdperken zijn vertegenwoordigd. Carl Larsson ontwierp het trappenhuis.

Skeppsholmen

Arkitektur- och designcentrum/ Moderna Museet 18

www.arkdes.se, www.modernamuseet.se, di. 10-20, wo.-zo. 10-18 uur, gratis, behalve voor bijzondere tentoonstellingen

Op het vroegere marineterrein biedt het gerenommeerde Moderna Museet de grootste collectie moderne kunst in Zweden. In hetzelfde gebouw geeft het **Arkitekturmuseet- och designcentrum** een beeld van de geschiedenis van architectuur en design in Europa.

Aan de oever van het eiland ligt een zeilschip voor anker, waarvan de hutten zeer gewild zijn om te overnachten. De **'af Chapman' 8**, die nu als jeugdherberg dient, is vernoemd naar de scheepsbouwer Fredrik Hendrik af Chapman (1721-1808), die vanaf 1780 als chef van de werf in Karlskrona betrokken was bij de opbouw van de Zweedse marine.

Östermalm

Rijk en voornaam, maar tamelijk levenloos, zo karakteriseren sommigen dit pas in de 19e eeuw gebouwde deel van de stad. Helemaal ongelijk hebben ze niet, want de pracht van de deftige herenhuizen en de exclusieve winkels toont vrij kil. Winkelen kunt u in de

Nybrogatan en de Sibyllegatan met hun mode- en designwinkels die toonaangevend zijn; voor wie tussendoor trek heeft zijn de markthal **Östermalmshallen** 8 en het Östermalmstorg de aangewezen plek.

Dramaten 19

Nybroplan

Kungliga dramatiska teatern, kortweg Dramaten, is het belangrijkste Zweedse theater. Hier regisseerde onder meer Ingmar Bergman. Het in 1901-1908 door Fredrik Lilljekvist ontworpen gebouw is een fraai voorbeeld van de jugendstil.

Historiska Museet 20

Narvavägen 13-17, www.historiska. se, okt.-mei di.-vr. 12-18, wo. tot 20, za.-zo. 11-18, juni-sept. dag. behalve midzomer 11-18 uur, gratis

Het belangrijkste historische museum van Zweden toont onder meer een indrukwekkende Vikingtentoonstelling en unieke goud- en zilverschatten uit de 4e eeuw. Het staat aan de Narvavägen, die als grootschalig aangelegde boulevard eindigt op het Karlaplan, een naar Parijs' voorbeeld aangelegd plein, van waaruit zich acht straten stervormig aftakken.

Kaknästornet 21 ▶ kaart 2, K 4

Mörka Kroken 3, www.kaknastornet. se, ma.-za. 10-21, zo. 10-18 uur, in de zomer langer geopend, SEK 55

Ladugårdsgärdet is een enorme groene ruimte, die onder Karl XIV Johan nog oefenterrein voor zijn troepen was en tegenwoordig dient als weide voor de schaapskudde van de koning, terwijl veel Stockholmers er joggen. Boven de onbebouwde grasvlakte verheft zich de 155 m hoge televisietoren Kaknästornet, vanwaaruit u vanaf het beglaasde uitkijkplatform een prachtig uitzicht over de stad hebt – de lift brengt bezoekers in een halve minuut naar het restaurant, waarna er nog een paar trappen zijn naar het uitzichtplatform.

Djurgården

De naam van dit eiland, dat als deel van het **Nationalstadsparken** beschermd natuurgebied is, betekent dierentuin; oorspronkelijk was het een koninklijk jachtdomein. Hoe verder u op Djurgården naar het oosten doordringt, hoe wilder de natuur wordt. Er zijn verschillende manieren om op het eiland Djurgården te komen, onder meer met de tram. Bijzonder mooi is de reis met de pont vanaf Nybroplan, want dan hebt u het beste zicht op de prachtige gevels langs de Strandvägen.

Vasamuseet 22 ▶ kaart 2, G 5/6

Galärvarvet, www.vasamuseet.se, juni-aug. dag. 8.30-18, anders do.-di. 10-17, wo. 10-20 uur, SEK 130

Op Djurgården bevindt zich een absolute parel in het aan hoogtepunten niet bepaald arme museumlandschap van Stockholm: het gebouw van het Vasamuseet is gemodelleerd naar een schip. Het werd in 1990 gebouwd voor het op 10 augustus 1628 op zijn eerste reis nog in de haven van Stockholm gezonken oorlogsschip 'Vasa'. Dit in opdracht van Gustav II Adolf gebouwde oorlogsschip is een symbool van de grootheidswaanzin tijdens de Dertigjarige Oorlog, want het zonk omdat het voor de vele kanonnen te weinig diepgang had en kapseisde door een windvlaag. In 1961 werd het teruggevonden. De berging en restauratie duurde bijna 35 jaar en bleken erg moeilijk, omdat men het schip met zijn talrijke decoraties onder water moest demonteren en conserveren, om te voorkomen dat het hout bij contact met zuurstof volledig uiteen zou vallen.

Djurgården

Junibacken 23 ▶ kaart 2, G 5

Galärparken, www.junibacken.se, juni, aug. dag. 10-17, juli 10-18, jan.-mei, sept.-dec. di.-zo. 10-17 uur, SEK 145, tot 16 jaar SEK 125

Een bijzondere attractie voor kleine en grote fans van Pippi: in Junibacken komt u de figuren uit Astrid Lindgrens verhalen tegen terwijl ze in een gondel voorbij zweven. De met poppen in scène gezette verhalen ogen verbazingwekkend levendig. In de zomer tuimelt Pippi soms zelf rond in het gebouw. Daarachter bevindt zich het park dat afloopt tot aan het water, met rustige picknickplekken. U ziet er ook een bronzen buste van de schrijfster.

Nordiska Museet 24
▶ kaart 2, H 5

Djurgårdsvägen 6, www.nordiska museet.se, juni-sept. dag. 9-18, anders ma., di., do.-zo.. 10-17, wo. 10-20 uur, SEK 100, wo. 17-20 uur gratis

Twee musea dankt Djurgården aan het initiatief van de etnograaf Artur Hazelius (1833-1901): Nordiska Museet en openluchtmuseum Skansen. Hij wilde verhinderen dat met de opkomst van de industrialisatie de landelijke cultuur verloren ging. Daarom verzamelde hij in heel Noord-Europa voorwerpen uit het dagelijkse leven, van houten borden tot compleet ingerichte huizen.

Openluchtmuseum Skansen 25
▶ kaart 2, J/H 6

Djurgårdsslätten 49-51, www.skan sen.se, mrt.-apr. okt. dag. 10-16, mei-midzomer 10-20, midzomer-aug. 10-22, sept 10-18, jan.-feb. ma.-vr. 10-15, za.-zo. 10-16, huizen, boerderijen mei-sept. dag. 11-17, anders 11-15/16 uur, SEK 100-170

Het door Artur Hazelius in 1891 opgerichte openluchtmuseum Skansen is het oudste van de wereld. Hier werden zo'n 150 oude gebouwen uit heel Zweden opnieuw opgebouwd. Een stadswijk werd gereconstrueerd en in werkplaatsen kunt u ambachtslieden, zoals glasblazers en meubelmakers aan het werk zien. Skansen is ook een populaire locatie voor feesten en muziekvoorstellingen. Hoogtepunt is het midzomerfeest, waarbij ook de koninklijke familie aanwezig is. En wie op zijn tocht door Zweden nog geen eland heeft gezien, zal hier zeker geluk hebben, want tot de dierentuin met inheemse dieren behoort naast de beer en de wolf ook dit schuwe dier.

Vikingaliv 26

Djurgårdsvägen 48, www.vikingaliv. se, mei-aug. dag. 10-20 uur, SEK 190

Dit museum in een voormalige botenloods laat veel Vikingmythes tot leven komen. Een bezoek is vermakelijk en spannend geënsceneerd: per gondel maakt u een tijdreis naar het jaar 963 en komt terecht in het leven van Ragnhild en haar familie. Een expositie toont daarnaast sensationele archeologische vondsten.

ABBA – the museum 27

Djurgårdsvägen 68, www.abbathe museum.com, online gekochte kaartjes voor vaste tijd SEK 195

Het museum geeft een interactieve en multimediale presentatie van de popgroep ABBA (zie ook blz. 66), de grote iconen van de Zweedse popmuziek. Te zien zijn door de bandleden geschonken kostuums en video's. Veel aandacht is er natuurlijk voor de songs, maar er zijn nog veel meer onderdelen die herinneren aan de gouden tijd van de Zweedse popmuziek.

Gröna Lund 28 ▶ kaart 2, H 6

www.gronalund.com, juli-aug. dag. 11-23/24 uur, anders variërende tijden en prijzen naargelang het seizoen

Het reusachtige pret- ▷ blz. 262

Favoriet

Prins Eugens Waldemarsudde – Zwelgen in de kunst 29

▶ kaart 2, J 7

De voormalige villa van de schilderprins Eugen (1865-1947), zoon van koning Oscar II en een van de beste Zweedse schilders van het noordse impressionisme (zie blz. 64), is prachtig gelegen op een rots boven het water aan de zuidkant van het eiland Djurgården. Het interieur van de woning getuigt van een uitgelezen smaak – de vertrekken ogen ook nu nog aantrekkelijk om in te wonen. Aan de muren zijn schilderijen te zien van prins Eugens beroemde schildervrienden – Anders Zorn, Carl Larsson en Edvard Munch zijn de grootste namen. Ook het mooie park is een bezoek waard. Van hieruit kunt u heerlijke wandelingen langs het water maken (zie blz. 262).

park heeft achtbanen en alles wat daar zo'n beetje bij hoort. In de zomer zijn er ook concerten. Erg populair zijn uitvoeringen van traditionele volksmuziek, niet alleen uit Scandinavië.

Prins Eugens Waldemarsudde 29

Prins Eugens väg 6, Djurgården, www.waldemarsudde.se, di.-zo. 11-17, do. tot 20 uur, SEK 100, zie blz. 260

Rosendals slott 30

www.kungahuset.se, rondleiding, mei-aug. di.-zo. 12-15 uur, SEK 100

Dit lustslot in de Franse empirestijl werd in 1827 gebouwd voor de eerste Bernadotte, Karl XIV Johan, als koninklijk verblijf te midden van het groen.

Thielska Galleriet 31

Sjötullsbacken 8, Blockhusudden, www.thielska-galleriet.se, di.-zo. 12-17, do. tot 20 uur, SEK 100

Deze mooie jugendstilvilla werd in 1904 gebouwd voor de bankier en kunstverzamelaar Ernest Thiel, die toen een van de rijkste mannen van Zweden was. Na zijn bankroet in 1924 bleef zijn prachtige collectie behouden in de villa – een rondgang langs alle werken, onder andere van Edvard Munch en andere noordse impressionisten (zie blz. 64), is als een wandeling door een andere tijd.

Rondje Djurgården te voet of op de fiets

Kaart: zie boven, begin: Djurgårdsbron of Blå Porten, lengte: ongeveer 12 km, fietsverhuur: onder andere Djurgårdsbrons Sjöcafé (zie ook blz. 270), voetgangers kunnen met de tram terug

Of u nu lopend of fietsend gaat – dit rondje langs Södra Djurgården is een van de mooiste tochten in Stockholm. Het is verbazingwekkend dat er zoveel natuur in de grote stad zelf is: knoestige oude eiken, uitkijkpunten aan het water en zelfs een vogelmeer. Van **Djurgårdsbrons Sjöcafé** 4 schuin tegenover Blå Porten, de kunstzinnige, gietijzeren blauw en gouden poort, loopt u langs de oever van het Djurgårdsbrunsviken. Het gebouw met de met kantelen bekroonde schoorsteen rechtsboven op de helling, Skånska Gruvan (1897), huisvest het café **Flickorna Helin & Voltaire** 9. Onderweg komt u langs nog meer historische gebouwen, zoals

Stockholm – Djurgården

Bezienswaardigheden
- **1**-**20** Zie blz. 253
- **21** Kaknästornet
- **22** Vasamuseet
- **23** Junibacken
- **24** Nordiska Museet
- **25** Openluchtmuseum Skansen
- **26** Vikingaliv
- **27** ABBA the museum
- **28** Gröna Lund
- **29** Prins Eugens Waldemarsudde
- **30** Rosendals slott
- **31** Thielska Galleriet
- **32**-**33** Zie blz. 253

Overnachten
Zie blz. 253

Eten en drinken
- **1**-**6** Zie blz. 253
- **7** Oaxen Slip
- **8** Café Blå Porten
- **9** Flickorna Helin & Voltaire
- **10** Rosendals Trädgårdscafé

Winkelen
Zie blz. 253

Actief
- **1**-**3** Zie blz. 253
- **4** Djurgårdsbrons Sjöcafé

Uitgaan
Zie blz. 253

——— Rondje Djurgården te voet of op de fiets

Rosendals slott **30** (zie blz. hiervoor) op een kleine heuvel.

De route gaat heuvelopwaarts naar Rosendals trädgård. De tuinderij verkoopt bloemen en groente. In de kas of daarbuiten biedt **Rosendals Trädgårdscafé** **10** gelegenheid voor een aangename pauze. Daarna gaat u omlaag langs het water naar de Djurgårdsbrunnsbron. Enkele gebouwen herinneren nog aan de tijd dat hier in de 19e eeuw een kuuroord bij het geneeskrachtige water van de bron was. Voorbij de brug gaat u verder langs het rechte kanaal. Het werd na 1825 aangelegd tussen Södra en Norra Djurgården om transporten te bespoedigen. Bij het nabije vogelmeer **Isbladskärret** biedt een houten uitkijkplatform toegang tot het rietveld, waar u talrijke vogels kunt horen kwetteren of blauwe reigers kunt zien die hier in de hoge bomen nestelen.

Na het uitstapje naar het vogelmeer bereikt u de oostpunt van Djurgården, **Blockhusudden**. In het noordoosten is de eilandengroep Fjäderholmarna te zien. Hier beginnen de binnenscheren van Stockholm. Enigszins verscholen in het bos vindt u de bankiersvilla en kunstgalerie **Thielska Galleriet** **31** (zie blz. 262). Het museumcafé nodigt uit om van een verfrissing te genieten.

Op de terugweg langs de zuidelijke oever ziet u druk scheepvaartverkeer, met veerboten, cruiseschepen, zeilboten en kleine motorboten. Op de heuvel rechts van u staat het grootste bestand aan oude eiken in Noord-Europa, met exemplaren van wel 800 jaar oud. Dergelijke bomen waren tot 1789 voorbehouden aan de kroon, maar na dat jaar werden er elders vele gekapt. Dat gebeurde hier niet, omdat deze nog steeds bezit van adel en kroon waren. Bijzonder statige bomen zijn te zien op de hoek van Manillavägen en Djurgårdsvägen en nabij **Prins Eugens Waldemarsudde** **29** (zie blz. 260). U laat de villa van de schilderende prins links liggen en volgt de Djurgårdsvägen. In Rosendals Gartencafé kunt u dan nog iets gebruiken voordat u naar de rustige noordkant van het eiland teruggaat.

Södermalm

De bezienswaardigheden zijn op het eiland Södermalm niet zo dicht gezaaid als elders in het centrum van Stockholm, daarentegen heeft de wijk veel sfeer te bieden. Het nachtleven in de oude volkswijk is levendiger dan in het centrum, er zijn gezellige hoek- en buurtkroegen, maar ook trendy winkels met designerkleding, alternatieve cafés, galeries en winkels die eruitzien alsof er in 40 jaar niets is veranderd.

Slussen

In zekere zin is het verkeersknooppunt Slussen (de sluis), dat in 1935 werd voltooid, de ingang tot Södermalm. De tand des tijds knaagt aan het beton van Slussen en dat het zal worden gesloopt, is een uitgemaakte zaak. Gepland is een nieuw modern verkeersplein, dat ook rekening houdt met het stijgende niveau van Mälaren. De aanleg duurt minstens tot 2025.

Stockholms stadsmuseum 32

Ryssgården, www.stadsmuseum.stockholm.se, heropening na de verbouwing in januari 2019

Het stedelijk museum op slechts een steenworp afstand van de metro-ingang Slussen is gewijd aan 1000 jaar stedelijke ontwikkeling; hier beginnen ook rondleidingen met als thema's ABBA en de locaties uit de Millenniumtrilogie van Stieg Larsson.

Monteliusvägen 33

Einde van de Skolgränd parallel aan de Bastugatan

De hoogte van Södermalm brengt met zich mee dat u een adembenemend uitzicht heeft vanaf bijna elk punt aan de zijde die op de stad gericht is. Vooral leuk is de met banken uitgeruste voetgangerstraat Monteliusvägen. Deze loopt over de Mariaberget langs tuinen en eeuwenoude bomen, met een voortreffelijk uitzicht op het Stadshuset en de drukte in het centrum van de stad.

Katarinawijk

Ook vanaf de **Fjällgatan** hebt u een mooi uitzicht over de stad. In de richting van de **Katarina kyrka** (▶ kaart 2, F 7), die met haar koepel het silhouet van Södermalm domineert, kunt u door het kleine Cornelisparken en de Mäster Mikaelsgatan wandelen en ziet u in straatjes als de Roddargatan of de Fiskargatan kleine houten huizen en kasseienstraatjes – zo zag dit deel van de stad eruit, totdat het vanaf de 18e eeuw als reactie op de talrijke branden verboden werd houten huizen te bouwen. Op het hoogste punt van Södermalm staat het theater- en muziekgebouw **Mosebacke** 5 met een groot terras (zie blz. 271). Een paar passen verder komt u uit in de trendy winkelstraat Götgatan, niet ver van het marktplein Medborgarplatsen.

Fotografiska ▶ kaart 2, G 7

Stadsgårdshamnen 22, www.fotografiska.eu, dag. 10-21 uur, SEK 110

In het historische tolhuis langs de noordoever van Södermalm werd in 2010 een tentoonstellingsruimte voor fotografie ingericht, waar het werk van gerenommeerde fotografen is te zien.

SoFo ▶ kaart 2, F-G 8

De sfeer is ongedwongen en ontspannen, waarop de bewoners van 'Söder', zoals de Stockholmers het eiland noemen, trots zijn. Met name in de wijk ten zuiden van **Folkungagatan** (SoFo) heeft zich een alternatief cultureel wereldje ontwikkeld. Deze is te vinden rond het **Nytorget**, waar nog enkele eenvoudige houten huizen van de vroegere volksbuurt bewaard gebleven zijn. In Skånegatan, Bondegatan of Åsögatan kunt u winkelen of een bar bezoeken.

Stranden in de stad

Midden in de stad in schoon water springen en je na de vermoeienissen van een stadsbezichtiging met een zwemtochtje verfrissen, dat is in principe overal mogelijk in Stockholm; zwemmen is toegestaan bij de rotsen van Fredhäll tot maximaal 10 meter uit de oever. Zwemlocaties bij de stad met aansluiting op de metro zijn bovendien: Hässelby Strandbad, Rålambshovsparken, Smedsuddsbadet in Marieberg, Mälarhöjdsbad bij Bredäng (zie ook hierna).

Buiten de binnenstad van Stockholm

Drottningholms slott ▶ kaart 2, ten westen van B 6

www.kungahuset.se, mei-aug. dag. 10-16.30, apr. vr.-zo., sept. dag. 11-15.30, okt.-begin dec., 2e week jan.-apr. za.-zo. 12-15.30 uur, SEK 120, combikaartje met Kina slott SEK 180; boot vanaf Stadshuskajen (50 min.) of metro vanaf T-Brommaplan, daarna bus 301-323 (30-60 min.)

Nicodemus Tessin de Oudere kreeg in 1662 van koningin Hedvig Eleonora de opdracht om op het eiland Lovön in Mälaren een paleis te bouwen. Na de dood van de hofarchitect zette zijn zoon het werk aan Drottningholm slott voort en ontwierp ook het interieur. Voor de uitvoering van zijn ontwerpen vertrouwde hij op grote namen als Burchard Precht en David Klöcker Ehrenstrahl. In de 18e eeuw werden onder leiding van Carl Hårleman en Jean Eric Rehn de zijvleugels uitgebreid en het interieur gemoderniseerd in de modieuze rococostijl. Tegenwoordig bewoont de koninklijke familie het paleis. Omdat het paleis met het omringende park representatief zijn voor de Europese paleisarchitectuur van de 18e eeuw, werd het opgenomen op de UNESCO Werelderfgoedlijst.

Het door koning Gustav III gebouwde theater, Slottsteatern, met zijn slimme toneeltechniek bevindt zich nog in de originele staat en er worden 's zomers opera- en balletvoorstellingen georganiseerd. Het aanpalende **Theatermuseum** (www.dtm.se, rondleidingen, mei-aug. dag. 11-16.30, sept. dag. 12-15, okt. vr.-zo., anders za.-zo. 12.15.30 uur SEK 100) toont kostuums uit de 18e eeuw. Nicodemus Tessin de Jongere legde in Drottningholm ook een **baroktuin** aan. Zowel voor de tuin als voor het gehele complex werd Versailles als voorbeeld genomen. Een bijzondere attractie in het park is het Chinese paviljoen, **Kina slott** (mei-aug. dag. 11-16.30, sept. 12-15.30 uur, SEK 100, combikaartje met het paleis SEK 180), dat in de 18e eeuw werd gebouwd als zomerverblijf voor de koninklijke familie.

Fjäderholmarna ▶ kaart 2, ten oosten van K 7

25 min. per boot vanaf Nybrokajen, www.fjaderholmarna.se

In zekere zin voor de deur, net voorbij Djurgården, ligt de eilandengroep Fjäderholmarna, die ook zeer populair is bij mensen die 's zomers in de stad gebleven zijn. U vindt er een restaurant, kunstnijverheidswinkels en een museum, dat informeert over de visserij aan de scherenkust.

Millesgården ▶ kaart 2, ten noorden van K 3

Herserudsvägen 32, Lidingö, www.millesgarden.se, half mei-sept. dag. 11-17, okt.-half mei di.-zo. 12-17 uur, metro tot Ropsten, daana bus 207 tot Millesgården of bus 202, 204-206 tot Torsvikstorg, daarna 10 min. lopen, SEK 100

Op het zonneterras van de atelierwoning van Carl Milles (1875-1955) staan tal van bronzen sculpturen van de beroemde Zweedse beeldhouwer, waarvan u de fonteinen en standbeelden in veel Zweedse steden zult tegenkomen – zoals in Helsingborg het scheep-

Stockholm en omgeving

Kanotocht op het Brunnsviken

vaartmonument, in Göteborg de Poseidonfontein of hier in Stockholm op het Hötorget de Orpheusfontein. In de voormalige atelierwoning Millesgården ziet u de door de kunstenaar samengebrachte verzameling antieke en middeleeuwse kunst. Het uitstapje naar Lidingö is ook de moeite waard vanwege het prachtige uitzicht over de uitgestrekte watervlakte in de laagte.

Globen/SkyView ▶ kaart 2, ten zuiden van F 8

Globentorget, Johanneshov, www.stockholmlive.com, half juni-half aug. ma.-vr. 9-20, za.-zo. 10-18, anders ma.-vr. 10-19, za.-zo. 10-17 uur, vanaf SEK 150

De witte koepel van het grootste sferische bouwwerk ter wereld biedt vanuit de SkyViewgondel, waarmee u aan de buitenzijde van de koepel een tochtje van 20 minuten kunt maken, een onvergelijkbaar panoramisch uitzicht over de stad. De Stockholm Ericsson Globe zelf is in gebruik als ijshockeyarena en concertzaal.

Kanotocht Brunnsviken

Begin: steiger Brunnsvikens kanotcentral Frescati Hage, lengte: maximaal 20 km, kanoverhuur: Brunnsvikens kanotklubb, www.bkk.se, zie blz. 270, eten en drinken: mei-sept. in restaurant Bockholmen, www.bockholmen.com, of juni-sept. in Kafe Sjöstugan, Bergshamra, www.kafesjostugan.se

Veel gebouwen in het slotpark Haga zijn vanaf het water op hun mooist. Op uw gemak peddelt u hier langs de classicistische pracht van **Paviljong Gustav III**, de schilderachtig op een hoogte gelegen **Ekotempel** en het **Haga slott**. Ook de botanische tuin **Bergianska Trädgården** strekt zich uit tot aan de oever van het Brunnsviken. Dit water ligt beschut tegen de wind en kent weinig stromingen, waardoor u hier rustig kunt peddelen. Een populaire bestemming op deze tocht is Kafé Sjöstugan (3 km), waar u kunt genieten van koffie met wat lekkers uit de eigen bakkerij. Onderweg komt u ook langs stranden met zwemwater. Als u de hele dag tot uw beschikking hebt hebt, kunt u onder de grote Roslagsvägen-brug met snelweg en spoorlijn doorvaren naar het Edsviken. Op de westoever staat hier het **Ulriksdal slott** (ca. 10 km). Op de terugweg kunt u op het eiland Bockholmen op krachten komen in het gelijknamige restaurant.

Hagapark

Metro tot Odenplan, daarna bus 515 tot Haga norra grindar

Aan de oever van Brunnsviken in Solna wilde Gustav III eigenlijk een imposant kasteel bouwen. De in 1786 begonnen bouw werd na zijn dood in 1792 gestaakt. In Haga ziet u te midden van de door F.M. Piper aangelegde landschapstuin voor de gustaviaanse periode kenmerkende bouwsels, zoals de koperen tent die de koninklijke wacht huisvestte en een aantal paviljoens. De interieurs, zoals het door Louis Masreliez ingerichte **Turkse Paviljoen** of in **Paviljong Gustav III** (alleen tijdens rondleiding toegankelijk, juni-aug. di.-zo. 12, 13, 14, 15 uur, SEK 100), tonen de signatuur van de koning, die een classissistisch geöriënteerde smaak had. In het nabije Haga slott woont kroonprinses Victoria met haar gezin.

Ulriksdals slott

www.kungahuset.se, T-Bergshamra, daarna bus 503 tot Ulriksdals Wärdshus, 500 m lopen naar het kasteel

Ulriksdals slott ten noorden van Stockholm werd in 1639-1644 in de Deens-Hollandse renaissancestijl gebouwd, door Nicodemus Tessin de Oudere en Jean de la Vallée verbouwd en kreeg zijn huidige uiterlijk onder Fredrik I door G. J. Adelcrantz. In de jaren 20 moderniseerde men het voor de latere koning Gustaf VI Adolf. Het door Carl Malmsten (zie blz. 62) ontworpen interieur, dat de koning naar aanleiding van zijn bruiloft in 1923 als geschenk kreeg van de burgers van Stockholm, is tijdens een rondleiding te bezichtigen (mei-juni, sept.-okt. za.-zo., juli-aug. dag. 12-16 uur, SEK 100). In de **Oranjerie** (juni-aug. di.-zo. 12-16 uur) uit 1705 worden tegenwoordig beeldhouwwerken van de 18e tot de 20e eeuw uit de collectie van het Nationalmuseum getoond, onder meer werken van de Zweedse beeldhouwers Johan Tobias Sergel en Carl Milles. Bovendien wordt in Ulriksdal de koets bewaard, waarin koningin Kristina in 1650 naar haar kroning reed.

Overnachten

Design – **Hotel Birger Jarl** 1 (▶ kaart 2, E3): Tulegatan 8, tel. 08 674 18 00, www.birgerjarl.se, 2 pk SEK 1390-1790, vanaf SEK 990 kosten de vensterloze kamers (kabinrum), maar deze bezemkasten zijn wel door bekende designers ontworpen. Skandinavisch design van topklasse, retroliefhebbers kunnen de in jaren 70 stijl ingerichte 'vergeten' kamer 247 reserveren.

Badplaats voor de deur – **Långholmen** 2 (▶ kaart 2, B 7): Långholmsmuren 20, tel. 08 720 85 00, www.langholmen.com, hotel 2 pk SEK 1490-1890, *vandrarhem* vanaf SEK 220 per persoon zonder ontbijt en beddengoed. De vroegere gevangenis *(kronohäktet)* boeit zijn gasten door de prachtige, afgelegen ligging op het groene eiland Långholmen, vooral 's zomers. In het hoteldeel 1- en 2-persoonscellen met ontbijt; eenvoudige variant zonder douche/wc in het STF Vandrarhem.

Boutiquehotel – **Best Western NoFo** 3 (▶ kaart 2, G 7): Tjärhovsgatan 11, tel. 08 50 31 12 00, www.nofo.se, 2 pk afhankelijk van de inrichting vanaf SEK 1495. 40 hotelkamers in een voormalige brouwerij uit 1780 rond een leuke, rustige binnenplaats.

Idyllisch – **Zinkensdamm** 4 (▶ kaart 2, D 8): Zinkens väg 20, Södermalm, tel. 08 616 81 00, www.zinkensdamm.com, hotel 2 pk vanaf ca. SEK 1200 met ontbijt, *vandrarhem* 2- tot 4-persoonskamers, bed vanaf SEK 285 per persoon, 2 pk vanaf SEK 640 zonder ontbijt en beddengoed. Achter de hoge gevels van de Hornsgatan op Södermalm gaan kleine houten huizen schuil. Binnenin vindt u comfortabele hotelkamers.

Dobberend – **Mälardrottningen** 5: Riddarholmskajen 4, tel. 08 54 51 87 80, www.malardrottningen.se, 1 pk vanaf SEK 800, 2 pk vanaf SEK 1000. Het in 1924 in Kiel gebouwde, voormalige luxe

Tip

Östermalmshallen [8]

De mooiste onder de overdekte markthallen van Stockholm is Östermalms saluhall (meestal Östermalmshallen genoemd) in een historisch gebouw uit 1888. De huidige renovatie duurt waarschijnlijk tot in 2019. De verkoop gaat door in een paviljoen aan het Östermalmstorg. Het aanlokkelijke aanbod: worst- en kaasspecialiteiten, banket, verse vis en schelp- en schaaldieren, zoals rivierkreeften. U kunt van de heerlijkheden genieten in een restaurant of ze laten inpakken voor een picknick op Djurgården (Östermalmstorg, www.ostermalmshallen.se, ma.-do. 10-18, vr. 10-18.30, za. 10-16 uur).

---

jacht van Barbara Hutton werd verbouwd tot een driesterrenhotel met 60 1- en 2-persoonskajuiten en dobbert nu op de golven van Mälaren voor Riddarholmen met uitzicht op het Stadshuset.

Goed bereikbaar – **First Hotel Fridhemsplan** [6] (▶ kaart 2, C 5): Sankt Eriksgatan 20 (Fridhemsplan), tel. 08 653 88 00, www.fridhemsplan.se. Centraal gelegen met meer dan 100 kamers van verschillende grootte en comfortklassen, alle met douche/wc (2 pk vanaf SEK 990), ook familiekamers voor maximaal vier personen (SEK 1990).

Centraal – **Archipelago Hostel** [7]: Stora Nygatan 38, Gamla stan, tel. 08 22 99 40, www.archipelagohostel.se, 2 pk vanaf SEK 680 zonder ontbijt en beddengoed. Het bij de SVIF-organisatie aangesloten budgethotel met 43 bedden in een oud huis aan de met kasseien geplaveide Stora Nygatan, biedt flinke meerbeddenkamers en kleine kamers met twee afzonderlijke bedden. Als u langer blijft, zijn de comfortabelere kamers op de tweede verdieping aan te bevelen. Café in de buurt met ontbijtaanbiedingen voor de gasten. Kleine keuken en gratis internet.

Historisch – **STF Vandrarhem 'af Chapman'** [8]: Flaggmansvägen, tel. 08 463 22 66, www.stfchapman.com, 2 pk SEK 690, kooi SEK 310. Er heerst van nature een maritieme sfeer op dit opleidingsschip (1888) met in 2008 gerenoveerde meerbeddenkajuiten.

Met stoombootsteiger – **Bredäng Camping** [9] (▶ kaart 2, ten zuiden van B 8), Skärholmen, tel. 08 97 70 71, www.bredangcamping.se, half apr.-begin okt., staanplaats vanaf SEK 255 (met douche). Op een fraaie locatie 10 km ten zuiden aan Mälaren, met strand.

Nabij Drottningholm – **Ängby Camping** [10] (▶ kaart 2, ten westen van B 5), Bromma, tel. 08 37 04 20, www.angbycamping.se, hele jaar, staanplaats vanaf SEK 250. Zo'n 10 km ten westen van het Mälaren.

Eten en drinken

Voordelig eten kunt u in alle markthallen (zie blz. 270):

De klassieker – **Den Gyldene Freden** [1]: Österlånggatan 51, Gamla stan, tel. 08 24 97 60, www.gyldenefreden.se, ma.-vr. 11.30-23, za. 17-23 uur, lunch vanaf SEK 125, hoofdgerecht ca. SEK 250. Het vaste adres van de leden van de Svenska Akademien, die de Nobelprijskandidaten selecteren. Gewone stervelingen eten hier typerende Zweedse gerechten met moderne aanpassingen in een elegant rococo-interieur.

Aan het water – **Restaurang Hjerta** [2]: Östra Brobänken, Skeppsholmen, www.restauranghjerta.se, half mei-aug. di.-vr. 11.30-22 uur, lunch (ma.-vr.) SEK 120, diner SEK 225-300. Prachtig gelegen aan het water in de voormalige hal van kanonneerboten met zicht op historische schepen.

Lokale kost – Operakällarens bakficka 3: Karl XII:s Torg, tel. 08 676 58 00, ma.-vr. 11.30-23, za. 12-22, za. 13-19 uur. De 'achterkamer' van het operarestaurant serveert relatief goedkope gerechten van een goede kwaliteit. Het wordt gedomineerd door klassieke Zweedse gerechten, zoals *isterband* (worst) of *ärtsoppa* (erwtensoep) met veel vlees (SEK 165).

Pasta en pizza – Ciao Ciao Grande 4: Storgatan 11, Östermalm, tel. 08 667 64 20, www.ciaociaogrande.com. ma.-vr. 11-22.30, za. 12-23, zo. 12-22 uur. Italiaanse keuken met weinig hoofdgerechten, grote keuze uit pasta's (ca. SEK 150) en pizza's (SEK 76-137), goede wijnen.

Gezellig – Café Vete-Katten 5: Kungsgatan 55, ma.-vr. 8-20, za. 9.30-17 uur, lunch ca. SEK 80. Bakkerij met een café; vooraan is de broodwinkel, achter zit men gezellig. Ontbijt, kleine gerechten (*paj* en pasta) en *wienerbröd*, taarten en koeken.

Ouderwets – Café Sturekatten 6: Riddargatan 4, Östermalm, ma.-vr. 8-20, za. 9-17, zo. 12-17 uur. Koffiedrinken als in grootmoeders tijd: de kleine zalen met kromme wanden zijn over twee verdiepingen verdeeld, met bijpassende ouderwetse sofa's en stoelen.

De smaak van de scheren – Oaxen Slip 7: Beckholmsvägen 26, Djurgården, tel. 08 55 15 31 05, www.oaxen.com, half juni-aug. dag., anders di.-vr. vanaf 12 uur, hoofdgerechten SEK 170-200. Befaamd om de goede vis en zeevruchten, maar ook heerlijke vleesgerechten en voorgerechten. Het accent ligt op regionale ingrediënten, bijvoorbeeld vis uit de scheren.

Kunstzinnige sfeer – Café Blå Porten 8 (▶ kaart 2, H 6): naast Liljevalchs konsthall, Djurgården, ma.-vr. 11-22, za.-zo. 11-19 uur, lunch ca. SEK 100-150. 's Zomers is het terras naast de kunsthal een schaduwrijke oase. 's Middags warme gerechten met een mediterrane invloed, ook thee, koffie en lekkere taartjes.

Biologisch – Flickorna Helin & Voltaire 9: Rosendalsvägen 14, Djurgården, www.helinvoltaire.com, ma.-za. 9-17, zo. 10-17 uur, SEK 70-100. Lekkere soepen en lunchgerechten van biologische ingrediënten, en brood uit de eigen bakkerij.

Tuincafé – Rosendals Trädgårdscafé 10: Djurgården, www.rosendalstradgard.se, mei-sept. ma.-vr. 11-17, za.-zo. 11-8, okt. di.-zo. 11-16 uur, lunch ongeveer SEK 110. Veel vegetarische gerechten, vaak met biologische groente uit de nabije tuinderij. Koffie met taart in de kas of buiten in de tuin.

Winkelen

Warenhuizen

Traditioneel – NK 1: Hamngatan 18-20, www.nk.se. Het luxe warenhuis Nordiska Kompaniet (NK) verkoopt onder meer internationale mode en design.
Breed aanbod – Åhlens City 2: Klarabergsgatan 50, www.ahlens.com. Warenhuis met filialen in alle wijken van Stockholm.

Mode

In **Drottninggatan** en **Hamngatan** en de aangrenzende winkelpassages zijn alle grote modeketens en vele modehuizen vertegenwoordigd. Rond **Norrmalmstorg/Biblioteksgatan** zijn de designwinkels en de dure boetieks te vinden. Tweedehands- en originele kleding van jonge ontwerpers vindt u in **'SoFo'**, dat wil zeggen in de straten ten zuiden van de Folkungagatan (Bondegatan, Åsögatan en Skånegatan).

Design

Klassiek design – Svenskt Tenn 3: Strandvägen 5, www.svenskttenn.se. Al sinds de jaren 30 wijdt deze zaak zich

aan de ontwikkeling van een gematigd moderne Zweedse woonstijl; meubels, lampen, textiel en accessoires.
Comfortabele zetels – **Carl Malmsten** 4: Strandvägen 5, www.malmsten.se. Klassieke Zweedse meubelen, bekend uit de jaren 30 tot 50, mooi en slank, waaronder de beroemde zetel Jättepaddan ('reuzenschildpad').
Leuke ideeën – **Designtorget:** onder andere in het Kulturhuset 11, Sergels Torg, www.designtorget.se. Slimme ideeën met praktische voordelen voor de kleine portemonnee. Ze variëren van kastjes voor badkamer of keuken tot gereedschappen, sieraden en textiel.

Souvenirs en kunstnijverheid

In de oude stad (Gamla stan) vindt u op de kleinst mogelijke oppervlakte het grootste aanbod aan goede (maar ook slechte) souvenirs. Talrijke gerenommeerde galeries met kunstnijverheid liggen op Södermalm aan het begin van de Hornsgatan (Hornspuckeln).
Kunstzinnig met klei en glas – **blås & knåda** 5: Hornsgatan 26, www.blasknada.com. Producten van de leden van een kunstcoöperatie, vooral keramiek en glaskunst.
Made in Sweden – **Svensk Hemslöjd** 6 (▶ kaart 2, E 4): Norrlandsgatan 20, www.svenskhemslojd.com. Fraaie producten van hout, gietijzer, linnen of wol.

Stockholm City Bikes
Stockholm is een fietsstad! De eenvoudigste manier om aan een fiets te komen: een City Bike-kaart bij het turistbyrå of het SL-Kundcenter kopen, uit een van de automaten in de stad een leenfiets halen en elders weer inleveren (www.citybikes.se, april-okt. SEK 165 voor drie dagen,

Markten en markthallen
Veel – **Hötorget/Hötorgshallen** 7: www.hotorgshallen.se, ma.-za. fruit en groenten, in de hal andere levensmiddelen en snacks; za. vlooienmarkt.
Inkopen en eten – **Östermalmshallen** 8: zie blz. 268.
Leuke markthallen – **Söderhallarna** 9 (▶ kaart 2, F 8): Medborgarplatsen, www.soderhallarna.com. Culinaire specialiteiten, mode- en andere winkels.

Actief

Fietsverhuur en -tochten – **Bike Sweden** 1 (▶ kaart 2, H 5): Narvavägen 13-17, www.bikesweden.se, mei-okt. Vanaf SEK 200 per dag.
Fietsverhuur – **Gamla Stans Cykel** 2: Stora Nygatan 44, www.gamlastanscykel.se. Fietswinkel met fietsverhuur, 3-versnellingenfiets SEK 220 per dag.
Kanoverhuur – **Brunnsvikens Kanotcentral** 3 (▶ kaart 2, ten noorden van D/E 3): Frescati Hagväg 5, tel. 08 15 50 60, www.bkk.se. Ideaal startpunt voor kanotochten (zie blz. 266).
Breed palet – **Djurgårdsbrons Sjöcafé** 4 (▶ kaart 2, H 5): Djurgårdsbron, tel. 08 660 57 57. Verhuur van zeilboten, kano's en fietsen.

Uitgaan

In de bars rond het Stureplan ontmoet een jong publiek elkaar, op de Götgatan en Folkungagatan (Södermalm) zijn trendy clubs te vinden, vooral op het zuidoostelijke deel van Södermalm rond Nytorget en de Katarina Bangata. Voor sommige clubs geldt een minimum leeftijd van 20 jaar, voor enkele zelfs 23 jaar.
Heel cool – **Ice Bar** 1: in het Nordic Sea Hotel, Vasaplan, www.icebarstockholm.se, reserveren via tel. 08 50 56 31 24. Een

echt coole bar met een ijzig concept. De cocktails in ijsglaasjes drinkt u in een geleende bontjas – die is inbegrepen in de prijs van de drankjes.
Brits design – Berns 2 : Berzeliiparken, www.berns.se. Populaire cocktailbar, 's zomers met terras in het park.
Voor jazzfans – Fasching 3 : Kungsgatan 63, tel. 08 53 48 29 60, www.fasching.se. Jazzclub met rijke geschiedenis; hier treden wereldsterren op.
Voor rockers – Debaser 4 : Medborgarplatsen, www.debaser.nu. Belangrijkste club in Stockholm.
Met uitzicht – Mosebacke (Södra Teatern) 5 (▶ kaart 2, F 7): Mosebacke Torg, Södermalm, www.sodrateatern.se. Veel interessante muziek in clubs, met concerten, theater en een prachtig uitzicht vanaf het terras over de stad.
Voor operaliefhebbers – Kungliga Operan 6 (Koninklijke Opera): Jakobs Torg 2, www.operan.se. Opera-avonden en balletvoorstellingen.
Modern danstheater – Dansens hus 7 : Norra Bantorget, www.dansenshus.se. Een van de beste theaters voor dans in Europa: moderne dans en danstheater.
Voor concertgangers – Konserthuset 12 : Hötorget, www.konserthuset.se. Het Kungliga Filharmonikerna biedt een afwisselend programma.

Info en evenementen

Toeristische informatie: zie blz. 248.
Stockholm Marathon: begin juni, www.stockholmmarathon.se.
Nationaldagen: 6 juni. Dag van de open deuren in het Slott, overal wordt gevlagd, een reden om feest te vieren, vooral in de hoofdstad.
Stockholm Jazz Festival: half juli, www.stockholmjazz.com. Onder meer openluchtconcerten op Skeppsholmen.
Stockholm Pride: eind juli-begin aug., www.stockholmpride.org. Parade voor lesbische vrouwen, homoseksuelen, biseksuelen en transgenders.
Kulturfestivalen: 6 dagen, half aug., www.kulturfestivalen.stockholm.se. Onder meer theater, muziek – het meeste is gratis.
Musik på slottet: aug.-sept., www.royalfestivals.se. Concerten in een feestelijk kader.

Vervoer

Vliegtuig: zeer goede nationale en internationale vliegverbindingen van Stockholm-Arlanda (44 km ten noorden van de stad). Vandaar reist u per bus (4-6 x uur, reistijd 50 min.; kaartjes via www.flygbussarna.se) of per trein (regionale trein *pendeltåg*, of de snellere en duurdere Arlanda Express) naar het centraal station (Centralen). Het kleine vliegveld Skavsta, dat wordt gebruikt door budgetmaatschappijen, ligt zo'n 100 km ten zuiden van de stad bij Nyköping (zie blz. 235).
Trein en interlokale bus: verbinding met alle delen van het land; de bussen vertrekken vanaf het busstation Cityterminalen, naast het centraal station (Centralen). Regionale treinen (*pendeltåg*) ontsluiten de zogenoemde hoofdstadregio tot Uppsala en rond Mälaren (Mälarbana).
Stadsvervoer: metro *(tunnelbana),* waarvan de stations te herkennen zijn aan de wit-blauwe borden met een 'T', bus – blauwe expressbussen en 'normale' rode bussen – en tram. De stad is in drie zones opgedeeld: hoe meer zones u doorkruist, hoe hoger de prijs. Kaartjes zijn niet bij de chauffeur te koop, maar bij automaten. Of u koopt een magneetkaart (Accesskort) bij een verkooppunt van Storstockholms Lokaltrafik (SL) of bij een kiosk van Pressbyrån. Het handigst is een dagkaart (1, 3 of 7 dagen). Voor tarieven en dienstregeling zie www.sl.se.

Boot: het routenet op het water strekt zich tot ver buiten de binnenstad uit. De eilanden van de scherenkust zijn het hele jaar door met lijnboten te bereiken; 's zomers is de aanschaf van een dagkaart Båtluffarkort (www.waxholms bolaget.se) aan te raden.

Uitstapjes vanuit Stockholm

Van Södertälje in het zuiden tot de rivier de Dalälven, die de grens met Noord-Zweden markeert, liggen rond prachtige gebieden, zoals de scheren of de oevers van het Mälaren. Echte wildernis vindt u al zo'n 20 km ten zuidoosten van het centrum van Stockholm in het nationaal park Tyresta, waarvan het oostelijke deel bijna tot aan de kust reikt. Toen het bos zou worden gekapt, zoals de meeste bossen rond de hoofdstad, riep dat zo veel verzet op dat het in 1993 tot beschermd natuurgebied werd uitgeroepen.

Ook al zijn enkele van de 24.000 eilanden en eilandjes met de auto te bereiken, het mooiste is een boottocht langs de scheren. Tussen Arholma in het noorden en Landsort in het zuiden strekt zich een gebied uit van ruim 150 km. Ten noorden van Stockholm ligt de provincie **Uppland**, met mooie kastelen, fraaie stadjes en zijn provinciehoofdstad, de vermaarde universiteitsstad Uppsala. Uppland kan met recht als de bakermat van het Zweedse Rijk worden omschreven: waar tegenwoordig ten noorden van Uppsala het dorpje Vendel ligt, bestond vóór de Vikingtijd al een hoog ontwikkeld en welvarend koninkrijk. De belangrijkste Oudnoordse tempel stond tot aan het begin van de 12e eeuw in Gamla Uppsala. De stad Sigtuna kan zich erop beroemen de oudste nog bestaande stad van het Zweedse Rijk te zijn. De eerste Zweedse aartsbisschop residerde trouwens in Uppsala. Historisch gezien behoort de hoofdstad Stockholm dan ook tot de regio Uppland.

Birka ▶ G 8

Björkö, www.raa.se/birka, mei-sept. ma.-vr. 11-16, za.-zo. 11-17, juli-aug. 11-18 uur, boten van en naar de Stadshusbron SEK 360

In Mälaren, zo'n 30 km ten westen van Stockholm, herleeft op het eiland Björkö het tijdperk van de Vikingen. Birka was tussen 750 en 970 een handelspost van belang, maar behalve enkele grafheuvels is daarvan niet veel meer te zien. Recente archeologische vondsten, onder meer een smidse, leverden belangrijke informatie over het dagelijks leven in de Vikingtijd. Demonstraties door ambachtslieden geven daarvan een duidelijk beeld. In de vele graven op het eiland werd handelswaar als Frankisch glas, Chinese zijde, Fries keramiek en Arabische zilveren munten gevonden, die in een museum zijn te bezichtigen. Het eiland is alleen per boot bereikbaar. De rustige boottocht (ongeveer 2 uur) over het Mälaren is een heel bijzondere ervaring.

Södertälje ▶ G 8

Tom Tits Experiment

Storgatan 33, Södertälje (38 km ten zuidwesten van Stockholm), www.tomtit.se, juli-half aug. dag. 11-18, anders di.-vr. 10-16, za.-zo. 11-17 uur, SEK 190-225, 3-14 jaar SEK 150-175

In een voormalige fabriek met een binnenplaats en een tuin in Södertälje wachten 600 spannende experimenten op nieuwsgierige bezoekers. De onderzoeksstations zijn verspreid over vier verdiepingen. Alledaagse verschijnselen worden aanschouwelijk en soms letterlijk aan den lijve voelbaar gemaakt. Hier kunt u wel een dag doorbrengen.

Wandelen in nationaal park Tyresta ▶ H 8

Begin: Tyresta by, lengte: rondwandeling Bylsjöslingan 6 km, traject Sörmlandsleden naar Alby/Nyfors 12,5 km (trein of bus), naar Stensjö 8 km, eten en drinken: café in Tyresta by

Het nationaal park omvat oerbos, drasland en meren. Het gebied is voor iedereen goed toegankelijk: er zijn zowel brede paden die geschikt zijn voor rolstoel en kinderwagen, als plankieren over drassige locaties, en stille paadjes. Als u het nationaal park wilt leren kennen maar niet meer dan een halve dag beschikbaar hebt, kunt u het best tocht 1 (**Bylsjöslingan**) rond het bosmeer Bylsjö kiezen. Hier hebt u alles bij elkaar: brede bospaden en smalle paden over ruw terrein, rotsen en omgevallen bomen, rietvelden, drasland, berkenbos, weilanden en een dicht dennenbos. Echt spannend is tocht 2, een dagwandeling met een uitstapje naar het **Stensjö**. Onderweg ziet u hoe de natuur zich na de grote bosbrand van 1999 weer hersteld heeft. Aan de noordkant van het meer kwamen na de brand resten van een fort uit de ijzertijd (*fornborg*) bloot te liggen, die voorheen overwoekerd waren. Bij tocht 3 loopt u langs het Bylsjön en het Årsjön dwars door het nationaal park over een deel van de lange wandelroute **Sörmlandsleden**. Bij de westelijke grens van het park ziet u bij **Finnedal gård** een groep heel oude bomen: dennen van wel 400 jaar oud. Via deze route van de Sörmlandsleden kunt u ook het nationaal park uitgaan en verder trekken naar Alby en Nyfors. ▷ blz. 276

Wandelen in nationaal park Tyresta

Op ontdekkingsreis

Utö – leven op een schereneiland vroeger en nu

Een dagje doorbrengen in de zuidelijke scherenkust van Stockholm in een uniek landschap. Op Utö herinneren talrijke overblijfselen aan de industriële geschiedenis en het leven en werk van de bewoners van de schereneilanden in de voorgaande eeuwen.

Kaart: ▶ H 9
Informatie: www.utoturistbyra.se.
Reis erheen: boot het hele jaar vanaf Årsta brygga (45 min., stoptrein tot Västerhaninge, dan bus 846), 's zomers van Strömkajen in Stockholm (za.-zo. stoomboot, 3,5-4 uur.). Vanaf Ålö boot naar Nynäshamn (stoptrein naar Stockholm). Voor dienstregeling zie www.wax holmsbolaget.se.
Gruvmuseum: zomer dag. 13-15 uur.

Meteen bij de steiger Gruvbryggan, waar de lijnboten en stoomboten aanleggen die van het vasteland naar Utö varen, begint de lange geschiedenis van menselijke activiteiten op het schereneiland, dat al minstens 1000 jaar wordt bewoond. In het *turistbyrå* bij de steiger kunt u een fiets huren om zowel Utö als Ålö te verkennen.

Werk voor de eilandbewoners

Hoewel er in de huidige idyllische natuur van Utö nauwelijks nog iets van valt te ontwaren, was vanaf de 17e eeuw de ontginning van ijzererts de belangrijkste bedrijvigheid op het eiland. Overigens hebben de ijzerertsmijnen buiten de natuur toch veel sporen nagelaten. Zo staat er in het mijndorp **Gruvbyn** langs de Lurgatan nog een rijtje huizen uit de 18e eeuw, waarin oorspronkelijk mijnwerkers woonden.

Klein eiland, grote ontdekking

Een mijnmuseum, het **Gruvmuseum**, documenteert de vroege industriële en culturele geschiedenis. In de mijn op het eiland Utö werd zelfs wetenschappelijke geschiedenis geschreven. In 1817 ontdekte de chemicus Johan August Arfwedson (1792-1841) in een monster van het mineraal petaliet van Utö het chemische element lithium. In 1841 kreeg hij de gouden medaille van de Academie van Wetenschappen.

De ontginning van ijzererts was al in de 12e eeuw begonnen. De groeven op Utö behoren daarmee tot de oudste van heel Zweden. Een gemarkeerde route voert over het voormalige mijnterrein langs de nu met water gevulde schachten, waarvan er één wel 215 m diep is.

Vast punt in het landschap

Tot de sluiting in 1878 waren verschillende groeven in bedrijf en leverden als bijproduct het bouwmateriaal voor de in 1850 in gebruik genomen **Utö kyrka**. Het is de grootste stenen kerk van de scherenkust. Naast het mijnterrein staat de windmolen **Utö Kvarn** (1791) met zijn originele inrichting. Vanaf de heuvel hebt u een prachtig uitzicht over het eiland.

Frisse lucht voor stedelingen

Na het einde van de mijnbouw werd het eiland Utö ontdekt door het toerisme. In 1889 kocht een ondernemer het eiland en maakte er een vakantieoord van voor de gegoede burgerij. Daarvoor liet hij fraaie houten villa's bouwen. Onder de gasten die zich hier ontspanden, was de actrice Greta Garbo. Utö is door de goede toeristische infrastructuur een populaire bestemming voor Stockholmers gebleven. In 1973 kocht de stichting Skärgårdsstiftelsen een deel van het eiland en zorgde ervoor dat Utö gedurende het hele jaar bewoond bleef. Nu wonen er ongeveer 240 mensen, die vooral leven van het toerisme. U kunt overnachten in het chique Utö Värdshus of 's zomers goedkoper in het *vandrarhem*. Er zijn ook vakantiehuisjes.

Met de fiets naar Ålö

Naast de afwisselende natuur in het noordelijke deel van Utö kunt u genieten van een fietstocht over de brug naar het naburige eiland Ålö met zijn prachtige zandstrand Storsand. Onderweg kunt u een stop maken bij het restaurant Båtshaket of ergens gerookte vis kopen voor een picknick.

Nationalparkernas hus

Reis erheen: met de auto of bus 807 vanaf Gullmarsplan tot Svartbäcken, dan 3 km lopen over de Sörmlandsleden tot Tyresta by, www.tyresta.se, Nationalparkernas Hus di.-vr. 9-16, za.-zo. 10-17 uur, gratis

Met multimediale exposities en diorama's geeft men een beeld van alle nationale parken in Zweden en daarmee van de veelzijdige natuur van het land van Lapland tot Skåne.

Saltsjöbaden ▶ H 8

De badplaats Saltsjöbaden, 19 km ten zuidoosten van het centrum van Stockholm, is bereikbaar met de stoptrein Saltsjöbanan vanaf Slussen. Het is in 1891 aangelegd op initiatief van de industrieel K.A. Wallenberg als een exclusieve woon- en badplaats. Saltsjöbaden straalt ook nu nog een grote welvaart uit, met bijvoorbeeld het Grand Hotel Saltsjöbaden, een met torentjes getooid bouwwerk van rond 1900. In Saltsjöbaden kunt u zwemmen en bootjes kijken.

Sandhamn ▶ H 8

www.sandhamn.se, het hele jaar veerboten vanuit Stavsnäs, 's zomers ook excursieboten vanuit Nybroplan (ongeveer 3 uur)

'Het mooie Sandhamn wordt aan drie zijden door water omspoeld en aan de vierde door de zee.' Ook de schrijver August Strindberg hield van dit eiland, dat rotsachtig en met bossen bedekt aan de uiterste oostrand van de scherenkust ligt (ongeveer 3 uur varen vanaf Nybroplan). Ooit een belangrijk loods- en douanestation is Sandhamn tegenwoordig populair bij zeilers, niet alleen omdat de Zweedse koninklijke zeilvereniging hier een basis heeft.

Vaxholm ▶ H 8

Vaxholm is in een uur met de boot te bereiken. De vesting zou ooit de ingang van de haven van Stockholm moeten beschermen, maar was al verouderd voordat hij klaar was, want de muren zouden niet bestand zijn geweest tegen de krachtigere kanonnen. Interessanter dan de militaire geschiedenis is voor de meeste mensen een wandeling door de houten stad met haar leuke winkeltjes en gezellige cafés.

Uppsala ✸ ▶ G 7

Uppsala heeft die speciale sfeer van geest en levenslust, onbekommerdheid en doelloosheid, die eigen is aan universiteitssteden. De in 1477 opgerichte universiteit is de oudste academische instelling in Scandinavië.

De rivier Fyrisån verdeelt Uppsala historisch in twee helften. Aan de oostelijke zijde, waar in de 11e eeuw een handelspost ontstond, vindt u ook nu nog een aantal goed gevulde winkels en aan de andere zijde van het station aan het Vaksala Torg het concert- en congresgebouw. Het architectonisch interessantere centrum met de grootste kathedraal van Noord-Europa, de universiteit en het kasteel ligt ten westen van de rivier.

Binnenstad

Uppsala domkyrka 1

www.uppsaladomkyrka.se, mei-sept. dag. 8-18, anders zo.-vr. 8-18, za. 10-18 uur

De indrukwekkende domkerk werd na een bouwtijd van meer dan 175 jaar in 1435 ingewijd. Het huidige uiterlijk dankt het gebouw aan verschillende omvangrijke renoveringen, onder meer door Helgo Zettervall in de periode 1885-1893 en door Ragnar Östberg, de architect van het Stadshuset in Stockholm, in de jaren 30 van de 20e eeuw. Het interieur is heel harmonisch

Uitstapjes vanuit Stockholm

Imposante Tempel der Wetenschap: de universiteit van Uppsala

– de kerk is 118,7 meter lang en net zo hoog. Een rondleiding door de kathedraal voert langs de graven van een aantal belangrijke figuren uit de Zweedse geschiedenis: Gustav Vasa, twee van zijn vrouwen en Johan III zijn begraven in de kathedraal. In zijkapellen bevinden zich de graven van de botanicus Carl Linnaeus en de theosoof Emanuel Swedenborg. De **schatkamer** (mei-sept. ma.-za. 10-17, zo. 12.30-17 okt.-apr. ma.-za. 10-16, zo. 12.30-16 uur, SEK 40) toont het gouden gewaad van koningin Margrethe I en gewaden van middeleeuwse bisschoppen.

Gustavianum 2

Akademigatan 3, www.gustavianum. uu.se, juni-aug. di.-zo. 10-16, anders 11-16 uur, SEK 50

Het gebouw tegenover de kathedraal, het Gustavianum, voorheen zetel van de aartsbisschop, kwam omstreeks 1620 dankzij Gustav II Adolf in het bezit van de universiteit. Hier vindt u het rariteitenkabinet *Augsburgska konstskåpet*, dat de Zweedse koning in 1632 na de inname van de stad Augsburg in bezit kreeg. Op de bovenste verdieping ligt onder de ronde koepel het door de plantkunde- en anatomieprofessor Olof Rudbeck ontworpen anatomische theater, waar hij in de late 17e eeuw lijken ontleedde voor anatomielessen.

Universitetsbibliotek 3

Dag Hammarskjölds väg 1, www. ub.uu.se, juni-half aug. ma.-do. 10-18, vr. 10-17, za. 12-16, anders ma.-vr. 9-20, za. 10-17 uur

Uppsala

Bezienswaardigheden
1. Uppsala domkyrka
2. Gustavianum
3. Universitetsbibliotek
4. Uppsala slott
5. Upplandsmuseet
6. Bror Hjorths hus
7. Gamla Uppsala
8. Linnémuseet
9. Linnéträdgården

Overnachten
1. Grand Hotell Hörnan
2. Sunnersta Herrgård
3. Fyrishov Stugby & Camping

Eten en drinken
1. Hambergs Fisk
2. Domtrappkällaren
3. Saluhallen

Winkelen
1. Öster om ån
2. Uppsala handkraft
3. Ulva Kvarn

Actief
1. Vertrek stoomtrein
2. Startpunt boottochten
3. Ski Total Cykel (fietsverhuur)

Uitgaan
1. Katalin
2. Flustret

Tot de grootste schatten van de universiteitsbibliotheek Carolina Rediviva, die tevens een exemplaar bezit van elk in Zweden gedrukt boek, behoort de **Zilverbijbel** (*Codex Argenteus*) uit de 6e eeuw. Het gaat hierbij om een afschrift van de bijbelvertaling van de Gotische bisschop Wulfilas, dat werd geschreven met zilverhoudende inkt. Tot de waardevolle stukken in de bibliotheek behoort verder ook een wereldkaart van Olaus Magnus uit 1539.

Uppsala slott 4

Gustav Vasa legde in 1549 de eerste steen voor het slot, vanwege de betere verdedigingsmogelijkheden op een heuvel boven de stad. Hier werd Gustav II Adolf gekroond en hier deed op 6 juni 1654 zijn dochter Kristina afstand van de troon. Ze had zich bekeerd tot het katholicisme en moest daarom het land verlaten. Bij de grote brand van 1702 werd het interieur van het kasteel grotendeels verwoest; nu is het de zetel van de provinciale overheid.

Op het **terras** voor het Vasaslot staat de Gunillaklockan, een klok die dagelijks om 6 en 18 uur wordt geluid. Vanaf hier hebt u een weids uitzicht over de stad. In een vleugel van het slot is het **Kunstmuseum** (www.uppsalakonstmuseum.se, di.-vr.-zo. 12-16, wo. 12-18, do. 12-20 uur, gratis) ondergebracht met werken uit de verzameling van de universiteit en eigentijdse kunst.

In het slot bevindt zich ook **Fredens Hus** (www.fredenshus.se, wo.-vr. 15-18, za.-zo. 12-16 uur, gratis). Hier worden tentoonstellingen rond het thema geweld georganiseerd ter nagedachtenis aan de Nobelprijswinnaar Dag Hammarskjöld. De VN-secretaris-generaal kwam tijdens een vredesmissie in Congo in 1961 bij een vliegtuigongeluk om het leven.

Upplandsmuseet 5

Sankt Eriks torg 10, www.upplandsmuseet.se, di.-zo. 12-17 uur, gratis

De voormalige watermolen aan de rivier de Fyrisån, waarin het museum voor de streekgeschiedenis van Uppland is ondergebracht, behoorde ooit tot de universiteit en moest de economische onafhankelijkheid waarborgen.

Buiten het centrum

Bror Hjorths hus 6

Norbyvägen 26, www.brorhjorthshus.se, half juni-half aug. di.-zo. 12-16, anders do.-zo. 12-16 uur, gratis

Kunstliefhebbers moeten zeker een bezoek brengen aan het voormalige woonhuis van Bror Hjorth (1894-1968). Hij maakte schilderijen en beeldhouwwerken, geïnspireerd op het kubisme, het expressionisme en de 'primitieve' kunst, die in hun rauwheid en kleurenpracht uniek zijn voor de Zweedse kunst – veel van zijn werken en schetsen zijn hier te bekijken.

Gamla Uppsala 7

Ten noorden van Uppsala ligt een van de belangrijkste vindplaatsen uit de vroege geschiedenis van Zweden: Gamla Uppsala met de oude kerk en de drie koningsheuvels. Volgens een legende werden hier omstreeks 500 de Svear-heersers Aun, Egil en Adil begraven. Het is in elk geval wel zeker dat zich hier in het verleden het spirituele en politieke centrum van het Zweedse Rijk bevond. Adam van Bremen maakte in de 11e eeuw (niet uit eigen ervaring) melding van een heidense tempel, waar de goden Odin, Thor en Frey werden vereerd. Elke negen jaar werden er offers gebracht aan de goden. Vanaf de 11e eeuw bestonden het christendom en het heidendom naast elkaar, totdat Uppland ▷ blz. 283

Op ontdekkingsreis

De natuur in met Carl Linnaeus – in en rond Uppsala

De botanicus Carl Linnaeus bracht orde in de natuur: hij ontwikkelde het systeem van wetenschappelijke namen voor de planten en dieren dat nu nog steeds wordt gebruikt. Hij heeft vooral in de universiteitsstad Uppsala talrijke sporen nagelaten.

Informatie: Linnémuseet en tuin, www.linnaeus.uu.se, huis mei-sept. di.-zo. 11-17 uur, tuin ma.-vr. 11-20 uur; SEK 80, Linnés Sävja, mei-sept. za.-zo. 11/12-17 uur; Linnés Hammarby, www.hammarby.uu.se, mei-sept. vr.-zo., juni-aug. di.-zo. 11-17 uur, rondleiding SEK 80.

Wandeling: parkeren is onder meer mogelijk bij de haven; u kunt per bus terug naar het centrum (let op: geen contante betaling in de bus; zie ook informatie over vervoer op blz. 284).

Carl Linnaeus, in 1707 in Råshult in Småland geboren (zie blz. 161), kwam in 1728 bijna berooid aan in Uppsala om geneeskunde te studeren, maar dankzij zijn ambitie en het vermogen om begunstigers te vinden, maakte hij snel carrière. Hij werkte als huisleraar voor Olof Rudbeck, die hij als professor in de plantkunde en anatomie opvolgde. Linnaeus promoveerde in 1735 in Harderwijk, hij reisde veel, onder andere naar Parijs en Oxford. In 1741 was hij professor in de geneeskunde in Uppsala, waar hij tot zijn dood in 1778 in de Svartbäcksgatan woonde, nabij de botanische tuinen. In zijn als **Linnémuseet** 8 ingerichte woonhuis zijn nu persoonlijke voorwerpen verzameld, zoals zijn bureau, vitrines met objecten uit de natuur, souvenirs van zijn reizen, zoals de trommel van een sjamaan die hij meebracht van Lapland. Daarheen reisde hij in 1732 voor de regering. Latere reizen door Zweden hadden tot doel inheemse alternatieven te vinden voor dure, geïmporteerde geneeskundige kruiden.

Simpel en toch revolutionair

De tuin met oranjerie, **Linnéträdgården** 9, werd in 1655 aangelegd door Linnaeus' leraar Olof Rudbeck de Oudere. Vanaf 1741 werd het terrein onder leiding van Carl Linnaeus uitgebreid tot de eerste botanische tuin van de universiteit, destijds een zeldzaamheid in Europa. De bordjes bij de planten tonen de door Linnaeus gegeven tweeledige namen, die iedere soort onverwisselbaar en eenduidig kenmerken: de eerste staat voor het geslacht, de tweede beschrijft de soort met een aanduiding van een eigenschap: *Viola tricolor* is 'het driekleurige viooltje'. Linnaeus publiceerde in 1735 in *Systema Naturae* voor het eerst zijn nu nog gebruikte binaire nomenclatuur, die een einde maakte aan de regionale en tamelijk willekeurige wirwar aan namen. Het in 1753 verschenen werk *Species Plantarum* bevatte meer dan 8000 plantennamen. Een soortgelijke indeling maakte Linnaeus ook voor dieren en mineralen.

In het spoor van Linnaeus

In de haven van Uppsala begint een met blauwe bordjes gemarkeerde wandelroute, waarmee u de 15 km **Danmarksvandringen** of *Herbatio Danensis*, zoals hij in de tijd van Linnaeus in het Latijn heette, kunt volbrengen. Langs ongeveer deze route verliepen de excursies door de natuur die Linnaeus 's zomers met zijn studenten ondernam. U komt langs twee natuurreservaten: in de uiterwaarden van de Fyrisån ligt het

drasland **Kungsängen**, dat in mei bezaaid is met bloeiende kievitsbloemen (*kungsängsliljor*). De Latijnse naam van dit bolgewas, *Fritillaria meleagris*, komt natuurlijk ook van Linnaeus, zoals de 'L' achter de naam in de determinatiegids aangeeft, en betekent 'gevlekte kubusbloem'. Verder gaat hij naar een vogelkijkhut bij de beek Sävjaån en in oostelijke richting naar **Lilla Djurgården**. Ten zuiden daarvan bereikt u het bos **Nåntuna lund**, waarvan de bodem in de lente bedekt is met bloemen. In Sävja kunt u een kijkje nemen in het huis naast de kerk, dat door Linnaeus was gekocht, **Linnés Sävja**. Er zijn een tentoonstelling over medicinale planten en een kruidentuin. Vanaf **Danmarks kyrka**, de kerk van rood baksteen in het dorp, is het nog zo'n 3 km lopen – over het pad dat Carl Linnaeus en zijn gezin elke zondag naar de kerk namen.

De zorgen van een verzamelaar

In 1758 kocht Linnaeus een boerderij in de buurt van het dorp Danmark, tegenwoordig **Linnés Hammarby** genoemd. Het diende als zijn buitenverblijf, maar hier nam hij ook zijn studenten en collega-onderzoekers mee naartoe voor lezingen en botanische excursies. In 1769 liet Linnaeus een stenen gebouw op het heuveltje boven het houten huis bouwen om daar zijn collectie van 19.000 herbariumbladen, insecten en gesteenten onder te brengen. Linnaeus liet doelbewust geen open haard in het huis aanleggen, omdat hij bang was dat zijn collectie daardoor weleens hetzelfde lot kon treffen als die van Olof Rudbeck, die in 1702 tijdens de grote brand van Uppsala aan de vlammen ten prooi was gevallen.

In Linnés Hammarby is nu de slaapkamer van de professor te bezichtigen, waarvan de muren zijn behangen met drukvellen van zijn plantenboeken. Een wandelpad loopt door het park en de omliggende weilanden en graslanden, die met schapen en paarden nog steeds volgens de traditionele methoden onderhouden worden.

Werkkamer in Linnaeus' woonhuis in Uppsala, nu het Linnémuseet

als een van de laatste streken in het midden van de 12de eeuw ook volledig werd gekerstend. Vanaf 1164 was het de residentie van de eerste aartsbisschop van Zweden. Van de vanaf 1050 naast de voormalige heidense tempel gebouwde kathedraal, **Gamla Uppsala kyrka** (dag. 9-16, apr.-aug. 10-18 uur), zijn tegenwoordig alleen het schip, het koor en de apsis nog over. Bij een grote brand in 1245 werden grote delen van de kathedraal vernietigd en in 1273 verhuisde de bisschop naar het huidige Uppsala. Daar was in de 11e eeuw een nieuw handelscentrum gesticht – de haven van Gamla Uppsala slibde namelijk dicht door het stijgen van het land.

Bij een rondleiding door het **Gamla Uppsala Museum** (www.raa.se/gamla uppsala, apr.-aug. dag. 11-17, sept.-half dec., jan.-mrt. ma., wo., za.-zo. 12-15 uur, SEK 80) wordt verteld over mythen en feiten uit de fascinerende vroegste geschiedenis van het land en over de grafheuvels van het 'oude' Uppsala. Een goed gemaakte tentoonstelling is gewijd aan de Vikingtijd.

Het nabijgelegen **openluchtmuseum Disagården** (juni-aug. dag. 10-17 uur) geeft een beeld van het boerenleven in het Uppland van de 19e eeuw.

Overnachten

Stijlvol – **Grand Hotell Hörnan** [1]: Bangårdsgatan 1, tel. 018 13 93 80, www.grandhotellhornan.se, 1 pk vanaf SEK 895, 2 pk vanaf SEK 1395. In een statig hoekpand uit het begin van de vorige eeuw met grote, smaakvol ingerichte kamers is het goed toeven; grandioos ontbijt met uitzicht op de rivier.

Landgoed aan het meer – **Sunnersta Herrgård** [2]: Sunnerstavägen 24, tel. 018 32 42 20, www.sunnerstaherrgard.se, in het landhuis 2 pk vanaf SEK 830 met ontbijt, in het *vandrarhem* bed vanaf SEK 540 zonder ontbijt en beddengoed. Conferentiehotel op een historisch landgoed, fraaie ligging aan een meer, 6 km van het centrum.

Met recreatiebad – **Fyrishov Stugby & Camping** [3]: Idrottsgatan 2, tel. 018 727 49 60, www.fyrishov.se, staanplaats camping SEK 180-225, hut (4-5 personen) vanaf SEK 695. Het hele jaar geopend vakantiepark met een camping bij het gelijknamige recreatiebad.

Eten en drinken

Gerenommeerd – **Hambergs Fisk** [1]: Fyristorg 8, tel. 018 71 00 50, di.-za. 11.30-22 uur, ongeveer SEK 110-295. Heerlijke vis en schaaldieren kunnen worden gekocht bij deze beroemde viswinkel, maar u kunt ze ook ter plekke eten.

Degelijke gerechten – **Domtrappkällaren** [2]: Sankt Eriksgränd 15, tel. 018 13 09 55, www.domtrappkallaren.se, ma.-vr. 11-23, za. 17-23 uur, lunch SEK 105, hoofdgerecht vanaf SEK 195. In een oud pand uit de 13e eeuw serveert men wild en vis uit de Zweedse keuken.

Snel en goed – **Saluhallen** [3]: ma.-do. 11-18, vr. 11-19, za. 10-16 uur. Diverse restaurants in de markthal.

Winkelen

Galerie met kunstnijverheid– **Öster om ån** [1]: Svartbäcksgatan 18, www.osteroman.com. Allerlei objecten van hout, klei en zilver.

Regionaal en origineel – **Uppsala handkraft** [2]: Sysslomansgatan 6. Kunstnijverheid, vooral textiel.

Aan het water van de Fyriså – **Ulva Kvarn** [3]: ca. 8 km noordelijker, www.ulvakvarn.com. Verkoop en productie van kunstnijverheid in een prachtig gelegen molen: glas, hout en textiel. Er is ook een café.

Tip

Tant Bruns kaffestuga – Zweedse gezelligheid

Tant Bruns Kaffestuga is de belichaming van het gezellige, ouderwetse, warme koffiehuis, zoals dat alleen kan bestaan in een oud Zweeds huis met bruine houten planken, lage plafondbalken en scheve muren. In het café serveert men heerlijk zelfgemaakt gebak. De koffie wordt aan tafel uit een koperen kan ingeschonken. Het café is het hele jaar geopend – 's winters zit u bij het openhaardvuur en 's zomers op de gezellige binnenplaats (Laurentiigränd 3, www.tantbrun-sigtuna.se).

Actief

Met de stoomtrein – **Lennakatten** [1] rijdt juni-half sept. vanaf Östra Station naar Länna en Fjällnora, tel. 018 13 05 00, www.lennakatten.se.
Met de boot – **Boottocht** [2]: Met het historische schip M/S Linea af Upsala dagtochten naar Skokloster slott (zie blz. 285). Informatie: *turistbyrå* of www.mslinnea.se.
Fietsverhuur – **Ski Total Cykel** [3]: Dragarbrunnsgatan 46A, www.skitotal.se. De sportwinkel verhuurt stevige 3-versnellingsfietsen, SEK 200 per dag.

Uitgaan

Als studentenstad heeft Uppsala een uitbundig nachtleven.
Muziek – **Katalin** [1]: Godsmagasinet, Östra Station, tel. 018 14 06 60. Voor het programma, zie www.katalin.com. Muziekcentrum in de voormalige bedrijfshal van het goederenstation, livejazz.
Theater aan de rivier – **Flustret** [2]: Svandammen, tel. 018 13 01 14, www.flustret.com. Befaamd etablissement; dans, shows en variété.

Info en evenementen

Uppsala Turistinformation: Kungsgatan 59, 753 21 Uppsala, tel. 018 727 48 00, www.destinationuppsala.se.
Vikingarännet: half feb., www.vikingarannet.com. Schaatswedstrijden over het bevroren Mälaren naar Stockholm.
Valborgsmässoafton: nacht van 30 apr. Groot feest met koorzang en saluutschoten, want op die dag krijgen studenten hun 'studentmössa' (pet).
Trein: naar Stockholm, Arlanda, Borlänge, Falun, Mora, Östersund en Sundsvall.
Bus: naar Stockholm, Enköping, Sala.
Vliegtuig: internationale luchthaven Arlanda (25 km zuidelijker).
Stadsvervoer: voor dienstregeling en routes zie www.ul.se. Voor kaartjes en informatie kunt u terecht in het kantoor bij het treinstation. De buschauffeur accepteert geen contant geld voor een kaartje!

Sigtuna ▶ G 8

Vandaag de dag ziet men het niet af aan het schilderachtige, kleine, slaperige stadje dat het ooit een van de belangrijkste steden in Zweden was. Sigtuna werd rond 970 gesticht en is daarmee de oudste stad van Zweden. In 995 werden hier de eerste munten geslagen. Van het vroegere belang getuigen de ruïnes van de romaanse stenen kerken **Sankt Nikolai, Sankt Lars, Sankt Olof** en **Sankt Per**. Na hun verwoesting werden de stenen onder meer als bouwmateriaal gebruikt. De **Maria kyrka** (13e eeuw) is het enige restant van een dominicanerklooster dat na de Reformatie werd verwoest.

Bijzonder mooi is het kleine **stadhuis** (juni-aug. dag. 12-16 uur) uit 1744. Een wandeling door winkelstraat **Stora Gatan** (zie blz. 286) voert naar het **Sigtuna Museum** (Stora Gatan 55, http://sigtunamuseum.se, juni-aug. dag. anders meestal do. 14-16 uur, SEK 50), dat middeleeuwse vondsten uit stad en omgeving toont.

Informatie

Sigtuna Turistbyrå: Drakegården, Stora Gatan 33, Box 117, 193 23 Sigtuna, tel. 0859 48 06 50, www.destinationsigtuna.se.
Bus: naar Märsta (daar treinverbinding met Stockholm) en Uppsala.

Skoklosters slott ▶ G 8

www.skoklostersslott.se, rondleidingen elk uur, ook in het Engels; Pasen, mei, sept. za.-zo. 11-16, juni-aug. dag. 11-17 uur, gratis, rondleiding SEK 60
Op het landschappelijk aantrekkelijke schiereiland in Mälaren bevond zich tot de Reformatie een cisterciënzer nonnenklooster. In 1611 kwam het aan de Baltische edelman Herman Wrangel, die het landgoed in 1643 naliet aan zijn zoon, Carl Gustaf Wrangel. Die werd rijkelijk beloond voor zijn verdiensten in de Dertigjarige Oorlog en liet door architecten als Nicodemus Tessin de Oudere. en Jean de la Vallée een prachtig barok paleis bouwen, waarvan de symmetrische soberheid wordt verzacht door de afgeronde hoektorens. Tot het interieur behoort ook de buit die Carl Gustaf Wrangel meebracht van zijn campagnes in Europa tijdens de Dertigjarige Oorlog. De bouw van het kasteel werd na zijn dood niet voltooid, waardoor het nog zijn originele 17e-eeuwse interieur heeft.

Vikingruiter op runensteen bij Skokloster

Norrtälje ▶ H 7

Norrtälje wordt ook wel de 'Parel van Roslagen' genoemd. De kasseienstraatjes worden omzoomd door rijen mooie houten huizen, waarin allerlei winkeltjes en cafés in bedrijf zijn. De scherenkust van Roslagen is een noordelijke voortzetting van de scherenkust van Stockholm en is uitermate geschikt voor een mooie tocht per boot. Bij het toeristenbureau in Norrtälje krijgt u informatie over kajakverhuur op de eilanden.

Actief

Peddelen – **Blidö Kajak:** tel. 073 600 15 14, www.blidokajak.se. Eenpersoonskajak vanaf SEK 700 per dag. Tochten naar onder meer het nationaal park Ängsö.

Informatie

Norrtäljes Turistbyrå: Lilla Brogatan 3, 761 30 Norrtälje, tel. 0767 65 06 60, www.roslagen.se.
Bus: SL-bus 676 vanaf Stockholm Tekniska Högskolan (reistijd 1 uur), bus naar Blidö vanaf Norrtälje.

Favoriet

Stora Gatan in Sigtuna ▶ G 8

Dit zou de oudste winkelstraat van Zweden zijn: de 'Grote Straat' in Sigtuna. Tijdens de openingsuren van de winkels wemelt het hier van belangstellenden, waardoor de mooie oude gevels van de lage houten huizen nauwelijks opvallen. Achter die gevels gaan zowel heel gewone bedrijven als bijzonder originele winkeltjes schuil. Het valt niet mee om een stil moment te vinden waarop je de nostalgische sfeer van Sigtuna helemaal voor jezelf hebt.

Toeristische woordenlijst

Uitspraakregels

Ook als beginner kunt u het Zweeds vrij goed verstaan, overigens wijkt de uitspraak in het zuiden van het land wel wat af. Afwijkingen van de Nederlandse uitspraak:

- **a** als lange klinker vrij gesloten uitgesproken: **ao**, kort als in het Nederlands
- **ä** als **e**, bijv. vänster (wènster) – links
- **o** als **oe**, bijv. stor (stoe:r) – groot, of bord (boe:d) – tafel, als **o**, bijv. tolv – twaalf
- **ö** als **eu**, bijv. höger (heuger) – rechts
- **u** wordt als **uu** uitgesproken, bijv. ursäkta (uu:schekta) – excuses
- **å** wordt uitgesproken als lange **oo**: ål (ool) – paling, of als korte **o**: gård (go:d) – tuin
- **dj, hj** worden als **j** uitgesproken, bijv. Djurgården (juu:rgodn)
- **en lj**
- **rs** wordt als **schj** uitgesproken
- **sk** en **k** worden voor ä, ö, e, i als **schj** uitgesproken, bijv. köpa (schjeupa) – kopen
- **kj, sj, stj** worden als **schj** uitgesproken,
- **en tj** bijv. sjö (schjeu) – meer, tjugo (schjuugoe) – twintig
- **g** als **j** voor ä, ö, e, i en na l en r op het einde van lettergreep, bijv. berg (be:j) – berg
- **y** wordt als **uu** uitgesproken

Algemeen

goedendag	hej, hejsan, god dag
goedenavond	god kväll, god afton
goedenacht	god natt
tot ziens	hej då
ja/nee	ja/nej
alstublieft/bedankt	varsågod/tack
dank u wel	tack så mycket
hoe heet u?	vad heter du?
mijn naam is ...	jag heter ...

Onderweg

halte	hållplats
bus	buss
auto	bil
uitrit	utfart
rechtsaf	till höger
linksaf	till vänster
rechtdoor	rakt fram
informatie	information
(mobiele) telefoon	(mobil)telefon
postkantoor	postkontor
station	station
vliegveld	flygplats
haven	hamn
plattegrond	stadskarta
ingang	ingång
uitgang	utgång
geopend	öppet
gesloten	stängd/stängt
kerk	kyrka
strand	strand
brug	bro
steiger (bad-/aanleg-)	brygga

Tijd

uur	timme
dag	dag
week	vecka
maand	månad
jaar	år
vandaag	idag
morgen	imorgon
gisteren	igår
maandag	måndag
dinsdag	tisdag
woensdag	onsdag
donderdag	torsdag
vrijdag	fredag
zaterdag	lördag
zondag	söndag

Winkelen

winkelcentrum	köpcenter
winkel	affär, butik
markt	marknad
geld	pengar
creditcard	kreditkort
(kranten)kiosk	Pressbyrån

Eten en drinken

tafel	bord
reserveren	boka
mes	kniv

vork	gaffel	apotheek	apotek
lepel	sked	ziekenhuis	sjukhus
fles	flaska	ambulance	ambulans
glas	glas	ongeluk	olycka
drank	drycker		
vegetarisch	vegetarisk		

Overnachten

Tellen

pension	pensionat	1 en	17 sjutton
hotel	hotell	2 två	18 arton
kamer	rum	3 tre	19 nitton
eenpersoonskamer	enkelrum	4 fyra	20 tjugo
tweepersoonskamer	dubbelrum	5 fem	25 tjugofem
beddengoed	sänglinne	6 sex	30 trettio
toilet	toalett	7 sju	40 fyrtio
douche	dusch	8 åtta	50 femtio
bagage	bagage	9 nio	60 sextio
rekening	kvitto, notan	10 tio	70 sjuttio
		11 elva	80 åttio
		12 tolv	90 nittio

Noodgevallen

		13 tretton	100 ett hundra
help!	hjälp!	14 fjorton	150 etthundra och
politie	polis	15 femton	femtio
arts	läkare	16 sexton	1000 tusen
tandarts	tandläkare, tandvård		

De belangrijkste zinnen

Algemeen

Neem me niet kwalijk	Förlåt, ursäkta
Ik begrijp het niet.	Jag förstår inte.
Ik spreek geen Zweeds.	Jag pratar inte svenska.
Spreekt u Duits/Engels?	Pratar du tyska/engelska?

In het restaurant

Is deze plaats vrij?	Är det ledigt?
Eet smakelijk!/Proost!	Smaklig måltid/skål!
De kaart, alstublieft!	Menyn, tack.
Ik wil graag ...	Jag vill gärna ...
Hoeveel kost ...	Vad kostar ...?
Afrekenen, graag!	Notan, tack
Waar zijn de toiletten?	Var finns toaletterna?

Op straat

Ik wil naar ...	Jag ska till ...
Waar kan ik ... kopen?	Var kan jag köpa ... ?
Is hier ergens een apotheek?	Finns det ett apotek här någonstans?
Welke bus gaat naar ...?	Vilken buss går till ...?

In het hotel

Hebt u een kamer voor mij?	Har du ett rum ledigt?
Ik heb een kamer geboekt.	Jag har bokat ett rum.
Hoeveel kost een kamer per dag/ per week?	Vad kostar rummet per dygn/ per vecka?

Culinaire woordenlijst

Algemeen

Smaklig måltid!	Eet smakelijk!
Skål!	Proost!
Notan, tack	Afrekenen, graag
frukost	ontbijt
lunch	lunch
middag	diner
gatukök	cafetaria
gästgiveri, wärdshus	herberg
restaurang	restaurant
meny/matsedel	menukaart
förrätter	voorgerechten
huvudrätter	hoofdgerecht
efterrätter	nagerechten

Bereiding

gryta	eenpansgerecht
halstrad	gegrild
rökt	gerookt
söt	zoet
stekt	gebraden

Kruiden en toebehoren

ättika	azijn
kryddor	kruiden
olja	olie
peppar	peper
pepparrot	mierikswortel
persilja	peterselie
salt	zout
senap	mosterd
smör	boter
socker	suiker
vitlök	knoflook

Brood en gebak

bröd	brood
fralla	broodje
havre	haver
kanelbulle	kaneelbroodje
lussekatter	saffraanbroodje
macka	belegd broodje
munkar	donuts
råg	rogge
smörgås	boterham
tunnbröd	dun knäckebröd
wienerbröd	bladerdeeggebak
vete	tarwe

Eier-, melk- en beslaggerechten

ägg	ei
filmjölk	dikke melk
glass	ijs
grädde	room
ost	kaas
pannkakor	pannenkoeken
vispgrädde	slagroom

Vis en zeevruchten

ål	paling
fisk	vis
gös	snoekbaars
gädda	snoek
hälleflundra	heilbot
kräftor	rivierkreeften
lax	zalm
löjrom	(houting-)kaviaar
musslor	mosselen
öring	(zee-)forel
ostron	oester
räkor	garnalen
röding	forel
rödspätta	schol
rom	kaviaar
sill	(Noordzee-)haring
skaldjur	schaaldieren
strömming	(Oostzee-)haring
sik	houting
torsk	kabeljauw

Vlees

älg	eland
anka	eend
gås	gans
fläsk	varkensvlees
kalkon	kalkoen
kalops	goulash
kött	rundvlees
köttfärs	gehakt
korv	worst
kyckling	kip
lamm	lam

nötkött	rundvlees	mos	(aardappel)puree
oxfilé	runderfilet	palsternacka	pastinaak
pannbiff	bieflap	päron	peren
renkött	rendiervlees	plommon	pruimen
skinka	ham	potatis	aardappels
		purjolök	lente-ui

Groenten, fruit

		rödbetor	rode bietjes
äpple	appels	sallad	salade
ärter	erwten	sparris	asperges
blåbär	bosbessen	svamp	paddenstoelen
böner	bonen	sylt	jam
fänkål	venkel	vindruvor	druiven
fläderbär	vlierbessen		
frukt	fruit	**Dranken**	
grönsaker	groenten	glögg	glühwein
gurka	komkommer	kaffe	koffie
hallon	frambozen	läsk	frisdrank
hjortron	steenbramen	mineralvatten	mineraalwater
jordgubbar	aardbeien	mjölk	melk
kantareller	cantharellen	öl	bier
körsbär	kersen	rödvin	rode wijn
lingon	rode bosbessen	te	thee (vaak Earl Grey)
lök	uien	vatten	(kraan)water
morötter	worteltjes	vitvin	witte wijn

Typische gerechten

Ärtsoppa – de dikke soep van gele erwten is het traditionele eten op donderdag

Biff à la Rydberg – in reepjes gesneden rundvlees, dat kort gebakken en met gebakken aardappeljes, uien en rauwe eidooier geserveerd wordt

Biff Lindström – tartaar; in het gehakt worden ook fijngehakte rode biet en uien verwerkt

Dillkött – kalfsvleesfricassee in een lichte, zoetzure dillesaus

Gravad lax – gecureerde, koud gegaarde zalm (recept zie blz. 27), de zalm wordt in zeer dunne plakken gesneden en met zoetzure mosterdsaus *(hovmästarsås)* vaak als voorgerecht geserveerd

Lövbiff – mager, in dunne schijven gsneden, kort aangebraden rundvlees

Planka – op een houten plank geserveerd gerecht, vaak een steak, maar ook wel vis met aardappelpuree

Pytt i panna – het klassieke restjesgerecht: in de pan geroosterde blokjes vlees, aardappel, ui, biet en augurk, erbovenop wordt een gebakken ei gelegd.

Räksallad – mayonaise vermengd met klein gehakt garnalenvlees en stukjes champignons en asperges

Strömmingsflundror – gepaneerde, gebraden filet van oostzeeharing, gevuld met dille en kaviaar

Wallenbergare – fijne tartaartjes van kalfsgehakt, room en eidooiers

Register

ABBA 66
actieve vakantie 29
Åhus 146
alcohol 34
Ales stenar 140, 142
Allemansrecht 29, 34
Älmhult 161
Ålö 275
Alsen 225
Alvastra 15, 218
ambassades 34
Andrée, Salomon August 217
Ängavallen 84
Ängelholm 96
Anundshög 244
apotheken 34
Arboga 238
Arfwedson, Johan August 275
Årjäng 211
Åsens by 216
Askersund 224
Asplund, Gunnar 256
Åstol 118
Astrid Lindgrens Värld 60, 158, 169, 170
Båstad 97
Bed & Breakfast 26
Bengtsfors 208, 211
Berg 227, 228, 229
Bergdala 62, 166
Bergh, Richard 64
Bergman, Ingmar 68, 69
Bergman, Ingrid 127
Bergslagen 43
Bergs slussar 227
Bernadotte, Jean Baptiste 44
Birger Jarl 248
Birgitta 220, 221
Birka 42, 52, 272
Bjärehalvön 97
Blå Jungfrun 172
Blekinge 14, 42, 150
Boda 165
Bohus fästning 117
Bohuslän 14, 42
Bolmen 159, 160
boottochten 123, 124, 149, 162, 172, 208, 231, 241
Boren 225
Borensberg 228, 229
Borghamn 218
Borgholm 175
Bosjökloster 149
Bovallstrand 125

Brahehus 218
Brahe, Tycho 87, 88
Brömsebro 43
Bruno Liljefors 65
Bullerbyn 170
Byfjord 123
Byxelkrok 175
camping 25
Carl XVI Gustaf 40, 45, 67, 201
Christian II 43
Dahlberg, Erik 154
Dalsland 14, 196, 198, 207, 209
Dalslands kanal 208
Dals Långed 208
Dals Rostock 208
design 61, 62, 63
Djurgården 65
douane 22
draisinetocht 211
Dramaten 69
Drottningholm 54, 251
Drotiningholms slott 265
– Theatermuseum 265
– Kina slott 265
Dyrön 118
Eketorp 52
Eketorps fornborg 176
Eksjö 169
elanden 168, 200
Emmaboda 166, 168
Engelbrektsson, Engelbrekt 43, 238
Engsö slott 244
Erik XIV 43, 241
Eriksbergs Viltreservat 152
Eriksson, Magnus 42
Eskilstuna 239
Estelle (prinses) 45
evenementen 32, 33
Fagertärn 225
Falkenberg 101
Falsterbonäset 84
Fårö 69, 192
feestdagen 34
feesten 32
fietsen 29, 96, 140, 152, 169, 174, 179, 203, 228, 238
Finspång 232
Fjällbacka 127
fooien 34
Forshem 203
Foteviken 52, 84
Frostavallen 149

Gamla Uppsala 42
Gate, Simon 62, 165
geld 35
gezondheid 35
Gibberyd 171
Glänås 220
Glasriket (Glasrijk) 62, 158, 167
Glimmingehus 141
Gnosjö 161
golf 29, 99, 100, 140, 179
Götakanal 29, 220, 225, 227, 228, 229, 230
Götaland 42
Göteborg 14, 33, 62, 64, 65, 68, 75, 104, 107, 229, 265
– Avenyn 111
– Christinae kyrka 111
– Göteborg compact 113
– Göteborgs Stadsmuseum 107
– haven 107
– Konstmuseum 111
– Kronhuset 111
– Liseberg 112
– Maritima Centrum 107
– Naturhistoriska museet 112
– Nordstaden 107
– Opera (Göteborgs Operan) 107
– Palmhuset 111
– Röhsska museet 112
– Trädgårdsföreningens park 111
– Universeum 112
– Utkiken 107
– Världskulturmuseet 112
Gotland 15, 46, 172, 180
Gotska Sandön 192
Granhult 167
Gränna 217, 218
Grebbestad 127
Gripsholm 40, 54
Grönåsens Älgpark 168
Grönklitts Björnpark 50
Gryt 214
Gunnebo slott 117
Gustafsberg 123
Gustav II Adolf 43, 107, 146, 244, 258, 277, 278
Gustav III 40, 44, 54, 243, 244, 249, 251, 265
Gustaf V 97
Gustav VI Adolf 267

Register

Gustav Eriksson Vasa 40
Gustav Vasa 43, 75, 163, 201, 221, 233, 239, 244, 245, 254, 277
Halland 14, 29, 31, 42
Hallands Väderö 97
Halleberg 198, 200
Hällevik 150
Hallström, Lasse 69
Halmstad 99
Halmstadgruppen 100
Hammarskjöld, Dag 45
Hansson, Per Albin 45
Hårleman, Carl 171, 244, 251, 256, 265
Håverud 207, 208
Hazelius, Artur 259
heenreis 22
Helsingborg 87, 88, 265
High Chaparral 160
Hindens rev 46
Hjalmar Branting 45
Hjälmare kanal 238
Hjälmaren 214, 236
Hjortens udde 46
Höganäs 91
Holmhällar 194
Honden 35
Höö 162
Höör 50
Hornborgasjö 206
Hovs hallar 48, 97
Hultsfred 33
Hunneberg 198, 200, 201
Hunnebostrand 125
Husaby 42, 198, 203
Huskvarna 216
Hydman-Vallien, Ulrica 166, 176
informatie 18
internet 18, 35
invoerbeperkingen 22
Ismantorps borg 176
jeugdherbergen 26
Johan III 175, 230, 277
Jönköping 215
Jonstorp 96
Julita gård 239
kajakvaren 119
Kålland 198
Kållandsö 202
Kallinge 152
Kalmar 40, 42, 43, 158, 173
Kalmarsund 158, 176

kano- en kajakverhuur 150, 155, 160, 241
kanovaren 29, 119, 149, 158, 169, 211, 231, 270
Karel IX 239, 245
Karel X Gustav 43, 75, 150, 244
Karel XI 44, 154
Karel XII 40, 44, 175, 257
Karel XIV Johan 44, 236
Karlsborg 220
Karlshamn 151
Karlskrona 154
Karlsöarna 193
Kåseberga 140
Kebnekaise 48
Kerstmis 33
kinderen 35
Kinnekulle 202
Kinnekullegebied 202
Kinnekulleleden 30, 203
Kivik 33, 42, 144
Klädesholmen 51
Klässbol 63
kleding en uitrusting 21
Klintehamn 193
Kolmårdens Djurpark 50, 234
Koningin Kristina's 251
Konserthuset 56
Kosta 166
Kosta-Boda 62
Koster-eilanden 50
Kosterhavets Nationalpark 50, 131
Kosteröar 131
Kräftskiva 32
Krapperups slott 94
Kreuger, Nils 64
Kristianstad 48, 146
Kristina (koningin) 43, 278
Kullaberg 94
Kulltorp 160
Kulturarvskort 37
Kungsbacka 117
Läckö slott 202
Lagerlöf, Selma 86, 198, 203, 210
Läggesta 245
Laholm 98
Landskrona 86, 88
Lapland 48
Larsson, Carl 64, 111, 257, 260
Larsson, Carl en Karin 63
Larsson, Karin 63, 64

leestips 19
Lenhovda 167
Lessebo 168
Lidköping 202
Lindesnäs 124
Lindgren, Astrid 57, 59, 60, 158, 169, 170, 259
Lindh, Anna 45
Linköping 214, 227
Linnaeus, Carl 161, 200, 235, 277, 280
Ljung 229
Ljungby 159
Ljungsbro 229
Ljungs slott 229
Loftahammar 214
Löfven, Stefan 45
Luciafest 32
Lund 85
Lysekil 119
Madesjö 167
Mälaren 15, 42, 48, 215, 245, 265, 273
Malmö 33, 52, 68, 75
– Fiskehoddorna 80
– Form/Design Center 76
– Kockska huset 75
– Malmöhus 77
– Moderna Museet Malmö 77
– Rådhuset 75
– Residenset 75
– Sankt Petri kyrka 76
– Slottsmöllan 80
– Teknikens och sjöfartens hus 77
– Thottska huset 77
– Turning Torso 80
Malmsten, Carl 62, 267
Mankell, Henning 19, 135, 136
Mårbacka 210
Mariefred 245
Marstrand 117
Mathsson, Bruno 62
Medevi brunn 225
Mellbystrand 31
middernachtszon 21
midzomer 32
Milles, Carl 227, 241, 265, 267
Mjällby 100
Moberg, Vilhelm 151, 163, 169
Möckelsnäs 162
Mölle 91
Moodysson, Lukas 69

Register

Motala 214, 225
muggen 21
Munch, Edvard 111
Närke 214
nationale parken 46, 50, 131, 144, 147, 160, 170, 172, 192, 222, 248, 273
Nationalpark Tiveden 225
naturisme 36
Nobel, Alfred 56
noodgevallen 36
noords impressionisme 64
Nordens Ark 49, 126
Nordiska Akvarellmuseet 118
Nordqvist, Sven 239
Nordström, Karl 64
Norra Kvill 170
Norrköping 15, 214, 230, 231
Norrvikens Trädgårdar 97
Nosabyviken 48
Notke, Bernt 251
Nybro 164, 165, 167
Nyköping 15, 234
Öbolandet 236
Ödeshög 218
Öland 15, 31, 46, 52, 156, 158, 175
Omberg 218
omgangsvormen 36
Onsala 117
openingstijden 36
Örebro 40, 44, 214, 236
Öresund 74, 87, 88, 90
Öresundbron 22, 23, 74
Orrefors 62, 165
Orsa 50
Orust 118
Oscar II 65, 260
Oskarshamn 172
Östergötland 218, 225, 230
Österlen 140, 145
overnachten 25
paardrijden 29
Palme, Olof 45
Pasen 32
Petersson, Axel 172
Pilo, Carl Gustaf 54
Platen, Baltzar von 225
post 36
prijsniveau 36
Prins Eugen 65, 260
Pukeberg 62
Råå 86
raften 29

Ramsvikslandet 125
Råshult 161
Reinfeldt, Fredrik 45
reisseizoen 20
reizen met een handicap 37
Right Livelihood Award 57
Risinge 232
roken 37
Roma 193
Rönnäng 118
Ronneby 31, 152
Roslin, Alexander 54
rotstekeningen 42, 127, 208
Roxen 227
runenstenen 53, 204, 240, 244
Saltsjöbaden 276
Sandhammaren 140
Sandhamn 276
Sankt Anna 214
Schiereiland Kullen 91
Schiereiland Listerland 150
Schiereiland Sotenäs 124
Sergel, Johan Tobias 54, 254, 267
Sevedstorp 170
Sigtuna 42, 284
Sigurdsristning 240
Simrishamn 140
Skåne 15, 42, 46, 48, 132
Skånes Djurpark 50, 147
Skara 42, 205
Skärhamn 118
Skoklosters slott 285
Skultuna 241
Skummelövsstrand 31
Skurugata 169
Skuruhatt 169
Småland 15, 29, 41, 60, 62, 156
Smögen 124
Smygehamn 134
Smygehuk 134
Söderåsen 147
Söderköping 31, 214, 225, 230
Södermanland 234
Södertälje 272
Sofiero slott 90
Solliden 33
Solliden slott 175
Sölvesborg 150
Sörmland 214, 234
Sotenkanalen 124
souvenirs 37
Sparlösa 204

Sparlösasten 204
sport 29
sportklimmen 29, 96
stedentrips 25
Stegeborg 230
Stendörren 235
Stenshuvud 31, 144
Sten Sture de Oudere 251
Stig 'Stikkan' Anderson 67
Stjärnsund slott 224
Stockholm 15, 33, 42, 43, 48, 52, 56, 60, 61, 62, 65, 68, 69, 75, 229, 246, 248
– ABBA the museum 259
– af Chapman 257
– Arkitekturmuseet 257
– Birger Jarls torn 254
– Djurgården 258
– Dramaten 258
– Drottningholms slott 265
– Fotografiska 264
– Globen/SkyView 266
– Gröna Lund 259
– Haga-park 266
– Hallwylska museet 257
– Helgeandsholmen 248, 250, 254
– Historiska Museet 258
– Hötorget 255
– Hötorgshallen 255
– Junibacken 259
– Kaknästornet 258
– Karl XII:s torg 257
– Katarina kyrka 264
– Konserthuset 255
– Kulturhuset 255
– Kungliga slottet 251
– Kungsholmen 249
– Kungsträdgården 257
– Långholmen 248
– Lidingö 265
– Mälaren 248
– Millesgården 265
– Moderna Museet 257
– Monteliusvägen 264
– Mosebacke 264
– Nationalmuseum 257
– Nobelmuseet 251
– Nordiska Museet 259
– Norrmalm-City 254
– Östermalm 257
– Östermalmshallen 258
– Oude stad 250

Register

- Prins Eugens Waldemarsudde 259, 260
- Riddarholmen 250, 254
- Riddarholmskyrkan 254
- Riddarhuset 254
- Riksdagshuset 254
- Sergels torg 254
- Skansen 259
- Skeppsholmen 257
- Södermalm 263
- SoFo 264
- Stadsbibliotek 256
- Stadsholmen 250
- Stadshuset 250
- Stockholmskortet 270
- Stockholms Medeltidsmuseet 254
- Stockholms stadsmuseet 254
- Stockholms stadsmuseum 264
- Storkyrkan 251
- Stortorget 251
- Strandbad 265
- Strindbergsmuseet 256
- Tyska kyrkan 251
- Ulriksdals slott 267
- Vasamuseet 258

Stora Alvaret 175, 176
Store Mosse 158, 160
Strängnäs 245
Strindberg, August 203, 256, 276
Strömsholms slott 244
Strömstad 31, 130
Sundbyholms slott 240
Suttner, Bertha von 56
Svealand 42
Sverigeleden 29
Swedenborg, Emanuel 277
Tage Erlander 45
Tåkern 220
Tanum 128
Tanumshede 106, 127
Taxås 162
teken 35
telefoneren 37
Tengbom, Ivar 255
Tessin de Jongere, Nicodemus 154, 265

Tessin de Oudere, Nicodemus 244, 265, 267, 285
Tidö slott 244
Tisselskog 208, 209
Tiveden 31, 46, 222, 225
Tjärö 151
Tjolöholms slott 117
Tjörn 51, 118
Tjörnehuvud 121
Torekov 97
Transjö Glashytta 62
Trelleborg 52, 134
Trolle-Ljungby slott 149
trolleytochten 145
Trollhättan 68, 198, 199
Trollhätte kanal 225
Trollywood 68
Trosa 234, 235
Tyresö 65
Uddevalla 123
Uexkull, Jakob von 57, 59
Umeå 68
Uppgränna 218
Uppland 272
Uppsala 68, 69, 276
- Bror Hjorths hus 278
- Danmarks kyrka 282
- Danmarksvandringen 281
- Gamla Uppsala 279
- Gustavianum 277
- Kungsängen 281
- Lilla Djurgården 282
- Linnémuseet 281
- Linnés Hammarby 282
- Linnés Sävja 282
- Linnéträdgården 281
- Universitetsbibliotek 277
- Upplandsmuseet 278
- Uppsala domkyrka 276
- Uppsala slott 278

Utö 274
Vadstena 15, 40, 220
Valdemarsudde 65
Valdemarsvik 214
Vallåkra 91
Vallée, Jean de la 254, 267, 285
Vallien, Bertil 62, 163, 166, 176, 202
Valsgärde 42
Vänern 14, 46, 48, 196, 198

Varberg 64, 101
varjagen 42, 53
Värmland 49, 50, 63, 211
Värnamo 62, 158, 160
Varnhem Kloster 206
Västerås 33, 240, 241
Västervik 158, 171, 214
Västra Götaland 198
Vattenriket 48, 146
Vättern 15, 33, 48, 198, 212, 214, 225
Vaxholm 276
Växjö 162, 164
veerdiensten 22
veiligheid 37
Ven 86, 88
Vendel 42
verkeersbureaus 19
Vervoer 23
Vetlanda 169
Victoria 40, 45
Vikingen 42, 52, 84, 205, 273
Vimmerby 158, 169
Vingboons, Justus 254
Visby 183
- Botanische tuin 187
- Domkyrkan 185
- Fornsalen 184
- Konstmuseet 185
- stadsmuur 184
- Stora Torget 187

Visingsö 218
vissen 30, 99, 101, 123, 160, 167
Vreta kloster 227
Walpurgisnacht 32
Wanås slott 147
wandelen 30
wandelkaarten 31
wandeltochten 118, 162, 220
watersport 31
wellness 31, 126
wintersport 31
Ystad 68, 135
zeekajak 155
Zorn, Anders 64, 111, 260
zwemmen 31, 222

295

Fotoverantwoording en colofon

Omslag: reddingshuisje en pier op een rustige avond aan de zuidkust van Zweden, uitkijkend naar Denemarken (shutterstock)

AKG-images, Berlin: 55 (Lessing); 65 Bildagentur Huber, Garmisch-Partenkirchen: 173, 228, 242 (Damm); 180 r, 190/191, 207 (Gräfenhain)
dpa/picture alliance, Frankfurt a. M.: 58; 50 (Delpho/OKAPIA); 69 (Forsell); 57 (Henriksson), 155 (Lallo); 66 (Lindeborg); 56 (Montgomery); 13 rb, 178 (Olsson); 237 (Riehle); 60 (Schwieder)
DuMont Bildarchiv, Ostfildern: 157 l, 166 (Meinhardt); 180 l, 183, 212 l, 212 r, 219, 226, 254/255, 277 (Michael Riehle)
f1online, Frankfurt a. M.: 49 (Lilja/AGE); 148 (Magnusson); 9, 30 (Tiofoto)
Getty Images, München: 12 lb, 92/93, 200 (Altrendo); 8 (Johner Images/Nilsson); 47 (Johner Images/ Wikstrom); 53 (Nordic Photos/Blomqvist); 23 (Olsson); 48 (Strand); 246 l (Sundberg)
Glowimages, München: 181 l, 186
(PrismaRM/Dave Collins)
H. J. Kürtz, Kiel: 110
Interfoto, München: 136 (Horn)
Petra Juling, Lissendorf: 6, 12 rb, ro, lo, 104 l, 120/121, 122, 132 r, 133 l, 141,153, 197 l, 203, 209, 213 l, 222/223, 280
laif, Köln: 16/17, 38/39, 70/71, 72 l, 98 (Amme); 7, 73 l, 76/77, 132 l (Galli); 51 (Grossmann); 61 (hemis/Maisant); 13 lb, 72 r, 102/103, 142/143 (Hub); 104 r, 124/125 (Krinitz); 156 r, 177 (Meier); 10, 13 lo, 63, 128, 196 l, 232, 246 r, 260/261 (Riehle); 274 (Rodtmann); 81 (Spierenburg); 8 (Volk)
Linnémuseet, Uppsala: 282 (Norling)
Look, München: 43, 105 l, 114/115, 156 l, 159, 196 r, 210 (Dressler); blz. 5 (B. Fath) 247 l, 249 (Greune); 48 (IFP); 246 l, 256 (Merz); 200 (van Dierendonck)
Mauritius Images, Mittenwald: 13 ro, 286/287 (Alamy); 12 o. li., 92/93 (Arterra/Alamy)
Ger Meesters, Haarlem: 285
Tycho-Brahe-Museum, Ven: 88
Visum, Hannover: 164 (Cristofori)
Hanna Wagner, Wörth: 138

Hulp gevraagd!
De informatie in deze reisgids is aan verandering onderhevig. Het kan dus wel eens gebeuren dat u ter plaatse een andere situatie aantreft dan de auteur. Is de tekst niet meer helemaal correct, laat ons dat dan even weten.

Ons adres is:
Uitgeverij ANWB
Redactie KBG
Postbus 93200
2509 BA Den Haag
anwbmedia@anwb.nl

Productie: ANWB Media
Coördinatie: Els Andriesse
Tekst: Petra Juling, Jutta Westmeyer
Vertaling: Ger Meesters, Haarlem
Eindredactie: Wiljan Broeders, Terheijden
Opmaak: Hubert Bredt, Amsterdam
Ontwerp binnenwerk: Jan Brand, Diemen
Ontwerp omslag: DPS, Amsterdam
Concept: DuMont Reiseverlag, Ostfildern
Grafisch concept: Groschwitz/Blachnierek, Hamburg
Cartografie: DuMont Reisekartografie, Fürstenfeldbruck

© 2017 DuMont Reiseverlag, Ostfildern
© 2018 ANWB bv, Den Haag
Derde, herziene druk
ISBN: 978-90-18-04398-8

Alle rechten voorbehouden
Deze uitgave werd met de meeste zorg samengesteld. De juistheid van de gegevens is mede afhankelijk van informatie die ons werd verstrekt door derden. Indien die informatie onjuistheden blijkt te bevatten, kan de ANWB daarvoor geen aansprakelijkheid aanvaarden.